INVERNO DE PRAGA

MADELEINE ALBRIGHT
COM BILL WOODWARD

INVERNO DE PRAGA

UMA HISTÓRIA PESSOAL DE RECORDAÇÃO E GUERRA, 1937-1948

Tradução
Ivo Korytowski

Editora Objetiva Ltda.
Rua Cosme Velho, 103
Rio de Janeiro – RJ – Cep: 22241-090
Tel.: (21) 2199-7824 – Fax: (21) 2199-7825
www.objetiva.com.br

Título original
Prague Winter: A Personal Story of Remembrance and War, 1937-1948

Capa
Adaptação de Mateus Valadares sobre design original de Anthony Morais

Imagens de capa
Cameo © Bill Brooks / Alaney

Revisão
Rita Godoy
Fatima Fadel

Editoração eletrônica
Abreu's System Ltda.

CIP-BRASIL. CATALOGAÇÃO NA PUBLICAÇÃO
SINDICATO NACIONAL DOS EDITORES DE LIVROS, RJ

A295i

Albright, Madeleine
Inverno de Praga: uma história pessoal de recordação e guerra, 1937-1948 / Madeleine Albright, Bill Woodward ; tradução Ivo Korytowski. – 1. ed. – Rio de Janeiro : Objetiva, 2014.

Tradução de: *Prague Winter: A Personal Story of Remembrance and War, 1937-1948*
479p. ISBN 978-85-390-0571-0

1. Albright, Madeleine Jana Korbel. 2. Diplomatas – Estados Unidos – Biografia. 3. Diplomacia. 4. Guerra Mundial, 1939-1945. 5. Europa – História. I. Woodward, Bill. II. Título.

14-10268 CDD: 923.2
CDU: 929:32

ÀQUELES QUE NÃO
SOBREVIVERAM, MAS NOS
ENSINARAM COMO VIVER —
E POR QUÊ

MEMÓRIAS DE PRAGA

Quanto tempo faz desde que vi pela última vez
O sol afundar por trás do Monte Petřín?
Com olhos rasos d'água contemplei-te, Praga,
Envolta em tuas sombras noturnas.
Quanto tempo faz desde que ouvi o agradável fluxo da água
Sobre a barragem no rio Moldava?
Há muito esqueci a vida fervilhante da praça Venceslau.
Aquelas esquinas desconhecidas na Cidade Velha,
Aqueles cantos sombrosos e canais sonolentos,
Como estarão? Não podem estar chorando por mim
Como choro por eles...
Praga, conto de fadas em pedra, quão bem recordo!

PETR GINZ (1928-1944)
Terezín

Sumário

Prefácio 11

PARTE I: ANTES DE 15 DE MARÇO DE 1939

1. Um hóspede indesejável 25
2. Lendas da Boêmia 29
3. A competição 41
4. A tília 52
5. Uma impressão favorável 70
6. Saindo de trás das montanhas 84
7. "Precisamos continuar sendo covardes" 93
8. Uma tarefa desesperadora 113

PARTE II: ABRIL DE 1939–ABRIL DE 1942

9. Recomeçando 129
10. Ocupação e resistência 141
11. As lâmpadas se apagam 154
12. A força irresistível 168
13. Fogo no céu 181
14. A aliança se forma 195
15. A coroa de Venceslau 211

PARTE III: MAIO DE 1942–ABRIL DE 1945

16. Dia dos Assassinos 227
17. Augúrios de genocídio 243
18. Terezín 251
19. A ponte longe demais 270
20. Olhos desesperados 280
21. *Doodlebugs* e *gooney birds* 300
22. O fim de Hitler 313

PARTE IV: MAIO DE 1945–NOVEMBRO DE 1948

23. Nenhum anjo 323
24. Sem remendos 336
25. Um mundo grande o suficiente para nos manter afastados 346
26. Um equilíbrio precário 359
27. A luta pela alma de uma nação 378
28. Falha de comunicação 391
29. A queda 400
30. Areia pela ampulheta 409

O próximo capítulo 423

Guia das personalidades 431
Linhas do tempo 435
Notas 441
Agradecimentos 459
Créditos 464
Índice remissivo 467

Prefácio

Eu tinha 59 anos quando comecei a servir como secretária de Estado norte-americana. Achava então que sabia tudo que poderia ser conhecido sobre o meu passado, quem foi "meu povo" e a história de minha terra natal. Eu estava convicta de que não tinha necessidade de fazer perguntas. Outros poderiam estar inseguros sobre suas identidades. Eu não estava e nunca estivera. Eu sabia.

Mas na verdade não sabia. Eu não tinha a menor ideia de que minha família tinha origem judaica ou de que mais de vinte de meus parentes morreram no Holocausto. Eu havia sido educada para acreditar numa história de minha terra natal, a Tchecoslováquia, que era menos intricada e mais direta do que a realidade. Eu ainda tinha muito que aprender sobre as escolhas morais complexas que meus pais e outros em sua geração tiveram que fazer — escolhas que ainda estavam moldando a minha vida, bem como a do mundo.

Eu havia sido criada como católica e, ao me casar, converti-me à Igreja Episcopal. Eu tinha — com certeza — uma alma eslava. Meus avós haviam morrido antes que eu tivesse idade para lembrar seus rostos ou chamá-los pelos nomes. Eu tinha uma prima em Praga. Recentemente havíamos feito contato e quando crianças éramos íntimas, mas eu não a conhecia mais tão bem. A Cortina de Ferro havia nos afastado.

Dos meus pais eu recebera uma herança inestimável: um conjunto de convicções profundas sobre a liberdade, direitos individuais e o primado da lei. Herdei, também, um amor por dois países. Os Estados Unidos haviam acolhido a minha família e me permitido crescer em liberdade. Eu sentia orgulho em me chamar de americana. A República da Tchecoslováquia havia sido um exemplo de governo humanitário até ser destruída por Adolf Hitler e depois — após um breve período de renascimento pós-guerra — extinta de novo pelos discípulos de Josef Stalin. Em 1989, a Revolução de Veludo liderada por Václav Havel, meu herói e mais tarde amigo querido, engendrou uma nova esperança. Por toda a minha vida, eu acreditara nas virtudes do governo democrático, na necessidade de enfrentar o mal e no milenar lema do povo tcheco: "*Pravda vítězí*" ou "A verdade prevalecerá".

De 1993 a 1997, tive a honra de representar os Estados Unidos como embaixadora nas Nações Unidas. Como eu aparecia na mídia e graças à libertação da Europa Central após a queda do Muro de Berlim, comecei a receber correspondências sobre a minha família. Algumas daquelas cartas erravam nos fatos, outras mal eram legíveis, umas poucas pediam dinheiro e ainda outras nunca me alcançaram porque os meus assessores — ignorando a língua — não conseguiam distinguir entre a correspondência pessoal e aquela sobre questões públicas. No final do primeiro mandato do presidente Bill Clinton, eu lera diversas cartas de pessoas que haviam conhecido meus pais, que citaram os nomes e as datas mais ou menos corretamente e indicaram que meus ancestrais haviam sido de origem judaica. Uma carta, de uma mulher de 74 anos, chegou no início de dezembro de 1996. Ela escreveu que sua família fizera negócios com meus avós maternos, que foram vítimas da discriminação antijudaica durante a guerra. Comparei lembranças com minha irmã Kathy e meu irmão John, e também troquei informações com minhas filhas Anne, Alice e Katie. Como estava sendo avaliada para assumir como secretária de Estado, contei aquilo ao presidente Clinton e seu alto escalão. Em janeiro de 1997, antes que tivéssemos tempo de explorar mais o assunto, um esforçado repórter do *Washington Post*, Michael Dobbs, revelou notícias que nos aturdiram: de acordo com sua pesquisa, três de meus avós e numerosos outros membros da minha família haviam morrido no Holocausto.

Em fevereiro de 1997, Kathy, John e a esposa de John, Pamela, visitaram a República Tcheca. Confirmaram grande parte do que constara da matéria do *Post* e identificaram uns poucos erros. Naquele verão, tive a oportunidade de fazer duas viagens semelhantes, embora mais breves. Para mim, o momento de maior emoção ocorreu dentro da Sinagoga Pinkas em Praga, onde os nomes dos membros de minha família estavam entre os 80 mil gravados nas paredes como um memorial. Eu já estivera naquela sinagoga antes, mas, por falta de motivo, jamais me ocorrera procurar seus nomes.

Esse episódio é contado em minhas memórias *Madam Secretary* [Senhora secretária] e não entrarei em detalhes aqui. A revelação básica, porém, é importante porque deu o ímpeto para este livro. Fiquei chocada e, para ser honesta, constrangida ao descobrir que eu não conhecera melhor a história de minha família. Minha irmã e meu irmão compartilharam essa emoção. As muitas pessoas que me contaram ou escreveram sobre experiências semelhantes de segredos mantidos por seus próprios pais tampouco me tranquilizaram totalmente. Eu podia aceitar, embora insatisfeita, que nada havia de inexplicável ou singular na lacuna existente em meu conhecimento. Mesmo assim, lamentava não ter feito as perguntas certas. Também me senti motivada a descobrir mais sobre os avós que, por ser jovem demais, não conheci — até porque, àquela altura, eu também me tornara avó.

Tendo decidido mergulhar mais fundo na história de minha família, logo percebi que não conseguiria fazê-lo sem situar meus pais dentro do contexto da época em que haviam vivido e especialmente 1937-1948, o período abrangendo a Segunda Guerra Mundial — e também os primeiros 12 anos de minha vida.

No final da década de 1930, as atenções globais estavam voltadas para a Tchecoslováquia, um lugar distante que poucas pessoas em capitais como Londres e Washington haviam visitado ou que sequer sabiam soletrar. O país era familiar, até certo ponto, sob o nome Boêmia — terra de magia, marionetes, Franz Kafka e do bom rei Venceslau. Mas, para quem conhecia a Europa Central, a nação era respeitada por sua história de mil anos e valorizada por sua localização como uma encruzilhada entre Ocidente e Oriente. Foi também o cenário de uma longa e às vezes feroz rivalidade entre tchecos e alemães. No capítulo culminante daquela luta, Adolf Hitler exigiu que o governo renunciasse à soberania, abrindo suas fronteiras às tropas alemãs e criando assim para toda a Europa um momento de dura reflexão. Para as grandes potências ocidentais, a Tchecoslováquia não valia uma luta, sendo portanto sacrificada na busca da paz. Mas mesmo assim a guerra ocorreu — e com ela a quase total destruição da vida judaica europeia e, no final, um realinhamento da ordem política internacional.

Minha família passou a Segunda Guerra Mundial na Inglaterra; chegou quando a população daquela nação-ilha estava despertando de duas décadas de complacência. Estávamos lá quando Winston Churchill convocou seus compatriotas a se unirem contra as trevas nazistas, a suportarem os bombardeios, a acolherem as crianças refugiadas do continente e a abrigarem o governo tcheco no exílio, a cuja causa meu pai serviu. Minhas primeiras lembranças são de Londres e do interior britânico, de abrigos antiaéreos e das cortinas do blecaute, e de ser levada por meus pais à praia, apesar das enormes barreiras de aço erguidas para deter tentativas de invasão pelo inimigo.

Desde o dia em que os Estados Unidos entraram na guerra, meus pais e seus amigos tiveram confiança de que os Aliados sairiam vitoriosos. Como democratas da Europa Central, rezavam para que, após a guerra, quem tivesse a influência decisiva em nossa região fossem os Estados Unidos — e não a União Soviética. Aquilo não ocorreria. Com os nazistas derrotados, a Tchecoslováquia voltaria a se tornar um campo de batalha central onde as forças do totalitarismo prevaleceriam, o que levou minha família de novo ao exílio, dessa vez achando um refúgio permanente nos Estados Unidos.

Nada poderia ser mais adulto do que as decisões que as pessoas foram compelidas a tomar durante essa era turbulenta, mas as questões envolvidas seriam familiares a qualquer criança: Como posso estar seguro? Em quem posso confiar? Em que posso acreditar? E (nas palavras do hino nacional tcheco) "Onde está meu lar?"

Uma criança de minha geração nascida em Praga quase certamente estaria familiarizada com o romance *A avó*. Escrito em 1852, o livro foi uma das primeiras obras literárias sérias publicadas na língua tcheca. A história tem um lugar especial no meu coração devido ao nome da heroína: "Madaline". Um dos personagens coadjuvantes é uma jovem e impressionante mulher que — seduzida e "arruinada para o casamento" por um soldado itinerante — se retira para uma caverna na floresta, andando descalça mesmo no inverno, sobrevivendo de frutinhas silvestres, raízes e ocasionais esmolas. Quando uma criança indaga como aquela jovem mulher conseguia suportar condições tão duras, a avó responde que é porque a pobre criatura nunca adentra um aposento aquecido pelo fogo, "de modo que não é tão sensível ao frio como nós".[1]

Enquanto eu crescia, a milhões de pessoas negou-se a chance, metaforicamente, de entrarem num aposento aquecido pelo fogo. Em vez disso, elas foram forçadas a se adaptarem às adversidades da guerra: ocupação por tropas inimigas, separação do lar e dos entes queridos, escassez de alimentos e calefação, além da presença constante de desconfiança, medo, perigo e morte. Sem a chance de evoluírem gradualmente, em meio a pessoas e lugares familiares, foram lançadas de volta aos seus instintos primitivos e forçadas a fazerem julgamentos práticos e morais com base em um menu limitado de más opções.

Em muitos casos, as escolhas foram corajosas, em outros, puramente pragmáticas, e em ainda outros, acompanhadas pela vergonha da traição ou covardia. Muitas vezes o rumo selecionado foi tortuoso, à medida que a cautela e depois a coragem apontaram o caminho. Às vezes uma ação escolhida em reação às circunstâncias imediatas teve impactos de longo prazo que não puderam ser previstos. Nesse ambiente, decisões apressadas — tomadas por líderes nacionais, combatentes inimigos, burocratas estressados, vizinhos próximos ou mesmo pelos pais — podiam ter consequências fatais ou salvar vidas.

No final, ninguém que viveu de 1937 a 1948 deixou de sentir uma tristeza profunda. Milhões de inocentes não sobreviveram, e suas mortes jamais devem ser esquecidas. Atualmente não temos o poder de resgatar vidas perdidas, mas temos o dever de aprender tudo que pudermos sobre o que aconteceu e o porquê — não para nos julgarmos beneficiados pela visão retrospectiva, mas para impedirmos que o pior dessa história volte a ocorrer.

As pesquisas deste livro começaram, como muitas explorações centradas na família, com uma pilha de caixas guardadas na minha garagem. Meu pai havia publicado meia dúzia de obras de não ficção e, ao tomar notas, usava um Ditafone para gravar seus pensamentos. Tenho um monte de gravações que eu nunca havia ouvido, temendo que sua voz provocasse uma sensação dolorosa demais de privação. Eu sentia uma ansiedade semelhante em relação àquelas caixas. Quando servi no governo, estive ocupada demais para examiná-las. Nos anos seguintes, uma série de outros projetos permitiu que eu me persuadisse de que o momento ainda não era adequado. Mas eu já aguardara o suficiente.

Ganhando coragem, apanhei algumas caixas e comecei minha jornada. Dentro delas, descobri uma abundância de papéis separados por clipes enferrujados e unidos por elásticos tão frágeis que se romperam quando deveriam ter esticado. Grande parte do material era rotineiro, mas fiz algumas descobertas interessantes. Ali estavam os originais de palestras que meu pai proferira sobre as figuras que mais admirava: T. G. Masaryk, o fundador da Tchecoslováquia moderna, e seu filho Jan, que havia sido o chefe do meu pai. Deparei-me com livros escritos por pessoas que conheci quando criança, incluindo um conjunto em vários volumes de Prokop Drtina, com quem dividimos um apartamento em Londres durante a guerra. Dentro de um de seus livros, uma página tinha sido dobrada no canto, marcando o lugar. Logo constatei que nosso vizinho de tanto tempo atrás pensara em incluir uma descrição de uma menininha chamada Madlenka, a primeira vez em que alguém escreveu sobre mim. Só pode ter sido minha mãe quem marcou a página.

Nos últimos anos, tenho ministrado um curso na Georgetown University intitulado "A caixa de ferramentas da Segurança Nacional". Encontrei um artigo escrito quatro décadas antes por meu pai — um texto cuja existência eu ignorava — chamado "As ferramentas da política externa". Em outra pasta havia uma pilha de umas 120 páginas, impecavelmente datilografadas e divididas em capítulos. A certa altura no passado, meu pai confidenciara que vinha tentando escrever um romance. Perguntei: "Sobre o quê?" Ele respondeu: "Um jovem retornando à Tchecoslováquia ao final da Segunda Guerra Mundial." Deve ter sido aquilo. Avidamente, mergulhei no texto. Em pouco tempo, meus olhos estavam rasos d'água. Nas páginas a seguir, as palavras de meu pai terão um lugar proeminente.

As de minha mãe também. Em 1977, pouco depois da morte de meu pai, ela escrevera uma carta de 11 páginas que fornece as únicas informações em primeira mão de que disponho sobre momentos dramáticos nas vidas de meus pais, inclusive nossa fuga de Praga após a invasão alemã. Durante várias semanas, procurei o texto sem encontrá-lo. Nervosa, perguntei a minha irmã e a meu irmão se sabiam onde poderia estar. Em vão. Revirei meu escritório de cima a baixo, depois procurei pela décima vez na minha escrivaninha. Na gaveta dos papéis que considero mais importantes achei o texto de minha mãe, amassado e empurrado para o lado. Desamassando as bordas das páginas amareladas pautadas, pus-me a ler:

> Numa montanha alta perto de Denver existe um pequeno cemitério, e ali, na parede de um mausoléu, existe uma plaqueta com o nome: Josef Korbel 1909-1977. Talvez um dia alguém se pergunte quem foi aquele homem com um nome tão incomum e por que foi enterrado nas montanhas no Colorado.
>
> Bem, gostaria de escrever algo sobre ele, porque sua vida foi ainda mais incomum do que seu nome. Está enterrado na montanha porque amava a natureza, porque adorava pescar, porque foi no Colorado que passou muitos anos felizes após uma vida ativa em muitas ocupações e países diferentes. Ele costumava dizer: "Exerci vários empregos gloriosos, mas ser um professor universitário num país livre é o que mais adoro."
>
> Joe nasceu na Tchecoslováquia numa aldeia onde seu pai tinha, naquela época, uma lojinha de materiais de construção. Não havia sequer uma escola de ensino médio naquele lugar, de modo que, aos 12 anos, teve de morar numa cidade vizinha. Foi naquela escola que nos conhecemos e nos apaixonamos...[2]

Ali estava, resumidamente, o início e o final da história. Mas certamente havia mais por descobrir sobre tudo que transcorreu entre a escola e a montanha.

ALGUMAS PESSOAS BUSCAM o esclarecimento sentadas tranquilamente e sondando sua consciência íntima. Eu compro passagens aéreas. Numa manhã de sábado em setembro de 2010, toquei a campainha de um apartamento modesto em Londres. Foi ali que eu passara os dias iniciais da Segunda Guerra Mundial. Quem atendeu foi Isobel Alicia Czarska, uma

Josef e Mandula Korbel

mulher encantadora que, mesmo em meio aos preparativos para uma viagem, conduziu-me rapidamente pelo imóvel. Pela primeira vez em quase setenta anos, desci as escadas até o porão onde outrora eu me abrigara das bombas da Luftwaffe. Isobel explicou que o subsolo nunca fora reformado — fato que confirmei assim que vi o teto, pintado com o mesmo verde insípido de que me lembrava. Enquanto estávamos naquele espaço apertado, expliquei minha busca. Isobel gentilmente se ofereceu para pesquisar a história do prédio durante a guerra e me enviar o que descobrisse — um compromisso que ela cumpriria fielmente.

Antes de deixar Londres, compareci a um simpósio intitulado "Laços que unem" comemorando o 70º aniversário do governo tcheco no exílio. Promovida por Michael Žantovský, o embaixador tcheco no Reino Unido, a conferência serviu de fórum para rever controvérsias do passado à luz de informações recém-disponíveis. Impressionei-me de novo com a importância daquele período da história e com a variedade de opiniões que os estudiosos podem ter sobre o mesmo conjunto de acontecimentos. Ao final do dia, alguns de nós foram levados a aplaudir, outros a chorar, e alguns praticamente a partir para a briga.

Fui também a Praga, onde vários amigos, antigos e novos, ajudaram na pesquisa. Tomáš Kraus, o diretor executivo da Federação de Comunidades Judaicas na República Tcheca, respondeu às minhas perguntas sobre a história das comunidades judaicas de Praga, que remontam ao século VII. Daniel Herman, do Instituto para o Estudo de Regimes Totalitários, forneceu-me um arquivo sobre minha família mantido pelo governo comunista pós-guerra. Nem todos os papéis eram legíveis, mas eram claros os sinais de que meu pai tivera inimigos poderosos no regime marxista. O Ministério do Exterior tcheco forneceu-me documentos ligados à carreira do meu pai, entre eles um relatório da polícia sobre o meu avô paterno, que aparentemente não era o mais cauteloso dos motoristas — em 1937 teve de pagar uma indenização por atropelar uma galinha. Visitei também a fortaleza e prisão de Terezín. Nossa última parada foi um cemitério onde repousam as vítimas de uma longa história de conflitos. Tchecos, alemães, húngaros, judeus, poloneses, russos, sérvios, eslovacos e outros são lembrados conjuntamente, ainda que, em vida, vivessem mutuamente em conflito.

No decorrer de minhas viagens a Praga, passei muito tempo com minha prima Dáša, que sempre me recebeu com um prato de bolinhos de ameixa. Por mais de dois anos, mantivemos uma comunicação constante, trocando lembranças, compartilhando fotos, colaborando na tradução de cartas e outros textos. Das pessoas ainda vivas, ninguém me conhecera mais cedo do que ela. Geralmente foram seus braços que me embalaram no abrigo antiaéreo. Mas seus pais não conseguiram deixar a Tchecoslováquia junto com os meus, e mais tarde, quando os comunistas assumiram o poder, ela optou por permanecer e casar com seu namorado, em vez de partir para o Ocidente. Vivêramos vidas bem diferentes, mas parecíamos movidas pela mesma reserva inesgotável de energia. Suas contribuições à minha pesquisa foram imensuráveis. Quando a vi pela última vez, em abril de 2011, sua agenda estava cheia de atividades, incluindo aulas de lembrança do Holocausto para crianças. No início de julho, retornando de uma viagem à Inglaterra, ela se queixou de dores no pescoço e espinha dorsal. Menos de duas semanas depois, veio a falecer. Sempre serei grata pelo fato de este projeto contribuir para que nos reunissemos novamente.

Uma segunda pessoa ligada a este livro, o presidente Havel, também teve sua vida ceifada, em 18 de dezembro de 2011, ao sucumbir a uma doença respiratória. Eu o vira mais recentemente na celebração de seu 75º aniversário dois meses antes de sua morte. Meu presente para ele foi uma bússola que havia sido usada por um soldado americano na Primeira Guerra Mundial, o conflito que pela primeira vez trouxera a liberdade à Tchecoslováquia. Em minha carta, citei a ironia de dar uma bússola a um homem que serviu de Estrela Polar moral a toda uma geração. O século XX produziu apenas um punhado de heróis democráticos autênticos, e ele foi um deles.

Em outubro de 2010, havíamos estado juntos no Café Savoy, um reduto esfumaçado favorito de Havel da época da Revolução de Veludo. Quando expliquei ao meu amigo o que vinha planejando, ele imediatamente prometeu sua ajuda. Perguntei sobre suas experiências quando menino e convidei-o a refletir sobre as opções feitas pelos líderes durante a guerra. Em qualquer discussão com Havel, questões de política pública vinham à tona e então, inevitavelmente, também de moralidade. Várias vezes havia me falado de sua ideia de que Deus poderia ser comparado ao sol — um grande olho no céu que consegue ver o que estamos fazendo quando ninguém mais está por perto. Eu sempre me assustara com aquela imagem, mas concordo que a consciência é a qualidade que nenhum cientista conseguiu entender totalmente. A panaceia "Seja guiado por sua consciência" foi martelada na geração *baby boomer* americana por Walt Disney. A vida é mais complicada do que isso, mas sentada com Havel, eu temia que às vezes deixássemos de ver o que é simples. Duas décadas antes, eu o ouvira proferir um discurso que deixara perplexo o Congresso americano. A Tchecoslováquia acabara de recuperar a liberdade, e os legisladores estavam prevendo um brado de triunfo da Guerra Fria. Em vez disso, ouvimos um apelo pela Família Humana e uma declaração de que a batalha real — pela responsabilidade moral para com a Terra e nossos vizinhos nela — mal havia começado.

O que me fascina — e serve de tema central deste livro — é por que fazemos determinadas escolhas. O que nos separa do mundo que temos e do tipo de universo ético concebido por alguém como Havel? O que leva uma pessoa a agir ousadamente em um momento de crise e uma segunda a procurar abrigo na multidão? Por que algumas pessoas se tornam mais fortes em face da adversidade enquanto outras rapidamente desanimam? O que distingue o agressor do protetor? Será a educação, a crença espiritual, nossos pais, nossos amigos, as circunstâncias de nosso nascimento, acontecimentos traumáticos ou, mais provavelmente, certa combinação que resulta na diferença? Mais sucintamente, as nossas esperanças para o futuro dependem de um desenrolar desejável de eventos externos ou de algum misterioso processo interno?

Minha busca de uma resposta a essas perguntas começa com um olhar retrospectivo — para a época e local de meus primeiros anos.

PARTE I

Antes de 15 de março de 1939

A Sibila não profetizou que grande miséria acometeria a Boêmia, que haveria guerras, fome e pestes, mas que o pior período viria quando [...] a palavra empenhada ou a promessa feita não seria considerada sagrada; que então a terra boêmia seria espalhada pela terra sobre os cascos de cavalos?

— BOŽENA NĚMCOVÁ,
A avó: Uma história da vida rural na Boêmia, 1852

I

Um hóspede indesejável

Sobre um morro em Praga existe um castelo que se ergue há mil anos. De suas janelas é possível ver uma floresta de cúpulas douradas e torres barrocas, telhados de ardósia e pináculos sagrados. Também são visíveis as pontes de pedra sobre o largo e serpeante rio Moldava, com suas águas fluindo para o norte num ritmo tranquilo. Através dos séculos, a beleza de Praga tem sido enriquecida pelo trabalho de artífices de uma série de nacionalidades e crenças. Trata-se de uma cidade tcheca com uma variedade de sotaques, cuja melhor época é a primavera, quando florescem as tílias perfumadas, a forsítia fica dourada e os céus parecem de um azul impossível. A população, conhecida por sua diligência, resistência e pragmatismo, aguarda ansiosa a cada inverno a época em que os dias ficam mais longos, os ventos se amainam, as árvores recuperam suas folhas e as margens dos rios convocam as pessoas a se divertirem.

Na manhã de 15 de março de 1939, aquela promessa de primavera nunca parecera tão distante. A neve jazia espessa nos terrenos do castelo. O vento soprava feroz do nordeste. O céu exibia uma tonalidade cinza plúmbeo. Na Legação dos Estados Unidos, dois homens desgrenhados cercaram um diplomata a caminho de seu escritório e imploraram desesperadamente por asilo. Haviam sido espiões tchecos na Alemanha e eram conhecidos pela Gestapo. O diplomata, um jovem funcionário do serviço diplomático chamado George Kennan, mandou-os embora. Não havia nada que pudesse fazer.

Tropas alemãs ocupam Praga

Os tchecos acordaram naquela manhã ouvindo um anúncio surpreendente: "Hoje às seis horas tropas alemãs cruzaram nossas fronteiras e estão avançando para Praga por todos os caminhos. Mantenham a calma." A luz da alvorada ainda procurava brechas nas nuvens quando o primeiro comboio de jipes e caminhões passou ruidosamente, rumo ao castelo. Os veículos, com placas de gelo, eram dirigidos por soldados de rostos vermelhos, usando capacetes de aço e casacos de lã. Pouco depois, a população de Praga havia tomado seu café e estava na hora de ir trabalhar. As calçadas se encheram de homens e mulheres que paravam para olhar, boquiabertos, o cortejo estrangeiro, mostrando os punhos desafiadoramente, chorando ou fitando num pétreo silêncio.

Na praça Venceslau, vozes espontaneamente entoaram canções patrióticas. Os batalhões mecanizados não paravam de chegar, penetrando em cada bairro da antiga cidade. Na estação ferroviária, peças de artilharia e tanques foram descarregados. No meio da manhã, alemães com andar pesado ocupavam decididamente os ministérios do governo, a prefeitura, as prisões, as delegacias de polícia e os quartéis. Apossaram-se dos aeroportos, instalaram canhões de campanha nas encostas cobertas de neve do monte Petřín, hastearam bandeiras e estandartes nas fachadas de prédios, e prenderam alto-falantes nos postes e árvores. A lei marcial foi declarada, e um toque de recolher às nove horas da noite foi anunciado.

Na escuridão do início da noite, um comboio surgiu do norte. Seus passageiros foram conduzidos pelas ruas desertas, para o outro lado do rio e subindo as ruelas sinuosas do monte do castelo. Assim, naquela noite, a lendária residência dos reis boêmios serviu de quartel-general para o governante do Terceiro Reich alemão. Adolf Hitler e seus auxiliares principais, Hermann Göring e Joachim von Ribbentrop, estavam exultantes. "Os tchecos podem guinchar", o Führer dissera aos seus comandantes militares, "mas nossas mãos estarão em suas gargantas antes que possam gritar. De qualquer modo, quem é que virá ajudá-los?"[1] Tendo sempre em mente uma afirmação atribuída a Bismarck de que "quem controla a Boêmia controla a Europa", Hitler planejara longamente aquele dia. Considerava os tchecos, devido à sua esperteza, os mais perigosos dos eslavos. Cobiçava suas bases aéreas e fábricas de munições. Sabia que só conseguiria satisfazer suas ambições no resto da Europa quando a terra natal tcheca tivesse sido esmagada. Agora sua marcha triunfal começara. A língua alemã era dominante dentro das muralhas do castelo, sobre o qual a bandeira alemã havia sido içada. Normalmente abstêmio e vegetariano, Hitler se permitiu uma comunhão do vitorioso: uma garrafa de Pilsener e uma fatia de presunto de Praga.

No dia seguinte, Ribbentrop ordenou que as principais estações de rádio proclamassem que a Tchecoslováquia deixara de existir. A Boêmia e Morávia seriam incorporadas à Grande Alemanha, e seu governo, agora um protetorado, receberia ordens de Berlim. Os cidadãos deveriam aguardar instruções. Hitler, nesse ínterim, estava recebendo visitantes. Primeiro Emil Hácha, o presidente tcheco, prometeu sua cooperação, depois o ministro da Defesa, depois o prefeito. Ninguém queria um banho de sangue. Em torno do meio-dia, uma multidão de civis e soldados falantes de alemão se reuniu para saudar o Führer quando ele apareceu numa janela do terceiro andar. A imagem resultante agradou tanto aos nazistas que a puseram num selo postal.

Nos dias subsequentes, a neve cessou, mas o ar permaneceu penetrante e frio. Soldados alemães ocuparam os quartéis do exército locais. Administradores nazistas se instalaram nas melhores residências e hotéis. A cada manhã antes do alvorecer, homens com longos sobretudos se deslocavam ligeiramente pela cidade, carregando cassetetes e listas de nomes. Meus pais me mandaram para a casa de minha avó e tentaram da melhor maneira fazer o que seu amado país fizera: desaparecer.

2

Lendas da Boêmia

Não sei exatamente quantos anos tinha — embora certamente era bem jovem — quando ouvi pela primeira vez a história de Čech, o fundador, e sua neta, a inteligente e corajosa Libuše. Minha mãe costumava me contar histórias e adorava as velhas lendas da Boêmia. Como em muitas culturas, combinavam mito e realidade numa mescla de aventuras empolgantes, procuras épicas, espadas mágicas e explicações inventivas para a origem das coisas. Com o tempo, heróis e vilões reais pareciam conquistar seu lugar entre os imaginários, e juntos criaram a saga de uma nação. O papel do historiador é peneirar essas narrativas e separar verdade de ficção. Com frequência, porém, fatos são revisados para se ajustarem a um padrão que corresponda à sensibilidade do autor no momento em que escreve. Por isso o passado parece constantemente mudar. "Um estudioso", escreveu meu pai, "inevitavelmente lê os arquivos históricos como olharia num espelho — o que está mais claro para ele é a imagem de seus próprios valores (e) sensação de [...] identidade".[1]

Nunca fiz um curso acadêmico de história tcheca. Em vez disso, absorvi informações parciais de trechos fortuitos de conversas, pesquisas durante a faculdade e os livros que minha mãe lia e meu pai escrevia. Com o tempo, condicionei-me a pensar em minha terra natal como excepcional, um país repleto de pessoas benévolas e democráticas que lutaram constantemente para sobreviver, apesar da opressão estrangeira. Os melhores momentos da nação haviam sido marcados por uma disposição em se defender contra inimigos mais poderosos. Os mais tristes, pela incapacidade de revidar quando traída por supostos aliados e amigos. Sua expressão mais pura podia ser achada no período entre as duas guerras mundiais, quando a República da Tchecoslováquia serviu como um modelo de democracia do século XX dentro de uma Europa normalmente desanimadora.

Eu tinha tanta confiança nessa história que, ao defender minha tese de doutorado, fiquei surpresa ao ser desafiada por professores, com laços familiares em outras partes da Europa Central, que não entenderam por que eu achava a experiência tcheca tão singular. Naquele estágio de minha vida, eu não intencionava abandonar a narrativa histórica com que me sentia mais à vontade, uma versão que tinha a vantagem da simplicidade e distinções claras entre certo e errado. Os professores sentiam inveja, eu achava, das instituições e dos valores democráticos de minha terra natal. Para entender o país, precisavam conhecer melhor seus heróis e mitos, sua luta para estabelecer uma identidade e as características singulares de seu povo.

Os primeiros ocupantes das terras situadas no coração da Europa, entre os Cárpatos e o Danúbio, foram os boios, uma tribo celta que fugiu das enchentes ao norte. Aqueles pioneiros foram gradualmente expulsos por guerreiros germânicos, depois suprimidos pelas legiões de Roma imperial. Os romanos chamaram a terra de "Boêmia" devido aos boios, o que significa que o território foi batizado pelos italianos em homenagem aos irlandeses, demonstrando — no mínimo — que a globalização não é novidade.

Quando Roma caiu, os germânicos retornaram, seguidos no século VIII pelos eslavos, que migraram das estepes da Ásia Central. De acordo com a lenda, o patriarca Čech conduziu seu povo na árdua jornada para oeste através de três grandes rios, até chegarem numa montanha com uma forma bem peculiar: redonda no alto, com encostas anormalmente íngremes. Do alto, Čech anunciou aos seus companheiros fatigados que haviam enfim alcançado a "Terra Prometida [de] vastas florestas e rios cintilantes, pradarias verdes e lagos azuis, uma terra repleta de caça e aves e úmida com leite e mel doces".[2]

Uma filha do sucessor de Čech, a profetisa Libuše, é descrita à maneira estranha dos antigos cronistas como "o orgulho e glória do sexo feminino, realizando proezas sábias e varonis". Foi ela quem prefigurou a criação de uma cidade — Praga — "cuja glória atingirá as estrelas". A história pode ser fantástica, mas não havia nada de fictício na cidade e sua fama. No fim do século X, o controle das terras tchecas havia sido consolidado pelos Přemyslids, um clã nativo cuja dinastia deu origem à nação. Durante seu reinado, grandes catedrais, mosteiros e sinagogas foram erguidos, o distrito do castelo foi fortificado e o comércio floresceu dos dois lados do rio.

Entre os primeiros governantes da nação esteve Václav [em português, Venceslau], um cristão devoto que despertou o ressentimento entre a nobreza pagã por causa de sua bondade com os pobres. Em busca de aliados, Venceslau declarou a paz com a Saxônia alemã e, em troca de proteção, pagou um tributo anual de prata e bois. O rei era adorado por seu povo, mas invejado pelo traiçoeiro irmão Boleslav, cujos asseclas assassinaram o jovem monarca a caminho da missa. Toda nação necessita de seus mártires, e Venceslau tornou-se o primeiro da Boêmia.

Rei Venceslau

As terras tchecas prosperaram sob os reis přemyslids, Praga se tornando um modelo de diversidade: tchecos, alemães, judeus, poloneses, ciganos e italianos viviam nos prédios apinhados da cidade e pechinchavam diariamente peles, cachecóis, selas, escudos e outros produtos à venda nos quiosques ao longo de suas ruas movimentadas.

No final do século XIII, o reino estendeu seu domínio ao sul até o mar Adriático — o suficiente para que Shakespeare situasse uma cena de *Conto de inverno* na quase inimaginável "costa da Boêmia".

Um dos poucos líderes medievais a deixarem um legado duradouro foi Carlos IV (1316-1378), o primeiro rei da Boêmia a governar também na Alemanha e como soberano do Sacro Império Romano-Germânico. Um pensador avançado, o monarca teve várias esposas, uma francesa, as outras três alemãs. A quarta, Elisabeth da Pomerânia, entretinha os convivas nos jantares destruindo correntes e curvando ferraduras com suas mãos nuas. Não houve quinta esposa.

Entre os muitos destaques do reinado de Carlos esteve a fundação de uma universidade em Praga que atraiu estudantes de lugares tão distantes como a Inglaterra, a Escandinávia e os Bálcãs. Aquilo foi em 1348, antes dos livros impressos e numa época em que a investigação científica ainda estava limitada ao que a Igreja permitia. O rei também ordenou a construção de uma ponte de pedra com 16 arcos sobre o Moldava. Seus arquitetos recomendaram que um ingrediente especial — ovos — fosse misturado à argamassa para assegurar sua força.* Suprir os construtores estava além da capacidade das galinhas de Praga, de modo que um decreto ordenou que o país fornecesse carroças cheias do ingrediente. Os pedreiros reais ficaram pasmos quando as carroças de uma cidade do norte chegaram carregando uma quantidade impressionante — de ovos cozidos.

Carlos, conquanto cosmopolita em seus gostos pessoais, promoveu ardorosamente os mitos nacionais da Boêmia. Confirmou a autonomia da região e designou o tcheco (junto com o alemão e o latim) como língua oficial dentro do império. Em homenagem a São Venceslau, encomendou uma coroa de puro ouro incrustada de pedras preciosas e encimada por uma cruz e um camafeu de safira supostamente contendo um espinho da coroa de Cristo.

---

* Sempre houve quem duvidasse dessa história, mas uma análise científica da Ponte Carlos, realizada em 2008, confirmou a presença de proteína de ovo na argamassa.

Atualmente, o diadema real e outras joias da coroação estão protegidos dentro de um cofre de ferro atrás de uma porta com sete trancas numa câmara especial da imponente catedral de São Vito. De acordo com a sabedoria popular, se um falso governante ostentar a coroa, será morto em um ano.

O MÁRTIR VENCESLAU FOI o ícone político da nação boêmia. Um segundo mártir, Jan Hus, tornou-se o ícone espiritual. Nascido em 1372, Hus começou sua carreira modestamente como um expert em ortografia. Baixo e rechonchudo, tornou-se um pregador popular e, em 1409, foi nomeado reitor da Universidade Carlos. O lema tcheco "a verdade prevalecerá" deriva da recusa de Hus em aceitar a plena autoridade da Igreja. Em vez de latim, insistia em pregar no idioma local, tornando assim mais acessíveis as

A coroa de São Venceslau

palavras e mensagem do Evangelho. Defendeu uma série de doutrinas que prenunciaram a Reforma Protestante, incluindo a ideia de que Jesus, e não o papa, era o verdadeiro líder da Igreja, de que a hóstia e o vinho da comunhão eram meramente simbólicos e de que encorajar os pecadores a comprarem a salvação não contava com a sanção das Escrituras. As questões litúrgicas foram ampliadas por questões econômicas: a Igreja possuía metade das terras cultiváveis da Boêmia. De acordo com Hus, tal riqueza era o dote de Satã. Seus ensinamentos o colocaram em conflito com o arcebispo de Praga, que o acusou de heresia.

Em 1415, quando líderes católicos se reuniram na cidade alemã de Constança, o destino de Jan Hus estava em sua agenda. Embora lhe prometessem um trânsito seguro, o reitor incômodo foi acorrentado numa prisão junto a um fosso. Quando confrontado por seus acusadores, recusou-se a abjurar, sendo condenado pelos emissários da Igreja. O prisioneiro foi privado de seu vestuário, teve seus cabelos raspados, foi coroado com um chapéu de papel com três imagens do diabo e queimado vivo. Para não deixar relíquias, os carrascos cuidaram de incinerar cada parte de seu corpo

O martírio de Jan Hus

e todos os itens do vestuário. Esse método para apagar a lembrança, porém, teve exatamente o efeito oposto.

Poucas semanas após a morte do mártir, um movimento hussita subvertia a ordem religiosa e econômica em Praga. Sacerdotes proeminentes foram expulsos de seus púlpitos e substituídos por defensores das ideias novas. Camponeses hussitas queriam arrendamentos menores, enquanto os nobres, de olho nas propriedades de seus vizinhos católicos, desejavam se apoderar do "dote de Satã". Enquanto isso, a Igreja obstinada e seus partidários lutaram para conservar seus privilégios. Por meia década, a rivalidade entre os dois lados cozinhou em fogo brando. Atingiu a fervura quando, em julho de 1420, guerreiros hussitas derrotaram as forças católicas reunidas pelo Imperador do Sacro Império Romano-Germânico.

O comandante dos rebeldes, Jan Žižka, era um combatente encarniçado e inventivo que perdera o olho direito no início da carreira, mas permanecia, aos 60 anos, um estrategista militar brilhante. Em sua campanha, transformara um grupo improvável de fazendeiros e camponeses em uma força intimidante que transformou implementos agrícolas em armas, carroças em fortalezas móveis, e triunfou sobre uma cavalaria fortemente armada. As vitórias militares, especialmente em condições desfavoráveis, fornecem uma firme base à mitologia nacional, e Žižka, embora acabasse morrendo de sépsis, fez uma longa carreira como um herói tcheco. Ele foi o líder que enfrentou e venceu inimigos estrangeiros, preferindo a espada à aquiescência ou martírio.*

A revolta de Žižka ajudou a definir as linhas de batalha que atormentariam a Europa pelos próximos duzentos anos. Sua bravura permitiu à aristocracia tcheca apossar-se de vastas propriedades rurais dos católicos, ao mesmo tempo que promoveu o desenvolvimento de uma língua nacional e uma cultura populista marcada por sua devoção à alfabetização universal. "Esse povo iníquo", admitiu o papa Pio II no século XV, "possui uma boa qualidade — o gosto pelo aprendizado. Mesmo suas mulheres têm melhores conhecimentos das Escrituras do que os bispos italianos".[3]

---

* A causa hussita foi vista como uma ameaça pelos católicos por toda a Europa. Entre eles estava a moça de 18 anos Joana D'Arc, que, em 1430, escreveu uma carta endereçada aos "hereges da Boêmia". "Se eu não estivesse ocupada com as guerras inglesas", ela alertou, "há muito tempo teria ido vê-los. Mas se eu não descobrir que vocês se corrigiram, poderei deixar os ingleses para trás e combater vocês".

Jan Žižka

Nos anos seguintes, a rivalidade religiosa arrefeceu, e a nobreza hussita (ou protestante) de bom grado aceitou, o domínio dos Habsburgos, sediado em Viena e liderado por católicos falantes do alemão. Esse esquema baseou-se na compreensão de que seus direitos religiosos e de propriedade seriam respeitados. Por algum tempo não houve problemas. Mas em 1618 os líderes protestantes submeteram uma lista de queixas à coroa dos Habsburgos, exigindo um grau maior de autogoverno. A resposta foi negativa. Revoltados, os protestantes marcharam até o castelo, onde em 23 de maio confrontaram os representantes do rei. A entrevista foi mal e, para dar vazão à insatisfação, os invasores lançaram dois dos conselheiros reais e um escriba pela janela — de vários andares de altura. Os burocratas sobreviveram à experiência, um milagre atribuído pelos católicos à intervenção divina e pelos protestantes ao fato de as vítimas caírem sobre um monte de estrume.

Durante quase dois séculos, aristocratas boêmios de diferentes religiões haviam vivido e prosperado juntos. Agora permitiram que as irritações degenerassem em raiva e violência. A Batalha da Montanha Branca, travada na manhã brumosa de 8 de novembro de 1620, é lembrada pelos tchecos como um dia de infâmia nacional. Porém, os dois lados que combateram naquela data estavam divididos não pela etnia, mas pela religião. Ferdinando, o novo imperador Habsburgo, havia recrutado uma coalizão de católicos da Espanha, Itália, Baviera e Polônia. A aliança oposta incluiu simpatizantes protestantes de toda a Europa e foi liderada pelo jovem príncipe Friedrich da Alemanha. Como os ricos das duas religiões não quiseram que os camponeses portassem armas, as paixões populares não foram envolvidas, e a maioria dos soldados foram mercenários contratados.

No dia da batalha, os protestantes, embora em menor número, controlavam o acesso à montanha na periferia de Praga. Em noventa minutos de luta feroz, mais de 2 mil homens foram mortos. Os católicos pareciam estar em vantagem, mas os protestantes permaneceram na posição para defender a cidade. Naquele momento de crise, quando mais precisavam da liderança de Friedrich, seu príncipe escolhido, os católicos descobriram que ele havia fugido. Desertados e traídos, prontamente se renderam, permitindo que o Exército Imperial marchasse cidade adentro.

Para a Boêmia protestante, a Montanha Branca parecia o fim da história. Nobres derrotados foram executados ou banidos, sua religião, proibida, e suas propriedades, divididas entre os aliados espanhóis e austríacos do imperador. O povo tcheco sobreviveu, mas como uma nação de camponeses, sem uma classe alta ou média. Por um tempo, Praga experimentou um surto de construções, com os nobres católicos encomendando projetos grandiosos que muito contribuíram para a glória arquitetônica da capital, mas que aprofundaram a alienação da maioria dos tchecos. Sua língua, substituída pelo alemão, deixou de ser falada nos escritórios administrativos e nas cortes principescas. Em meio ao esplendor da Era da Realeza, o povo boêmio foi desprezado como retrógrado e pouco importante.

EM SEUS ESTUDOS DA história tcheca, meu pai e seus colegas discerniram duas dimensões opostas: os combatentes, como Žižka, e os estudiosos. Entre estes últimos o mais notável foi Jan Ámos Komenský, melhor lembrado por seus textos durante o exílio. Komenský foi um daqueles forçados a fugir após a Batalha da Montanha Branca, sendo bispo da Unidade dos

Irmãos Tchecos, inspirada por Hus. Sobreviveu comendo nozes e escapou aos perseguidores escondendo-se no tronco de uma tília.

Sem outra alternativa senão começar uma vida nova, Komenský logo se mostrou um educador de um humanismo e visão espantosos. Coerente com seus ideais boêmios, enfatizou a alfabetização universal e o acesso a escolas grátis para moças e moços. Pioneiro na ideia de educação pelo teatro, em contraste com o aprendizado maquinal, inventou o livro ilustrado para crianças e escreveu um ensaio sobre a linguagem adotado por estudantes indígenas americanos em Harvard. Tendo visto seu dicionário da língua tcheca laboriosamente compilado ser queimado por camponeses estrangeiros, defendeu a criação de uma língua universal que ajudasse a unir a humanidade. Achava que povos civilizados não deveriam se deixar dividir pela língua. Em Amsterdã nos últimos anos de vida, lamentou sua incapacidade de retornar à sua terra natal: "Minha vida inteira é meramente a visita de um hóspede."[4] Embora líderes religiosos e generais combatentes ocupem lugares no meu panteão pessoal, Komenský é o pensador antigo que mais admiro.

A LESTE DAS TERRAS tchecas fica a Eslováquia, o lar dos companheiros eslavos cuja história se mescla com a dos boêmios. Os dois povos estiveram unidos durante o Grande Império Morávio, que havia, no século IX, exercido certo grau de soberania sobre grande parte da Europa Central. A queda do império após oitenta anos derivou de uma invasão da aliança magiar, uma dinastia que fundou o reino da Hungria e governou os eslovacos por grande parte do milênio seguinte. Apesar da separação política, tchecos e eslovacos continuaram se deslocando entre as duas áreas para fins de evangelização, comércio e estudos.

A cidade principal da Eslováquia, Bratislava, é banhada pelo rio Danúbio e fica a 400 quilômetros de Praga. A terra montanhosa ostenta picos deslumbrantes e densas florestas, lagos formados durante a Era do Gelo e um solo rico em minerais. O cenário pitoresco serviu de pano de fundo para milhares de canções folclóricas, danças nativas, lendas e uma história fiel à realidade centrada num aventureiro do século XVIII, Juro Jánošík, que desertou o Exército Imperial e formou um bando de ladrões. Os salteadores de Jánošík construíram suas casas na floresta, fizeram amizade com um sacerdote local, roubavam apenas dos ricos e dividiam seu butim com os pobres. Essa paixão do Robin Hood eslovaco pela justiça econômica foi um indício de acontecimentos vindouros, pois a Europa Central havia atingido o limiar de uma mudança social abrangente.

O IMPERADOR JOSÉ II, que reinou de 1780 a 1790, considerava-se um homem moderno e bom. Fez doações de alimentos e remédios aos indigentes, fundou hospitais, asilos e orfanatos, e abriu parques e jardins públicos. A ordem "nenhum homem será compelido a professar no futuro a religião do Estado" foi sua. Essa "patente de tolerância" permitiu que, após 150 anos, os tchecos fossem novamente livres para praticar as religiões protestante e cristã ortodoxa. José também procurou integrar a comunidade judaica da Boêmia — na época a maior do mundo — revogando as restrições ao emprego, eliminando impostos especiais e exigindo o uso do alemão na educação. Aquelas mudanças, que aceleraram a exposição dos judeus à língua e cultura alemã, foram objeto de resistência de alguns, mas bem-vindas por outros como meio de expandir sua participação na sociedade.

Naquela era pré-industrial, a maioria dos tchecos ainda vivia uma vida rural, cultivando o solo, criando gado, costurando roupas e trabalhando como moleiros, guardas florestais, ferreiros, marceneiros e pastores. A maioria dormia à noite em cabanas decoradas com ícones religiosos. As necessidades medicinais eram satisfeitas coletando ervas ou comprando os bálsamos especiais de vendedores ambulantes que prometiam o alívio de músculos cansados e dores de dente. Os homens costumavam ter bigodes, vestiam calças folgadas, carregavam caixas de rapé e fumavam cachimbos. As mulheres em seus aventais assavam, lavavam e coletavam alimentos. As crianças eram mantidas na linha com lendas sobre uma velha encarquilhada que metia as crianças malcomportadas em sua bolsa a tiracolo e as levava embora. Antes das festas natalinas, aldeias inteiras se reuniam para devorar doces, depenar festivamente as aves e trocar histórias sobre espíritos da água e fantasmas. As pessoas acreditavam naquilo que haviam sido educadas para acreditar: uma mistura de doutrinas das Escrituras, mitos pagãos e boas maneiras. A melhor forma de despertar uma criança era com um tapinha na testa, para que a alma acordasse primeiro. Por motivos tanto físicos como espirituais, o pão — a dádiva de Deus — era tratado com reverência. Pisar numa única migalha faria as almas no purgatório derramarem lágrimas. Amigos e estrangeiros eram saudados com uma fatia de um pão marrom ou preto untado com banha e salpicado de sal.

Num tal ambiente, todos conheciam uns ao outros e cada um conhecia seu lugar. A divisão da população em classes sociais era um fato aceito. José II aumentou a liberdade de seus súditos, mas seu objetivo era preservar um império, não construir uma democracia. Sempre consciente das necessidades de defesa, queria criar um exército que amasse seu imperador e falasse uma única língua. Para se proteger das incursões de inimigos do norte, construiu uma fortaleza militar com oito lados, cujo nome foi uma homenagem a sua mãe, a imperatriz Maria Teresa. A praça-forte chamou-se Theresienstadt — ou, em tcheco, Terezín.

3

A competição

A primeira história de Sherlock Holmes escrita por Sir Arthur Conan Doyle — "Um escândalo na Boêmia" — começa com uma batida na porta de 221B Baker Street. A identidade do estrangeiro misterioso é rapidamente deduzida pelo grande detetive, que reconhece o rei hereditário da Boêmia por seu sotaque alemão. Uma história feita para deixar os nacionalistas tchecos furiosos.

Mas em 1891, época do texto de Doyle, o equilíbrio cultural já estava mudando. Qualquer pressuposto de que um cavalheiro da Boêmia devesse falar alemão era cada vez mais precário. O Iluminismo, as revoluções francesa e americana, além da industrialização, haviam provocado um despertar político através da Europa. Trabalhadores e camponeses passaram a acreditar que suas vidas poderiam ser mais livres e variadas do que as de seus ancestrais, causando a dissolução do sistema feudal que havia enriquecido a nobreza austríaca e magiar. Ativistas sociais distribuíam panfletos defendendo a autonomia e o tratamento igual para os tchecos dentro do Império Austríaco. Os eslovacos transmitiram pedidos semelhantes aos líderes da Hungria. Esses reformadores não eram tão ousados a ponto de buscarem a independência nacional, mas requereram prerrogativas dentro do império, como o direito de formar partidos políticos, eleger representantes ao Parlamento, exercer mais controle sobre o governo local e operar suas próprias escolas.

Após muitos falsos inícios e certo derramamento de sangue, a agitação exerceu um impacto, conquanto irregular. Em 1867, a corte em Viena reconheceu seu primo em Budapeste como um parceiro igual, dando assim origem ao Império Austro-Húngaro. Entretanto, uma monarquia dupla implicava a existência de dois sistemas de governo. Na Hungria, todos que vivessem dentro das fronteiras eram considerados húngaros. Não havia minorias e, portanto, nenhuma proteção aos eslovacos minoritários. Na Áustria, a nova Constituição reconheceu o direito de cada grupo nacional preservar sua língua e cultura.

O renascimento da identificação nacional nas terras tchecas foi incentivado por teorias intelectuais sobre o papel da nação na história e a centralidade da língua em forjar um povo. Se tais ideias tivessem surgido em uma época anterior, não teriam se disseminado muito longe. Mas o século XIX era uma época de ampliação de horizontes, enquanto jornais e revistas políticas se multiplicavam e livros além da Bíblia penetravam nos lares. Especialmente para as pessoas que migravam do campo à cidade, a ideia de nação servia de guia para navegar num mundo onde os paradigmas antigos da religião e classe social vinham perdendo autoridade.

Áustria-Hungria, incluindo terras tchecas, 1867

Mesmo que muitos dos primeiros nacionalistas tchecos escrevessem em alemão, eles defenderam o desenvolvimento da literatura boêmia e saudaram a criação da ópera tcheca, mais notadamente *Libuše* e *A noiva vendida* de Bedřich Smetana. Também defenderam o teatro nacional, a orquestra filarmônica, a organização de ginástica Sokol, uma academia de artes e ciências e, em 1882, a divisão da Universidade Carlos em departamentos alemão e tcheco separados. Começaram também a refletir sobre o que significava ser tcheco.

De acordo com o principal jornalista da época, Karel Havlíček, "um tcheco não depende dos outros, [mas] põe-se a realizar seu trabalho e superará tudo".[1] Havlíček sustentou que a destruição da nobreza boêmia dotara o povo tcheco de um caráter singularmente democrático: despretensioso, prático e impregnado de valores humanitários. Enquanto os outros se dividiam entre uma minoria rica e uma maioria pobre, os tchecos eram igualitários, rejeitando títulos extravagantes e tratando seus compatriotas como irmãos e irmãs. Em sua visão, o compromisso do povo com a decência e jogo limpo constituía um exemplo para toda a Europa e um afastamento bem-vindo das acusações tão típicas das nacionalidades vizinhas. Claro que os boêmios também reconheciam uma tendência a derrubar quem quer que tivesse subido alto demais. "Quando um tcheco possui uma cabra", dizia o ditado, "seu vizinho não anseia por uma cabra própria, mas torce para a cabra do vizinho morrer".[2] Havia avaliações ainda mais deploráveis do caráter local. O historiador alemão, vencedor do Prêmio Nobel, Theodor Mommsen comentou sombriamente: "O crânio tcheco é impenetrável à razão, mas suscetível a golpes."[3]

Através do século XIX, nacionalistas tchecos e alemães competiram entre si, aparentemente sem perceber que, ao tentarem provar quão diferentes eram seus povos, expressavam aspirações e reivindicavam virtudes semelhantes. Em uníssono e com igual veemência, exigiam que os pais criassem seus filhos como patriotas. Božena Němcová poderia ter falado por ambos os lados quando, em "Às mulheres boêmias", ela preconizou que:

Com a primeira palavra suave e lisonjeira
Com o primeiro doce beijo
Despejemos o som tcheco em suas almas

Com amor ardente pelo país.
Mulheres tchecas, mães tchecas!
Temos uma só Alegria:
Educar nossos filhos
Para o glorioso e querido país.

Tais exortações não eram para todos. Muitos habitantes da região pouco se importavam com as distinções nacionais, que eram, em todo caso, difíceis de discernir. As tribos eslavas e teutônicas originais haviam passado para a história fazia tempo, e seus descendentes haviam compartilhado a mesma terra por séculos, durante os quais o casamento misto havia sido comum. Nomes tchecos e alemães se misturavam, assim como os traços físicos, e muitas pessoas eram bilíngues. Isso significava que a pureza do sangue era com frequência ilusória, conquanto sedutora.

Paradoxalmente, a rivalidade crescente entre tchecos e alemães foi reforçada pelo compromisso do Império Austríaco com os direitos das minorias. Para honrar aquela promessa, as autoridades precisavam saber quem pertencia a qual nacionalidade. Isso impôs a uma realidade social fluida e imprecisa uma das invenções humanas mais rígidas: a burocracia. Agentes do império chegavam a cada cidade e aldeia com formulários a serem preenchidos. Os cidadãos deviam escolher um rótulo ou outro. Quanto maior o grupo, mais escolas podia abrir, a mais votos tinha direito no Parlamento e mais autoridades locais seus membros podiam eleger. Desse modo, uma declaração de nacionalidade, antes uma opção pessoal e voluntária, tornou-se uma obrigação legal e um ato político.

Para muitas famílias, a escolha se baseava na afinidade étnica e linguística consagrada, mas para outras a designação era mais uma questão de conveniência. Se não havia tchecos suficientes numa cidade para justificar sua própria escola, convinha à família ser alemã. Se uma cidade era majoritariamente tcheca, era prudente para um lojista alemão fazer negócios naquela língua. Pais pobres eram tentados por ofertas de almoços grátis e materiais escolares em troca de enviarem seus filhos para a escola ou clube atlético "certo". A natureza mista do processo refletia o fato de que muitas famílias tinham parentes em ambos os lados da divisória. Meu avô paterno, Arnošt Körbel, fixou-se no interior de língua tcheca do país. Alguns de seus irmãos se estabeleceram em áreas alemãs. Gerações anteriores, provavelmente, não haviam vivido nem na Alemanha, nem na Boêmia, mas no que agora faz parte da Polônia.

Tais complexidades somente faziam com que os ativistas se tornassem mais insistentes. Em seu modo de pensar, a identidade nacional não era um artigo de vestuário a ser comprado para ser depois vestido e tirado. Era a chave de quem você era. As pessoas tinham a obrigação de escolher e, tendo escolhido, de serem fiéis à escolha. Um alemão deveria votar em políticos alemães, comprar em lojas alemãs, comer comida alemã, vestir trajes alemães, ingressar em clubes alemães e oferecer o coração a um parceiro alemão. O mesmo catecismo se aplicava aos tchecos. Isso elevou a identidade nacional a um nível absurdo. Alguns sectários atribuíam qualidades ao seu povo que eram totalmente exageradas, enquanto outros se concentravam em ampliar os defeitos de seus vizinhos. Ainda outros se ressentiam das famílias — que chamavam ironicamente de "hermafroditas" — que deixavam de escolher um lado ou, ainda pior, escolhiam o lado errado. De acordo com um editorial de um jornal tcheco de 1910, "se cada pessoa tcheca pudesse dobrar seu ódio e desprezo pelos renegados [...] pessoas suficientes pensariam duas vezes antes de germanizarem a si mesmas e seus filhos".[4]

Enquanto o nacionalismo tcheco se fortalecia, a frustração de estar confinado ao Império Austro-Húngaro aumentava. Os tchecos gozavam de direitos de minoria, mas estes não se traduziam em igualdade política e social. Seja na corte imperial em Viena ou numa típica cidade boêmia, os falantes de alemão continuavam com a maioria dos cargos de liderança. Os tchecos em 1910 se acreditavam menos livres do que seus ancestrais haviam sido em 1610, ressentimento esse que fez com que alguns procurassem aliados no exterior. Uma série de escritores imaginaram um futuro de unidade para todos os povos eslavos, dos russos no leste aos boêmios no oeste. O problema era que os intelectuais tchecos que viajaram para outras terras eslavas não gostaram do que viram. Nem a nobreza polonesa nem as cortes czaristas agradaram aos pensadores populistas, enquanto a ideia de uma fraternidade pan-eslava parecia distante após ouvirem os poloneses descreverem os russos como mongóis e os russos desprezarem os poloneses como uma raça de camponeses atrasados. O consenso entre os nacionalistas tchecos, então, era que a melhor opção seria afirmar sua identidade dentro, e não fora do Império. Talvez com o tempo e o surgimento do líder certo, as circunstâncias mudariam, e os estandartes pretos e amarelos dos Habsburgos poderiam ser substituídos pelas cores tchecas vermelha e branca, possivelmente com um toque azul eslovaco.

Todas essas discussões não eram obstáculo à prosperidade. Em 1900, 80% da produção industrial do Império se localizava nas terras tchecas históricas da Boêmia, Morávia e Silésia. A taxa de alfabetização era de 96%, o dobro da húngara e maior até que a alemã. A economia se expandia mais rapidamente do que a da Inglaterra ou França. Os tchecos eram líderes em serviços ferroviários, mineração de carvão, produção de ferro e aço, produtos químicos, papel, têxteis, vidro, armamentos e maquinário industrial. Guiados pelo lema "no trabalho e conhecimento está nossa salvação", desenvolveram técnicas novas de processar presunto e fermentar cerveja, produziam uma bebida alcoólica popular de beterraba, inventaram um meio conveniente de vender açúcar (em cubos), introduziram a produção em linha de montagem de sapatos e estiveram entre os primeiros a instalarem sistemas ferroviários e bondes elétricos. Entre os palestrantes atraídos pela Universidade Carlos estavam o pioneiro em ondas sonoras austríaco Christian Doppler, o especialista em ondas de choque Ernst Mach e um jovem professor alemão pesquisando uma teoria física, Albert Einstein. O mérito de introduzir os capacetes de segurança nos locais de trabalho pertence a um funcionário bilíngue de uma seguradora em Praga, escritor nas horas vagas. Seu nome era Franz Kafka.

A posição legal melhorada dos judeus nem sempre se harmonizava com a intensificação dos sentimentos nacionais. Pessoas de origem judaica obtiveram um sucesso extraordinário nos negócios, nas profissões liberais e nas artes, mas sua posição na sociedade não era tão simples assim. Os judeus eslovacos eram mais rurais e tendiam a ser mais conservadores. O lado oposto do espectro podia ser visto entre a intelectualidade emergente em Praga e periferia. Para alguns judeus, a sensação crescente de nacionalismo se traduzia em sionismo ou num estudo mais profundo das tradições éticas e culturais. Para outros, significava uma associação crescente com o movimento pelos direitos tchecos. Mas esse desejo de participar do movimento nacional boêmio nem sempre era bem recebido.

Siegfried Kapper, um judeu tcheco, compôs versos patrióticos enquanto vigorosamente afirmava sua dupla herança. Entre suas obras estava um poema de 1864 intitulado "Não digam que não sou um tcheco". Karel Havlíček, o jornalista, respondeu questionando exatamente isso. Impossível, ele insistiu, ser ao mesmo tempo semita e tcheco. Essa teoria, amplamente aceita, representava um obstáculo aos judeus que procuravam se associar aos sentimentos patrióticos do lugar onde suas famílias haviam vivido por centenas de anos. Seria o sangue (na medida em que pudesse ser avaliado) que definia a nacionalidade, ou seria uma mescla de geografia, língua, costumes e preferências pessoais? Uma discussão sem fim. Infelizmente, mesmo onde era raro o antissemitismo virulento, a variedade mais casual estava disseminada. O brilhante Jan Neruda, com frequência comparado a Anton Tchekhov, foi um exemplo típico. Seus personagens judeus fictícios consistiam quase inteiramente em usurários gananciosos cuja raça era criticada como cruel e sedenta de poder. Jan Neruda não se deu ao trabalho de citar indícios. Ele simplesmente supôs que seus leitores concordariam. Naquela atmosfera, muitos judeus ficavam incertos quanto à direção a tomar. O dr. Theodor Herzl, pai do sionismo, captou esse dilema:

> Pobres judeus, onde devem se situar? Alguns tentaram ser tchecos e foram atacados pelos alemães. Outros queriam ser alemães, e tanto os tchecos como os alemães os atacaram. Que situação![5]

ESTRANHAMENTE, O INDIVÍDUO QUE mais contribuiria para a independência tcheca — e que muito colaborou para combater o antissemitismo — foi o filho de um cocheiro eslovaco católico. Tomáš Masaryk nasceu em 7 de março de 1850; cresceu falando os dialetos locais, mas sua mãe, uma morávia, ensinou-o a fazer contas e rezar em alemão. Quando jovem, recebeu breve treinamento como serralheiro, depois ferreiro. Anos depois, recordou as habilidades exigidas de um menino do século XIX: assobiar, correr, nadar, plantar bananeira, cavalgar, subir numa árvore, caçar besouros, fazer uma fogueira, descer tobogã, andar em pernas de pau, lançar bolas de neve, pular sobre pedras, esculpir com a faca, fazer nós em crina de cavalo, usar um canivete e lutar "de todas as maneiras", acrescentando:

"Não sei dizer que tipo de vida as meninas levavam, pois não tínhamos nada a ver com elas."[6]

Quando o jovem Masaryk não estava ocupado com outra coisa, estudava. Um sacerdote local lhe ensinou latim e recomendou que o menino fosse enviado a uma escola. Enquanto ganhava a vida como professor particular, ascendeu na escala acadêmica. Em 1872, graduou-se pela Universidade de Viena. Quatro anos depois, obteve um doutorado em Filosofia e mudou-se para Leipzig, onde assistiu a cursos de teologia. Tendo enfrentado um desafio através do estudo meticuloso, passou para o seguinte, pegando na biblioteca uma pilha de livros sobre a psicologia feminina. Assim preparado, conheceu Charlotte Garrigue, uma jovem americana dotada de lindos cabelos castanho-avermelhados, talento musical e uma mente independente. De início, ela reagiu evasivamente à sua corte e partiu em férias. Masaryk foi atrás num vagão de trem de quarta classe, levou-a a longas caminhadas e logo a cativou. Eles se casaram em março de 1878 em Brooklyn, cidade natal de Charlotte, criando não só um vínculo matrimonial, mas uma ligação internacional entre o povo das terras tchecas e os Estados Unidos. Num sinal de respeito raro então e sempre, Masaryk adotou o sobrenome de Charlotte como seu primeiro sobrenome. Tiveram quatro filhos, o mais novo um menino chamado Jan.

T. G. Masaryk começou a lecionar na Universidade de Praga e logo desenvolveu a fama de livre-pensador. Ninguém jamais pôde alegar que lhe faltavam convicções ou coragem para defendê-las. Como um acadêmico, surpreendia os professores veteranos com palestras francas sobre temas como educação sexual e prostituição. Depois de tornar-se membro do Parlamento, denunciou a ocupação austro-húngara da Bósnia-Herzegovina. No percurso, atraiu a inimizade dos católicos ao elogiar Jan Hus e aderir a um fervoroso mas anticlerical protestantismo. Depois, como jornalista, bateu de frente com o nacionalismo tcheco.

Em 1817, dois manuscritos tchecos supostamente antigos foram descobertos em Zelená Hora, uma cidade no distrito de Plzeň, na Boêmia ocidental. Os documentos pretendiam mostrar que a literatura da nação precedia a dos alemães e que os antigos boêmios haviam alcançado um padrão maior de educação e cultura. Por décadas, propagandistas tchecos usaram os textos como ponto de partida na discussão da história de seu povo. Já os artistas os empregaram como fonte para obras patrióticas. Em fevereiro de 1886, um artigo endossado por Masaryk forneceu provas convincentes de que os manuscritos eram fraudulentos. Esse furo no balão do nacionalismo não foi bem recebido. Masaryk recorda que, poucos dias após a publicação do artigo, um negociante local puxou uma conversa acalorada com ele:

> Ele não sabia quem eu era, e começou a me atacar, dizendo que fui subornado pelos alemães para arrastar o passado tcheco na lama e assim por diante. [...] Em outra ocasião, juntei-me a certas pessoas no bonde xingando o traidor Masaryk. Achei divertido. O que me revoltou foi ver pessoas defendendo os manuscritos sem acreditarem neles, mas com medo de admiti-lo.[7]

Quando criança, a mãe de Masaryk contara que os judeus usavam sangue cristão em seus rituais. O Masaryk adulto não acreditava em tais supertições, mas nem todos os seus compatriotas sentiam o mesmo. Em 1899, uma costureira de 19 anos foi achada numa floresta com a garganta cortada e as roupas rasgadas. Um boato se espalhou de que um assassinato ritual teria ocorrido. A polícia, na falta de suspeitos — e pressionada pelo sentimento local —, deteve Leopold Hilsner, um judeu itinerante que havia sido visto na floresta. Num julgamento que traumatizou a população judaica do país e chamou a atenção de toda a Europa, Hilsner foi condenado com base em provas circunstanciais. Masaryk conseguiu apelar do veredicto, possibilitando um segundo julgamento, e escreveu panfletos denunciando o fanatismo e questionando os fatos.* O episódio dotou os inimigos de Masaryk de nova munição. Ele foi acusado de aceitar pagamentos de judeus e forçado por sua universidade a suspender suas aulas até que os protestos se amainassem.

Masaryk era um produto da Era Vitoriana, mas seu intelecto e sensibilidade estavam totalmente atualizados. Ele examinou quase tudo e escre-

---

* Hilsner foi também condenado no segundo julgamento, mas sua sentença foi comutada de morte para prisão perpétua. Em 1918, perdoado pelo imperador da Áustria, foi solto.

veu de forma visionária (embora nem sempre com precisão) sobre o suicídio, a União Soviética, filosofia grega, hipnotismo, evolução, as virtudes do exercício físico e o cabo de guerra entre ciência e fé religiosa. Tinha ideias que mesmo agora seriam consideradas avançadas sobre a igualdade das mulheres e a associação entre um corpo limpo e uma vida longa. Não tinha paciência com os dogmas e sentia um desprezo especial pelo tipo de educação parcial que fazia as pessoas acreditarem que soubessem mais do que realmente sabiam.

A visão de Masaryk do nacionalismo era especialmente pertinente quando o século XX começou. O professor valorizava o patriotismo por fornecer um incentivo ao trabalho produtivo, mas enfatizou que o "amor à nação não implica o ódio a outra".[8] Insistiu que a pureza racial no mundo moderno não era desejável nem possível e que nenhum grupo devia se considerar perfeito. Citou explicitamente a época em que, quando criança, havia lutado contra os meninos da cidade vizinha. "Todos os domingos", ele disse, "brigávamos com a turma de Podvorov sobre quem tocaria os sinos da igreja. Aí você tem o nacionalismo em miniatura".[9]

Tomáš Masaryk

Masaryk viu um mundo no qual as verdades consagradas da convicção religiosa, ordem política e posição econômica estavam sob ataque. A modernização, embora essencial, também era perigosa porque podia deixar as pessoas sem uma âncora intelectual ou emocional. A solução, aos seus olhos, era abraçar a religião sem a camisa de força da Igreja, a revolução social sem os excessos do bolchevismo e o orgulho nacional sem o fanatismo. Acreditava na democracia e na capacidade de o povo aprender e crescer. Seu sonho era construir uma sociedade tcheca capaz de ocupar seu lugar junto aos países ocidentais que admirava.

4

A tília

Meu pai tinha 5 anos e minha mãe 4 quando, em junho de 1914, tiros disparados em Sarajevo feriram mortalmente o arquiduque Fernando, o herdeiro legítimo ao trono dos Habsburgos. O assassinato desencadeou a Primeira Guerra Mundial, ou a Grande Guerra, em que o Império Austro-Húngaro, Alemanha e Turquia se alinharam contra os principais países ocidentais, incluindo a Rússia czarista e mais tarde os Estados Unidos. O conflito descomunal derrubou três impérios antes poderosos: o dos Habsburgos, o Otomano e o dos Romanovs. Em seu lugar surgiria uma combinação europeia nova e explosiva contendo o primeiro Estado comunista, uma Alemanha enfraquecida, uma Inglaterra e França cansadas, e vários Estados independentes recém-criados, incluindo a República da Tchecoslováquia.

Esses resultados não tinham sido previstos. Os nacionalistas tchecos menos aventureiros esperavam adular a Coroa Austríaca apoiando a guerra e, com isso, aumentar as perspectivas de autonomia. Tomáš Masaryk liderou um contingente mais ousado cujos membros viram a conflagração como uma oportunidade de se libertarem totalmente. Em abril de 1915, ele preparou um memorando extenso que caracterizou a Áustria-Hungria como um "Estado artificial"[1] e comprometia-se com a criação de uma "Boêmia constitucional e democrática". Em julho, no 500º aniversário do martírio de Jan Hus, ele se identificou publicamente como oponente do império. Durante os três anos seguintes, viajou para capitais favoráveis na Europa e Estados Unidos em busca de apoio à independência de sua nação.

Como súditos do Império Austro-Húngaro, tchecos e eslovacos eram obrigados a servir em suas forças armadas. Entretanto, muitos relutavam em arriscar suas vidas por uma coalizão germanófona contra o Exército Russo formado por colegas eslavos. Esse choque entre dever e desejo foi espirituosamente captado nas histórias de Jaroslav Hašek sobre o bom soldados Švejk, um boêmio comum que, quando convocado pela junta de recrutamento, apareceu numa cadeira de rodas. "Morte ao inimigo!", ele bradou, enquanto agitava duas muletas sobre a cabeça.[2] Recrutado mesmo assim, o tenente de Švejk pergunta como se sente servindo no Exército Imperial. "Humildemente informo, senhor, que estou felicíssimo", foi a resposta. "Será realmente maravilhoso quando nós dois cairmos mortos."

Hašek esteve entre os milhares de soldados tchecos e eslovacos que mudaram de lado durante a guerra, seja desertando — como no seu caso — ou sendo recrutado de um campo de prisioneiros de guerra russo. Em 1917, os homens estavam organizados em uma Legião Tcheca e Eslovaca, um bando esfarrapado mas intrépido que lutou bravamente contra os alemães. As coisas ficaram mais complicadas quando a Revolução Bolchevique virou a Rússia de ponta-cabeça, fazendo o país se retirar da guerra e deixando os legionários perdidos a milhares de quilômetros de casa. As únicas opções eram se render ou tentar fugir para leste, driblando chefes guerreiros, bandidos e os bolcheviques hostis, até o Pacífico. Masaryk tentou ajudar ao máximo obtendo do líder comunista, Vladimir Lenin, a concessão de um salvo-conduto. Porém o acordo logo se rompeu numa briga em torno de armas, e os homens tiveram de avançar lutando de estação em estação ao longo dos 8 mil quilômetros da ferrovia Transiberiana.

Ao alcançarem a costa, os homens se chocaram ao saber que os Aliados Ocidentais não os deixariam voltar para casa. Em vez disso, os combatentes exaustos receberam ordens de retornar e liderar uma tentativa planejada às pressas e mal coordenada de derrubar os bolchevistas. Àquela altura, o tempo ficara gelado, e a guerra na Europa havia sido ganha. Por um ano adicional, a legião se envolveu num conflito de vários lados sobre o destino da Rússia no qual não tinha nenhum interesse imediato. Os Aliados chegavam e partiam, enquanto um lado russo e depois outro adquiria a superioridade. Finalmente, com ajuda de soldados americanos, os legionários conseguiram partir, mas só depois que muitos caminharam as últimas centenas de quilômetros até Vladivostok.

Graças à presença oportuna de correspondentes de jornais, as façanhas da legião haviam sido amplamente divulgadas nos Estados Unidos, tornando-se um trunfo diplomático importante para Masaryk. Ao chegar para um evento em Nova York, ele foi saudado por um mapa gigante exposto diante da biblioteca pública principal, permitindo aos observadores monitorarem o avanço da legião ao abrir caminho lutando para o Pacífico.

Nos Estados Unidos, a campanha pela independência da Tchecoslováquia havia sido lançada por um jornal dirigido por um imigrante em Omaha, Nebraska. "Cabe a nós vivendo fora da Áustria dar o primeiro passo", escreveu o editor do *Osvěta* em 12 de agosto de 1914. "Vivam os Estados Unidos da Boêmia, Morávia, Silésia e Eslováquia!"[3] Essa convocação repercutiu em Cleveland, Cedar Rapids, Chicago, Filadélfia e outras cidades, culminando em Pittsburgh, onde Masaryk aderiu a organizações locais numa aliança exigindo a liberdade imediata. Tais manifestações obtiveram publicidade, mas não tiveram nenhum efeito legal. O objetivo de Masaryk era mudar a política dos Estados Unidos. Nisso, foi simultaneamente encorajado pelo apoio do presidente Woodrow Wilson ao princípio da autodeterminação nacional e atrapalhado pelo desejo de Washington de romper a união entre Áustria-Hungria e Alemanha a fim de abreviar a guerra. Durante 1917 e os primeiros meses de 1918, o Departamento de Estado opôs-se ao desmembramento do império na esperança de que Viena concordasse com uma paz em separado. Essa política pragmática foi difícil de sustentar porque contrastava com as palavras idealistas de Wilson. Enquanto as negociações com a Áustria se arrastavam, o governo expressou simpatia pela causa tcheca, mas negou um reconhecimento formal.

Em junho, Masaryk encontrou-se com Wilson na Casa Branca. Quando criança, me ensinaram a acreditar que os dois presidentes foram amigáveis um com o outro imediatamente, mas existe sempre o risco de atrito quando dois professores recebem a chance de se compararem intelectualmente. Wilson admitiu a Masaryk que, como descendente de presbiterianos escoceses, tendia a ser teimoso. Masaryk achou o presidente norte--americano "um tanto melindroso".[4] Ambos queriam falar mais do que ouvir. Masaryk defendeu a independência; Wilson discutiu a batalha em andamento da Legião Tcheca contra os bolchevistas russos. Gostando ou não da companhia um do outro, os resultados, da perspectiva de Masaryk, foram satisfatórios. Em poucos dias, o Departamento de Estado declarou que "todos os ramos da raça eslava deveriam ser completamente libertados do domínio austríaco",[5] e em setembro os Estados Unidos reconheceram formalmente o Conselho Nacional de Masaryk como um beligerante na guerra. Essas medidas, combinadas com a imagem de Wilson como instigador de uma ordem global nova e mais justa, tornaria o presidente americano um herói na Tchecoslováquia e daria um brilho inédito à reputação internacional de seu país.

Para se assegurar de que não haveria recuo nos dias finais da guerra, Masaryk optou, em 18 de outubro, por emitir uma declaração de independência. O documento foi divulgado em Washington, datado de Paris, sede do governo rebelde. A ação decisiva, porém, ocorreu no campo de batalha, onde as forças aliadas derrotaram o que restava dos exércitos inimigos, e em Praga, onde políticos tchecos convidaram seus supervisores austríacos a se retirarem e anunciaram a existência do novo Estado.

Aquele dia, 28 de outubro de 1918 — o equivalente tcheco ao 4 de julho ou ao Dia da Queda da Bastilha —, ficaria na memória de quem o presenciou. Em minha garagem, entre os papéis do meu pai, me deparei com um relato escrito exatamente meio século depois:

> Eu tinha apenas 9 anos. Na noite anterior, fui acordado por canções patrióticas vindas dos lábios de um grupo feliz a caminho da estação ferroviária de nossa aldeia, Kyšperk, para destruir os emblemas do Império Austro-Húngaro. Observei-os da janela com uma sensação de importância, sentindo que estava participando de algo extraordinário.
>
> Na manhã seguinte, mamãe me vestiu com meu terno dominical, ofereceu uma porção dupla de manteiga no desjejum, uma raridade durante a guerra, e enviou-me à escola. A aldeia inteira, com umas 2 mil pessoas, estava em polvorosa. As pessoas

abraçavam umas às outras, cantavam e gritavam, hasteavam bandeiras tchecas e varriam a frente de suas casas. Na escola, os professores estavam eufóricos, e o diretor fez um discurso sobre a grandeza da história tcheca, a dissolução da odiada monarquia dos Habsburgos, a luta vitoriosa pela liberdade e o futuro promissor à frente. À tarde, marchamos até um parque para plantarmos uma tília — uma tília da liberdade.[6]

Pouco antes do Natal, Masaryk retornou de sua missão diplomática triunfal para enfrentar responsabilidades novas em Praga. Indo da estação ferroviária ao castelo em um carro conversível, foi recebido por uma serenata da recém-organizada banda do Exército da República e ovacionado. O presidente idoso, barba branca como neve e óculos antiquados, respondeu com um aceno jovial. Após séculos de subjugação, seu país conquistara a liberdade. Até possuía um hino nacional, ou melhor, dois ("Onde está meu lar?" para os tchecos e "Relâmpagos sobre os Tatras" para os eslovacos). O sonho da independência se realizara. A questão incômoda era: o que vem a seguir?

As fronteiras da Tchecoslováquia foram traçadas na Conferência de Paz de Paris em 1919, mas somente após prolongadas discussões. Masaryk e Eduard Beneš, seu ministro do Exterior de 35 anos, entraram nas negociações com a óbvia vantagem de que Alemanha e Áustria-Hungria haviam perdido a guerra. Esse fato combinado com a saga da Legião Tcheca e a estatura pessoal de Masaryk asseguraram para eles uma audiência justa. De acordo com a historiadora britânica Margaret MacMillan:

> Beneš e Masaryk foram sistematicamente cooperativos, moderados e persuasivos ao enfatizarem as tradições democráticas arraigadas dos tchecos e sua aversão pelo militarismo, oligarquia, altas finanças, aliás por tudo que a velha Alemanha e Áustria-Hungria haviam representado.[7]

Em 5 de fevereiro de 1919, Beneš ergueu-se para expor o seu argumento sobre a fronteira norte do país. Fora precedido pelo loquaz delegado da Polônia, que falara por cinco horas, começando, nas palavras de um observador americano, "às onze da manhã e no século XIV".[8] Beneš então ocupou a cadeira, "começou um século antes" e falou uma hora a mais. Como se esforçou por deixar claro, a Europa só seria estável se a Tchecoslováquia possuísse fronteiras defensáveis. Encontrou um público receptivo, especialmente entre os franceses, que queriam criar o máximo de limitações possíveis ao poder alemão. Infelizmente, muitos europeus centrais vivem no que os cartógrafos constatam serem locais inconvenientes. Assim, quando a fronteira sul da nova república foi traçada ao longo do Danúbio, 750 mil húngaros foram incluídos na região eslovaca do país. Mais para o leste, a Rutênia Subcarpática foi acrescentada, contribuindo com meio milhão de ucranianos. Ao norte, um acordo difícil foi obtido em torno do entroncamento ferroviário rico em carvão de Tešín, deixando a Tchecoslováquia com menos terras do que desejava, mas também com jurisdição sobre 100 mil poloneses insatisfeitos.

No final, o incansável Beneš obteve quase tudo que queria: montanhas, florestas e rios separariam de seus vizinhos os 140 mil quilômetros quadrados da nova e frágil república. Mesmo assim, as fronteiras da Tchecoslováquia seriam difíceis de defender devido ao formato alongado do Estado, estendendo-se de oeste para leste: Morávia, Eslováquia e Rutênia. Com um comprimento de 970 quilômetros, o país tinha apenas 240 quilômetros de largura na Boêmia e menos de metade disso na Eslováquia e Rutênia. Tanques inimigos teriam dificuldade em penetrar pelos morros florestados ao norte, mas, se conseguissem, não teriam depois grandes dificuldades em retalhar o país em dois. Pior, o país estava confinado por seus rivais históricos: no norte e oeste, a Alemanha, e no sul menos protegido a Áustria e Hungria. Devido à disputa por Tešín, as relações com a Polônia também seriam tensas.

A questão mais espinhosa era como incorporar 3 milhões de alemães étnicos concentrados na região dos Sudetos (a terra do sul)* da Boêmia e Morávia, totalmente misturados com tchecos — isso dentre uma população de uns 13 milhões. As tentativas alemãs de declarar a região indepen-

* Os Sudetos ficavam ao sul em relação à Alemanha. Abrangiam partes das regiões fronteiriças do norte, oeste e sul da Tchecoslováquia.

dente ou parte da Áustria não receberam qualquer apoio internacional e foram prontamente e, em um caso, brutalmente suprimidas pelo Exército Tcheco. Os líderes da população dos Sudetos reagiram se recusando a participar da redação de uma Constituição ou da formação de um Parlamento. Masaryk em nada ajudou quando, em seu discurso de posse, caracterizou "nossos alemães" como pessoas "que originalmente entraram no país como imigrantes e colonos". Constituiu sem dúvida um erro atribuir uma posição de segunda classe a uma população que vivia naquela terra havia séculos. Alvo de críticas, o novo presidente prometeu respeito aos direitos de todos que demonstrassem lealdade ao Estado. Considerava vital que as minorias participassem da construção de um país unido e próspero. Essa visão foi corporificada na Constituição de 1920, que garantiu o sufrágio feminino, liberdade de reunião e expressão, e a igualdade dos cidadãos perante a lei.* Mesmo assim, Masaryk foi realista, avisando aos auxiliares que construir uma verdadeira democracia requereria cinquenta anos de paz ininterrupta. Tudo que podia esperar, no que ainda lhe restava de vida, era fazer um bom começo.

República da Tchecoslováquia, 1919-1938

* Embora a democracia americana fosse 130 anos anterior, a República da Tchecoslováquia garantiu o sufrágio feminino seis meses antes que os Estados Unidos alcançassem esse marco.

Foi o que ele fez. Aquela primeira década foi bem promissora. Formaram-se partidos políticos dos quais tchecos, eslovacos e alemães puderam participar. Os alemães étnicos foram incluídos no ministério, tornando a Tchecoslováquia o único país na Europa onde uma minoria era assim representada. Eleições livres e justas se realizaram em cada nível. Devido à independência da imprensa, os cidadãos podiam manifestar suas opiniões sem temor. Não havia prisões políticas, tortura ou desaparecimentos oficialmente patrocinados. O poder legislativo era exercido pelo Parlamento e orientado pelo Comitê dos Cinco, um corpo informal consistindo nos líderes dos principais partidos. Com tantas facções, nenhuma conseguiu prevalecer, encorajando a moderação. Comunistas, fascistas e separatistas eram legalmente reconhecidos, mas operavam à margem da vida pública.

O novo regime começou traduzindo para a política o espírito igualitário da tradição tcheca. Sob o antigo império, três famílias abastadas haviam controlado tantas propriedades quantas as 600 mil mais pobres. Na república, aristocratas alemães e húngaros foram destituídos de seus títulos, as propriedades imperiais foram desmembradas, e o tamanho das propriedades foi limitado. As terras nacionalizadas foram vendidas para fazendeiros independentes a um preço nominal.

Enquanto isso, nas áreas urbanas, os trabalhadores se beneficiaram da introdução de uma legislação social moderna, incluindo uma jornada de oito horas, pagamento de auxílio-invalidez, seguro-saúde e aposentadoria. Masaryk, o velho professor, enfatizou a educação do primeiro ano à universidade, especialmente em regiões, como a Eslováquia, que antes haviam sido mal atendidas. Economicamente, a Tchecoslováquia foi um sucesso. A moeda era estável, os orçamentos eram equilibrados, e as exportações de têxteis e artigos de vidro dispararam. O espírito inovador que emergira no século XIX continuou florescendo. Em 1930, o país era o décimo entre as potências industrializadas do mundo. As marcas tchecas conhecidas incluíam os automóveis Škoda, cerveja Pilsener, o presunto de Praga e sapatos Bat — cuja sede em Zlin tinha 76 metros de altura, dispondo de um elevador refrigerado com uma pia para lavar o rosto.

Os tchecos também eram respeitados nos assuntos mundiais, tendo conquistado uma reputação de apoio ao desarmamento, direito internacional e paz. Sobre Masaryk dizia-se que, se existisse tal cargo, poderia facilmente ser eleito presidente da Europa. Com sua postura ereta, feições elegantes e barba cor de prata, tinha a aparência certa para aquela função. Sua energia também era espantosa — jogava tênis, montava a cavalo e nadava longas distâncias. Uma tarde, o presidente convidou o ator fanfarrão Douglas Fairbanks para um chá no jardim de sua casa de campo. Masaryk desafiou Fairbanks a demonstrar seus dotes atléticos. Fairbanks examinou brevemente o cenário antes de se levantar da cadeira, levantar sua xícara de chá e saltar sobre a mesa sem derramar uma gota. "Muito bem", disse Masaryk. "Não consigo fazer isso com uma xícara de chá — mas quanto a saltar sobre a mesa, veja." E aos 77 anos cumpriu o que disse.

Foi naquele ambiente eufórico de otimismo e orgulho nacional que meus pais atingiram a maioridade.

Meu pai, Josef Körbel, foi o mais novo dentre três filhos. Nascera em 20 de setembro de 1909 numa comunidade rural de Kyšperk (atual Letohrad), uns 145 quilômetros a leste de Praga. No início de 1997, após ficar sabendo da descendência judaica de nossa família, minha irmã, meu irmão e sua esposa visitaram a aldeia. Em agosto, junto com minha irmã e filhas, repeti seus passos. Mostraram-nos a casa geminada em bom estado numa rua ladeada de aceráceas em frente à estação ferroviária em que meu pai cresceu. A Kyšperk de 1909 havia sido uma aldeia de 2 ou 3 mil almas, na maioria tchecas, mas com um punhado de falantes de alemão. Embora antes os vendedores anunciassem suas mercadorias nas duas línguas, a tendência naquela época era favorecer apenas o tcheco. Meu avô, Arnošt Körbel, possuía uma pequena loja de materiais de construção no primeiro andar de sua casa. Entre seus clientes estava a fábrica de fósforos local, que Arnošt ajudara a fundar e que empregava muitos moradores da aldeia. Como era típico dos homens de Körbel, tinha altura mediana, com um rosto redondo bonito e queixo fendido. Era atraente e visto pela comunidade como atencioso e gentil. Em 1928, ele e sua mulher, Olga, mudaram-se para mais perto de Praga, onde ele foi gerente de uma firma que construiu alguns dos projetos mais ambiciosos da cidade, incluindo a ponte Jirásek sobre o Moldava.

Em Kyšperk, que não tinha sinagoga, os Körbels não compareciam a serviços religiosos. Participavam do Dia de São Nicolau, das celebrações da Páscoa e de outras festas da comunidade. Tal descaso pelas fronteiras culturais era típico entre muitos judeus não praticantes. Para eles, como para muitos cristãos tchecos, aquelas festas — com suas canções, desfiles, decorações e comidas especiais — tinham mais importância social do que religiosa. A Páscoa era um rito da primavera tanto quanto um tributo à ressurreição, e as árvores de Natal não eram apenas para os cristãos. Quando eu era menina, meu pai muitas vezes contava a história de como ele e seu irmão quebraram uma pia numa manhã de Páscoa durante uma briga. A mensagem da história era inteiramente secular: se eu me comportasse mal, seria — como eles — punida.

Kyšperk não era grande o suficiente para dispor de sua própria escola secundária, de modo que, aos 12 anos, meu pai passou a frequentar a escola da cidade vizinha de Kostelec nad Orlicí. Um excelente aluno, que desempenhava papéis importantes nas peças teatrais escolares, aborrecia-se com professores enfadonhos e viu-se em apuros por derrubar o chapéu de um estranho com uma espingarda de ar comprimido. De acordo com uma carta que mais tarde escreveria aos membros de sua classe do ensino médio, adorava percorrer as trilhas que serpenteavam pelas encostas das montanhas Orlické. Também passou a frequentar a praça principal, com calçadas amplas orladas de rosas de todas as cores e densas florestas de cravos vermelhos e brancos.

Uma das brincadeiras favoritas dos meninos locais era ficar de olho no policial da aldeia, um homem tão gorducho que suas "calças pendiam feito um acordeão".[9] Assim que ele se distraía, os jovens saltavam da calçada para um canteiro de flores, colhendo uma rosa ou cravo para dar à namorada. No caso de meu pai, as flores preferidas ficavam perto da loja atacadista de alimentos principal da cidade. Ali podia observar Anna Spiegelová, a jovem mulher que se tornaria minha mãe.* A família Spiegel dirigia uma empresa que vendia farinha, cevada, especiarias, geleias e outros alimentos às lojas da região. Os pais de Anna, Růžena e Alfred, orgulhavam-se de seus produtos, especialmente um licor caseiro chamado Asko e grãos de café moídos na hora que Růžena insistia serem os mais saborosos da região. Anos mais tarde, após uma lauta refeição, meu pai dizia que a razão por que tínhamos tanta comida era que minha mãe viera de uma família de atacadistas.

---

* Em tcheco, o sufixo "-ová" é adicionado aos sobrenomes de mulheres e meninas.

Entrevistada na década de 1970, minha mãe recordou:*

> Tive uma infância muito boa. Na primavera e verão, minha irmã mais velha e eu íamos à floresta colher cogumelos, mirtilos e morangos silvestres. Nos dias chuvosos íamos ver um filme mudo se nossos professores deixassem. No inverno íamos esquiar, andar de trenó ou, quando mais velhas, esquiar em trilhas. Eu gostava de ler os livros que minha irmã havia lido, mas não gostava tanto de ter que usar os vestidos que ela havia usado.[10]

Meus pais podem não ter sentido amor à primeira vista, mas chegaram perto. Meu pai, que não era nada tímido, simplesmente se aproximou de Anna e se apresentou: "Boa tarde, sou Josef Körbel e você é a garota mais tagarela da Boêmia", ao que ela respondeu com um tapa. O apelido de Anna era Andula, mas a partir do ensino médio passou a ser chamada de Mandula, contração de "minha Andula", um termo carinhoso criado por meu pai. Ela o chamou de Jožka e disse sim quando, em 1928, ele lhe pediu a mão em casamento. Ele tinha 19 anos, ela era um ano mais nova. Os pais dela aconselharam paciência e a enviaram para uma escola na Suíça a fim de aprender francês, secretariado e outras necessidades sociais.

Se acharam que a distância poria fim ao romance, estavam enganados. Minha mãe, escrevendo após a morte do meu pai, recordou: "Joe era certamente um homem pelo qual valia a pena esperar sete anos." Ela depois acrescentou — e riscou — "mas nem sempre estive tão apaixonada assim. Algumas vezes pensei em desistir dele".[11] (Mesmo após décadas nos Estados Unidos, o inglês de minha mãe mantinha o forte sotaque e era governado por suas próprias regras gramaticais.) Ela continuou: "Com frequência eu me perguntava o que mais admirava em sua personalidade. Seria sua perseverança que ele provavelmente herdou do pai [...] (ou) eu o amava devido ao seu bom coração, gentileza, desprendimento e lealdade à sua família, que ele herdou de sua amável mãe?"

Mandula Spiegelová, depois Körbelová, era bonita e delicada. Cortava curto seus cabelos castanhos, no estilo melindrosa, tinha olhos casta-

---

* A entrevista foi conduzida por minha filha Katie Albright para um trabalho da escola primária. Ela recebeu nota máxima.

nho-esverdeados e covinhas nas bochechas. Meu pai se referiu a ela numa carta como "uma pessoa de inclinações um tanto rebeldes", querendo dizer que ela tinha ideias próprias e não temia exprimi-las. Quanto ao meu pai, tinha um rosto forte e sério e cabelos ondulados. Minha mãe dizia que ele foi ficando mais bonito com a passagem dos anos. O que compartilharam desde o princípio foi um desejo exuberante de explorar as possibilidades da vida. No caso do meu pai, isso significava completar sua educação o mais rápido possível visando se tornar jornalista ou, à maneira de Masaryk e Beneš, diplomata. Para adquirir as habilidades linguísticas necessárias, estudou alemão e francês e, mais tarde, passou um ano em Paris. Aos 23 anos, doutorou-se em jurisprudência pela Universidade Carlos. Trabalhou brevemente para um escritório de advocacia, depois outro, antes e após um período de serviço militar obrigatório. Em novembro de 1934, havia alcançado seu objetivo de ingressar no Ministério das Relações Exteriores tcheco. Enfim chegara a hora de cumprir a promessa a Mandula.

O casamento civil ocorreu na Velha Prefeitura em 20 de abril de 1935. Como em qualquer casamento tcheco, deve ter havido muita cantoria, liderada sem dúvida pelo noivo, com uma maravilhosa voz de tenor e que conhecia todas as canções tradicionais. Na certidão de casamento, meus pais foram identificados como *bez vyznáni*: sem crença religiosa.

Casamento de Josef e Mandula Körbel

Minha mãe, como era típico das mulheres da época, carecia de diploma universitário. Porém, apoiou plenamente as ambições profissionais do meu pai e ficou satisfeita em acompanhá-lo para a sofisticada capital Praga. As recordações do meu pai mostram a felicidade do casal:

> Enquanto outros países europeus sofriam turbulências políticas e sociais, finanças instáveis, e um por um sucumbia ao fascismo, a Tchecoslováquia era uma fortaleza de paz, democracia e progresso. Nós [...] sorvíamos o elixir da liberdade. Líamos avidamente a literatura e jornais nacionais e estrangeiros, comparecíamos a todas as estreias no Teatro e Ópera Nacional, e não perdíamos um concerto da Orquestra Filarmônica de Praga.[12]

Naquele primeiro ano juntos, jovens e ainda livres de filhos, Josef e Mandula moraram num apartamento decorado em estilo art déco, todo preto e branco. Com entusiasmo, ocuparam seu lugar no *café society*, frequentando os restaurantes e passeando pelos parques e praças. Várias vezes por semana, as mulheres da geração da minha mãe desciam até o mercado antigo, repleto de vendedores de carne, legumes, doces, alimentos assados e frutas. Grandes guarda-chuvas de lona em diferentes tons protegiam do sol e da chuva. As compras eram embrulhadas em jornal e guardadas em grandes sacolas de compras. Especialmente aos sábados, o mercado ficava perfumado com a mistura das fragrâncias de flores, frutas e aves. Músicos de rua, quase todos homens, competiam pela atenção e gorjetas. Em ocasiões especiais, eram acompanhados por dançarinos no traje nacional tcheco, seus troncos se contorcendo e suas camisas ondeando enquanto batiam com os pés na calçada.

A Cidade Velha sempre estivera repleta de mercados. A Cidade Nova, assim chamada porque só foi ocupada no século XIV, era mais residencial e arborizada, com amplos espaços para bosques e parques. O passado de Praga está escrito em estátuas, paredes de sinagogas e torres de igrejas visíveis de toda parte, exceto das suas ruas mais sombrias e estreitas, mas na época dos meus pais as preocupações eram tipicamente modernas. Como aprendi ao pesquisar para meu doutorado sobre o papel da imprensa na Tchecoslováquia, Praga possuía na época 925 mil habitantes e nada menos que dez jornais importantes, a maioria pertencente a partidos políticos.

Lojas na cidade também vendiam os principais jornais da Europa — franceses, ingleses e russos, bem como alemães e tchecos —, dando aos cafés o aspecto de salas de leitura. A política pública era tema de constantes discussões. Meu pai estava entre os dirigentes da Přítomnost (O Presente), uma sociedade de assuntos cívicos e debates, centrada em Praga, que atraía profissionais liberais jovens e ambiciosos que trabalhavam no governo, jornalismo e mundo acadêmico. Foi através daquele clube que ele veio a conhecer Prokop Drtina, seu presidente e um homem cuja carreira e vida se cruzariam com as de minha família nos dez anos seguintes.

O dinamismo cultural e político da capital devia muito à energia intelectual de um homem nascido numa época anterior, cuja partida iminente poucos estavam preparados para aceitar. Desde a fundação da república, os moradores haviam se acostumado com a visão de T. G. Masaryk montado num garanhão através das ruas, nada o separando das multidões. No inverno de 1936, meu pai conheceu o patriarca na única vez em que o Ministério do Exterior pediu que acompanhasse um grupo de acadêmicos iugoslavos que havia pedido uma audiência. Para meu pai, foi como conhecer George Washington. "Ali estava ele, Tomáš Garrigue Masaryk, aos 86 anos, alto e esguio num terno escuro, numa sala de mobília simples cercado por sua biblioteca, um buquê de rosas sobre o consolo da lareira."[13] Em sua escrivaninha dois livros pareciam travar um duelo: *Fausto*, de Johann Wolfgang von Goethe, e *Mein Kampf*, de Adolf Hitler.

Quando meu pai ingressou em suas fileiras, o Ministério do Exterior tcheco não era a vasta burocracia que se poderia imaginar. Em vez disso, consistia num pequeno quadro de altos funcionários que serviam como embaixadores nos países estrangeiros e cerca de cem outros funcionários de apoio administrativo. O orçamento não era nada pródigo. Vários meses transcorreram até meu pai receber o pagamento. O líder inconteste e estrategista principal do órgão era Eduard Beneš, o assessor mais próximo de Masaryk e ministro do Exterior desde a fundação da república.

Nascido em 1884, Beneš era o décimo filho, o caçula, de uma família de camponeses com raízes no canto noroeste da Boêmia. Animado desde o princípio pelo nacionalismo, o menino precoce escreveu uma ode a Hus quando ainda usava bermudas e costumava trocar socos com crianças alemãs. Era também um pensador sistemático e ambicioso. Um coroinha aos 10 anos, tornou-se agnóstico aos 12. No ano seguinte, fumou seu último cigarro, e um ano depois parou de beber álcool. Aos 16 anos, "cativado pelo radicalismo e socialismo, estava celebrando o 1º de maio com uma flor vermelha em sua lapela".[14] Aos 18, trocara a ideologia radical pela busca da verdade através da ciência. Aos 21, decidiu se preparar para uma carreira na política e para isso se matriculou em três universidades ao mesmo tempo. Em viagem de estudos para Paris, conheceu e travou amizade com Anna Vlčeková, filha de um ferroviário tcheco. Através de um amigo, ficou sabendo que a jovem se apaixonara por ele, uma perspectiva assustadora e também inviável. No dia seguinte, convidou-a a um passeio e explicou que, como um romance seria um empecilho à sua carreira, deveriam se separar. Ela concordou. Ele foi para Londres, ela para Praga, mas o amor acabou vencendo. Quatro anos depois, Eduard e Anna (agora Hana)* embarcaram num casamento que, embora com frequência cercado de tumultos, permaneceria sólido pelo resto de suas vidas.

Durante a universidade, Beneš chamou a atenção de Charlotte Masaryk, que persuadiu seu marido a empregar o pobre estudante como tradutor alemão-tcheco. O jovem compareceu às palestras de Masaryk e logo se tornou discípulo. Quando irrompeu a Primeira Guerra Mundial, os dois concordaram em trabalhar juntos. Mesmo que não fosse fisicamente imponente, Beneš havia sido um jogador de futebol talentoso na escola e não era nenhum covarde. No decorrer da guerra, viajou de trem de uma capital europeia para a próxima, transmitindo mensagens aos agentes secretos tchecos e carregando livros cifrados em ternos com fundo duplo. Aquilo não era brincadeira. Se detido, teria sido enforcado ou fuzilado. Paradoxalmente, Beneš foi preso três vezes pelos britânicos e duas pelos franceses sob suspeita de espionagem — não a favor dos tchecos, mas da Áustria.

Entre os colegas diplomatas, o protegido de Masaryk era conhecido por sua inteligência, visão estratégica, falta de humor e entusiasmo por debater mesmo questões menores. Possuía também uma aptidão por organização e era incorruptível. Na Conferência de Paz de Paris, foi abordado

---

* O primeiro romance de Beneš, também com uma moça chamada Anna, terminara mal, de modo que pediu à senhorita Vlčeková que mudasse o nome para Hana, e ela aquiesceu.

por um velho amigo que propôs a criação de um fundo especial do qual o ministro do Exterior poderia fazer retiradas livremente. Tal prática, embora eticamente questionável, não teria sido incomum. Beneš obteve o número do quarto do amigo e prontamente ordenou sua prisão.

Ao planejar a política externa do seu país, Beneš começou aceitando o inevitável: como a Tchecoslováquia era pequena e, portanto, dependente da ajuda dos outros, só conseguiria prosperar dentro de um clima de paz regional. Assim desenvolveu uma rede de alianças começando pela Pequena Entente, uma parceria com a Iugoslávia e Romênia para constituir uma barreira contra a Hungria. Para amigos mais poderosos, voltou-se ao Ocidente, assinando em 1925 um acordo de defesa mútua com a França. Dez anos depois, contrabalançou aquele acordo com outro semelhante, mas mais limitado, com a União Soviética. Sob o acordo, Tchecoslováquia e a União Soviética só seriam obrigadas a se auxiliarem mutuamente no caso de um ataque se a França já estivesse lutando do mesmo lado. Parece complicado, mas fazia sentido para Beneš, que não queria ver seu país arrastado para uma guerra entre Alemanha e Rússia.

O tratado de 1935 com Moscou acabaria se mostrando menos útil do que Beneš esperava, mas ele considerou sua negociação um ponto alto em sua carreira, em parte devido à sua recepção acalorada na capital soviética. Na estação ferroviária, estenderam um tapete vermelho e hastearam bem mais bandeiras do que em visitas anteriores de dignitários da Grã-Bretanha e França. Beneš adorou a visita VIP completa aos tesouros russos, incluindo a ópera, o novo sistema de metrô e o mausoléu de Lenin. Na recepção de despedida, teve de se esquivar das bebidas alcoólicas oferecidas, mostrando um autocontrole não compartilhado por Kliment Voroshilov, o comissário do Kremlin para a defesa. Voroshilov assegurou Beneš de que seu país, no caso de um ataque alemão, contra-atacaria ou, em suas palavras, "destroçaria o inimigo".[15] Ele também prometeu que a União Soviética não deixaria os tchecos lutarem sozinhos. Aquela promessa suscitou a pergunta: "Mas como vocês farão isso? Afinal, os nossos países não são vizinhos. Vocês realmente atravessariam o território de outras nações para nos ajudar?" "Claro", respondeu Voroshilov. "Isso não está em discussão."

QUANDO AOS 9 ANOS meu pai e sua turma de quarta série plantaram uma tília em homenagem à nova Tchecoslováquia, seu professor previu que a árvore se tornaria alta e forte — "capaz de suportar ventos agitados". No início dos anos 1930, as ventanias que fustigaram a nova república prometeram pôr em teste aquela previsão. A Grande Depressão lançou centenas de milhares de trabalhadores nas listas dos desempregados. Em 1933, uma pessoa em cada seis estava sem emprego. Indústrias dependentes de exportações nos Sudetos predominantemente alemães, em especial o setor têxtil, foram fortemente afetadas. De repente parecia que habilidade e disciplina não bastavam. Uma ética do trabalho forte pouco adiantava sem a oferta de empregos. Tais frustrações econômicas costumam alimentar a agitação. Na vizinhança da Tchecoslováquia, esse estado de coisas representava um perigo especial.

Em 30 de janeiro de 1933, Adolf Hitler subiu as escadas do Palácio Presidencial em Berlim para receber um convite formal do presidente Paul von Hindenburg para se tornar chanceler da Alemanha. Raramente uma transferência de poder foi tão diretamente uma transmissão de uma geração para a próxima. O envelhecido Hindenburg começara sua carreira militar numa época anterior — durante a Guerra Austro-Prussiana em 1866. Aquele representante da tradição militar alemã apenas poucos meses antes desprezara o jovem Hitler de 43 anos. "Esse homem para chanceler?", perguntou raivoso. "Farei dele um agente de correios, e ele poderá lamber os selos com a minha efígie."[16]

Apesar disso, o Führer nascido na Áustria prevaleceu, e desde o momento em que assumiu o poder, a ascensão militar e queda moral da Alemanha tornaram-se a história central na Europa. Com rapidez espantosa, transformou o país de uma democracia vacilante em uma ditadura rigidamente organizada com um orçamento militar estratosférico e uma agenda internacional agressiva. Durante a conferência de paz no final da Grande Guerra, a imagem dominante nos assuntos mundiais havia sido de homens velhos com colarinhos engomados conversando educadamente em salões decorados. A nova imagem era de uma turba de camisas pardas quebrando vitrines de bancos e lojas e gritando "Morte a Judá!" aos observadores externos. Hitler parecia um estorvo mal-educado, gerado pela Depressão, dando uma voz estridente aos ressentimentos resultantes do Tratado de Versalhes. Aquele pacto incluíra penalidades financeiras pesadas impossíveis de pagar e que jamais foram coletadas. Os atrasos nos pagamentos irritaram os Aliados. As penalidades lembraram aos alemães sua humilhação.

Os franceses haviam insistido após a guerra que o poder alemão fosse detido no Reno, achando que o rio se tornaria um fosso atrás do qual poderiam construir suas fortificações. A área da Alemanha a oeste do rio (conhecida como Renânia) deveria permanecer desmilitarizada e sob supervisão internacional. Em março de 1936, Hitler ordenou ao seu exército que reocupasse a região. Os franceses tinham poder suficiente na época, e estavam legalmente habilitados sob o tratado, para desalojar os alemães de lá. Em vez disso, consultaram os britânicos, que se acovardaram. Declarações resolutas foram emitidas, e nada aconteceu. A Renânia, ao que parecia, era um preço baixo a pagar pela paz. Os nazistas, porém, logo começaram a fortificar sua nova linha de combate — mais perto da França e mais longe de Berlim. Uma invasão alemã da França, impensável até então, podia agora ser concebida. O preço da paz aumentaria.

5

Uma impressão favorável

O corpo de Tomáš Masaryk estava se cansando. Em maio de 1934, ele sofreu um derrame que debilitou sua vista. Em dezembro de 1935, renunciou à presidência e teve como sucessor Beneš. Em setembro de 1937, aos 87 anos, veio a falecer.

De todo o país e da Europa pessoas vieram prestar as últimas homenagens. Durante horas passaram pelo caixão exposto na entrada do castelo. No dia do funeral, o cortejo repetiu a rota que trouxera o novo presidente da estação de trem, 19 anos antes. Entre os que desfilaram estavam 25 mil veteranos da Legião Tcheca. Um milhão de pessoas formaram filas irregulares pelas ruas, de pé em cadeiras e sentadas em ombros, num esforço para vislumbrar o caixão coberto pela bandeira, flanqueado por soldados de cada uma das principais nacionalidades do país: um tcheco, um eslovaco, um alemão, um húngaro, um rutênio e um polonês. Peter Demetz, com 15 anos, recordou: "Você só ouvia o som abafado dos cascos dos cavalos, o tinido das rodas e armas, as botas de infantaria nas ruas calçadas com pedras e soluços baixinhos."[1] Beneš, em sua última homenagem, chamou Masaryk de "o despertador" e exortou seus compatriotas a porem de lado seus conflitos a fim de construírem uma democracia em que todos os cidadãos achassem seu lugar de direito.[2] O corpo do grande líder foi transportado a um pequeno cemitério na aldeia de Lány. Ali foi enterrado num lote arborizado perto da casa de campo da família.

Entrevistado pouco antes de sua morte, Masaryk admirou-se com o fato de que, em todo o seu período como presidente, jamais precisou sacrificar seus princípios. Disse que havia sido guiado na presidência pelas mesmas crenças que o haviam orientado como estudante, professor e político aprendiz. Além disso, sentia que sua fé na democracia fora validada. "Minha satisfação", ele explicou, advém "de ter visto os [...] ideais que professei se mostrarem válidos e resistirem firmes, teste após teste".[3] É de se perguntar se Masaryk teria conservado sua satisfação se lhe fosse concedido mais um ano de vida.

Quatro meses antes de Masaryk morrer, num dia quente de primavera, eu nasci em Praga. A data foi 15 de maio de 1937. Recebi o nome Marie Jana em homenagem à irmã de minha mãe, mas a denominação não pegou. Vovó Růžena me apelidou de "Madla", nome de uma personagem de um drama teatral popular, *Madla da fábrica de tijolos*. Minha mãe, com sua pronúncia peculiar, modificou o nome para "Madlen". Dali foi um curto salto para "Madlenka", como eu era chamada ao crescer. Por várias semanas, fui gostosamente mimada em Praga, depois fiz minha primeira viagem ao exterior — à Iugoslávia, onde meu pai havia sido nomeado adido de imprensa da legação tcheca. Passei grande parte de meu primeiro ano em Belgrado.

Meus pais ficaram fascinados com a capital da Iugoslávia e se esforçaram diligentemente para acrescentar o servo-croata à lista de idiomas em que eram fluentes. Ainda que as nuvens negras que pairavam sobre a Europa não pudessem ser ignoradas, era da natureza humana esperar que o pior pudesse ser evitado. As lembranças da Grande Guerra ainda estavam frescas — claro que os líderes mundiais conseguiriam evitar sua repetição, ou não? Os tchecos tinham depositado sua fé na Liga das Nações, em uma aliança com a França, em uma parceria com a União Soviética e em medidas para satisfazer as exigências de sua minoria alemã inquieta. Sim, Hitler era assustador, e sim, sua insolência vinha tendo um efeito amedrontador através da Europa, mas para meus pais e sua geração a plena realidade do nazismo estava, na expressão local, "ainda atrás das montanhas".

Como um representante da democracia tcheca, meu pai ficou intrigado com a oposição democrática da Iugoslávia, que estava em conflito com a monarquia conservadora do país. Reunia-se amiúde com seus amigos aman-

A autora ladeada pelas avós Růžena Spiegelová (esquerda) e Olga Körbelová

tes da liberdade, às vezes secretamente, enquanto também organizava eventos que divulgavam a história e cultura tcheca. Logo descobriu que o entusiasmo democrático e a diplomacia profissional às vezes eram difíceis de compatibilizar. Em abril de 1937, estava preparando uma visita do presidente Beneš a Belgrado quando um grupo de estudantes pró-democracia veio à legação. "Adoramos Beneš", eles exclamaram. "Por favor nos diga quando ele virá para que possamos erguê-lo nos ombros e carregá-lo pelas ruas."[4] Meu pai respondeu como um diplomata é treinado a fazer, cordial e longamente, mas sem revelar nada. Informações sobre o itinerário do visitante mesmo assim escaparam, e os estudantes, cuja coragem superava o bom senso, correram até o carro de Beneš. Felizmente ou não, foram impedidos de se aproximar por um cordão de policiais. Por insistência do governo iugoslavo, todos os eventos públicos foram cancelados da agenda do presidente.

Alguns meses depois, o ministro do Exterior francês veio a Belgrado. De novo, manifestantes saíram às ruas para expressar seus anseios democráticos. Meu pai, surpreso com o ruído em frente ao seu escritório, aventurou-se na varanda para olhar. Embaixo dele estavam umas quinhentas pessoas cantando e segurando cartazes que condenavam o regime reacionário da Iugoslávia. Ele hesitou, não querendo desencorajar, com seu afastamento, a manifestação idealista, nem sinalizar apoio à queda do governo ao qual apresentara suas credenciais. Refletindo sobre essas alternativas, permaneceu ali imóvel por vários minutos, até enfim a polícia surgir e dispersar a multidão. A contenção do meu pai não foi suficiente, porém, para sobrepujar a hostilidade da elite governante da Iugoslávia. Em 1938, ele foi acusado pelo Ministério do Exterior de escrever artigos para a imprensa tcheca sobre os acontecimentos internos em Belgrado e de simpatizar com o bolchevismo, duas acusações falsas. Apoiado por seu próprio governo, continuou realizando seu serviço da maneira que achava correta.

Meus pais aceitaram com naturalidade os aspectos sociais da vida diplomática. Minha mãe não era a única que gostava de falar. Meu pai conversava com pessoas de todos os lados de cada questão e tomou conhecimento em primeira mão das rivalidades étnicas que ressurgiriam tão tragicamente nos Bálcãs quando fui secretária de Estado. Entre as amizades que meus pais forjaram estava a de Vladimir Ribnikar, um editor de jornal sérvio, e sua esposa Jara, uma tcheca. O casal tinha filhos pequenos com os quais eu agora tinha idade suficiente para brincadeiras emocionantes, como me levantar e depois cair. As nossas famílias se encontravam semanalmente para jantar, e meu pai trocava telefonemas com o sr. Ribnikar diariamente. Os Ribnikar estiveram entre as últimas pessoas de quem nos despedimos ao deixar Belgrado — e as primeiras que tentaríamos saudar, sob condições angustiantes, quando retornamos.

PARA CONSTRUIR UM IMPÉRIO, a Alemanha precisava de uma base industrial que se estendesse bem além de suas fronteiras tradicionais. Mesmo antes de conquistar o poder, o Führer confidenciou para seus assessores:

> Jamais seremos capazes de uma política grandiosa sem um centro de poder forte como aço de 80 a 100 milhões de alemães vivendo em uma área delimitada! Meu primeiro dever portanto será criar esse centro, que não apenas nos tornará invencíveis, mas nos assegurará para sempre a ascendência decisiva sobre as nações europeias. [...] Nessas áreas existe hoje uma grande maioria de tribos estrangeiras, e se quisermos consolidar nosso Grande Poder permanentemente, será nosso dever removê-las. [...] A bacia Boêmia-Morávia [...] será colonizada por fazendeiros alemães. Os tchecos serão [...] expulsos da Europa Central.[5]

Países pequenos conseguem sobreviver a vizinhos hostis, mas as chances diminuem quando uma minoria nacional importante se identifica com o inimigo. Isso aconteceu na Tchecoslováquia não como uma consequência inevitável da diversidade étnica, mas devido a uma trágica convergência de eventos: a ascensão de Hitler, a Depressão, a saúde declinante de Tomáš Masaryk e a incapacidade de os governos dentro e fora da Europa Central compreenderem a extensão do perigo que enfrentavam.

Durante a primeira década da república, a maioria de sua população alemã se conciliou com a vida dentro do Estado. Sentimentos nacionalistas, embora presentes, eram expressos pacificamente. Nas eleições de 1920, 1925 e 1929, os partidos defensores do separatismo receberam no máximo 26% dos votos dos alemães. As condições internacionais também eram favoráveis, as relações entre Praga e a República de Weimar eram cordiais. Um líder do Partido Agrário Alemão Tcheco declarou em meados da década:

> Convivemos com os tchecos por mil anos e estamos tão ligados a eles por laços econômicos, sociais, culturais e até raciais que formamos realmente um só povo. Usando uma metáfora familiar: formamos fibras diferentes do mesmo tapete.[6]

Claro que a coexistência era possível, mas Hitler logo mudou a psicologia nos dois lados da fronteira. A Alemanha que havia sido desmoralizada após a Primeira Guerra Mundial era agora um país ressurgente com uma visão exagerada de seus direitos e poucas restrições internas ao que faria para assegurá-los. A promessa renovada de uma Alemanha poderosa alimentou o desejo dos nacionalistas dos Sudetos de recuperarem seu predomínio do passado. O Partido Nazista foi proibido na Tchecoslováquia, mas os membros da Frente Patriótica dos Alemães dos Sudetos, um partido fundado por Konrad Henlein em 1933, eram nazistas com outro nome. Professavam lealdade a Praga, mas suas ambições estavam ligadas às do Terceiro Reich. A interação da insegurança econômica com a solidariedade teutônica inflamou as atitudes políticas. O partido de Henlein sobrepujou todos os outros na eleição parlamentar de 1935 — um resultado chocante.

Henlein era um ex-instrutor de ginástica inteligente, míope, um pouco pançudo e com uma careca incipiente. Havia pouco de alarmante em sua conduta, mas para evitar o medo do extremismo negou sua afiliação com Hitler ou animosidade aos judeus. Também negou o interesse em conduzir a política externa tcheca num rumo pró-alemão. Sua única preocupação era proteger os direitos de seu povo, que segundo ele vinham sendo rotineiramente ameaçados pelo governo chauvinista em Praga.

Henlein estava motivado menos pela ideologia nazista do que pela sedução do poder e da fama. Sua habilidade como político provinha de seu dom de mentir com aparente sinceridade. Poucos, ouvindo-o descrever a superioridade racial dos alemães, suspeitavam de que sua mãe era tcheca. Ele não enganou as autoridades de Praga, mas aquilo não importava, já que os homens que procurou influenciar não falavam alemão nem tcheco, e sim inglês. No final de 1935, o primeiro secretário da legação britânica enviou uma mensagem a seu respeito para Londres: "A julgar por sua personalidade, bem como por seus discursos, parece ser um homem moderado e de palavra."[7] Um mês depois, o enviado acrescentou: "É um mistério por que o dr. Beneš não tenta tirar vantagem da moderação mostrada por Henlein antes que seja tarde demais."[8]

O defensor dos Sudetos fez várias viagens a Londres, onde foi apresentado por simpatizantes britânicos a amigos bem situados. Naqueles encontros, expressou sua perplexidade pela recusa das autoridades oficiais de enxergarem a realidade. Insistiu que estava plenamente comprometido com a república e alertou que, se seus pedidos modestos fossem rejeitados, uma figura mais radical certamente emergiria. Em julho de 1936, um dos diplomatas ingleses mais experientes, Sir Robert Vansittart, avaliou-o: "Ele dá uma impressão bem favorável", o nobre informou. "Eu diria que ele foi [...] honesto e perspicaz. [...] Disse que sempre foi o defensor e líder do esforço de reconciliação com o governo."[9]

Henlein recebeu uma acolhida menos entusiástica quando, acompanhado por um agente parrudo da Gestapo, fez uma visita ao embaixador tcheco em Londres, Jan Masaryk. O Masaryk mais novo carecia da autodisciplina do pai, mas compensava a falha com um senso de humor irreverente e um estilo pessoal único. Naquela ocasião, conduziu o líder dos Sudetos ao seu escritório e ficou surpreso quando o guarda-costas veio junto. "Ele sempre me acompanha", Henlein explicou.[10] Masaryk assentiu com a cabeça e colocou quatro cadeiras ao redor de uma mesa. "Você se importaria, então", perguntou Jan, "se eu chamar o meu auxiliar, que sempre me acompanha?" O embaixador abriu a porta e deu um assobio. Gillie, seu terrier escocês de estimação, entrou correndo e saltou para a cadeira certa. Apesar daquele incidente, a diplomacia pessoal de Henlein teve um efeito marcante. Repetidamente, acusou Beneš de jogar um jogo perigoso ao não satisfazer Hitler. Se os britânicos não quisessem mais se preocupar com a Europa Central, ele argumentou, teriam de persuadir os tchecos a recuarem. Com o passar dos meses, conseguiu convencer mesmo os formadores de opinião britânicos mais experientes de que a paz dependia inteiramente da satisfação daquela exigência.

Na verdade, os ressentimentos em torno dos Sudetos alemães, embora legítimos até certo ponto, não eram do porte que justificasse uma crise internacional. Sim, os Sudetos estavam mal representados em instituições como o serviço postal e as forças armadas. Alemães desempregados se ressentiam da concessão dos contratos governamentais na região a empresas que empregavam trabalhadores tchecos. Como a área era fortemente industrializada, a Depressão a atingiu com mais força, e seus efeitos foram mais duradouros do que em outras partes do país. Mesmo assim, as famílias dos Sudetos tinham fácil acesso a escolas de língua alemã, uma relação professores/alunos equitativa e um quinhão justo dos serviços sociais. Tinham políticos para falar por eles, jornais e revistas para defender sua causa e mais liberdade para expressar opiniões dissidentes do que seus irmãos étnicos em Hamburgo, Frankfurt e Berlim.

No centro de muitas discussões estavam as estatísticas. Os alemães citavam dados do censo de 1910, quando a região havia sido governada pelo Império Austro-Húngaro e costumava beneficiar mais os alemães do que os tchecos. O governo tcheco baseava-se em uma pesquisa de 1930 que se inclinava para o outro lado. Os moradores dos Sudetos se queixavam de que a porcentagem de escolas alemãs declinara de 43% para 22%. O governo observava que os alemães constituíam somente 21% da população. Porém, as autoridades podiam ser criticadas por se preocuparem mais com os direitos dos tchecos vivendo nas regiões alemãs do que dos alemães vivendo em áreas tchecas.

Um problema mais básico era que o sistema de escolas e organizações sociais etnicamente separadas do país representava um obstáculo à construção de uma Tchecoslováquia unificada. Na década de 1920, os alemães dos Sudetos se dividiram fortemente sobre se deveriam ensinar seus jovens a aceitar ou rejeitar a integração no Estado. A ascensão dos fascistas lançou as escolas rapidamente na direção da separação, não obstante a oposição de elementos mais liberais, inclusive judeus. Enquanto os moderados sob ataque continuavam defendendo uma abordagem tradicional à educação, Henlein e seus seguidores se inclinaram para o modelo pedagógico exibido pelo país vizinho.

No Terceiro Reich, as crianças eram ensinadas a acreditar que faziam parte de algo maior do que apenas mais um país. Eram membros de uma raça excepcional formada por 100 milhões, escolhida por Deus e liderada por um Führer que era o profeta de Deus. Desde cedo, meninos e meninas eram treinados como guerreiros, condicionados a odiarem os judeus e levados a sentirem desprezo pelos eslavos, considerados sujos e broncos. Thomas Mann foi um dos muitos intelectuais alemães a fugirem da Alemanha para viverem por um tempo em Praga.* Em maio de 1938, ele descreveu o programa educacional nazista como

> um inexorável primeiro rascunho do que será o alemão do futuro. [...] O resultado é que a educação nunca visa à própria edu-

* A República da Tchecoslováquia não exigia vistos de viajantes com passaportes alemães. Os refugiados se registravam em Praga, recebiam autorizações de residência e passaportes de apátridas. Nenhum outro país na Europa concedeu um tratamento tão generoso aos refugiados.

> cação; seu conteúdo nunca se confina ao treinamento, cultura, conhecimento (e) promoção do progresso humano pela instrução. Em vez disso, tem como única referência [...] a ideia da proeminência nacional e a preparação para a guerra.[11]

Mann observou que "a glória da nação alemã sempre residiu em uma liberdade que é o oposto da estreiteza patriótica e em uma relação especial e objetiva com a mente. 'O patriotismo corrompe a história.' Foi Goethe quem disse isso".[12] Foi Hitler quem disse que a "educação deve ter como único objetivo imprimir a convicção nas crianças de que seu próprio povo e sua própria raça são superiores a todos os outros".[13]

Na Tchecoslováquia, as doutrinas fascistas esbarraram na resistência corajosa de alemães pró-federalistas, muitos estreitamente ligados à Igreja Católica. Como seus vizinhos, suas famílias haviam vivido na região dos Sudetos por gerações. Seus líderes haviam defendido os interesses provinciais dentro da república e tinham pouca simpatia pelo nacionalismo tcheco, mas sua sensação do que significava pertencer à sua raça não coincidia com a de Hitler. Consideravam a cordialidade e o humanitarismo que caracterizavam o romantismo alemão como um sinal de força, não de sentimentalismo ou fraqueza. Através do confronto entre fascismo e democracia, um grupo de parlamentares dos Sudetos defendeu sua posição, declarando apoio à liberdade e primado da lei. Com isso, sofreram o desafio enfrentado pelos moderados em qualquer turbulência política, que é fazer ouvir suas vozes em meio ao barulho dos extremistas. Para os fascistas dos Sudetos, os moderados eram traidores; para os nacionalistas tchecos, os alemães moderados continuavam sendo alemães.

À medida que os sintomas da crise começaram a se manifestar na discriminação aberta e violência localizada, a opção óbvia, embora dolorosa, para os democratas alemães, e especialmente para os judeus, foi buscar refúgio em outras partes dentro da Tchecoslováquia. Muitos fugiram para Praga, onde se juntaram a pessoas com opiniões semelhantes que já haviam emigrado do território alemão. Por um tempo, a cidade foi a capital europeia do discurso humanista. Entre os temas mais avidamente discutidos estava a questão da identidade. De acordo com as leis da república, os judeus tinham o direito, mas não uma obrigação, de declararem sua nacionalidade judaica. Cerca de metade fez isso, enquanto o restante se identificou como tchecos, alemães, húngaros, poloneses ou outras nacionalidades. Embora a população judaica constituísse menos de 3% do país, representava mais de um terço dos investimentos de capital e 10% dos estudantes universitários. Estava longe de ser um grupo monolítico. O índice de casamento misto era o mais alto da Europa Central, e eram constantes os debates sobre as obrigações do culto, ética, língua, costumes sociais, restrições dietéticas e política. Com Hitler no país ao lado, muitos judeus com parentes vivendo em outras partes usaram aqueles contatos para emigrar. Milhares mudaram-se para a Palestina. Ainda outros tentaram, muitas vezes em vão, obter vistos para viajarem ao Ocidente. Procurando melhorar as chances de obter o visto, muitos se converteram ao cristianismo ou obtiveram certificados de batismo forjados — prontamente disponíveis no crescente (e ecumênico) movimento antifascista clandestino.

Os judeus falantes de alemão que permaneceram na Tchecoslováquia foram acolhidos, ao menos pelos elementos mais liberais da sociedade que, na tradição de Masaryk, apoiavam os direitos humanos. Entre 1935 e 1937, cerca de novecentos emigrantes alemães, muitos dos quais judeus, receberam a cidadania. Em 1937, uma estátua de Moisés, o legislador, foi inaugurada na Cidade Velha de Praga e uma rua homenageou Louis Brandeis, um jurista judeu americano de ascendência boêmia. Quando Hitler pediu informações sobre o tratamento aos judeus, o embaixador alemão em Praga respondeu que não encontrou sinais de discriminação.

"A HISTÓRIA ESTÁ REPLETA de exemplos de homens que subiram ao poder empregando métodos duros, sinistros e até amedrontadores, mas que, mesmo assim, quando sua vida se revela como um todo, foram considerados grandes figuras cujas vidas enriqueceram a história da humanidade. Que seja assim com Hitler."[14] Essa afirmação, feita por um inglês em 1935, não foi apenas outro exemplo da ingenuidade britânica. Pelo contrário, foi o testemunho de um dos primeiros homens que alertaram para os planos alemães de rearmamento e denunciaram a perseguição de Hitler aos judeus e democratas: Winston S. Churchill.

Olhando para trás, tendemos a ver somente o Hitler bombástico de velhos filmes, o ditador estridente que parecia comandar os braços direitos de toda uma geração alemã e cuja agenda era uma litania de ódio. Ficamos sem entender como qualquer pessoa inteligente — ou mesmo um observador tão atilado quanto Churchill — pôde ter chegado a uma avaliação mais positiva. *Mein Kampf*, mesmo nas versões atenuadas então disponíveis no Ocidente, deixava clara a animosidade de Hitler em relação à França, suas fantasias sobre a superioridade ariana e seu desejo de submeter cada parte da Europa à sua vontade. Mas seriam aqueles textos mera retórica visando levantar o moral da Alemanha humilhada? E não seria natural que a Alemanha voltasse a se afirmar como uma grande potência? "Aqueles que conheceram Hitler face a face", continuou Churchill, "encontraram um funcionário altamente competente, sereno, bem-informado, com modos agradáveis (e) um sorriso afável. [...] Assim o mundo vive na esperança de que o pior já passou e que chegaremos a ver Hitler como uma figura mais gentil numa época mais feliz".[15]

Uma figura mais gentil numa época mais feliz. Entre os impressionados por Hitler esteve Arnold Toynbee, o importante historiador britânico da época, embora longe de possuir o maior discernimento. David Lloyd George, que liderara a Inglaterra através da Grande Guerra, após conhecer o Führer disse que "meu único desejo é que tivéssemos um homem de sua suprema qualidade encabeçando os negócios em nosso país".[16] Um terceiro que se deixou enfeitiçar foi Edward Albert Christian George Andrew Patrick David Windsor, que fora o rei Eduardo VIII. Em 1937, pouco após seu controverso casamento com a socialite americana Wallis Simpson, fez uma visita amigável a Hitler e não hesitou em realizar a saudação nazista.

Depois veio lorde Halifax, antigo governador da Índia e por muitos anos auxiliar próximo do primeiro-ministro Neville Chamberlain. Edward Wood nascera com um braço esquerdo atrofiado e três irmãos mais velhos enfermiços, todos mortos antes dos 9 anos. Com isso, Wood herdou o título e uma vasta propriedade em Yorkshire. Como muitos em sua posição social, o esguio Halifax, com cara de águia, media os políticos basicamente pela intensidade de sua aversão ao bolchevismo. Em 1936, visitou a Alemanha pela primeira vez e julgou o regime de Hitler — que havia prendido todos os comunistas que conseguiu encontrar — "fantástico". Em novembro do ano seguinte, a pedido de Chamberlain, retornou aparentemente para visitar uma exposição de caça. Concluída a parte esportiva, fez uma visita à casa de Hitler no refúgio montanhoso de Berchtesgaden. Saindo do carro, quando ia entregar seu sobretudo ao lacaio, foi alertado pelo sussurro nervoso de um auxiliar: "O Führer! O Führer!" Halifax examinou o "lacaio" mais atentamente, continuou segurando seu sobretudo e saudou seu anfitrião.

Durante seu encontro de três horas, Halifax informou Hitler de que a opinião britânica estava desgostosa com alguns aspectos do governo nazista, mas que seu governo desejava ainda assim colaborar com ele pela paz europeia. Com essa finalidade, o inglês citou três pontos problemáticos potenciais: Áustria, Tchecoslováquia e a cidade portuária polonesa de Danzig. "Em todas essas questões", disse a Hitler, "não estamos necessariamente preocupados em preservar o status quo, mas estamos empenhados em evitar um tratamento que tenda a gerar problemas".[17] A política britânica, então, era tolerar mudanças na ordem europeia, mas com a esperança sincera de que quaisquer ajustes pudessem ocorrer sem confronto entre as grandes potências.

Essa atitude de enfiar a cabeça na areia resultava da condição enfraquecida da Grã-Bretanha. Por trezentos anos, o país havia sido um árbitro importante nos assuntos mundiais. No século XIX, seu império se estendia do Canadá e Caribe à África do Sul, Índia e Austrália, com muitos entrepostos. Com a dissolução do Império Otomano, ganhara mandatos valiosos no Oriente Médio, rico em petróleo. Os britânicos não tinham dúvidas sobre os benefícios civilizatórios de seu domínio: educar os ignorantes, civilizar os bárbaros, treinar administradores e, quando necessário, entrar em ação com cassetetes para manter a ordem. De suas escolas públicas à Câmara dos Comuns, dos grandes bancos de Londres às páginas do *Times*, valorizavam as suas instituições. Haviam chegado ao alto da montanha e acharam a vista magnífica. Estavam descobrindo, porém, que daquele ponto de observação privilegiado todos os caminhos levavam para baixo.

A Primeira Guerra Mundial havia sido um choque, e a vitória aliada fora obtida a duras penas. Persistia o pensamento de que gente demais havia morrido por muito pouco. A ideia romântica da batalha, a visão empolgante do rei Henrique V em Agincourt haviam soçobrado nas trincheiras de Verdun e Somme. Quinze ou vinte anos depois, retratos de pais, irmãos e filhos mortos ainda eram exibidos em muitos consolos de lareiras, homens de meia-idade sem um membro eram uma visão comum nas ruas inglesas, fabricantes de armas gananciosos continuavam sendo desprezados, e se esperava que qualquer conflito futuro fosse ainda pior. O gás venenoso era temido em toda parte, e a advertência de um parlamentar havia sido aceita como evangelho: "Cabe [...] ao homem na rua entender que nenhum poder na Terra o poderá proteger de ser bombardeado. Não importa o que digam as pessoas, o bombardeiro sempre conseguirá chegar lá."[18]

As questões econômicas também tinham um forte peso. Administrar um império no século XX gerava mais dores de cabeça e menos receita do que em épocas anteriores. O povo indiano, liderado pelo carismático Mahatma Gandhi, parecia uma grande pedra no sapato. Por muito tempo uma nação credora, a Grã-Bretanha tornara-se devedora, com uma balança comercial inclinada na direção errada. A pressão era intensa para equilibrar o orçamento através de reduções das armas, algo considerado, na era da Liga das Nações, essencial à paz mundial. O quarto dos famosos Quatorze Pontos de Woodrow Wilson preconizara a redução dos armamentos "ao nível mínimo compatível com a segurança doméstica". Esse objetivo repercutiu numa série de conferências sobre desarmamento realizadas em Genebra na década de 1920. Esforços por promover o pacifismo e aprovar leis que acabassem com as guerras estiveram mais ou menos em voga. Palavras sozinhas, porém, pouco significavam. Das grandes potências, a Grã-Bretanha foi a única a realmente cortar gastos de defesa.

O ingresso dos nazistas no palco europeu de início não alarmou os britânicos. Afinal, sob o Tratado de Versalhes, o tamanho do Exército e da Marinha alemães estava limitado, e o país derrotado estava proibido de manter uma Força Aérea. O sinal de alerta começou a soar somente quando, em março de 1935, Hitler renunciou ao tratado e declarou que seu país iria reaparelhar suas forças armadas. No ano seguinte, quando a Alemanha reocupou a Renânia, os britânicos ficaram preocupados ao descobrir que o Exército alemão já possuía três vezes o tamanho legalmente permitido e que a Força Aérea, a Luftwaffe, logo superaria a britânica.

O governo de Sua Majestade começou então a repensar suas necessidades, especialmente no ar e nos mares. Mas o rearmamento foi lento, sem dar atenção ao Exército, que continuou bem abaixo da força autorizada e de qualquer forma não visava a uma mobilização no continente europeu. Um americano que observou aquilo enquanto redigia sua tese universitária comparou a atitude inglesa à do cavalheiro que precisa de um terno novo, mas conclui que sua maior necessidade é um bom jantar. John F. Kennedy, filho do embaixador americano em Londres, intitulou seu estudo *Why England slept* [Por que a Inglaterra dormiu]. "É preciso tempo para mudar as mentes dos homens", ele escreveu, "e [...] choques violentos para mudar a psicologia de uma nação inteira".[19] O surgimento do nazismo foi uma perturbação, não um choque. Para muitos britânicos, inclusive aqueles dos altos escalões do governo, o fascismo parecia uma fase que os alemães superariam uma vez que suas necessidades legítimas fossem satisfeitas.

Neville Chamberlain assumira as responsabilidades de primeiro-ministro em maio de 1937. Sua política, que combinava apaziguamento com rearmamento, visava restaurar a confiança na segurança europeia. Tendo assumido o cargo aos 68 anos, Chamberlain passara grande parte de sua carreira à sombra do pai, um rico industrial, e de seu irmão, que servira como ministro das Relações Exteriores. Agora, num período avançado da vida, erguera-se acima dos dois. Teve a sorte de viver em uma época quando se podia prosperar em política sem gostar das pessoas. Suas maiores paixões eram a música, jardinagem e a pesca incansável.

Chamberlain era um homem prático, voltado para os negócios, supremamente confiante em seus julgamentos e desdenhoso dos críticos. Não acreditava que a guerra fosse a solução para qualquer problema e estava convencido de que todos os homens inteligentes concluiriam o mesmo. Tinha a capacidade, geralmente valiosa, mas naquele caso traiçoeira, de se colocar na pele do outro. Conseguiu prontamente entender o ressentimento de Hitler com o tratado de paz e seu desejo resultante de restaurar até certo ponto o poderio alemão. Chamberlain também sabia ser filosófico em relação à retórica rude e à agressividade do Führer, que atribuiu à má-criação. Entretanto, o primeiro-ministro não conseguia imaginar ninguém causando intencionalmente uma Segunda Guerra Mundial. No universo de Chamberlain, as pessoas podiam ser falhas, mas se preocupavam com suas almas e não se metiam a fazer coisas monstruosas.

6

Saindo de trás das montanhas

O ano de 1937 foi aquele em que a Europa se aproximou da borda do despenhadeiro, mas sem conseguir enxergar além. Na Tchecoslováquia, a economia começava a se recuperar. As exportações estavam em alta, o orçamento registrava superávit, o desemprego caíra dois terços, e um sistema de metrô moderníssimo foi planejado para Praga. As salas de concerto e teatros estavam lotadas, e cidadãos de todas as etnias torciam pelos times esportivos da nação, que no hóquei sobre gelo e futebol estavam entre os melhores do mundo.

Hitler era uma presença incontornável, mas os nazistas ainda se revelavam um fenômeno novo e, a distância, vagamente absurdo. A ideia de que a elite da raça humana fosse representada pelo austríaco rústico e seus colegas rotundos era risível — e as pessoas riam.

No Teatro Livre de Praga, o público caía na gargalhada com os esquetes satíricos do popular grupo de cabaré de Voskovec* e Werich:

Antes do despontar da civilização
Tudo estava legal

---

* Jiří Voskovec mais tarde tornou-se ator de cinema nos Estados Unidos. Seu desempenho como um imigrante patriota no drama de tribunal *Doze homens e uma sentença* foi citado pela juíza da Suprema Corte norte-americana, Sonia Sotomayor, como tendo fortalecido sua resolução de estudar Direito.

O brontossauro varria as ruas,
Os canibais devoravam suas presas;
Todos dormiam à sombra do pinheiro.

Mas aí surgiu o tacão
Que inventou a roda
Da roda vieram as moedas
Das moedas, a inflação
Um Asno Berrante,
Uma nação raivosa.

E agora a civilização está aqui,
A pobreza está na moda.
O Asno está zurrando ao sol,
Todo mundo começa a correr,
E todos os outros Asnos bradam: Sieg Heil!

O sonho de uma Tchecoslováquia unida e democrática ainda vivia. Mesmo em 1937 e 1938, muitas famílias enviavam seus filhos para passar as férias de verão nos Sudetos. Os alemães retribuíam o favor depositando seus filhos em cidades tchecas. As estruturas que haviam mantido a paz na Europa desde o final da Primeira Guerra Mundial estavam começando a desmoronar, mas permanecia firme a convicção de que o desastre poderia ser evitado. Contudo, aquilo não impediu o governo de Praga de se preparar para o pior.

Desde a fundação da república, seus líderes estavam conscientes da vulnerabilidade da nação. T. G. Masaryk havia enfatizado a necessidade não apenas de se opor ao mal, mas de travar uma campanha ativa contra ele. Queria que a alma da Tchecoslováquia refletisse "Jesus, não César", mas se recusava a chegar ao ponto de oferecer a outra face. "Eu dedicaria o poder combinado de meu cérebro e meu amor pelo país e humanidade a manter a paz", ele declarou, "mas também, se atacado, a travar uma guerra".[1]

Ele e mais tarde Beneš cumpriram essa promessa ao pedirem que consultores franceses auxiliassem no treinamento militar e dedicando amplos recursos à defesa nacional. Para minimizar a dependência, promoveram uma robusta indústria de armamentos que se tornou conhecida como o arsenal da Europa Central. Em 1938, o país dispunha de trinta divisões do Exército razoavelmente bem equipadas e profundamente treinadas, além de uma Força Aérea com pilotos habilidosos e mais de 1.200 aeronaves modernas. Os soldados eram respaldados por unidades blindadas e suprimentos abundantes de munições e petróleo. Os "Ouriços Tchecos", barreiras de aço maciças interligadas por carretéis gigantes de arame farpado, fortificavam a fronteira com a Alemanha. Hitler mais tarde comentou que Alemanha e Tchecoslováquia haviam sido os únicos Estados a se prepararem com eficiência para a guerra. A questão permanecia: aquelas medidas seriam suficientes?

Com inimigos potenciais em todos os lados, o governo deu prioridade à formação de uma rede de espiões. O comandante do serviço de inteligência, coronel František Moravec, era um ex-legionário que acreditava que seu país corria grave perigo. A espionagem era um negócio em expansão na Europa da década de 1930, particularmente em cidades como Viena, Berlim, Genebra e Praga. Os espiões operavam em uma atmosfera real de intriga, animada por códigos secretos, escritas invisíveis, disfarces sofisticados e truques de vigilância. Portanto, Moravec teve razão de desconfiar quando foi contactado por um homem que se dizia alto oficial alemão querendo trocar informações por dinheiro. Após um intervalo de hesitação e teste, Moravec marcou um encontro com o homem, que revelou ser exatamente o que alegava. O Agente 54, como se chamava, era um alto oficial das forças armadas que detestava Hitler tanto quanto adorava dinheiro. A partir de abril de 1937 e até a sua prisão cinco anos depois, o agente forneceu uma série de documentos e boatos que alertaram as autoridades tchecas para as operações nazistas, embora acabassem não conseguindo detê-las. Uma dessas iniciativas era a parceria clandestina entre Berlim e o partido seminazista dos alemães dos Sudetos de Konrad Henlein.

Embora negasse qualquer ligação com Hitler, Henlein vinha recebendo subsídios regulares de Berlim. Estava cônscio de que seu prestígio entre os alemães dos Sudetos dependia de sua capacidade em receber apoio do chanceler. Assim ele foi firme em sua obediência à orientação de Hitler e incontido em sua adulação. Não desejava nada mais ardentemente, declarou em mensagem confidencial, do que ver os Sudetos — na verdade, todas as terras tchecas históricas — fazendo parte do Reich. Agindo sob instruções do quartel-general nazista, começou uma campanha de propaganda para mostrar o suposto sofrimento de seu povo. Crianças alemãs da Tchecoslováquia foram enviadas ao outro lado da fronteira para recitarem histórias de sofrimento nas mãos de seus supostos perseguidores. Com o recrudescimento da agitação, a pressão dos britânicos e franceses sobre Beneš aumentou. A manutenção da paz, eles disseram, era de sua responsabilidade.

Beneš ficou perturbado, mas não entrou em pânico. Julgava Hitler um líder obviamente imperfeito cuja popularidade decresceria à medida que a economia alemã continuasse afundando. Sentia também que a maioria dos Sudetos era sofisticada demais para abraçar o fascismo. No início de sua presidência, Beneš percorreu a região num esforço de reduzir a temperatura política. Contou aos ouvintes na própria língua deles que certo grau de atrito entre os grupos étnicos seria de se esperar, mas poderia ser resolvido por meios democráticos baseados no "respeito à pessoa humana e igualdade cívica completa".[2] Admitiu que Praga cometera erros na assinatura de contratos e na contratação para cargos dentro do governo federal. Antes de encerrar com um apelo pela não violência, referiu-se, como costumava fazer, à nobreza do caráter alemão conforme refletido em grandes mestres morais como Gotthold Lessing, Friedrich Schiller e Goethe.

Com o tempo, Beneš cedeu a praticamente todas as exigências de Henlein. O próprio embaixador alemão informou, em 11 de novembro de 1937, que o presidente "realmente deseja melhorar a posição da minoria alemã"[3] e, em 21 de dezembro, que ele "fez do apaziguamento interno do país o objetivo de sua presidência".[4]

O líder tcheco estava sempre propenso a "ver o copo como parcialmente cheio". Quando Moravec, seu chefe da inteligência, alertou que Hitler e Henlein estavam determinados a desencadear uma guerra, Beneš respondeu que não se alarmasse. Se Hitler, ele disse, "recorrer à força, podemos contar com nosso sistema de tratados. Não esqueça que nossos aliados, em seu conjunto, ainda são mais fortes que a Alemanha".[5]

O jornalista e romancista britânico Compton Mackenzie escreveu em sua biografia de Beneš:

> Certa vez vi o famoso otimismo do presidente em funcionamento. [...] Encontrei-o no jardim. Parecia-me que ia chover, e eu o disse. O presidente, óculos na mão, ergueu a cabeça para o céu. "Não concordo." Então fiz minha primeira pergunta. O presidente respondeu. Algumas gotas de chuva grossas, anunciadoras óbvias de um aguaceiro, começaram a cair. O presidente fechou a cara. Depois fingiu ignorar aquelas gotas de chuva henleinistas e continuou a falar. Logo não pôde ignorá-las completamente e fez uma de suas concessões típicas para chegar a um acordo. Colocou sua cadeira sob uma faia. [...] Por um minuto ou dois o acordo pareceu funcionar. A extravagância da chuva dos Sudetos estava sendo contida. [Aí] uma gota muito pesada atingiu a testa do presidente. Outra foi parar nos seus óculos. Ainda outra caiu no meu nariz. Fomos mais para baixo da árvore, mas enfim o presidente teve de ceder. Gesticulou com a cabeça sobre o absurdo da chuva e me conduziu para dentro.[6]

Beneš era um prisioneiro tanto de seu próprio sucesso diplomático como de sua mente rigidamente lógica. Meu pai o chamava de o "matemático da política",[7] um homem dedicado à razão, que esperava que os outros fossem guiados pela mesma estrela. O mundo não esperaria muito para desapontá-lo.

No início de 1938, Hitler mexeu no vespeiro, sem que uma grande reação fosse prevista ou recebida. Sabia àquela altura que a Grã-Bretanha não se oporia a um "reajustamento pacífico" das fronteiras internas da Europa; lorde Halifax, agora ministro das Relações Exteriores, admitira isso em novembro anterior. Em seus discursos, ouvidos no mundo inteiro, o Führer alegava que milhões de alemães vinham sendo forçados a viver fora das fronteiras de sua terra natal e que outros países — incluindo a Grã-Bretanha — nunca hesitaram em defender seus próprios interesses. Acusou a Áustria, como brevemente acusaria a Tchecoslováquia, de sistematicamente perseguir sua população alemã. Em pouco tempo, manifestações pró-nazistas derrubaram a coalizão governante da Áustria e abriram caminho para soldados alemães cruzarem a fronteira, o que fizeram na madrugada de 12 de março. Quando ficou claro que nenhuma resistência seria encontrada, o Exército foi instruído a invadir "não de forma bélica, e sim festiva".[8]

Naquela tarde, Hitler viajou para Linz, a cidade de sua infância, onde visitou os túmulos de seus pais antes de prosseguir até a capital. No caminho, foi saudado por multidões eufóricas. Em Viena, a chegada do Führer à sua terra natal foi acompanhada por violências públicas generalizadas contra os judeus — o momento mais vergonhoso da longa história austríaca. A terra onde Schubert nascera, Mozart vivera e Beethoven compusera a sinfonia *Pastoral* estava entregue a bárbaros.[9]

O Anschluss — a fusão da Áustria com o Reich alemão — foi para Hitler a última de uma série de provocações planejadas. Em 1935, começou a reaparelhar as suas forças armadas. Em 1936, reocupou a Renânia, fortalecendo assim sua capacidade de invadir a França. Em 1938, a conquista da Áustria alcançou o tríplice propósito de unir os alemães, cercar os tchecos e abrir uma rota de invasão para os Bálcãs. Hitler estava em marcha, e ninguém ainda ousava impedi-lo.

No dia da invasão austríaca, a Luftwaffe enviou um pequeno avião sem identificação sobre a fronteira tcheca que despejou folhetos com a saudação: "*Sagen Sie in Prag, Hitler lasst Sie grüssen.*"*[10] Em Londres naquela mesma manhã, Halifax disse a Jan Masaryk que não se preocupasse, pois os nazistas jamais fariam com seu país o que tinham acabado de fazer com a Áustria; eles tinham dado a sua palavra. Masaryk observou que "mesmo uma jiboia precisa de algumas semanas de repouso após ter enchido sua barriga".[11] Halifax perguntou o que os tchecos fariam se atacados. Masaryk respondeu: "Atiraremos."

Apesar das ressalvas de alguns altos oficiais, as forças armadas alemãs já haviam preparado uma estratégia (Plano Verde) para a conquista da Tchecoslováquia. Hitler estava totalmente determinado a continuar avançando, mas desejava um pretexto. A Tchecoslováquia não era a Renânia, nem uma nação germanófona como a Áustria. Ele instruiu Henlein a exigir justiça para a população dos Sudetos e insistir em mudanças "que sejam inaceitáveis ao governo". Henlein respondeu que havia entendido: "Precisamos sempre exigir tanto que nunca possamos ser satisfeitos."[12] Claro que o plano da

* "Digam em Praga que Hitler manda lembranças."

Wehrmacht não se limitava a libertar uma minoria insatisfeita; a intenção era subjugar o país inteiro, obter o controle da indústria e "resolver o problema alemão do espaço vital".[13] O momento dependeria do sucesso de Henlein em criar um *casus belli* e do nível de resistência esperado dos britânicos e franceses. Em 30 de maio de 1938, o Führer assinou uma diretiva salientando seu desejo de esmagar seu vizinho no máximo até 1º de outubro.

Os milhões que ouviam os discursos de Hitler e as transmissões de rádio nazistas eram informados de que os tchecos vinham conduzindo "uma ardente luta de extermínio" contra os Sudetos. Empresas de propriedade alemã vinham sendo forçadas à falência, crianças morriam de fome, o nível de opressão era incrível. Essa propaganda era cuidadosamente disfarçada como reportagens independentes para enganar os públicos internacionais. Goebbels subsequentemente admitiu: "Era da máxima importância durante todo o período da crise que os chamados informes da situação [...] não permitissem que círculos estrangeiros (discernissem) as táticas (de Berlim)."[14] À medida que o clímax se aproximava, locutores bajuladores tornavam-se histéricos, delirando contra os "bestiais monstros bolchevistas hussitas judeus" que vinham atacando os bravos mas indefesos alemães da Tchecoslováquia.

Beneš ainda tinha confiança em sua aliança com a França e acreditava que, se os franceses se envolvessem, os britânicos adeririam. Contava também com seu acordo com a União Soviética. Zdeněk Fierlinger era o embaixador do país em Moscou. No final de abril, informou que Stalin concordara em agir a favor da Tchecoslováquia, contanto que os franceses fizessem o mesmo. Tudo corria bem, mas Fierlinger ficou desconcertado quando indagado sobre o que precisamente os soviéticos estavam preparados para fazer.

Vinte anos depois, escrevi minha tese universitária sobre Fierlinger, um homem evasivo e insípido, que era mestre em manipular Beneš, mas cuja lealdade principal era para com o comunismo. Filho de um professor, Fierlinger foi um estudante medíocre, mas tinha talento para línguas. Esteve também entre os muitos jovens que haviam passado a Primeira Guerra Mundial na Legião Tcheca. No final do conflito, participara de uma delegação militar à França, onde conheceu e fez amizade com Beneš, que era sete anos mais velho. Essa ligação levou Fierlinger ao serviço diplomático e a uma série de nomeações, inclusive, em 1937, representante diplomático na União Soviética. Era membro do Partido Social Democrata, que ocupava uma posição imediatamente à direita dos comunistas no espectro político. O partido era um dos mais populares, apesar do fato de que alguns membros haviam aderido por se oporem fortemente ao comunismo e outros por serem quase comunistas. Essa tensão entre a esquerda democrática e pessoas a quem meu pai se referia como "colegas viajantes" viria a desempenhar um papel-chave no futuro desastre do país.

Em agosto, Beneš reuniu-se com Fierlinger in Sezimovo Ústí, uma pitoresca cidade do interior onde tinham casas de campo vizinhas. O presidente perguntou ao seu enviado o que os soviéticos fariam se os alemães atacassem a Tchecoslováquia. Ambos sabiam que Stalin passara grande parte do ano anterior realizando julgamentos públicos de líderes civis e militares — uma ação paranoica que resultara na execução de milhares de comunistas fiéis e deixara o Exército Vermelho despreparado para a guerra. Mesmo assim, Fierlinger insistiu que os tchecos podiam contar com toda ajuda possível de Moscou. Quando o presidente perguntou o que aquilo significava, Fierlinger respondeu que dependeria do desenrolar dos eventos. Quando Beneš pediu uma garantia concreta, o ministro não pôde oferecer nenhuma. Após vários minutos, o presidente geralmente otimista mostrou sinais de desânimo. Para animá-lo, Fierlinger mostrou um álbum fonográfico de marchas russas, que, segundo relatou em suas memórias, "nos impressionou profundamente, porque sentimos a força de um grande país e seu povo, preparado para defender sua liberdade e independência até o final".[15] Tudo isso estava bem, mas não era a independência da União Soviética que estava em risco.

LAMENTO NÃO PODER, NESTE ponto da narrativa histórica, oferecer um relato em primeira mão dos acontecimentos. Com menos de um ano de idade, meu mundo era limitado. Posso dizer que, enquanto pesquisava para este livro, impressionei-me com a sensação de impotência que meus pais e muitos de seus compatriotas devem ter sentido. Essa impressão foi fortalecida quando, no Natal de 2010, ganhei de presente um Kindle no qual reli *Guerra e paz*. Os fãs de Tolstoi lembrarão que o autor acredita que a história é determinada bem mais pela mão misteriosa da Providência do que pelas ações dos líderes internacionais. Assim o resultado das Guerras

Napoleônicas, e a capacidade de as forças czaristas repelirem os franceses, dependeu menos de Napoleão e do czar do que das escolhas aparentemente aleatórias dos indivíduos que, juntos, serviram como instrumentos involuntários de algum propósito maior. Tolstói argumentou que os estudiosos costumam exagerar a capacidade dos grandes e poderosos de controlarem os acontecimentos.

Existe decerto um grau de verdade nessa tese, mas o papel da liderança não pode ser minimizado nos eventos que precederam imediatamente a Segunda Guerra Mundial. Se retirássemos Hitler de cena, substituíssemos os britânicos e franceses por protagonistas mais fortes e trouxéssemos de volta T. G. Masaryk para um papel principal, os acontecimentos que irei descrever não teriam ocorrido, ou teriam se desenrolado de forma bem diferente, a ponto de a Primeira Guerra Mundial continuar sendo chamada de a Grande Guerra. De certo modo, os cidadãos da República Tcheca e muitos de seus irmãos e irmãs através da Europa tiveram relativamente pouca influência sobre seu próprio destino, só lhes restando observar, enquanto os líderes desempenhavam seus papéis no palco.

7

"*Precisamos continuar sendo covardes*"

A invasão alemã da Áustria realizou-se da noite para o dia e para a evidente satisfação de muitos moradores do país violado. Sequer se cogitou a intervenção da Inglaterra ou França. A ameaça à Tchecoslováquia suscitava questões mais complexas devido aos tratados que Beneš negociara com Paris e Moscou. Os britânicos não tinham nenhuma obrigação legal para com Praga, mas tampouco queriam ver a França envolvida numa luta perdida. Na primavera de 1938, Neville Chamberlain privadamente sintetizou a situação:

> Basta olhar o mapa para ver que nada do que a França ou nós pudéssemos fazer conseguiria salvar a Tchecoslováquia de ser invadida pelos alemães. [...] A fronteira austríaca está praticamente aberta; a grande fábrica de munições Škoda está ao alcance de bombardeios [...] todas as ferrovias passam por território alemão, a Rússia está a 160 quilômetros de distância. Portanto não poderíamos ajudar a Tchecoslováquia — ela seria simplesmente um pretexto para entrarmos em guerra contra a Alemanha. Isso é impensável, a não ser que tenhamos uma chance razoável de derrotá-la por completo num tempo razoável, algo de que não vejo sinal. Portanto, abandonei qualquer ideia de dar garantias à Tchecoslováquia, ou aos franceses em relação às suas obrigações com tal país.[1]

Chamberlain certamente tinha razão ao duvidar de que seu país, com o exército desguarnecido, pudesse impedir os nazistas de conquistar seu vizinho ao sul caso tentassem. Ele não abordou se tal ataque poderia ser evitado se Hitler tivesse motivos para temer como resultado uma guerra geral. Os indícios eram de que ao menos um adiamento era possível. De fato, o Führer assegurou aos seus generais que só atacaria a Tchecoslováquia se a intervenção francesa e britânica parecesse improvável.

Em 1938, os diplomatas ainda podiam acreditar em uma coisa e dizer outra sem ter sua inconstância exposta pelo vazamento de comunicações eletrônicas. Os britânicos, tendo decidido abandonar a Tchecoslováquia ao seu destino, mesmo assim tentaram persuadir o mundo de que ainda não haviam tomado uma decisão. Admitir a verdade teria causado problemas com os franceses e sido interpretado como um convite a Hitler para invadir. Em público, portanto, o Foreign Office ficava em cima do muro, sem desmentir nem assegurar o uso da força.

Quando em maio as tensões alcançaram seu auge, Londres advertiu Berlim de que, caso atacasse a Tchecoslováquia e os franceses envolvessem também, "o governo de Sua Majestade não podia garantir que não seriam forçados pelas circunstâncias a se envolverem também".[2] Naquela mesma época, oficiais ingleses vinham informando seus colegas em Paris de que "não estavam desinteressados" pelo destino da Tchecoslováquia. Descobri no decorrer de minha própria carreira que os diplomatas britânicos são treinados a escrever com precisão. Assim, quando usam uma dupla negativa, a intenção geralmente não é esclarecer uma questão, mas cercá-la de incerteza. Os alemães, infelizmente, não se deixaram enganar — o desejo de tranquilidade de Chamberlain era óbvio demais. Hitler vangloriou-se aos acólitos de que bastava mencionar a palavra "guerra" para deixar o primeiro-ministro fora de si.

Londres achou que a melhor forma de evitar o conflito era obter da Alemanha uma declaração clara das melhorias que desejava no tratamento das minorias dos Sudetos por parte de Praga. Os britânicos esperavam então poder pressionar Beneš a aceitar tal lista, deixando, portanto, na frase de lorde Halifax, "o governo alemão sem nenhum motivo razoável de queixa".[3] Hitler manteve-se um passo à frente com exigências tão amorfas que era impossível satisfazê-las. Ele insistia num fim da perseguição aos Sudetos, mas reservava a si o direito de definir o termo. Nada que Beneš fizesse conseguia satisfazer plenamente as suas exigências, porque Hitler não estava preocupado com os direitos da minoria nos Sudetos. Queria, isso sim, aproveitar os supostos pecados da Tchecoslováquia para dar o próximo passo na conquista da Europa. O governo Chamberlain custou a perceber que o Führer estava determinado a permanecer indignado. Sem um motivo razoável de queixa, ele rapidamente inventaria algum.

Comparados com os ingleses, os franceses eram igualmente fáceis de intimidar, mas mais difíceis de enganar. Em Londres para uma reunião em 29 de abril, seu primeiro-ministro, Édouard Daladier, argumentou que Henlein pretendia destruir a Tchecoslováquia e que Hitler era mais ambicioso do que Napoleão. Acrescentou que, se Beneš fosse forçado a fazer mais concessões, os Aliados deveriam ao menos prometer seu apoio caso a Alemanha continuasse reclamando. Daladier, que julgava a situação militar menos desesperadora do que os britânicos, insistiu que continuar capitulando tenderia mais a produzir uma guerra do que se mostrar determinado. Chamberlain e Halifax não se convenceram, em parte porque acharam que as palavras de Daladier exibiam mais força do que a França realmente possuía.

Os britânicos também ignoraram apelos provenientes de compatriotas do próprio Hitler. O núcleo contraído de antifascistas dentro da elite militar, diplomática e industrial da Alemanha suplicou que a Inglaterra adotasse uma linha mais dura. Afirmaram que Hitler não era tão poderoso como queria parecer e que a maioria dos alemães não desejava seguir os "gângsteres nazistas" até a guerra. Chamberlain era tímido demais para aceitar esse conselho, mas não estava totalmente cego para o perigo crescente. "Não é realmente horrível", ele escreveu, "pensar que o destino de centenas de milhões depende de um homem, e que ele é meio louco? Vivo quebrando a cabeça para tentar descobrir um meio de evitar uma catástrofe".[4]

Uma opção era a paz através da força. Os esforços de rearmamento britânicos estavam enfim avançando, mas o país ainda não se sentia pronto para um conflito prolongado. Em 1938, o Exército dispunha de 180 mil homens complementados por uma reserva de 130 mil soldados de fim de semana. Os alemães contavam com um Exército de meio milhão, com esse mesmo número na reserva. A Royal Air Force (RAF) possuía 1.600 aviões, a Luftwaffe, mais do dobro. Somente a Marinha britânica estava em condições de combate, mas tinha responsabilidades globais e não podia compensar as deficiências das forças armadas em terra.

A segunda alternativa era a diplomacia. Os britânicos esperavam impedir a guerra persuadindo os combatentes potenciais a darem um passo atrás e refletirem seriamente sobre seus reais interesses. Durante séculos, os imperialistas britânicos arbitraram conflitos entre grupos beligerantes. Por que não mediar agora os conflitos entre as tribos da Europa Central? Alexander Cadogan, o subsecretário do Foreign Office britânico e autor de um diário sincero, indagou:

> O que me pergunto é se, mesmo agora, é tarde demais para tratar os alemães como seres humanos? Talvez eles não reagissem a tal tratamento. O que tenho sempre em mente nesses últimos dois anos (e preconizei) é que deveríamos lhes perguntar se nos deixariam ajudar a dirimir os ressentimentos que tanto alardeiam, mas que não deixam muito claros.[5]

Desse modo, no verão de 1938, Chamberlain enviou um emissário especial à Tchecoslováquia com poderes para mediar. "Não podemos deixar de sentir", opinou Halifax, "que um homem público da raça britânica, imbuído da experiência e do pensamento britânicos, talvez tenha capacidade [...] de dar uma contribuição valiosa".[6] O homem público em questão, Walter Runciman, lorde de Doxford, era bastante competente, mas não era um especialista naquela região. Após ouvir mentiras sistemáticas dos representantes dos Sudetos, concluiu que a única solução seria satisfazer Berlim. Aquilo estava andando em círculos. Durante um ano, os britânicos vinham tentando desvendar o que Berlim realmente queria para enfim descobrirem que, por mais que oferecessem — por um acordo entre Hitler e Henlein —, nunca seria suficiente.

Antes naquele ano, Beneš concedera anistia a alemães dos Sudetos que haviam sido julgados culpados de traição. Em vez de reconhecer o gesto, Henlein exigiu autonomia plena, reparações por danos do passado e uma política externa pró-alemã. Deixando de lado sua contenção anterior, adotou a saudação nazista, proclamou o direito de promover abertamente o nazismo e aceitou para si o título de Führer. Os adeptos de Henlein passaram a diferir dos nazistas apenas na cor de suas camisas (brancas, e não marrons) e no desenho de seus estandartes (escarlates com um escudo branco, em vez da suástica).

Através dos longos dias daquele verão desagradável, Beneš tentou conservar sua confiança e evitar as flechas e os insultos contra ele lançados. Em reação às pressões dos britânicos e franceses, procurou pacificar os alemães dos Sudetos, evitou declarações públicas que pudessem provocar Hitler e autorizou Runciman a passar agosto viajando pela Tchecoslováquia em busca da fórmula mágica da paz. Chegou a exprimir sua disposição em participar de uma conferência internacional ou aceitar uma arbitragem legal. Aos amigos, enfatizava sua crença de que a guerra podia ainda ser evitada pela combinação da solidariedade dos Aliados e o fato de que seu governo não dera a Hitler nenhuma desculpa para a guerra. Sua derradeira balsa salva-vidas era a honra da França.

A política daquele país refletia a ambivalência de seus autores. Daladier repetidamente prometeu a Beneš que a França cumpriria as obrigações do tratado, que descreveu como "solene", "incontestável" e "sagrado". Naquela mesma época, os franceses, afligidos por agitações trabalhistas e alto desemprego, pouco interesse tinham por uma briga com a Alemanha. Suas forças armadas ainda tinham que se recuperar da Grande Guerra, que exterminara um terço da população masculina francesa em idade de prestar serviço militar. Aquela catástrofe levou a uma baixa taxa de natalidade e consequentemente, na década de 1930, a uma escassez de recrutas novos. Além do tamanho, o Exército francês carecia de mobilidade, enquanto a Força Aérea contava com poucos bombardeiros e uma tecnologia obsoleta. Os aliados do país, particularmente a Polônia e União Soviética, estavam em conflito entre eles, e não se podia confiar que, em uma crise, cerrassem fileiras. No norte, a Bélgica seguia uma política de neutralidade, efetivamente proibindo a França de usar seu território como base de operações militares. A antiga doutrina estratégica ousada do alto-comando se tornara defensiva, confiando na construção de fortificações de fronteira supostamente inexpugnáveis: a Linha Maginot. Os franceses esperavam conseguir se proteger, mas não tinham nenhum desejo de enviar a flor de sua juventude para leste a fim de enfrentar as armas alemãs a favor da Tchecoslováquia. Seus temores aumentaram consideravelmente após o Anschluss, quando ficou claro que, para preservar sua reputação, os franceses talvez tivessem que fazer tal sacrifício.

Foi durante aquele período que o embaixador americano em Paris, William Bullitt, informou ter comparecido a jantares nos quais oficiais franceses começaram expressando sua determinação em evitar a guerra a qualquer custo e terminaram — após diversos conhaques — prometendo cumprir a qualquer preço as obrigações previstas nos tratados da nação. Tentando salvar a França de uma decisão que esta não queria tomar, Bullitt exortou o presidente Franklin Roosevelt a organizar uma conferência de alto nível que reunisse todas as partes e, ao que esperava, achasse uma saída honrosa para a crise. Quando o presidente acabou propondo tal encontro, foi congratulado por todos os envolvidos, mas afora isso ignorado. Os líderes norte-americanos simplesmente não dispunham de poder para moldar os eventos na Europa, porque o público que representavam não queria ser envolvido. Como resultado, enquanto as esperanças de Beneš repousavam na promessa da França, as esperanças da França estavam investidas na capacidade britânica de forçar Beneš a apaziguar Hitler.

O Führer, enquanto isso, vinha se impacientando. Havia se vangloriado aos seus assessores de que esmagaria a Tchecoslováquia até 1º de outubro de 1938. Três semanas antes do prazo, presidiu uma reunião às altas horas da noite em que seu estado-maior previu uma rápida vitória. A propaganda alemã e as patifarias de Henlein haviam levado a população dos Sudetos à beira da rebelião. Os britânicos e franceses vinham hesitando, e os soviéticos estavam distantes demais. Hitler enfim tinha os tchecos onde queria: abandonados.

No início de setembro, mais de um milhão de alemães lotaram Nuremberg para celebrar o aniversário do Partido Nazista. Na noite do dia 12, num vasto salão de reuniões, uma multidão expectante mal conseguia escutar uma orquestra de competência modesta tocando a abertura de *Os mestres cantores de Nuremberg*. À medida que a música alcançava seu crescendo, o mesmo acontecia com as saudações: "*Sieg heil! Sieg heil! Sieg heil!*" Hitler marchou pódio acima e pediu que o público silenciasse. Falou então, como costumava fazer, em rajadas típicas de metralhadora. "Essa miséria dos alemães dos Sudetos é indescritível. Como seres humanos eles são oprimidos e escandalosamente tratados [...] caçados e saqueados como aves silvestres indefesas por cada expressão de seu sentimento nacional."[7] "Não quero de jeito nenhum", ele bradou, "que aqui no coração da Alemanha se permita o surgimento de uma segunda Palestina. Os pobres árabes estão indefesos e abandonados. Os alemães na Tchecoslováquia não estão indefesos nem foram abandonados, e as pessoas deveriam tomar conhecimento desse fato".[8]

Quando o discurso de Hitler terminou, baderneiros alemães nos Sudetos começaram a atacar seus vizinhos e destruir escritórios do governo e postos policiais. Um adido militar britânico que estava presente descreveu as multidões como "nem um pouco mal-humoradas, pois caminhei pela cidade por meia hora, exceto que todas as lojas de judeus tiveram suas vitrines destroçadas".[9] Ao se deparar com uma turba espancando "um judeu próspero", o adido citou sua própria prudência ao se afastar. Os tchecos reagiram com firmeza. Beneš impôs a lei marcial, enviou reforços e restaurou a ordem. "Lutem até o fim", Henlein recomendara aos seus sequazes. Ao alvorecer, ele e seus altos conselheiros haviam fugido através da fronteira até Leipzig.

Os tchecos haviam reagido ao golpe de Hitler com um vigoroso contragolpe — e estavam prontos para mais. Num memorando aos seus superiores civis, o chefe do estado-maior da Força Aérea, general Ludvík Krejčí, argumentou:

> O moral do soldado alemão vem sendo artificialmente incitado pelo culto ao "super-homem" e intoxicado pelas vitórias sem derramamento de sangue durante a ocupação da Renânia e Áustria. O primeiro fracasso desse soldado ao se aproximar de nossas fortificações [...] bastará para destruir seu moral. [...] O poder artificialmente inflado das forças armadas alemãs se despedaçará e elas se tornarão uma presa relativamente fácil para os nossos aliados.[10]

As forças armadas respaldaram essas palavras cancelando as licenças, ordenando uma mobilização parcial e enviando seus melhores regimentos para guardar a fronteira vulnerável de seu país com a Áustria.

* * *

Um espírito marcial também podia ser detectado em Londres, contanto que se procurasse bem. Harold Nicolson, um membro pró-Churchill do Parlamento, declarou: "Precisamos alertar Hitler de que, se ele invadir, nós lutaremos. Se ele disser: 'Claro que vocês não lutarão pela Tchecoslováquia', responderemos: 'Lutaremos sim.'"[11] Nicolson era um dentre um número crescente de falcões que, fartos de Chamberlain, vinham exigindo uma política mais firme. A maioria dos britânicos, porém, continuava acreditando que o apaziguamento era a abordagem mais segura e realista. Publicações influentes como a revista *Economist* e o jornal *Times* continuavam defendendo as concessões. Seus temores eram de que o governo não estava fazendo o suficiente para aplacar Berlim.

O discurso de Hitler em Nuremberg abalou os nervos já desgastados dos franceses, que ligaram para Londres advertindo que, se nada fosse feito, o conflito logo irromperia. O Serviço Secreto britânico concordou, propagando uma previsão confidencial de que, dentro de duas semanas, a Alemanha invadiria a Tchecoslováquia. Sir Nevile Henderson, embaixador britânico em Berlim, insistiu que a solução para a crise só podia ser encontrada em Praga: "Nenhum de nós pode sequer pensar em paz novamente enquanto Beneš não tiver satisfeito Henlein. [...] Henlein quer paz e concordará com Beneš se este for forçado a ir suficientemente longe."[12]

No final do dia de 13 de setembro, Chamberlain havia concluído que a diplomacia a longa distância não estava funcionando. Durante semanas, vinha cogitando o que chamou de "Plano Z", uma abordagem direta ao seu colega em Berlim. Não via melhor opção do que apostar em seus poderes de persuasão, que considerava formidáveis. Uma mensagem foi enviada: o sr. Hitler o receberia? O Führer respondeu que estava "à inteira disposição do primeiro-ministro". Uma reunião foi marcada para dois dias depois.

Quando Hitler soube que Chamberlain queria vê-lo, previu um sermão sobre os perigos de uma ação precipitada. Não precisava ter se preocupado. O primeiro-ministro não desejava um confronto. Queria apenas a paz, objetivo que ainda esperava que seu anfitrião compartilhasse. Bastaria um acordo justo para a questão dos Sudetos. Chamberlain planejava sugerir um plebiscito sob supervisão internacional que permitiria aos alemães dos Sudetos escolherem se queriam ou não permanecer na Tchecoslováquia.

Aventurando-se num avião pela primeira vez, o líder britânico cruzou o Canal da Mancha na madrugada de 15 de setembro. Da chuvosa Munique, foi de trem até Berchtesgaden e depois de carro até a residência do Führer, onde Hitler aguardava para saudá-lo. Os dois detiveram-se num saguão para um chá antes de subirem as escadas até o mesmo escritório atulhado em que Halifax havia sido recebido um ano antes. Por sugestão de Chamberlain, a reunião se restringiu aos dois líderes, mais um intérprete. Após breve troca de cortesias, Hitler deu início à sua invectiva familiar sobre as crueldades infligidas aos pobres moradores dos Sudetos. O chanceler disse que 3,5 milhões de alemães étnicos na Tchecoslováquia deviam ser livres para aderir ao Reich, acrescentando que planejava tomar ações a respeito.

Chamberlain não tentou negar o direito de Hitler de arrebatar os Sudetos. Em vez disso, buscou uma garantia de que tal concessão garantiria a paz. Hitler foi evasivo, dizendo que os húngaros, poloneses, ucranianos e eslovacos também nutriam ressentimentos contra Praga que teriam de ser resolvidos. Chamberlain observou que os meios de implementar uma transferência territorial poderiam ser complicados e propôs um período de discussões pacíficas entre o governo de Beneš e os alemães dos Sudetos. Hitler fez que não com a cabeça, insistindo em uma ação imediata. Os dois concordaram em conceder ao primeiro-ministro alguns dias para consultar Londres e Paris antes de retornar à Alemanha. Nenhuma menção se fez a consultar Praga. Um comunicado foi emitido, afirmando apenas que os líderes haviam se encontrado e voltariam a fazê-lo.

Retornando para casa, Chamberlain reuniu-se com seu gabinete, enfatizando a gravidade da questão e a falta de qualquer alternativa viável à cessão dos Sudetos. Conquanto se referisse a Hitler como "cruel, arrogante (e...) implacável",[13] também o descreveu como uma figura impressionante em cuja palavra se podia confiar. Acreditava que a Tchecoslováquia sobreviveria perdendo os Sudetos e que o Führer, havendo vencido naquele ponto, seria razoável a respeito das questões de prazo e processo. Havia sido assegurado que Hitler não tinha nenhum interesse em acrescentar tchecos racialmente inferiores ao Reich. Assim a paz seria prontamente obtida se Praga concordasse em abrir mão dos seus alemães. O gabinete convocou o primeiro-ministro francês para uma conversa em Londres.

Enquanto isso, Jan Masaryk tentava desesperadamente descobrir o que acontecera durante a reunião de Berchtesgaden. Ninguém no Foreign Office queria falar com ele. Ao telefone com Beneš, lamentou que os Aliados estivessem "falando sobre nós sem nós".* Aquela foi uma boa notícia em Berlim, que estava ouvindo todas as conversas entre o embaixador e seu chefe. Os alemães gostaram tanto das interceptações que decidiram compartilhá-las com os britânicos, inclusive as descrições francas e pouco lisonjeiras de Chamberlain e Halifax. As revelações reduziriam ainda mais o mérito que a causa tcheca pudesse ter tido aos olhos do primeiro-ministro.

Em Londres, em 18 de setembro, os britânicos e franceses concordaram que os tchecos deveriam abrir mão de todas as áreas que fossem mais de 50% alemãs. Na tarde seguinte, seus embaixadores apareceram no castelo em Praga para informar Beneš de que ele tinha uma escolha: aceitar a perda de um terço de seu país ou instigar uma guerra que seu povo certamente perderia e pela qual ele seria pessoalmente culpado. O presidente pediu tempo para refletir sobre a questão. Foi informado de que uma resposta teria que ser dada naquele mesmo dia.

Beneš começou consultando seus assessores militares, líderes partidários e principais auxiliares. De quais opções dispunham? Sabia agora o que esperar da Inglaterra e França, mas e os soviéticos? Fez ao embaixador russo as mesmas perguntas que havia feito antes a Fierlinger. Naquele mesmo dia, recebeu uma resposta. Se os franceses lutassem, os soviéticos também lutariam. Se os franceses não lutassem, os soviéticos submeteriam a questão à Liga das Nações. Nenhuma ajuda ali.

Outros tchecos estavam se reunindo também. Um grupo de patriotas, entre eles amigos íntimos do meu pai, havia formado um conselho secreto. Alguns eram políticos, outros jornalistas, alguns oficiais das forças armadas. Não eram inimigos de Beneš, mas legalistas que o conheciam o suficiente para duvidar de que agiria com a força necessária. Naquela tarde, enviaram a ele um apelo fervoroso:

* Pode-se traçar uma linha reta entre a queixa de Masaryk e uma observação incluída no discurso do presidente Barack Obama ao povo de Praga, sessenta anos depois: "Muitas vezes no século XX, decisões foram tomadas sem vocês à mesa; as grandes potências os decepcionaram, ou determinaram o destino de vocês sem que sua voz fosse ouvida."

> Depende somente do senhor se capitularemos ou lutaremos [...] uma derrota não destruiria a força moral da nação [...] enquanto a capitulação significa a desintegração moral e política, agora e para as gerações vindouras, da qual não conseguiríamos nos recuperar.[14]

Naquele 20 de setembro, Beneš estava bastante zangado com seus aliados para aceitar a opinião dos amigos. Às sete horas da noite, respondeu por escrito aos britânicos e franceses reclamando que as propostas deles não tiveram a participação de seu governo e contrariavam os interesses de seu povo. "É portanto compreensível", ele disse, que "os tchecos não as aceitem".[15]

Os conselheiros do presidente estavam eufóricos, convencidos de terem feito a coisa certa, enquanto Beneš, que acordara antes de o sol nascer, foi dormir uma hora da manhã pensando que seu país tinha optado por lutar. Aquelas sensações tiveram vida breve. Apenas uma hora depois, os embaixadores francês e britânico reapareceram no castelo e informaram a Beneš, de olhar fatigado, que seus governos não aceitariam uma resposta negativa. O acordo negociado entre Chamberlain e Hitler teria de ser acatado. O emissário britânico alertou novamente para a iminência da guerra. Seu colega francês, chorando, informou Beneš de que, se a Alemanha atacasse sob as circunstâncias vigentes, seu governo não ajudaria, com ou sem tratado.

Em meio ao desânimo crescente, Beneš começou outra série de reuniões. As opiniões se dividiram, com os políticos moderados se inclinando para a aquiescência, e os militares, os nacionalistas conservadores e os comunistas inicialmente determinados a lutar. Ao meio-dia, os dois embaixadores lúgubres retornaram ao castelo, querendo saber o que estava levando tanto tempo. Beneš observou que a perda dos Sudetos fortificados deixaria o país indefeso contra um ataque nazista posterior. Quando Hitler fizesse seu próximo lance, o que a Inglaterra faria? O diplomata britânico disse que não sabia. O que a França, a aliada pelo tratado, faria? Os franceses permaneceram em silêncio. Beneš protelou até cinco horas da tarde. Finalmente, ante a perspectiva de conduzir seu povo à guerra sozinho, informou que seu governo iria "com sensação de dor" aceitar o ultimato.

Enquanto a comunidade internacional empurrava Beneš numa direção, seus compatriotas revoltados continuaram empurrando na outra. Em 22 de setembro, uma greve geral foi organizada, um comício ocorreu na praça Venceslau e milhares de cidadãos — tanto comunistas como democratas — marcharam até o castelo, onde exigiram armas para lutar. Beneš procurou restaurar a confiança mudando os primeiros-ministros. O novo chefe do governo, Jan Syrový, era um general do Exército com fama de durão e a vantagem política de possuir, como o venerado guerreiro Jan Žižka, uma venda preta sobre um olho cego.

Em Londres, Alexander Cadogan anotou em seu diário que alguns na imprensa haviam acusado os britânicos de trair os tchecos. Aquilo foi "inevitável", ele escreveu, "e precisa ser enfrentado. *Quanta* coragem é necessária para ser um covarde! [...] Precisamos continuar sendo covardes até nosso limite, mas *não além*".[16] Àquela altura, as condições e o prazo da secessão dos Sudetos não haviam sido definidos. Chamberlain pressupôs que tudo ocorreria de modo civilizado, por um período de semanas, com amplas salvaguardas para proteger os moradores da região que não quisessem aderir ao Reich. Seu gabinete passara horas desenvolvendo a ideia de uma comissão internacional para realizar aqueles objetivos.

Em 22 de setembro, enquanto a população de Praga saía às ruas, Chamberlain, sempre portando seu guarda-chuva, retornou à Alemanha, dessa vez à cidade de Godesberg, hospedando-se em um hotel luxuoso com vista para o Reno. Havia informado seu gabinete de que pressionaria por condições favoráveis — incluindo o plano da comissão, uma área de secessão menor e uma redução dos armamentos ao longo da fronteira. Reunindo-se de novo sozinho com Hitler, o primeiro-ministro o informou de que Londres, Paris e mesmo Praga estavam agora prontos para aprovar uma mudança no status dos Sudetos. Delineou então as ideias que seu governo concebera para implementar o acordo de forma ordeira. Achou que, ainda que reclamasse de alguns detalhes, Hitler não poderia deixar de ficar satisfeito.

Em vez disso, o Führer encolerizou-se, informando Chamberlain de que seus esforços já não serviam de nada. A Tchecoslováquia era um Estado artificial com uma história forjada e sem direito à existência. Além disso, vinha se tornando uma base para os comunistas. Só havia uma solução: a ocupação alemã dos Sudetos deveria ser incondicional e começaria no máximo em 1º de outubro. Não haveria necessidade de supervisão internacional, e os tchecos não seriam indenizados, nem autorizados a desmontarem a infraestrutura, nem teriam direito de remover propriedades militares ou comerciais, e cada tanque, assim como cada galinha, teria de ser deixado para trás.

Ao ouvir a notícia de Godesberg, Cadogan ficou chocado.

> Uma semana atrás quando mudamos (ou fomos forçados) da "autonomia" à cessão, muitos encontraram dificuldades em aceitar a ideia de ceder pessoas à Alemanha nazista. Salvamos nossas consciências (ou ao menos eu salvei) estipulando que a cessão deveria ser "ordeira" — ou seja, sob supervisão internacional, com salvaguardas para a troca de populações, indenizações etc. Agora Hitler diz que precisa marchar para dentro de toda a área imediatamente (para manter a ordem!) e que as salvaguardas e os plebiscitos podem ficar para depois! Isso é jogar fora cada uma das garantias que tínhamos.[17]

Chamberlain retornou da Alemanha abalado, mas ainda determinado a encontrar a base para um acordo. Informou ao seu gabinete que Hitler "tinha uma mente tacanha e fortes preconceitos em certas questões, mas não iria deliberadamente enganar um homem que ele respeitava e com quem havia negociado".*[18] O chanceler, ele disse, estava "extremamente ansioso por assegurar a amizade com a Grã-Bretanha [e] seria uma grande tragédia se perdêssemos uma oportunidade de chegar a um entendimento".[19] O gabinete, porém, estava agora dividido, e a mídia simpatizava cada vez mais com Praga. Jan Masaryk apareceu com uma carta denunciando as novas exigências alemãs e invocando os nomes de Venceslau, Hus e seu próprio pai. Até Chamberlain ficou suficientemente perturbado com as intenções de Hitler para informar ao governo tcheco que, se quisesse, mobilizasse suas forças armadas. A Inglaterra não se oporia mais.

---

* É reveladora a crença de Chamberlain de ter impressionado Hitler. Na verdade, o Führer comentou com um auxiliar: "Tudo que ele quer é pescar. Eu não tenho fins de semana, eu não pesco."

Aquela mensagem, entregue a Beneš na noite de 23 de setembro, foi recebida com alegria. "Era óbvio que ele estava lendo as poucas frases no papel repetidas vezes",[20] recordou o secretário pessoal de Beneš. "Depois pôs o papel na mesa, disse 'Sim' e começou a andar para lá e para cá pela sala. [...] Observei que ele estava excitado como eu nunca vira. Então ele disse: 'Isso significa guerra! Os ingleses nos aconselham a nos mobilizarmos.'"

Naquela noite a ordem de mobilização foi transmitida. Todos os reservistas com menos de 40 anos deveriam se apresentar. Em poucas horas, homens uniformizados estavam chegando aos seus postos designados ou se dirigindo à estação ferroviária para serem enviados às regiões de fronteira. Por muito tempo temerosa do conflito, a nação, em sua agitação, agora não via a hora de começar o conflito. Um blecaute foi imposto a toda a cidade de Praga. O castelo assumiu a aparência de um centro de comando militar, com catres instalados em corredores, e o próprio Beneš mantendo um uniforme e máscara contra gases à mão. Baterias antiaéreas estavam em alerta total, enquanto aviões amigáveis mantinham vigilância do céu. Em Belgrado, meu pai se preparou para retornar e assumir seu próprio posto como tenente no Exército. Ele recordou aquela noite:

> A vontade nacional manifestou uma resolução bem além daquela de sua liderança. [...] Reuniões foram organizadas em todo o país para demonstrar a determinação do povo. Resoluções e mensagens individuais afluíram ao Hrad, a sede do presidente da república, encorajando-o e preconizando uma resistência firme.[21]

Por um breve momento, um novo consenso surgiu: Hitler tinha ido longe demais. Os tchecos estavam prontos, até ansiosos, pela batalha. Em Paris, Daladier foi indagado sobre o que a França faria se os alemães cruzassem a fronteira. Ele respondeu sem hesitação que seu país iria à guerra. Na segunda-feira, 26 de setembro, os britânicos emitiram seu comunicado mais firme da crise, citando tudo que haviam feito para chegar a um acordo amigável, mas prometendo ficar do lado da França em caso de um conflito.

Naquela noite, Hitler dirigiu-se outra vez a um mundo em expectativa, desta vez a partir do Palácio dos Esportes em Berlim. Falando por uma hora, culpou os tchecos por não concordarem com um pedido feito pelos britânicos e franceses. Acusou Beneš de querer a derrubada de Chamberlain e Daladier e de pôr todas as suas esperanças na Rússia soviética. A questão podia ser reduzida, ele disse, a um teste de vontades:

> Dois homens estão em posições antagônicas: ali está o sr. Beneš, e aqui estou eu. Somos dois homens de constituições diferentes. [...] Fiz ao sr. Beneš uma oferta que não passa da efetivação do que ele próprio prometeu. A decisão agora está em suas mãos: paz ou guerra! Ele aceitará essa oferta e enfim dará aos alemães sua liberdade, ou nós iremos conquistar essa liberdade por nós mesmos.[22]

O inimigo de Hitler não ouviu essa ameaça melodramática porque adormecera em uma poltrona num "local seguro não revelado" onde seus militares, temendo um ataque aéreo, o haviam escondido. Quando Beneš acordou e foi informado dos fatos, sentiu-se lisonjeado. Pela primeira vez desde o despontar da crise, tinha razões para acreditar que França, Inglaterra e União Soviética, e talvez os Estados Unidos, estavam todos do seu lado. Achou que Hitler havia se isolado e que agora, se a guerra estourasse, a Alemanha decerto perderia.

Beneš não contara, porém, com até que ponto Chamberlain iria em busca da paz. Enquanto a Tchecoslováquia passou o 27 de setembro se preparando para a guerra, os britânicos enviaram um emissário especial à Alemanha com um apelo por discussões diretas Berlim-Praga com Londres num papel mediador. O enviado procurou o Führer duas vezes — apenas para ser dispensado aos berros. A notícia dessa humilhação teve um efeito esmagador. Embora os alemães não estivessem de fato preparados para atacar, Chamberlain e seus assessores julgaram que uma invasão era iminente. Alertaram Hitler novamente de que, se ele atacasse, Paris provavelmente reagiria, significando que eles também lutariam. A Marinha Real estava mobilizada, assim como o Exército francês. Os civis começaram a deixar Paris, temendo o início de bombardeios. Em Londres, o gabinete reunia-se todas as horas, buscando uma saída para o que parecia ser o desastre iminente. "Estou tremendo",[23] Chamberlain confessou a Halifax, pouco antes de se aproximar do microfone para sua transmissão de rádio às oito da noite. Após um dia em que todas as notícias haviam sido ruins, a frustração de Chamberlain se manifestou em palavras que definiriam e, em última análise, profanariam o seu legado:

> Quão horrível, fantástico, incrível é termos de estar cavando trincheiras e testando máscaras de gás aqui devido a uma briga num país distante entre pessoas sobre as quais nada sabemos.[24]

Ele prosseguiu em uma passagem menos citada, mas mais plenamente indicadora de seu pensamento torturado:

> Por mais que simpatizemos com uma nação pequena confrontada por um vizinho poderoso, não podemos em nenhuma circunstância envolver todo o Império Britânico em uma guerra simplesmente por causa dela. Se tivermos de lutar, deverá ser por questões maiores do que essa. Eu próprio sou um homem de paz até o fundo de minha alma. O conflito armado entre as nações é um pesadelo para mim. Mas se estivéssemos convencidos de que qualquer nação tomou a decisão de dominar o mundo pelo medo de sua força, eu deveria sentir que é preciso resistir. Sob tal domínio, a vida para as pessoas que acreditam na liberdade não valeria a pena ser vivida. Mas a guerra é algo temível, e devemos ter total clareza, antes de embarcarmos nela, de que questões realmente importantes estão em jogo e de que o apelo para arriscar tudo em sua defesa, depois de pesadas todas as consequências, é irresistível.[25]

Chamberlain em seus melhores dias não era um orador cativante. Ali, em um de seus piores, ainda falava de lutar bravamente contra o mal. O seu discurso, porém, foi confuso e lamurioso. Ele aceitava a necessidade da guerra em certas situações, mas transmitiu apenas perplexidade sobre se tal cenário havia de fato surgido. Procurou soar analítico, mas deu a impressão de cético — até medroso. Ousara compartilhar com o público seus pensamentos mais íntimos, mas estava exausto demais para falar como desejava ser ouvido.

Seu pessimismo logo se dissiparia. Algumas horas após a sua transmissão, o Foreign Office recebeu uma mensagem intrigante do Führer que parecia um convite a mais discussões. Os alemães, escreveu Hitler, não iriam além dos Sudetos. Um plebiscito livre seria realizado, e a Alemanha aderiria garantindo as novas fronteiras da Tchecoslováquia. Um telegrama com três mentiras era o que bastava para fisgar Chamberlain. O primeiro-ministro respondeu que achava que Hitler poderia alcançar suas metas sem guerra. Talvez valesse a pena se reunirem novamente. Após uma breve demora, Hitler consentiu, oferecendo-se como anfitrião na capital da Baviera.

A Conferência de Munique reuniu quatro líderes que tinham pouco em comum exceto que nenhum jamais pisara na Tchecoslováquia. As deliberações começaram pouco após uma da tarde de terça-feira, 29 de setembro, no gigantesco Führerbau, quartel-general do Partido Nazista. Os delegados se acomodaram no espaçoso escritório de Hitler sob um retrato de Bismarck e diante de uma grande lareira. A sessão foi informal, sem uma agenda prévia, lugares marcados ou mesmo taquígrafos oficiais. Foi também tediosa, porque cada um dos quatro dirigentes falava uma língua diferente, fazendo com que cada palavra tivesse de ser traduzida. Hitler e o primeiro-ministro italiano Benito Mussolini estavam empoleirados entre as delegações francesa e britânica. Hitler começou condenando os tchecos novamente e insistindo que a evacuação (ou invasão) começasse em 1º de outubro. Mussolini então expôs um plano que descreveu como seu, mas que havia sido entregue pelos alemães. O documento especificava o que se exigia de Praga. Chamberlain, alegando não poder responder por Beneš, pediu que as decisões fossem adiadas até que um representante tcheco pudesse estar presente. A ideia foi rejeitada por Hitler como um artifício para ganhar tempo.

O plano de Mussolini era em essência o mesmo que Hitler exigira em Godesberg. A ocupação nazista começaria em pouco menos de 24 horas. A área cedida se estenderia bem além do que a Grã-Bretanha havia originalmente cogitado e incluiria muitas cidades pequenas e aldeias onde os alemães estavam em minoria. Mais de 800 mil tchecos teriam de se mudar ou viver sob o Reich. Uma rede de zonas foi desenhada no mapa para criar a ilusão de uma transferência ordeira da autoridade, mas o controle real passaria imediatamente para Berlim. As quatro partes garantiriam as novas fronteiras da Tchecoslováquia, mas apenas contra agressões injustificadas. As pretensões territoriais da Polônia e Hungria poderiam ainda ser ouvidas.

Da esquerda para a direita: Chamberlain, Daladier, Hitler e Mussolini — Munique, 1938

Naquela tarde, por sugestão de Chamberlain, dois diplomatas tchecos, Hubert Masařík e Vojtěch Mastný, chegaram a Munique. O primeiro-ministro havia pedido que estivessem disponíveis para consultas, mas do ponto de vista britânico os acontecimentos tornaram o papel deles irrelevante. Em vez disso, a Gestapo conduziu Masařík e Mastný a um hotel no qual os dois tiveram encontros desagradáveis com oficiais de segundo escalão antes de serem abandonados em seus quartos. A conferência se estendeu além da meia-noite, enquanto auxiliares preparavam os textos para as assinaturas, processo interrompido brevemente por falta de tinta. O acordo fatídico, datado do dia 29, foi na verdade completado na madrugada do dia 30 de setembro. Ao retornarem ao hotel, Chamberlain e Daladier entregaram uma cópia do pacto aos enviados tchecos. A sorte estava lançada. Chamberlain, bocejando, afirmou estar "cansado, mas agradavelmente cansado", e afirmou que o resultado fora o melhor possível.[26]

Mesmo enquanto as deliberações de Munique estavam sendo tomadas, Beneš suspeitou do rumo que vinham tomando. Já não podia esperar que os Aliados se mantivessem firmes. Em torno da meia-noite, encontrou-se com os líderes de suas forças armadas.

O próprio presidente descreveu a cena:

> Os representantes do Exército tcheco, em pé à minha frente [...], tomaram a palavra, um após o outro. [...] Tentaram provar, unanimemente e em diferentes formas, isto: "Deixemos as grandes potências decidirem e concordarem com tudo. [...] O Exército não tolerará aquiescer agora à sua pressão. [...] Precisamos ir à guerra, quaisquer que sejam as consequências. Se formos, as grandes potências ocidentais serão obrigadas a nos acompanhar. A nação está absolutamente unida. O Exército está firme e deseja marchar."[27]

Ouvindo essas palavras, Beneš ficou profundamente comovido, mas não convencido. Os homens à sua frente, alguns de terno, outros de uniforme, haviam imergido na ética da honra nacional e preparado todas as suas vidas para aquele momento. Ele admirou sua sinceridade e a bravura que subjazia aos seus argumentos, mas não acreditava em governar movido pela emoção. Os fatos haviam se tornado inevitáveis. Sabia disso porque havia tentado muito seriamente achar um meio de contorná-los.

Beneš contou aos generais que entendia como se sentiam e por que o povo tcheco estava tão determinado a lutar. Mas disse que não podia levar em conta apenas os sentimentos da nação e do Exército. Tenho que ver o quadro total e medir as consequências, ele disse. Vocês estão errados sobre a Inglaterra e França, informou-lhes. Elas não intervirão. Seria irresponsável de minha parte conduzir nossa nação ao matadouro de uma guerra isolada, mas isso não significa que devamos nos desesperar. "Uma guerra — uma grande guerra europeia — virá e haverá grandes levantes e revoluções. Os Aliados não querem lutar conosco agora [mas] terão de lutar duro [...] quando não formos mais capazes."[28]

Nas igrejas e sinagogas em toda a Tchecoslováquia, orações foram entoadas em nome de Venceslau (pelos católicos), Hus (pelos protestantes) e Moisés, o salvador (pelos judeus). Em vão. Tropas alemãs entraram no norte da Boêmia às duas da tarde do primeiro dia de outubro de 1938.

Hitler e suas tropas entram nos Sudetos

8

Uma tarefa desesperadora

A saga de Munique foi representada num palco global por um punhado das pessoas mais poderosas do mundo. Seu final sombrio formou a primeira página de um sem-número de outras histórias centradas nas vidas de homens e mulheres sem uma posição elevada, incluindo a nossa família. Minha mãe recordou:

> Nossa segurança pessoal claro que foi imediatamente afetada. Primeiro Joe, um oficial da reserva do Exército tcheco, teve de voltar ao seu regimento durante o período da mobilização e fiquei sozinha com uma criança de um ano na Iugoslávia aguardando a guerra começar. Felizmente para mim pessoalmente, mas infelizmente para o país ao qual ambos éramos tão dedicados, a Tchecoslováquia recebeu ordens da Inglaterra e França de sucumbir às exigências de Hitler, e assim naquele momento a guerra não foi declarada.[1]

Os acontecimentos em torno de Munique tiveram um impacto profundo e doloroso sobre o povo tcheco, especialmente da geração de meus pais. A sensação de constrangimento por não lutarem se mesclou à fúria contra os Aliados por sua suposta traição. As duas emoções persistiram. Escrevendo em 1976, meu pai atribuiu a culpa principal à França e Grã-

-Bretanha, mas lamentou que, "em sua hora de crise, a Tchecoslováquia tinha como presidente não um líder, mas um negociador".[2] Reconheceu que grande parte do que Beneš havia previsto acabou acontecendo, mas que "o espírito valente da nação exigia de seus líderes a posição ética, e não a posição praticável. A imposição de Munique deveria ter sido rejeitada, quaisquer que fossem as consequências".[3]

O estudo da história está cercado de conjecturas. O que teria acontecido se Beneš optasse — como desejavam meu pai e muitos outros — por desafiar a imposição de Munique? Presume-se que as forças armadas tchecas teriam combatido totalmente sozinhas — ao menos de início. Com certeza o teriam feito com coragem, pois dispunham de liderança, motivação, equipamentos, recursos humanos e treinamento para ferir seriamente o inimigo. Em especial sob a chuva e neblina que prevaleceram naquelas primeiras semanas de outubro, aquela não seria uma Blitzkrieg. Lutando de posições entrincheiradas, os defensores teriam sido difíceis de desalojar. Mas o poder de fogo superior do Reich não acabaria vencendo? Quase certamente.

Ainda que a ofensiva alemã principal pela Boêmia fosse detida, a Wehrmacht poderia ter enviado tropas ao sul (pela Áustria) e leste (pela Morávia). As armas antitanque e artilharia tchecas estavam em desvantagem, e seu núcleo de guerreiros profissionais não era grande o suficiente para resistir indefinidamente. A estimativa pré-guerra das próprias forças armadas era de três semanas. Enquanto o conflito se estendesse, a máquina de propaganda alemã estaria a pleno vapor, apregoando a luta como uma busca de autodeterminação pelos alemães dos Sudestos, um princípio já endossado pelos britânicos e franceses e aceito relutantemente pelos próprios tchecos. Os poloneses e húngaros provavelmente teriam aderido à luta no lado oposto, buscando capturar o máximo de território de seu vizinho atacado. Muitos alemães dos Sudetos, talvez a maioria, teriam proporcionado ao inimigo uma quinta coluna.

Em suas memórias, Churchill escreveu que "Beneš errou ao ceder. Uma vez a luta tendo começado [...], a França viria ajudá-lo num surto de entusiasmo nacional e a Grã-Bretanha teria se juntado à França quase imediatamente".[4] Com todo o respeito, a ideia de que os franceses teriam aderido à batalha parece um delírio. Eles nada fizeram em 1936, na ocasião em que a Alemanha tomara a Renânia, pouco fariam em 1939 quando Hitler invadiu a Polônia, e haviam informado Beneš sem rodeios que o abandonariam se ele rejeitasse o ultimato. Sim, poderia ter havido uma série de reuniões na Liga das Nações e muitos pedidos não atendidos de um cessar-fogo, mas em pouco tempo os alemães teriam ocupado o país de um extremo ao outro.

Hitler nos Sudetos (3 de outubro de 1938); à sua esquerda está Konrad Henlein, à esquerda de Henlein está Wilhelm Keitel, chefe do comando supremo do Exército

Nesse processo, porém, o Reich teria se enfraquecido muito, sobretudo se os tchecos tivessem pensado em destruir seus tanques, aviões e fábricas em vez de permitir sua captura. Tal desenlace teria constituído uma dádiva dramática à Europa por parte da Tchecoslováquia — uma oferta cujo mérito poucos reconheceriam. Dezenas de milhares de seus soldados e aviadores teriam morrido ou sido aprisionados, possivelmente até meu pai. A infraestrutura da nação teria sido fortemente danificada. Os nazistas, enfurecidos com o desafio de Praga, teriam sido selvagens na vitória. Se e quando se livrassem do jugo alemão, os contadores de histórias tchecos teriam uma geração nova de relatos trágicos, mas heroicos, para relatar. O país teria suportado um sofrimento indizível, mas seu espírito teria emergido incólume.

Beneš justificou sua decisão de acatar as condições de Munique como a melhor opção dentre um grupo limitado de alternativas desanimadoras. Uma guerra europeia maior era inevitável, ele insistiu, bem como a derrota da Alemanha. Ao não lutarem em 1938, quando as chances lhe eram tão desfavoráveis, os tchecos conservaram sua capacidade de fazê-lo numa época mais favorável. Esse foi um julgamento repetido por George Kennan, o adido político americano em Praga, que escreveu que Beneš havia

> preservado para as difíceis tarefas do futuro uma magnífica geração mais jovem — disciplinada, trabalhadora e fisicamente apta — que teria sido sem dúvida sacrificada se a solução tivesse sido a romântica de resistência desesperadora, em vez da humilhante, mas realmente heroica, do realismo.[5]

Pessoalmente, tenho tanta dificuldade em assimilar a ideia de Kennan da humilhação heroica como a defesa de Cadogan da covardia corajosa. Acredito que Beneš deveria ter rejeitado as condições de Munique, mas também acho difícil condená-lo por seguir os ditames de sua própria lógica, em vez dos corações de seus compatriotas. Abandonado pelos Aliados e confrontado por inimigos de todos os lados, enfrentou uma terrível responsabilidade. Ao menos ele se esforçaria depois para obter absolutamente o melhor da decisão que se viu forçado a tomar.

Mas e se Beneš jamais tivesse sido colocado numa posição tão impossível? E se os britânicos e franceses tivessem perdido a paciência com Hitler e, em vez de pressionarem Beneš a satisfazer Henlein, tivessem unido forças com Moscou e Praga para tomarem uma posição firme? E se tivessem reagido aos preparativos militares alemães mobilizando plenamente suas próprias forças?

Tal estratégia teria motivado ainda mais os combatentes tchecos e aprofundado o receio do alto-comando alemão. Se os Aliados tivessem se unido, deixariam Hitler com seu próprio conjunto de opções desagradáveis: voltar atrás, suportar um impasse militar e diplomático indefinido ou iniciar a guerra num local e momento não escolhidos por ele. Se os nazistas tivessem decidido atacar, os Aliados não poderiam tê-los impedido de ocupar Praga, mas aquele não era o objetivo final de Hitler. Travar uma guerra contra vários inimigos no outono de 1938 teria sujeitado as forças armadas alemãs a uma forte pressão nas frentes ocidental e oriental, ao mesmo tempo em que cortaria as asas da Luftwaffe e deixaria a economia do país vulnerável ao embargo da Marinha Real.

As forças militares ocidentais estavam mais fracas em 1939 do que estariam mais tarde, mas isso também acontecia com os alemães. Os poloneses não morriam de amores pelos tchecos, mas mesmo assim se tornariam aliados em deferência aos britânicos e franceses. Sob tal cenário, o drama dos nazistas poderia ser comparado ao de um corredor de longa distância sendo forçado a transpor o primeiro quilômetro da maratona como se fossem cem metros rasos. Ainda que os nazistas tivessem esmagado a Tchecoslováquia, o esforço teria impedido — ou ao menos retardado — sua marcha pela Europa, o que, por sua vez, teria aberto a porta para outras possibilidades, incluindo uma rebelião mais ampla no seio das forças armadas alemãs contra Hitler e um conflito mais curto, menos mortal.

Após a guerra, o general alemão aprisionado Wilhelm Keitel foi indagado se o Reich teria atacado a Tchecoslováquia em 1938 caso as potências ocidentais tivessem ficado do lado de Praga. Ele respondeu: "Certamente não. Não éramos fortes o suficiente militarmente. O objetivo de Munique foi afastar a Rússia da Europa, ganhar tempo e completar os armamentos alemães."[6]

Os defensores dos líderes britânico e francês observaram que o caminho para Munique foi pavimentado antes que assumissem o poder. As cláusulas punitivas do Tratado de Versalhes, as reduções nas forças armadas, a falta de reação aos nazistas no tocante à Renânia e o teor passivo da opinião pública no Ocidente não podiam ser atribuídos a Chamberlain e Daladier. Muitas vezes contei aos meus alunos que a gestão dos assuntos mundiais pode ser comparada a um jogo de bilhar, onde cada tacada cria uma reação em cadeia que gera um conjunto novo de obstáculos e oportunidades. Um jogador que começa a sua rodada atrás da bola oito deveria ser avaliado com indulgência se não puder fazer lances impossíveis, mas em última análise o resultado refletirá até que ponto se aproveitaram as chances dadas.

Na breve sensação de alívio pós-Munique, Chamberlain enviou uma carta ao arcebispo da Cantuária. "Algum dia os tchecos verão", ele escreveu, "que o que fizemos foi poupá-los para um futuro mais feliz". Enfim, ele se vangloriou, "abrimos caminho para aquele apaziguamento geral que é a única forma de salvar o mundo do caos".[7] Certamente uma definição de liderança inepta é atingir seus objetivos, ser reconhecido por eles e, após alguns meses, ter que engolir cada uma de suas palavras.

EM LONDRES, JAN MASARYK testemunhou a recepção exuberante dispensada ao primeiro-ministro britânico após retornar de Munique, inclusive os apertos de mão e abraços, as alegações de "paz com honra", a previsão de "paz em nossa época" e os brados eufóricos de "ele é um bom companheiro!" e "hip, hip, hurra!". Durante semanas, o milagre diplomático empolgou a imaginação britânica. A Câmara dos Comuns aprovou a política de Munique por uma margem de quase três para um, lojas de brinquedos ofereceram bonecos de Neville Chamberlain, floristas decoraram suas vitrines com fotos do estadista triunfante cercado de rosas e as grandes empresas publicaram anúncios congratulatórios de página inteira. Uma nação que vinha aguardando ansiosamente enfim pôde respirar aliviada.

Quanto a Masaryk, sua única opção foi renunciar como representante diplomático na Grã-Bretanha. Antes de fazê-lo, removeu pessoalmente o retrato de seu pai das paredes da legação tcheca e, fiel ao costume diplomático, fez uma visita de cortesia a Downing Street, número 10. Como o primeiro-ministro atrasou, Jan foi apresentado à afável sra. Chamberlain. Depois de conversarem um pouco, o rosto da mulher se iluminou. "Oh, sr. Masaryk", ela exclamou, "preciso lhe mostrar a linda caixa de cigarros que Neville acabou de receber de um admirador".[8] Na caixa estava gravado um mapa da Europa adornado com três safiras: uma marcava Berchtesgaden, a segunda, Godesberg e a terceira, Munique.

No Parlamento, Churchill foi um dos poucos que não se entusiasmaram:

> Sofremos uma derrota total e absoluta. Vocês constatarão que, num período de tempo que poderá ser medido em anos, mas

também poderá ser medido em meses, a Tchecoslováquia será engolida pelo regime nazista. Sofremos uma derrota sem guerra, cujas consequências nos acompanharão longamente em nosso caminho.[9]

Do outro lado do Atlântico, a reação dominante a Munique foi de fúria, menos com a Alemanha do que com a Inglaterra. Os americanos não estavam preparados para irem à guerra e contavam com os líderes europeus para resolverem os problemas do continente antes que seu próprio envolvimento se tornasse necessário. Assim, os representantes britânicos, enviados aos Estados Unidos para explicarem o pensamento por trás de Munique, se depararam com hostilidade e zombaria. Dorothy Parker referiu-se sarcasticamente a Chamberlain e suas frequentes viagens aéreas como "o primeiro primeiro-ministro na história a engatinhar a 400 quilômetros por hora".[10] Então, como agora, muitas pessoas estavam inclinadas a expressar seus pontos de vista através do que trajavam. Em Nova York, as lojas de departamentos vinham vendendo um *botton* de um dólar em forma de um guarda-chuva branco — o símbolo de Chamberlain na cor da rendição.

Beneš alegaria que apenas a União Soviética ficou do lado do povo tcheco na hora da crise. Os propagandistas comunistas dariam muito valor a essa afirmação. Mas será verdadeira? Sob o tratado tcheco-soviético de 1935, os países prometeram pedir ajuda à Liga das Nações caso um deles fosse ameaçado. Prometeram também se ajudar mutuamente no caso de um ataque armado, desde que a França também desse auxílio. Os líderes soviéticos haviam afirmado em várias ocasiões que estavam preparados para cumprir suas obrigações, embora sem especificarem como. Essa questão era relevante porque as tropas russas não podiam alcançar o território tcheco sem passar pela Polônia, que se recusava a conceder direitos de trânsito, ou pela Romênia, que só concederia esses direitos aos aviões.

Um ponto a favor da União Soviética é que, antes de Munique, seus líderes tentaram convencer Hitler a voltar atrás, advertindo que os nazistas enfrentariam uma guerra em duas frentes caso atacassem primeiro. Os soviéticos convidaram os britânicos e franceses a coordenarem as estratégias, convite que nenhum dos dois aceitou. Quando a crise atingia o clímax, os russos afirmaram dispor de trinta divisões de infantaria, reforçadas com reservistas, perto de sua fronteira ocidental. Também deram a entender à Polônia que, no caso de uma agressão alemã, estavam preparados para ajudar os tchecos com ou sem a permissão de Varsóvia. No final, Moscou pôde cumprir sua promessa sem pagar um preço alto. Quando a França se esquivou de sua própria obrigação, os soviéticos não precisaram pagar o preço. Se a França entrasse na guerra a favor de Praga, a qualidade e quantidade do auxílio russo seria um mistério. Claramente a França havia assumido a maior responsabilidade e, ao não cumprir com ela, manchou sua reputação.

No final, Munique teve três perdedores, Tchecoslováquia, Inglaterra e França, e dois vencedores: Hitler e Stalin. Eis uma boa síntese em uma só frase para um desastre histórico.

QUATRO DIAS APÓS AS tropas alemãs entrarem nos Sudetos, Beneš abdicou. Duas semanas depois, partiu para Londres. Seu sucessor, o dr. Emil Hácha, um antigo juiz da Suprema Corte, não gozava de boa saúde e preferia a arte à política. Relutantemente, o jurista cauteloso procurou levar seu governo de remanescentes, medíocres e colaboradores em uma direção que apaziguasse os alemães, preservando a independência nacional. Uma tarefa impossível.

Os Sudetos são geralmente entendidos como a fatia norte do país, mas para Munique foram bem mais do que isso. Conforme definidas pelo acordo, as áreas ocupadas estendiam-se por toda a fronteira ocidental e também pela fronteira ao sul por grande parte do caminho até a Eslováquia. No mapa, a região ocupada parecia uma boca aberta prestes a engolir o pouco que restou da república democrática de T. G. Masaryk.

Para piorar as coisas, a Polônia e Hungria fizeram suas próprias reivindicações territoriais e, com ajuda alemã, obtiveram terras que vinham cobiçando desde a Primeira Guerra Mundial. Aos tchecos, ávidos por uma batalha, pediu-se em vez disso que se resignassem à perda de 30% do seu território, um terço de sua população, 40% de sua renda nacional e a maioria de seus minérios estratégicos. Os poderes de seu legislativo foram extintos, tornando obsoleta a maioria dos partidos políticos. A maioria dos aliados de Beneš foi excluída dos cargos públicos, bem como os judeus. O Exército foi reduzido à metade e desmobilizado. Exilados alemães que fugiram dos nazistas foram denunciados e presos, enquanto espiões alemães antes capturados foram libertados. Os antifascistas nos Sudetos foram expulsos, suas propriedades entregues aos asseclas de Henlein. Os nacionalistas eslovacos conseguiram a autonomia em forma de seu próprio governo regional, seu próprio parlamento e um hífen — o país passou a se chamar Tcheco-Eslováquia.

Nos meses subsequentes, partidos separatistas eslovacos começaram a colaborar com Henlein e cada vez mais com Berlim. Os muitos eslovacos que haviam defendido uma cooperação com os tchecos foram postos de lado. Se uma república unida não conseguia resistir aos nazistas, por que os eslovacos deveriam permanecer ligados à antiga capital — especialmente quando os alemães acenavam com o prêmio da independência nacional?

Em Praga o governo fez o possível para evitar a ira de Berlim, mas os alemães maquinaram uma continuação da abordagem que havia funcionado tão bem antes de Munique. Nada que os tchecos fizessem era suficiente. Semana após semana, a lista de exigências crescia: legislação antissemita, favores econômicos, um quinhão das reservas de ouro do país, a dissolução dos sindicatos comunistas, uma política externa ainda mais subserviente. Com cada item novo na lista vinha o alerta de que a paciência de Hitler estava se esgotando outra vez.

Em 14 de outubro, apenas duas semanas após Munique, o ministro da Defesa tcheco escreveu ao Ministério do Exterior solicitando a demissão de meu pai. A razão dada foi minha mãe. Supostamente, ela havia dito a alguns oficiais do Exército tcheco num almoço no apartamento do embaixador que, por seu fracasso em defender o país, preferiria desposar um varredor de rua a um daqueles oficiais. Teria ela realmente dito tal coisa? Não tenho ideia, mas é a cara dela. Aquilo era importante? Aquele caso poderia ter sido irrelevante, porque o emprego de meu pai de qualquer modo não sobreviveria muito ao Acordo de Munique. A liderança pró-fascista na Iugoslávia queria vê-lo demitido, bem como os nazistas em Berlim. No final da carta do Ministério da Defesa, um adendo em letra de tamanho diferente informa: "O dr. Körbel e sua esposa são judeus."

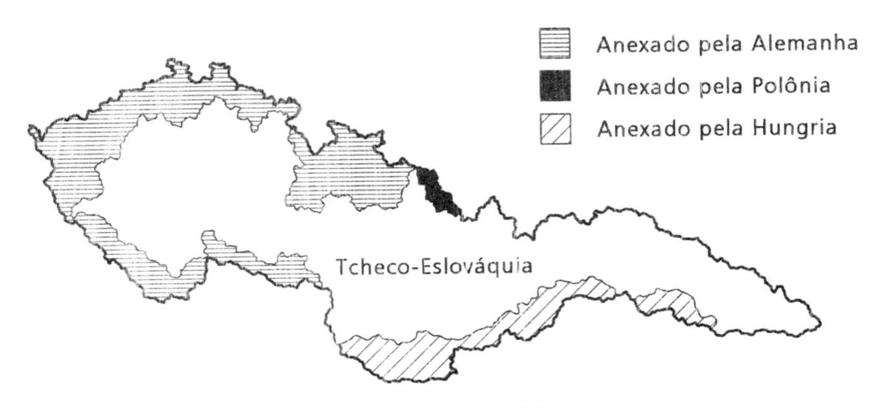

Tcheco-Eslováquia após Munique

No final de dezembro, meu pai foi chamado de volta do seu posto em Belgrado e recebeu um emprego administrativo temporário em Praga. Começou imediatamente a procurar um meio de transferir nossa família para a Inglaterra, onde Beneš e outros exilados tchecos proeminentes haviam começado a se reunir. Talvez pudesse usar seus contatos na Iugoslávia para obter credenciais como correspondente estrangeiro na Inglaterra de um jornal de língua sérvia.

No início de 1939, enquanto meu pai buscava um meio de sair do país, a Tcheco-Eslováquia pós-Munique adentrou as semanas finais de sua vida breve. Os nazistas, que visavam se apoderar da nação inteira, vinham de novo procurando uma desculpa plausível. No ano anterior, a causa dos Sudetos foi disfarçada como autodeterminação. Por que não usar o mesmo truque com os eslovacos? Os nazistas cogitaram vários candidatos para representarem o papel de um Henlein eslovaco e acabaram escolhendo o dr. Jozef Tiso, um líder partidário conservador, separatista convicto e sacerdote católico. Em 13 de março, Hitler convocou Tiso a Berlim e deu-lhe um ultimato: "A questão é se a Eslováquia deseja a independência ou não; não é uma questão de dias, mas de horas."[11] Tiso tinha até uma da tarde do dia seguinte para decidir. Se os eslovacos até então não declarassem a independência, a Hungria seria convidada a engoli-los.

Graças ao seu bem posicionado espião alemão — Agente 54 — o Serviço Secreto Tcheco sabia que os nazistas planejavam invadir, quando pretendiam fazê-lo e até o nome em código da invasão (Operação Sudeste). O diretor da inteligência, coronel Moravec, compartilhou as informações com Hácha e o resto da liderança tcheca, recomendando preparativos de emergência para evacuar os aviões militares, explodir as fábricas de munições, destruir arquivos secretos e transportar os líderes do país a Paris ou Londres. Os membros do gabinete, convictos de que Hitler estava satisfeito com o status quo, recusaram-se a acreditar que uma invasão era iminente. Mas decidiram tentar uma reunião para esclarecer a questão. Logo após o anoitecer de 14 de março, poucas horas antes de o Parlamento eslovaco aprovar a independência, Hácha e vários de seus auxiliares partiram de trem para Berlim.

O IRMÃO DE MEU pai Jan ("Honza") trabalhava para a mesma empresa de construção que seu pai, Arnošt Körbel, e já abrira uma subsidiária na Inglaterra, onde se esperava que houvesse vaga também para Arnošt. Com Honza empregado, sua mulher e dois filhos não teriam problemas em se juntar a ele. Minha tia Margarethe e seu marido Rudolf Deiml vinham procurando vistos, mas até então sem sucesso. Tinham duas filhas, Dagmar (Dáša), de 11 anos, e Milena, com apenas 7. O pai de minha mãe, Alfred, havia morrido em 1936. Como eu saberia bem depois, a avó Růžena morava em Poděbrady, uma cidade a uns 65 quilômetros de Praga. Se fez algum esforço para partir, não existem sinais. A Tchecoslováquia era onde vivera toda a sua vida e, além disso, ela tinha de cuidar de sua filha, minha xará Marie, que sofria de doença renal.

Claro que ninguém sabia o que vinha pela frente. A guerra na Europa ainda estava a meses de distância. Quando chegasse, esperava-se que durasse pouco. Os campos de prisioneiros nazistas, como Dachau, abrigavam dissidentes sem considerar a raça. Aos judeus tchecos que não fossem políticos e desejassem partir, as autoridades alemães não apresentavam nenhum obstáculo. Mais de 19 mil (ou cerca de 16%) partiriam em 1939. Naquele ano, um escritório dirigido por Adolf Eichmann, de 33 anos, foi aberto em Praga para encorajar os judeus a emigrarem. O desafio era achar governos dispostos a receber mais candidatos. Cada país tinha um tipo de cota. Os britânicos, com um mandato da Liga das Nações para o Oriente Médio, fixaram um limite anual de 10 mil judeus europeus autorizados a se fixarem na Palestina. Para muitos tchecos mais velhos, a perspectiva de sair de casa era mais perturbadora do que os perigos percebidos de ficar. Por mais detestáveis que fossem os nazistas, não estava claro que vantagens teriam em perseguir os velhos. "O que eles fariam comigo?", perguntou uma mãe de um filho adulto. "Eu poderia esfregar chãos até que a guerra terminasse."[12] Alguns talvez não quisessem ocupar espaço nas listas de vistos que, segundo eles, poderia ser melhor empregado por seus filhos e netos.

Na segunda semana de março, meu pai fez breves viagens a Paris e Londres para sondar a possibilidade de obter vistos para a nossa família. Teve a sorte de ser credenciado como jornalista de dois jornais iugoslavos. Retornou para casa no mesmo dia em que o presidente Hácha partiu para sua conferência em Berlim.

De manhã cedo em 15 de março de 1939, após aguardar umas horas enquanto Hitler assistia a um filme, Hácha reuniu-se com o Führer e seus auxiliares. Hitler foi direto ao assunto. Devido às provocações na Boêmia e agitação na Eslováquia, a Alemanha havia decidido incorporar ao Reich o que restava das terras tchecas. A questão não estava aberta à discussão. A invasão começaria às seis da manhã. Göring ameaçou que, se Hácha não pegasse a caneta, a Luftwaffe destruiria Praga em horas. O presidente consultou por telefone seu gabinete, que informou inutilmente que a resistência ativa era impossível e a aquiescência explícita inconstitucional. Hácha continuou resistindo, depois desmaiou. Às quatro da madrugada, depois que o médico de Hitler o despertou com uma injeção de dextrose e vitaminas, o presidente, fraco em todos os sentidos, finalmente cedeu. A declaração que assinou apelava ao Exército tcheco que aceitasse a ocupação alemã e declarava que ele, Hácha, estava confiantemente colocando o destino de seu povo nas mãos do Führer e do Reich.

Em meio à nevasca daquela noite, um dos poucos aparelhos a decolarem do Aeroporto Ruzyně em Praga foi um avião holandês enviado pelos britânicos para resgatar o coronel Moravec. Ele levou consigo dez membros graduados de sua equipe, além de muitos arquivos secretos e o máximo de dinheiro que conseguiram carregar. Na manhã seguinte, tropas alemãs marcharam sobre Praga. Como ainda não haviam recebido instruções de rendição, dois regimentos reagiram corajosamente, conquistando assim um lugar de honra permanente na história tcheca. Mas foi só.

A memória nacional de qualquer povo é uma mistura de verdade e mito. Para os tchecos, 1620 foi o ano em que perderam a independência e

1918 o ano em que a recuperaram. Os Idos de Março de 1939 foram quando tiveram sua liberdade roubada de novo. Após poucos dias, cartazes de margens vermelhas com uma águia e suástica estavam colados por toda Praga. Tropas de assalto armadas de baionetas passavam pelas ruas da Cidade Velha, em torno da praça Venceslau, em frente às catedrais e no velho Hradčany. A Gestapo abriu um quartel-general. Placas de ruas em língua alemã surgiram em cada esquina. De acordo com um despacho de 19 de março da embaixada americana:

> Existem milhares [...] de refugiados políticos e suas famílias escondidos aqui e correndo risco de vida. Muitas das mulheres e crianças estão passando seus dias e noites nas florestas na vizinhança de Praga, embora o terreno esteja coberto de neve. Todas as organizações de ajuda humanitária foram dispersadas à força [...] a polícia secreta alemã aqui está fazendo centenas e talvez milhares de prisões da maneira nazista habitual. A população judaica está aterrorizada, assim como [...] aquelas pessoas estreitamente associadas ao regime anterior.[13]

Meus pais estavam entre aqueles com uma pergunta dominando em suas mentes: como sair? Nas palavras de minha mãe:

> Deixar a Tchecoslováquia imediatamente era tecnicamente impossível. Reinava o caos completo em Praga. As comunicações estavam paralisadas, os bancos estavam fechados, amigos vinham sendo detidos. Soubemos de fontes competentes que o nome de Joe estava na lista das pessoas que deveriam ser presas. Após deixar Madeleine com minha família, Joe e eu saímos de nosso apartamento e começamos a dormir cada noite com um amigo, passando os dias nas ruas e em restaurantes de Praga. Era principalmente durante as noites que a Gestapo capturava as pessoas.[14]

Após mais de uma semana vivendo em fuga, meus pais obtiveram a papelada necessária. Minha mãe escreveu mais tarde que uma dose de suborno poderia estar envolvida, o que não seria surpreendente naquela época. Os nazistas haviam aberto um escritório para processar vistos de saída com o objetivo de impedir que inimigos conhecidos partissem, mas dependiam no início de inspetores tchecos que ignoraram as instruções e permitiram que centenas de compatriotas politicamente ativos escapassem.

Em 25 de março, minha mãe me buscou na casa da vovó Růžena e, à tarde, sentou-se comigo num café enquanto meu pai ia à polícia apanhar o carimbo final de aprovação. Ao retornar, em torno das cinco horas, tivemos tempo de preparar duas pequenas malas antes de rumarmos à estação ferroviária. Suponho que Růžena, Arnošt e Olga estivessem lá para nos verem partir, porque em suas cartas minha mãe observou com tristeza que aquela foi a última vez que os viu vivos.

Era o décimo dia após a invasão nazista. O Expresso Oriente Simplon, com destino ao sudeste, passava por Praga apenas três vezes por semana. Naquele dia, a plataforma de embarque devia estar apinhada e os vagões, lotados. Para meus pais, os símbolos da suástica por toda parte devem ter removido quaisquer dúvidas sobre sua opção. Eles abriram caminho para dentro do trem e entregaram os bilhetes ao fiscal do trem. O apito soou, e nossa longa viagem começou. Os carros-leitos consistiam em compartimentos de painéis de madeira, cada um com duas camas, uma sobre a outra, e uma pequena pia. Durante o dia, as camas podiam ser levantadas e o espaço convertido numa pequena sala de estar. Na falta de um assento separado para mim, meus pais devem ter se revezado comigo enquanto me encorajavam a sossegar e dormir. A primeira fronteira a que chegamos foi da recém-independente Eslováquia. Depois entramos na Hungria, onde imagino que cada passageiro, incluindo cada ativista político e mais particularmente cada judeu, prendeu o fôlego até que os documentos de viagem fossem devolvidos e o trem voltasse a andar. Após a Hungria veio a Iugoslávia, depois a Grécia, onde pegamos um navio para a Inglaterra. Nosso destino: liberdade.

PARTE II

Abril de 1939–abril de 1942

Em nosso destino, um drama universal vem sendo representado [pois] todo recurso à força bruta é breve comparado com a necessidade duradoura do homem de liberdade, paz e igualdade.

—KAREL ČAPEK,

Uma prece para esta noite, inverno de 1938

9

Recomeçando

Eu era nova demais para lembrar dos quartos minúsculos da pensão desconfortável em que começamos nossa vida nova, mas minha mãe não esqueceria aqueles primeiros dias em terra estranha. Vivíamos entre outros estrangeiros, e como faltavam empregos na Inglaterra, os refugiados estavam proibidos de procurá-los. Desenraizados, encarávamos um futuro em todos os aspectos incerto e tínhamos poucas formas óbvias de ocupar nossas horas. Assim, quando o tempo esquentou, minha mãe e eu passávamos várias horas nos parques próximos, enquanto meu pai procurava reatar o contato com amigos.

Para meus pais, que sequer tinham 30 anos, a perspectiva de recomeçar em meio às multidões estranhas de Londres deve ter sido intimidante. A capital britânica era de longe a cidade mais populosa do mundo. Seu porto era o mais movimentado, seu sistema de metrô, o mais intricado, seus prédios públicos, os mais icônicos, suas instituições financeiras, o centro do universo econômico. O império de Sua Majestade, embora envelhecendo, ainda tinha influência em cada continente.

Foi em Londres que Beneš iniciou seu exílio, mas logo aceitou uma oferta da Universidade de Chicago para lecionar sobre democracia. Portanto ele estava nos Estados Unidos quando tropas alemãs marcharam sobre Praga. Ele soube desde o princípio o que a invasão significava não apenas para seu país, mas também para sua própria credibilidade. Afinal, ele não avisara para não confiarem nos nazistas? Não dissera que o Acordo de Munique se baseava em uma mentira? Durante a Primeira Guerra Mundial, Masaryk defendera perante o mundo a independência tcheca e eslovaca. Agora Beneš se preparava para travar uma luta semelhante a fim de ajudar seu país a se erguer das cinzas e, não casualmente, demonstrar a correção de seu próprio julgamento.

Segundo sua visão, o ataque alemão deixara a Tchecoslováquia sem um governo legítimo, criando assim um vácuo que somente o regime livremente escolhido mais recente — seu próprio — poderia preencher. Isso exigia que o *professor* Beneš voltasse a desempenhar o papel de *presidente* Beneš. Sem esperar um só dia, voltou a escrever cartas aos líderes mundiais, começou a enviar instruções às embaixadas tchecas e exortou a mídia a ecoar sua própria mescla incisivamente expressa de indignação e resolução. Proferiu dezenas de discursos pelos Estados Unidos, buscando e recebendo apoio das mesmas organizações de imigrantes que, duas décadas antes, haviam auxiliado a causa da independência. Ele se beneficiou, também, da tendência americana de mostrar apoio às vítimas da injustiça. Em Nova York, o prefeito Fiorello La Guardia descreveu Munique como um ato de "selvageria comum" perpetrada por "democracias europeias decadentes e duas ditaduras violentas".[1]

O público americano pode ter se solidarizado com Beneš e seu sofrimento, mas isso não significava que estivesse disposto a empunhar armas. Na verdade, nada lhes agradava mais do que serem informados de que cabia à Europa arrumar a bagunça que os europeus haviam criado. No domingo de Páscoa, o presidente Roosevelt preparava-se para retornar a Washington de seu refúgio em Warm Springs, Geórgia. Antes de embarcar no trem, despediu-se dos espectadores. "Estarei de volta no outono", ele prometeu, "se não tivermos uma guerra".[2] Essa observação casual chamou a atenção da mídia. Walter Winchell, um colunista popular, escreveu: "O futuro da juventude americana está no solo americano — não sob a sujeira europeia."[3] O renomado sábio Walter Lippmann exortou o governo a usar a diplomacia para "impedir as consequências horrendas de uma guerra".[4] David Lawrence, o fundador dos jornais *United States News* e *World Report*, repetiu o apelo pró-alemão por "uma segunda conferência de paz para desfazer as injustiças impostas pelo Tratado de Versalhes".[5]

A plataforma do Partido Democrata de 1936, base da campanha de FDR, renunciava à guerra como um instrumento de política, prometia neutralidade nas disputas internacionais e jurava resistir a ser arrastado para hostilidades por "compromissos políticos, atividade bancária internacional ou negócios privados".[6] Em 1937, o Congresso examinou uma emenda constitucional que exigiria um referendo popular para que uma guerra pudesse ser declarada, uma medida potencialmente paralisante derrotada por pequena margem. Roosevelt prometeu repetidamente manter os Estados Unidos fora da guerra, mas analistas conservadores notaram que Woodrow Wilson fizera — e descumprira — uma promessa semelhante. O presidente pessoalmente achava que um conflito europeu seria inevitável, mas ainda não decidira qual papel os Estados Unidos deveriam desempenhar. Para impedir tempestades políticas, costumava evitar uma linguagem provocadora, razão por que seu comentário na Geórgia gerou uma reação tão acalorada. Mas enquanto os colunistas homens se mostraram preocupados, uma mulher parecia pronta para a luta. "Eu me pergunto", escreveu Eleanor Roosevelt, "será que decidimos nos ocultar por trás da neutralidade? É seguro, talvez, mas tenho minhas dúvidas se é correto estar seguro. [...] Cada vez que uma nação que conheceu a liberdade a perde, outras nações livres perdem algo também".[7]

Em 28 de maio, Beneš reuniu-se por três horas com o marido de Eleanor na residência do casal em Hyde Park, Nova York. Ele informou aos amigos que Roosevelt o saudara como um colega presidente, condenara o apaziguamento britânico e francês e prometera reconhecer a velha Tchecoslováquia no caso de uma guerra europeia. Aquele relato talvez floreasse os fatos. As políticas de Roosevelt eram notoriamente ambíguas. Na época de Munique, FDR havia privadamente comparado as ações britânicas e francesas com as de Judas Iscariotes. Oficialmente, enviou um telegrama de congratulações a Chamberlain. Após a invasão de Praga, alertou Hitler contra novas agressões, mas sem especificar qualquer penalidade. Apesar da descrição de Beneš no encontro com Roosevelt, o Departamento de Estado ainda teria de reconhecê-lo como o representante legal da Tchecoslováquia ou apoiar o restabelecimento de seu país destroçado.

Partindo dos Estados Unidos para Londres, Beneš estava com o espírito inquieto. Como o governo tcheco no exílio atuaria diante de Chamberlain e os artífices do apaziguamento? Logo descobriu que vários britânicos criticavam tanto quanto ele o líder britânico. Em 27 de julho, foi o convidado de honra de um almoço parlamentar patrocinado por Churchill e seu astuto colega de armas Anthony Eden. "Não sei como as coisas se desenvolverão", Churchill disse, "e não posso dizer se a Grã-Bretanha irá à guerra para ajudar a Tchecoslováquia. Sei apenas que a paz [...] não será feita sem a Tchecoslováquia".[8] Para Beneš, aquelas palavras devem ter soado como um coro celestial. Muitos de seus compatriotas o viam como um fracasso, e Chamberlain o considerava um estorvo, mas Churchill havia escrito uma carta indicando-o para o Prêmio Nobel da Paz.*

Mesmo antes daquele almoço memorável, as peças de um governo no exílio vinham sendo montadas. Jan Masaryk e um pequeno círculo de emigrados veteranos — civis e militares — estavam começando a trabalhar. Certa manhã, um amigo de Masaryk veio ver meu pai e disse: "Aqui está a chave do apartamento de Jan em Westminster Gardens, 58. Ele quer que você seja seu secretário." Para meu pai, aquilo era um avanço na carreira no momento em que mais precisava. "Eu era um jovem funcionário diplomático", ele mais tarde recordou. "Jan era um veterano da diplomacia. Ambos estávamos sem emprego. Jamais esquecerei suas palavras de boas-vindas. 'Prazer em conhecê-lo. Já ouvi falar de você antes. Precisa de algum dinheiro?'"[9] Masaryk alugou um escritório perto de seu apartamento e recrutou uma equipe que também incluiu Eduard Táborský, um advogado que trabalhara no Ministério do Exterior tcheco. Sua tarefa coletiva seria gerar artigos favoráveis à causa tcheca na mídia local.

Ao mesmo tempo, meu pai começou uma extensa troca de cartas com Hubert Ripka, um homem 14 anos mais velho que compartilhava seu compromisso com Beneš e a restauração da democracia tcheca. Ripka era um homem de ombros largos, com mais de 1,80 metro de altura e uma reputação de ser tão "esperto como um bando de macacos".[10] Um correspondente diplomático do principal jornal do país, Ripka havia sido um dos membros do grupo de Beneš que mais defendera a rejeição do Acordo

* Churchill foi um dentre vários que nomearam Beneš. Porém, o comitê do Nobel decidiu não designar um vencedor em 1939 — quando a Segunda Guerra Mundial começou — ou em qualquer um dos quatro anos seguintes.

de Munique. No outono de 1938, mudara-se para Paris, onde usara seus muitos contatos para divulgar o drama de seu país.*

Dada a turbulência do período, era natural que Ripka mostrasse um ávido interesse pelo que vinha ocorrendo em Londres, e meu pai, uma curiosidade idêntica pela situação em Paris. Seu desejo mais urgente era ajudar amigos em busca de vistos, muitas vezes uma tentativa frustrante. Um segundo objetivo era desencorajar a formação de centros de poder rivais. A Tchecoslováquia não precisava de mais de um governo no exílio. Um terceiro foco era obter acesso a escritores influentes, fossem de países eslavos ou do Ocidente. Uma dessas escritoras, Shiela Grant Duff, serviu como intermediária, transportando cartas entre meu pai e Ripka, de quem havia se tornado amiga em Praga.

Como uma correspondente estrangeira mulher, Grant Duff foi uma pioneira. Conquistou muitos leitores enquanto escreveu para o popular *London Observer* e foi uma das poucas jornalistas britânicas a desafiar sistematicamente Chamberlain e o apaziguamento. Seu desdém pelos colegas ficou claro numa quadra irônica que gostava de citar sobre a "honestidade" dos jornalistas britânicos.[11]

You cannot hope to bribe or twist
The honest British journalist;
But seeing what the man will do
*Unbribed, there's no occasion to.***

A pedido de Ripka, Grant Duff apresentou-se a Churchill (ela era prima da sra. Churchill) para informá-lo melhor sobre a situação na Tchecoslováquia. Seu livro *Europe and the Czechs* [A Europa e os tchecos] foi um sincero apelo aos britânicos para levarem a sério o destino daquele pequeno país. A edição em brochura foi lançada no mesmo dia em que

* A correspondência entre Ripka e meu pai esteve entre os documentos que me foram disponibilizados pelo Instituto Tcheco para o Estudo de Regimes Totalitários em 2011. A correspondência — da qual partes estão borradas com tinta — havia sido mantida nos arquivos do Ministério do Exterior até ser removida, na década de 1950, pela polícia secreta comunista.

** Tradução livre: Você não consegue subornar ou influenciar / o honesto jornalista britânico, / mas jamais terá a oportunidade / de ver o que ele fará sem propina. [N.T.]

Chamberlain retornou de Munique, e suas vendas foram tão boas que uma edição atualizada foi publicada apenas duas semanas depois.

A correspondência de meu pai com Ripka, que começou em maio de 1939 e continuou por dois anos, revelava um tom conspiratório. Ambos tinham dúvidas sobre quem era confiável. Em sua primeira carta, Ripka pediu que uma mensagem fosse transmitida ao diretor de inteligência, Moravec, pedindo informações sobre um homem na Holanda que podia ou não estar atuando a favor dos judeus que tentavam fugir de Hitler. Meu pai, por sua vez, descreveu uma visita de "um homem chamado Zid [que] despertou em mim uma impressão estranha".[12] Zid pediu uma audiência direta com Masaryk, exibiu algum dinheiro e foi vago na resposta às perguntas. Meu pai, cuja confiança tinha de ser conquistada, achou que fosse um espião.

Fazia bem ao meu pai ter um cargo que exigia suas energias, um destino ao deixar nosso apartamento a cada manhã e amigos com quem pudesse trabalhar e compartilhar as mágoas. Para minha mãe, a vida era mais dura, ao tentar ocupar sua mente e me entreter numa cidade onde era difícil se comunicar e cujo estado de espírito geral se tornara mais sombrio. Como refugiados em Londres naquele verão, tínhamos bastante companhia. Judeus e outros antifascistas chegavam da Alemanha, Áustria, Polônia e nossa Tchecoslováquia. Os britânicos tinham cotas que limitavam o número de adultos, mas uma exceção foi aberta a crianças desacompanhadas com menos de 17 anos.

Um programa humanitário, o Kindertransport, começara a resgatar crianças da Alemanha e Áustria. Uma operação tcheca similar, mas separada, foi desencadeada por Nicholas Winton, um corretor de valores britânico que havia visitado Praga a convite de um amigo, encontrou brutamontes alemães por toda parte e voltou para casa determinado a salvar quem ele conseguisse, especialmente crianças. "Eu não tinha permissão de trazer ninguém sem uma família que garantisse que cuidaria dos refugiados", recordou Winton, "e nem sempre era fácil obter esse compromisso das pessoas, porque alguns eram bem jovens".[13] Para salvar mais jovens, ele fez repetidos apelos aos Estados Unidos, mas sem receber qualquer ajuda. Das cerca de 6 mil crianças cujos nomes estavam na lista de Winton, apenas uma em cada dez chegou à Inglaterra.

Entre as que chegaram estava minha prima Dáša Deimlová, então com 11 anos, a filha da irmã de meu pai. Ela estava a bordo do segundo dos quatro trens de Winton que partiram de Praga no final de junho. Além de uma pequena mala, carregava apenas uma bonequinha. Pendurado no pescoço, um crachá de papelão com o número 298. Havia seis crianças em seu compartimento, todas meninas, com idades variando de 2 a 15 anos. Dáša logo se apresentou para uma criança xará de sua irmã Milena de 7 anos. Quando a locomotiva partiu da estação, deixando para trás pais e amigos, as duas meninas fecharam os olhos, deram-se as mãos e prometeram uma à outra: "Nós não choraremos." Quando alcançaram a fronteira alemã, o trem parou por quase cinco horas. Uma confusão burocrática fez com que documentos apropriados tivessem de ser buscados em Praga. Os passageiros assustados permaneceram sentados, espiando ansiosos pelas janelas enquanto nazistas, com seus rifles e baionetas assustadoras, marchavam pela plataforma. Finalmente o trem retomou a viagem para oeste, passando por Dresden, Frankfurt e Colônia. O movimento incessante transtornou o estômago de Dáša. Ela aceitou a oferta de álcool de um rapaz mais velho, que a enjoou ainda mais. Somente ao alcançarem a Holanda as crianças foram autorizadas a esticar as pernas, receberam postais para enviar para casa e ganharam bananas e chocolate quente da Cruz Vermelha.

Dáša, Milena Deimlová e a autora, com um ano

Dali as crianças tomaram um ferry para Harwich. A maioria continuou por trem até a Liverpool Street Station. Como seus companheiros, Dáša sofreu o trauma da separação súbita dos pais e da terra natal. Ao contrário de muitos, tinha idade suficiente para entender a razão da partida e foi confortada por um conjunto de rostos familiares ao final de sua viagem. Sua irmã constava da lista para vir junto, mas na última hora seus pais se arrependeram, achando Milena nova demais. Cinquenta anos depois, Dáša contou a um repórter do *Washington Post* que Milena não viera porque quebrara o braço. Aquilo não era verdade. Na época Dáša não quis admitir, como fez mais tarde para mim, que nunca perdoou os pais pela decisão fatídica. Muitas crianças mais novas que Milena estiveram no trem que partiu de Praga. A ironia insustentável é que minha priminha teria sua vida ceifada não pela indiferença dos pais, mas pela intensidade de seu desejo de protegê-la.

Meu pai foi pegar Dáša em Harwich e trouxe-a ao nosso apartamento. "Nós a apanhamos em boas condições", meu pai escreveu aos seus pais, Rudolf e Greta. "Ela era uma das poucas que não estavam cansadas. [...] Em poucos dias a levaremos à escola. [...] Não se preocupem, cuidaremos bem dela, e além disso vejo que ela é uma menininha bem boazinha."[14] Ele acrescentou:

> Em breve talvez eu descubra se vai dar certo [...] agora está mais difícil, porque vocês não enviaram Milenka. Com o Canadá, Rudo, não tenha ilusões. Beijos — não temos notícias de mamãe há duas semanas.

Decifrando essas palavras agora, acredito que meu pai estivesse tentando usar todos os seus contatos para ajudar os pais de Dáša a saírem da Tchecoslováquia. Temia que a decisão deles de conservar Milena pudesse complicar as coisas e não tinha certeza se teria sucesso.

No verão de 2009, o êxodo das crianças de Winton foi reencenado, usando a mesma locomotiva e percorrendo a mesma rota entre Praga e Londres. Entre os passageiros estava Dáša, então com 81 anos, e sua antiga colega de assento, Milena Grenfell-Baines. Uma menina jovem, trajada no estilo dos anos 1930 (chapéu, jaqueta simples e saia), estava também a bordo, representando os viajantes de tempos atrás. Pendurado no pescoço da menina estava o número 298, o número de Dáša, no mesmo pedaço de cartolina que minha prima usara anos antes. Em Londres foram recebidas por um amigo que celebrava o centésimo aniversário, Nicholas Winton, o homem que — enquanto os outros simplesmente ficaram inertes — agiu em cima da hora para salvar-lhes as vidas.

Para Neville Chamberlain, a invasão da Tchecoslováquia fora um profundo constrangimento. O herói de seis meses antes havia sido desmascarado. Hitler o fizera de palhaço. As ambições territoriais do Führer se estendiam de fato além das áreas onde os alemães já constituíam maioria. A Polônia provavelmente seria a próxima vítima. Tendo tentado o apaziguamento, o primeiro-ministro mudou quase da noite para o dia para a tentativa de dissuasão. No final de março de 1939, declarou que a Inglaterra correria para ajudar Varsóvia no caso de um ataque alemão. Tratava-se de uma posição dura, mas faltava uma estratégia militar em seu respaldo. Salvar a Polônia seria tão difícil quanto teria sido interpor suas tropas entre a Alemanha e a Tchecoslováquia. A esperança era convencer Hitler de que não poderia invadir sem desencadear uma guerra maior. Preparando-se para tal contingência, Chamberlain propôs o recrutamento dos homens de 20 anos, o primeiro serviço militar obrigatório em tempo de paz na história britânica moderna. Nas aldeias, as pessoas conversavam sobre o que fariam "se o pior piorasse ainda mais". "É engraçado", observou a fictícia sra. Miniver no romance daquela época de mesmo nome de Jan Struther, "como as pessoas ainda evitavam dizer: 'Se houver uma guerra', e recaíam nos eufemismos".[15]

Enquanto isso, a atividade diplomática continuava a pleno vapor. A Embaixada Alemã informou ao Foreign Office que o Reich doravante assumiria a autoridade legal sobre pessoas na Inglaterra que fossem "da raça tcheca". Os britânicos rejeitaram aquilo, mas tinham dúvidas sobre quem, além dos alemães, poderia legitimamente falar em nome da nação ocupada. Para eles, Beneš carecia de uma posição oficial. Uma questão era como proteger da deportação pessoas que, como os membros de minha família, estavam viajando com passaportes tchecos. A solução seria designá-las "apátridas". Um dilema ainda mais espinhoso era se continuariam convidando o pessoal de nossa missão diplomática agora órfã às festas oficiais. Após muitos debates nos altos escalões, o Foreign Office chegou a uma solução: nossos diplomatas permaneceriam na lista de convidados no decorrer do verão, mas depois seus nomes, como nosso país, seriam apagados.

As tarefas essenciais do governo britânico eram se rearmar e persuadir a Alemanha de que a guerra seria um equívoco. O fortalecimento militar começou a sério, mas o lado diplomático empacou. A estratégia lógica, endossada por Churchill entre outros, era forjar uma aliança com a União Soviética, deixando Hitler numa posição em que qualquer conflito teria de ser travado simultaneamente nas frentes oriental e ocidental. Os russos estavam ansiosos por selar tal acordo, mas Chamberlain hesitou devido ao seu desdém por Stalin e porque temeu que o Führer visse uma aliança Londres-Moscou como uma provocação. Levou também em conta a opinião polonesa, que era ao menos tão hostil aos comunistas quanto aos nazistas.

Aquela foi uma oportunidade perdida. Stalin suspeitou de que o Ocidente pretendia ficar de braços cruzados para recolher os destroços após uma guerra entre seu país e a Alemanha. Sabia que as fábricas alemãs continuavam necessitando de matérias-primas que somente seu país poderia fornecer. Para manter as opções abertas, demitiu seu ministro do Exterior, substituindo-o por Vyacheslav Molotov, um sobrevivente duro e imperturbável das políticas do Kremlin. Molotov não tinha amor pelo Ocidente, nem qualquer traço de sentimentalismo. Precisamente o tipo de homem com quem Hitler poderia fazer negócios.

Em maio, Beneš ficou sabendo que as entregas de armas da Škoda tcheca para a União Soviética prosseguiam apesar da ocupação nazista. Concluiu que algum tipo de entendimento secreto entre Alemanha e Rússia havia sido alcançado. Aquela era uma notícia importante, e ele imediatamente transmitiu suas suspeitas ao Foreign Office. Tardiamente, diplomatas ingleses viajaram a Moscou para tentar acertar os ponteiros. Lá foram brindados com muita bebida, mas nenhum acordo. A oportunidade de uma aliança antifascista eficaz havia se esgotado.

Em 17 de agosto, o governo americano enviou um telegrama informando Londres de que a Alemanha e a União Soviética estavam prestes a "iniciar um namoro". O documento veio sem indicação de prioridade, de modo que só foi aberto em 22 de agosto — o dia em que Hitler e Stalin anunciaram seu chocante acordo de permanecerem neutros em conflitos envolvendo a outra nação. Beneš estava em sua escrivaninha quando a notícia do acordo se espalhou. Por ser agosto, o governo britânico estava de férias: Chamberlain estava pescando na Escócia, Halifax, em sua propriedade em Yorkshire e os comandantes militares britânicos se encontravam ocupados atirando... em gansos.

O pacto entre Alemanha e União Soviética chocou os britânicos e a maioria dos outros no Ocidente, até muitos comunistas. Beneš, no máximo de seu sangue-frio, ficou satisfeito, sabendo que Hitler veria o acordo como uma licença para iniciar a guerra — o único meio de restaurar a liberdade tcheca. Ele também entendeu a lógica do acordo, talvez ainda melhor do que Stalin. Os alemães haviam obtido um fornecedor de trigo, petróleo, madeira e minérios, além do sinal verde para invadir a Polônia do único país capaz, ainda que remotamente, de detê-los. Os soviéticos haviam assegurado o acesso a bens manufaturados e a oportunidade de se apoderarem dos Bálticos e da metade oriental da Polônia sem temerem, por enquanto, que a Alemanha abrisse fogo. Stalin contou ao seu colega e depois sucessor Nikita Khrushchev: "Claro que é tudo um jogo para ver quem consegue enganar quem. Sei do que Hitler é capaz. Ele pensa que é mais esperto, mas na verdade fui eu quem o enganou."[16] Beneš acreditava, mais corretamente, que os nazistas não esperariam muito para enganar o parceiro.

Aquele acordo descarado significava quase certamente que a Europa logo estaria em guerra. Enquanto os líderes britânicos trocavam seus apetrechos de caça e pesca por ternos e uniformes, uma última rodada diplomática se desenrolou. Com a carta da Rússia agora virada para cima do lado errado da mesa, não restou aos Aliados outra opção senão depositar suas esperanças em Mussolini. Os italianos — ou, na expressão de Cadogan, "os sorveteiros" — pouco tinham a ganhar em uma guerra europeia. Diplomatas franceses e britânicos exortaram Mussolini a refrear Hitler, enquanto eles pressionariam a Polônia a fazer quaisquer concessões necessárias. Ao mesmo tempo, todos os empresários que alegavam possuir um canal de comunicação com a liderança alemã foram ouvidos. Os Aliados convocaram os reservistas e mobilizaram suas frotas. Embaixadores dialogaram. Aristocratas britânicos contataram seus conhecidos nazistas. Nada disso funcionou.

Bem cedo em 1º de setembro de 1939, 56 divisões alemãs, apoiadas por 1.500 aeronaves, penetraram na Polônia ocidental, cercando e esmagando as tropas defensivas, enquanto semeavam o terror entre a população civil. Os poloneses resistiram bravamente, mas em número insuficiente e sem reservas de combate. Grande parte de sua força aérea foi destruída antes que pudesse decolar, enquanto sua cavalaria não era páreo para os tanques alemães. Antes de sucumbirem, lançaram um contra-ataque desesperado que prolongou a luta, mas apenas até o final do mês. Àquela altura, o Exército soviético havia penetrado, como um abutre, para devorar o leste da Polônia. Uma linha demarcatória separando as zonas alemã e russa foi traçada no meio do país. A Segunda Guerra Mundial havia começado.

10

Ocupação e resistência

O Reichsprotektor Barão Konstantin von Neurath chegou a Praga de trem em 5 de abril de 1939. Representantes de organizações locais tomaram parte do dia inteiro de celebrações a contragosto, na verdade praguejando. A intenção de Berlim era saquear os tchecos sem provocar rebelião. Assim Neurath esperava vê-los se adaptando rápida e passivamente à perda de liberdade, minimizando qualquer necessidade de brutalidade. O *protektor* de cabelos grisalhos era por natureza mais diplomata do que incitador, tendo sido demitido de seu cargo anterior de ministro do Exterior por discordar dos planos bélicos de Hitler. Em seu novo posto, fez questão de mostrar respeito público pelo presidente Hácha e conservar a ficção de que os tchecos preservavam uma voz ativa na gestão de seus negócios.

A demonstração de empatia alemã não se limitou a Neurath. Nos primeiros dias da ocupação, uma organização de ajuda humanitária bávara enviou uma caravana de voluntários a Praga. Sua missão: alimentar as crianças da cidade, que — segundo a propaganda nazista — estavam passando fome devido à incompetência das autoridades locais. Na verdade, os únicos jovens precisando de refeições grátis eram os refugiados antifascistas dos Sudetos. Quando os bávaros descobriram que os famintos não eram tão numerosos como previram, pediram que alguns mais fotogênicos demonstrassem como proferiam as suas orações noturnas. As imagens resultantes foram enviadas a Berlim com a legenda: "Crianças de Praga imploram por comida."[1]

Mal se passara uma semana da ocupação, o Parlamento foi dissolvido e os partidos políticos tradicionais foram extintos. Em seu lugar, Hácha criou a Solidariedade Nacional (SN), uma organização que incluía praticamente a população tcheca inteira — exceto judeus e maçons, excluídos para agradar aos alemães, e mulheres, que foram barradas porque Masaryk e Beneš não estavam mais lá para insistir num tratamento justo.* A SN era uma entidade pragmática, não ideológica. Buscava conviver com a ocupação alemã sem abandonar a cultura e os costumes nativos.

Os tchecos que ocuparam cargos oficiais durante os anos do protetorado seriam depois tachados de traidores ou, como minha mãe desdenhosamente se referia a eles, "colaboradores". Os rótulos nem sempre captaram as intenções das figuras envolvidas. No princípio, Hácha enviou mensagens a Beneš em que prometeu sua fidelidade: "Estou ansioso pelo dia em que entregarei meu cargo. O senhor sabe para quem."[2] O velho juiz não buscara a presidência e sempre parecia à beira de renunciar. Seu objetivo confesso foi minimizar o dano, mas ele não percebeu que danos podem ser infligidos ao espírito tão rápido quanto ao corpo. Exortou seu povo a serem bons tchecos e bons alemães — uma possibilidade em tempo de paz, talvez, mas não sob ocupação. Começando como um aliado da democracia, Hácha acabou como um inimigo. Uma figura débil, nada representou num cargo que jamais deveria ter aceito.

Em contraste, o novo primeiro-ministro, general Alois Eliáš, enfrentou a tempestade e se recusou a ceder. Eliáš também evitou provocar os nazistas, mas pelas costas mantinha vínculos estreitos com a resistência tcheca, enviava informações a Londres e fez todo o possível para ajudar as famílias dos presos. Muitas outras autoridades tentaram preservar o que puderam da identidade e independência nacionais, esperando que — apesar dos triunfos iniciais alemães — a guerra logo terminasse. Porém, com o passar dos meses, os membros do governo de Hácha viram-se em uma

* Em tcheco, o nome do partido era Národní Souručenství. Para muitos tchecos, o distintivo NS, usado de cabeça para baixo, designava "Smrt Němcům", "Morte aos Alemães".

posição insustentável: odiados pelos legalistas tchecos, intimidados pelos supervisores alemães e não respeitados por ninguém.

Quem observava da legação americana era George Kennan. Conhecido através de sua carreira por seu discernimento e ausência de romantismo, ele escreveu que "um dos dilemas mais antigos e recalcitrantes da humanidade" consiste em uma escolha entre "uma colaboração limitada com o mal, visando à sua atenuação derradeira" e uma "resistência inflexível e heroica, mas suicida".[3] Todos os envolvidos no drama da Tchecoslováquia pós-Munique, ele observou, se "defrontariam, de uma forma ou de outra, com esse dilema".

ANTES DE PARTIR PARA o exílio, Beneš havia discutido com os amigos a necessidade de formar uma resistência unificada que enunciasse uma linha política clara e atuasse eficazmente em casa e no estrangeiro. O secretário pessoal do presidente, Prokop Drtina de 39 anos, foi um dos que permaneceram em Praga para organizar o esforço. Os dissidentes tinham muitos amigos que continuavam no governo, alguns no escritório do prefeito ou na câmara municipal, mas também contadores, telefonistas e burocratas que podiam fornecer informações úteis. A rede contava basicamente com os partidários políticos de Beneš, militares, ex-membros da Legião Tcheca, escoteiros, ginastas Sokol e organizações judaicas como o clube atlético Maccabi. Desde o princípio, a resistência ajudou soldados e outros fugitivos a transporem a fronteira para a Polônia e, quando aquela via foi fechada pela guerra, para a Hungria.

Como em qualquer operação clandestina, comunicações seguras eram vitais. Nas primeiras semanas, os conspiradores haviam recebido uma mensagem cifrada (escondida num tubo de pasta de dentes) revelando um endereço na Turquia por onde informes podiam ser transmitidos a Beneš. Drtina valeu-se desse canal para enviar relatos regulares ao presidente. Aquelas mensagens também exigiam sigilo, e fiquei intrigada ao descobrir na minha pesquisa que um líder da resistência atribuiu a Josef Korbel a sugestão de um código engenhoso envolvendo dicionários. Porém, tão logo se aceitou a ideia do dicionário, foi substituída por um sistema mais sofisticado criado pelo Exército.

Através da guerra, materiais escritos foram contrabandeados por trabalhadores ferroviários simpatizantes que viajavam entre estações em Praga, Bratislava, Budapeste e Belgrado. Desafiando todos os riscos, a resistência estabeleceu contatos radiofônicos que — embora interrompidos de tempos em tempos — transmitiram milhares de mensagens do protetorado à Inglaterra e União Soviética. A manutenção do equipamento era feita por engenheiros da cidade, que iam de bicicleta aos locais clandestinos à noite. O principal transmissor da resistência, cujo código era Libuše, era um dispositivo do tamanho de uma pasta com diais e botões ligados a uma antena de arame farpado, subindo ao céu num arranjo compacto de nós retorcidos. O aparelho agora reside no Museu Nacional Tcheco.

Embora os rebeldes tivessem um corpo coordenador central (o Comitê de Resistência Interna), os diferentes grupos e células eram intencionalmente o mais independentes possível. As reuniões eram mantidas pequenas e confinadas a um só tema, e os recém-recrutados só podiam frequentá-las após uma investigação rigorosa. Antes de voltarem para casa, os líderes telefonavam para se certificarem de que a Gestapo não estava aguardando em suas salas de estar. Um vaso de crisântemos retirado de uma varanda ou a mudança da posição de uma veneziana também podiam servir de alerta. Documentos importantes eram ocultos onde pilhas de papéis não dessem na vista, como, por exemplo, na biblioteca pública ou num lugar onde poucos olhariam, como dentro de um manequim de loja de departamentos.

Mensageiros eram recrutados para levarem segredos e também distribuírem panfletos, notícias e literatura antifascista. O Serviço de Supervisão da Imprensa do governo controlava todos os jornais legais. Publicações independentes, porém, ainda conseguiam circular, particularmente o principal jornal da resistência, *V boj* (À batalha). Um grupo clandestino produzia livros de propaganda democrática que, pelas capas, pareciam livros de detetive convencionais. O sinal revelador estava atrás, onde a editora era identificada em tcheco como "G. E. Stapo".

Os nazistas eram inexperientes nas artes da ocupação, mas tinham uma aptidão para a repressão, infiltração e terror. Com base em listas de suspeitos, batiam nas portas e arrancavam milhares de pessoas de suas camas nas horas mais sombrias da noite. Os homens e as mulheres trazidos para os interrogatórios precisavam de uma história bem convincente ou da capacidade de suportar uma dor torturante. A sede da Gestapo, localizada perto do centro de Praga, ficava no bem fortificado Palácio Petschek, usado anteriormente como um banco. As salas dos cofres-fortes, com suas paredes sem janelas e portas maciças, eram ideais para manter prisioneiros. A tortura era aplicada sem piedade, e a presença de uma guilhotina tornava redundantes as ameaças verbais. Sempre que um membro de uma célula clandestina era detido, os demais se escondiam. O pressuposto era sempre de que os suspeitos falariam. A Resistência, porém, raramente foi pega de surpresa. Até 1943, um grupo de policiais tchecos falantes de alemão, empregados pela Gestapo como tradutores, aproveitaram seu acesso para informar o que os prisioneiros haviam revelado e alertar os dissidentes quando estavam sendo observados.

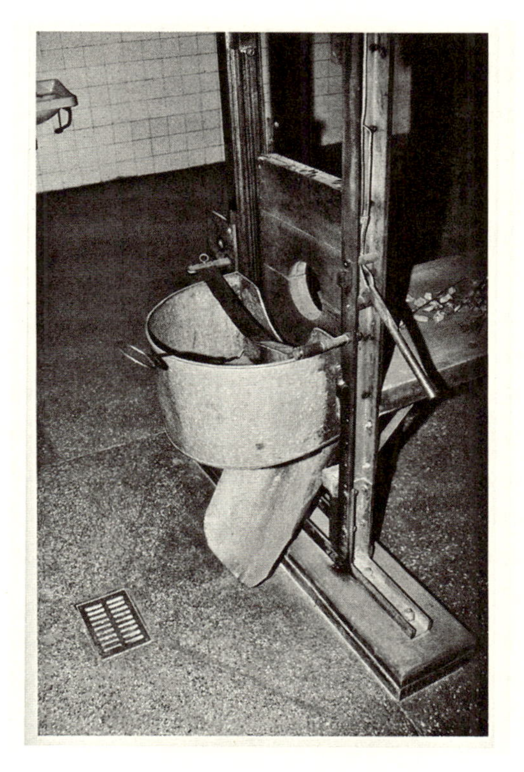

Guilhotina usada pelos nazistas em Praga

A maioria das grandes redes clandestinas foram desarticuladas ao menos uma vez durante uma guerra em que dezenas de milhares de dissidentes foram mortos. Mas, apesar do derramamento de sangue, os nazistas sequer chegaram perto de abater o ânimo ou a vontade de resistir dos tchecos. "Se a autoridade alemã no sentido físico é incontestada", escreveu Kennan mais de um ano e meio após o início da ocupação, "moralmente ela não existe. Qualquer que seja o poder dos alemães sobre as pessoas e propriedades dos tchecos, pouca influência exercem sobre suas almas".[4]

Desde o princípio, os tchecos se engajaram em protestos simbólicos como boicotar os bondes ou, no aniversário de Hitler, depor flores em torno da estátua de Hus. Quando a Orquestra de Praga tocava *Meu país* de Smetana, a ovação durava 15 minutos. Até que a prática fosse proibida, alguns cidadãos usaram distintivos caseiros com frases como "Não nos renderemos" e "Beneš não está inerte". Autoridades alemãs lotadas em Praga com frequência descobriam que seus telefones não funcionavam, que documentos importantes haviam se extraviado ou que os tanques de gasolina de seus carros tinham sido esvaziados. No dia nacional do país, em outubro de 1939, uma enorme passeata antiocupação enfureceu tanto os guardas nazistas que eles abriram fogo, ferindo fatalmente um estudante de medicina, Jan Opletal.* Em seu funeral, os amigos tiveram a ousadia de cantar o hino nacional e percorrer a cidade entoando slogans patrióticos e destruindo as placas de ruas alemãs. Quando Hitler soube dos distúrbios, exigiu represálias. Os nazistas prenderam nove líderes estudantis — nenhum deles envolvido nos protestos —, enfileiraram-nos diante de um muro e os fuzilaram. Outros 1.800 estudantes foram detidos e sujeitos a condições brutais, muitos dos meninos sendo espancados e as meninas estupradas. Para punir a intelectualidade local, o Führer fechou as universidades e faculdades tchecas do protetorado por toda a duração da guerra.

A geografia, tanto quanto os alemães, limitava o que a Resistência tcheca podia fazer. Não havia portos por onde enviar secretamente armas, nem fronteiras amigas através das quais uma base de operações segura pudesse ser criada. Os combatentes da resistência tinham relativamente poucas armas, um suprimento pequeno de munições, uma escassez de lugares para se esconder e pouco dinheiro. Quanto mais durasse a guerra, mais difícil seria sobreviver. Além disso, quase todos os envolvidos eram amadores.

---

* Cinquenta anos depois, uma marcha para comemorar o sacrifício de Opletal também fugiu do controle oficial, levando diretamente à Revolução de Veludo.

De início, Beneš não percebeu essas limitações. Em transmissão de rádio duas semanas após o início da guerra, pediu à Resistência que oferecesse um regime constante de golpes pesados ao inimigo. Após a morte de Opletal e as execuções subsequentes, falou mais sombriamente, alertando contra sacrifícios supérfluos. O presidente não mudara seu ponto de vista de que a Resistência tcheca deveria dificultar a vida dos nazistas. Viera a perceber, porém, que para ministrar "golpes pesados" precisaria de ajuda externa.

Beneš falando na BBC

O PRIMEIRO ANO DE ocupação foi marcado pela tensão entre o desejo dos tchecos de normalidade e sua raiva por nada ser como deveria. Para a maioria, a vida prosseguiu como sempre — até certo ponto. As rotinas diárias não se alteraram, embora a escassez inflacionasse o custo de vida e os ruidosos alto-falantes nas esquinas fizessem seus anúncios em uma língua estrangeira desprezada. As rações de alimentos eram austeras, mas suficientes. Milhares de jovens homens foram trabalhar para o Reich no lugar dos jovens alemães que haviam sido convocados pelas forças armadas. Em casa, muitos tchecos puderam conservar seus cargos públicos. A sensação de rotina era mais forte no campo, onde um menino ou menina ainda podia desfrutar uma vida relativamente despreocupada. Um desses jovens desenvolveu um fascínio por uniformes. Claro que estavam presentes por toda parte — trajados pela polícia, pelos remanescentes do Exército tcheco e pelas diferentes unidades nazistas. Diariamente, quando podia, o jovem ia a uma loja que exibia uniformes e medalhas na vitrine. Ficava olhando até que um adulto o agarrasse pelo braço e o afastasse dali. Sentado em seu quarto, desenhava figuras do que havia visto, sempre imaginando trajes melhores e mais elaborados. Anos depois, como o recém-eleito líder da Tchecoslováquia, Václav Havel se deleitou autorizando novos desenhos para os uniformes de sua guarda presidencial.

Desenho do jovem artista Václav Havel

O cinema foi menos afetado pela ocupação do que muitas indústrias tipicamente tchecas. Os nazistas assumiram o controle de alguns estúdios a fim de produzir filmes alemães sem terem que se preocupar com as bombas dos Aliados, mas também permitiram que cineastas locais prosseguissem suas atividades. O estúdio melhor equipado na Europa tinha sido criado pelo pai do jovem Havel e o tio Miloš, um respeitado produtor. Os alemães pressionaram Miloš a rodar um filme que retratasse o rei Venceslau como o colaborador alemão original. Havel se recusou e em vez disso trouxe às telas *A avó* de Božena Němcová e outras lendas tradicionais. Uma das atrizes com quem trabalhou foi Lída Baarová, que esteve no centro de uma controvérsia por manter, na década de 1930, um prolongado caso amoroso com Joseph Goebbels, o ministro da propaganda nazista. Goebbels planejava divorciar-se da esposa e desposar a glamourosa atriz, até que o padrinho de seus filhos — Adolf Hitler — o proibiu. Tal escândalo, o chanceler alertou, solaparia a reputação dos nazistas de defensores dos valores da família.

A normalidade relativa da vida compatibilizava-se com o plano de longo prazo da Alemanha de transformar as terras tchecas em uma parte integral do Reich. Isso seria feito em etapas, explorando os recursos do país e gradualmente alterando a composição racial da população. A exploração começou com o inventário e roubo das vacas e continuou com a apropriação alemã das propriedades judaicas e grandes empresas tchecas, inclusive as indústrias Škoda, a fábrica de sapatos Bat, o Banco da União Boêmia e a estação de bombeamento Sigmund. O grosso da arrecadação fiscal do protetorado agora fluía para Berlim, em vez de Praga, e todo equipamento militar utilizável foi confiscado, incluindo seiscentos tanques, 48 mil metralhadoras, mais de um milhão de rifles e toda a frota aérea tcheca.

Hitler prefigurava uma época, talvez vinte anos depois, quando a língua tcheca seria reduzida a um dialeto, e seus falantes, a um campesinato disperso, com trajes coloridos, danças estranhas e nenhuma importância política. As autoridades nazistas zombavam dos tchecos que reclamavam do fechamento das universidades, dizendo que no futuro uma educação primária bastaria a qualquer um daquela raça.

Com o passar dos meses, surgiu uma divisão na liderança do protetorado. Neurath continuou respeitando as sensibilidades locais e acreditando que a população poderia ser mantida dócil se lhe fosse permitido conservar suas tradições. Uma linha mais dura foi defendida por seu vice, Karl Hermann "K. H." Frank, um alemão dos Sudetos que desprezava a cultura tcheca e desejava germanizar sem demora a população. Sua posição espelhava a frustração sentida por muitos de sua região. Os separatistas dos Sudetos haviam se empolgado quando o exército de Hitler entrou, esperando serem colocados em posições de autoridade, mas afora Frank poucos foram. Mesmo Henlein, o pseudo-Führer do pré-guerra, continuava restrito ao seu território natal, sem nenhum cargo em Praga. O pior foi que, quando a guerra começou, todo homem alemão registrado esteve sujeito ao recrutamento e envio à frente oriental. Assim, enquanto os jovens tchecos foram escalados para fábricas e destacamentos de trabalho, seus colegas alemães tinham que acampar na lama ou receber tiros. Aquela não era a vitória pela qual os alemães dos Sudetos ansiaram.

Cada vez mais, os tchecos foram proibidos de qualquer gesto, incluindo fazer comentários desrespeitosos e vaiar times esportivos alemães, que insinuasse a independência. Entretanto, as medidas repressivas somente estimularam o desejo da população de preservar seus costumes e herança cultural. Uma revista da resistência alertou: "Com grande fanfarra, os alemães estão abrindo novas escolas onde antes nenhuma existia. Eis vossa tarefa, mulheres! Está nas vossas mãos se nossos filhos crescerão como tchecos ou germanizados, patriotas ou traidores."[5] Os nacionalistas desde muito defendiam o uso das escolas para criar uma sensação de solidariedade cultural. Agora enfocavam o imperativo de aprender em casa. Os pais foram encorajados a ensinar aos seus filhos a língua, narrativas e canções do país e uma versão heroica de sua história. Menos proveitosa foi a recomendação de ignorarem as advertências dos nutricionistas alemães contra o consumo excessivo de manteiga. Para os tchecos, não passavam de uma trama para privar seus filhos das bochechas rosadas.

Com os nazistas no comando, a única forma de as mulheres tchecas evitarem as ordens de trabalho era engravidarem. Foi o que fizeram entusiasticamente. Seus maridos, ao contrário dos alemães, foram barrados do campo de batalha, estando portanto mais disponíveis para as atividades domésticas. Muitas famílias também consideravam gerar filhos um dever patriótico. Durante a guerra, casais tchecos se casaram e tiveram filhos mais cedo. A taxa de natalidade aumentou 50%. Talvez por esse motivo, o protetorado foi agitado por rumores, felizmente falsos, de que médicos alemães planejavam esterilizar as mulheres locais e injetar veneno nos seus bebês.

Para as famílias judias, o torniquete já começara a apertar mesmo antes da chegada dos nazistas. A Boêmia e Morávia ainda não estavam sujeitas ao nível de perseguição vigente em Berlim ou que logo se faria sentir na Eslováquia. Os judeus ainda podiam praticar sua religião, e as sinagogas estavam incólumes, mas políticas discriminatórias estavam se tornando a norma. Os judeus foram banidos dos cargos públicos e das profissões liberais; receberam ordens de se sentar no fundo dos bondes e evitar muitos locais públicos, lojas e parques. Seu acesso às contas bancárias sofreu restrições, e bens valiosos foram confiscados. Seus negócios foram expropriados ou comprados a preços nominais, e as rações alimentares eram ainda mais espartanas do que de seus vizinhos tchecos.

A reação do público a essas medidas variou. Muitos tchecos ficaram indiferentes, mas outros encontraram meios de burlar as regras. De acordo com um historiador, o Serviço Secreto alemão ficou enfurecido porque, em vez de evitarem os judeus, "amigos faziam compras para eles. [...] Açougueiros só vendiam sua melhor carne nos horários em que os judeus tinham permissão de comprar. [...] Os judeus [...] vinham recebendo ajuda de médicos, advogados, seus ex-funcionários, autoridades tchecas e às vezes até dos policiais".[6] Juízes tchecos solidários rapidamente decidiam a favor dos solicitantes de declarações para si, ou seus filhos, de não terem sangue judaico puro — procedimento que muitas vezes exigia das mulheres falsas confissões de casos amorosos com homens gentios. Quando uma mulher desesperada envenenou seus dois filhos meio judeus, os vizinhos não deram as costas. Pelo contrário, quatrocentas pessoas — incluindo autoridades municipais — compareceram ao funeral.

Para a comunidade exilada na Inglaterra, as cartas dos parentes em casa forneciam um vislumbre de tais eventos. A correspondência com o protetorado era irregular. Sob as condições de guerra, muitas cartas jamais chegavam. Outras eram enviadas aos cuidados da Cruz Vermelha na Suíça e entregues com meses de atraso. Minha mãe e meu pai receberam ao menos algumas cartas de seus pais, mas não consegui encontrá-las e não sei quais informações transmitiram ou quando cessaram. As cartas que Dáša recebia da mãe, Greta, alternavam entre os conselhos práticos ("agasalhe-se bem") e o pungente:

> Milena chorou muito quando voltamos para casa sem você. De manhã quando eu a penteava, pediu para eu ver se estava com cabelos grisalhos de preocupação com você. À noite, ela vai para a cama e constantemente chama com toda a sua força: "Dáša, Dáša, Dáša", e acha que você consegue ouvir.[7]

Com a passagem dos meses, as cartas de Greta tornaram-se menos frequentes. Em diferentes pontos em 1940, Dáša ficou sabendo que Milena estava começando a esquiar e se tornara uma "pestinha", estudando com diligência, mas se recusando a ficar quieta na classe.

Em 2011, perguntei a minha prima o que ela lembrava de sua família e daqueles primeiros anos em que eu era criança demais para recordar. Ela contou que sua mãe havia sido adorável, mas também rigorosa, uma pessoa que acreditava que crianças mimadas teriam uma vida difícil pela frente. Metafórica e literalmente, achava que a melhor forma de ensinar uma criança a nadar era lançá-la na água e ver o que acontecia. Na verdade, foi Dáša quem ensinou Milena a nadar, como faria mais tarde comigo.

O pai de Dáša, Rudolf, era um clínico geral tão popular entre seus vizinhos que despertou a inveja dos outros médicos. Ao contrário de Greta, tendia a ser indulgente com as crianças e raramente dizia uma palavra dura. Somente uma vez Dáša o deixou zangado:

> Nossa casa ficava do lado de um regato sobre o qual havia uma pequena ponte. Um dia, uma amiga minha chamada Vera foi machucada por um caminhão que passava por lá. Seu pai carregou a filha sobre a ponte e pôs-se a chamar meu pai, que não estava em casa. Mas eu estava. Abri a porta do consultório do meu pai, que ficava no primeiro andar da casa, e comecei a aplicar desinfetante nos arranhões e equimoses da minha amiga, como vira muitas vezes meu pai fazer. Nesse momento, ele chegou em casa, viu o que estava acontecendo, agarrou-me pelo

colarinho e deu-me uma surra. "O que você está fazendo?", gritou. "Você não tem formação. Sabia que poderia ter matado essa menina?"

Dáša contou-me mais tarde que havia sido criada sem religião, comparecendo à sinagoga apenas uma vez por ano. Mesmo assim a escola exigiu que participasse de um curso sobre as sagradas escrituras, de modo que ela estudou a Bíblia judaica. Ela se deu bem com o rabino que ministrou o curso e, querendo impressionar, convidou-o a visitá-la nas festas de fim de ano para ver sua árvore de Natal. Isso provocou uma discussão entre o rabino e o pai de Dáša, que disse: "Educo meus filhos como eu quiser."

Os Deimls viviam em Strakonice, cidade com cerca de 20 mil moradores. Antes de se separarem, Dáša e Milena brincavam com os vizinhos as muitas diversões aprendidas na época em que vinham mais da imaginação do que de engenhocas caras: bolas de gude, esconde-esconde, estátua, jogo das cadeiras, cabra-cega, amarelinha, ioiôs, pular corda e vários jogos de cartas. A nenhuma criança ocorreria restringir a participação de acordo com a origem racial ou étnica, mas os líderes do protetorado tinham uma agenda por cumprir. Forçaram Milena a se transferir para uma escola de judeus, onde jovens de todas as idades compartilhavam a mesma turma. A escola foi fechada após um ano, e ela ficou sem ter onde estudar.* Greta escreveu que teve de tomar o lugar dos amiguinhos de Milena, com quem sua filha não estava mais autorizada a brincar.

Apesar dos apelos desesperados de diplomatas ocidentais (inclusive o dos Estados Unidos), a oportunidade de deixar o protetorado legalmente vinha minguando. Chegaria a hora em que a porta para o mundo externo se fecharia por completo.

---

* Uma das ex-professoras de Dáša teve a coragem de ir à casa dos Deimls para ensinar a Milena. Greta lhe confiou as cartas da família, que foram devolvidas a Dáša após a guerra.

11

As lâmpadas se apagam

Na manhã de 3 de setembro de 1939, pouco depois de Chamberlain informar aos seus compatriotas que a guerra havia começado, uma aeronave francesa penetrou por engano no espaço aéreo britânico, acionando as sirenes e causando um breve pânico. Nos sete meses seguintes, afora a conquista nazista das Ilhas do Canal e umas poucas patrulhas exploratórias da Luftwaffe, aquela foi a magnitude da ação militar na Grã-Bretanha. Os franceses, temendo retaliações, desencorajaram a Inglaterra de bombardear a Alemanha em apoio aos poloneses. Os nazistas não estavam preparados para guerrear contra o Ocidente. Aquele foi o período — daquele setembro até a primavera seguinte — que se tornou conhecido como a "guerra de mentira".

Os ingleses fizeram um bom uso do intervalo. Medidas de defesa aérea, em marcha por vários anos, agora constituíam uma preocupação diária. Fábricas inteiras foram cobertas de camuflagem em forma de uma rede marrom e verde. Trincheiras foram cavadas em zigue-zague através dos parques do centro, e abrigos antiaéreos construídos em quintais, criando no mínimo novos lares luxuosos para cães e outros animais de estimação. A lembrança da Primeira Guerra Mundial levou à distribuição nacional de máscaras antigases — algumas, para crianças, com orelhas do Mickey. Realizaram-se sessões práticas nas quais adultos e adolescentes vestiam os dispositivos e engatinhavam por túneis esfumaçados feitos de estanho. As máscaras deviam ser levadas numa caixa de papelão presa ao redor do ombro, mas os fios acabavam se prendendo nas bolsas de mão, marmitas, mochilas e portas. Por um tempo, todos carregavam uma máscara. Ao final da guerra, quase ninguém mais fazia isso.

Durante o final do inverno e início da primavera de 1940, o termo *jitters* [nervosismo] entrou na moda. Hitler vivia falando no rádio, mas o que realmente pretendia? As conversas de restaurantes e barbearias abundavam em rumores sobre a data e o local do ataque alemão previsto. Aldeões ansiosos erguiam seus binóculos para esquadrinhar os céus. As igrejas silenciaram, já que os sinos estavam reservados para um alarme em caso de invasão. Enquanto isso, as mãos se mantinham ocupadas costurando mantas e ataduras. Para as crianças, alguns sacrifícios eram maiores do que outros. O vendedor de sorvete sumiu das ruas, seus carrinhos refrigerados mantidos de prontidão para o transporte de sangue.

Quando a Primeira Guerra Mundial começou, disseram que "as lâmpadas estão se apagando por toda a Europa". Na Segunda Guerra Mundial, a sensação de escuridão circundante foi reforçada por medidas para privar os bombardeiros inimigos de alvos potenciais e marcos iluminados. Em Londres e periferia, as janelas eram cobertas à noite com grossas cortinas pretas que se mostraram sufocantes. Vigilantes da defesa aérea checavam todas as casas para impedir qualquer claridade denunciadora. Pelo mesmo motivo, as lâmpadas das ruas eram apagadas e os faróis dos carros, encobertos. Embora tencionasse salvar vidas, o blecaute naquele primeiro ano teve o efeito inverso. Para cada britânico morto pelos alemães, mais de cem morreram em acidentes de automóvel ou atropelamentos.

Preocupações com uma invasão haviam precedido a declaração de guerra. Além das medidas de defesa civil, planejou-se o envio de crianças e profissionais de saúde de Londres e regiões costeiras vulneráveis para aldeias do interior e cidades remotas. Prepararam-se listas e o interior foi esquadrinhado em busca de quartos vagos, tarefa facilitada pela partida de homens e mulheres jovens para o serviço militar. As crianças com seus crachás de papel manilha partiam da Estação Paddington, cada uma carregando uma pequena trouxa de leite condensado, *corned beef*, lata de chocolate e uma embalagem de biscoitos Woolworth's. Após consumir aquelas delícias, os jovens recolhiam as embalagens de metal para reciclagem. Apesar do planejamento meticuloso, o projeto de evacuação logo perdeu fôlego. As famílias ficavam compreensivelmente desoladas com a separação, sobretudo quando o inimigo sequer surgira. Muitas das crianças que deveriam deixar Londres acabaram ficando, e outras que partiram logo voltaram.

A DECLARAÇÃO DE GUERRA acelerou o fluxo de refugiados tchecos e eslovacos para a capital britânica. Logo o escritório aberto por Jan Masaryk começou a assumir os aspectos de um governo paralelo completo. Meu pai recebeu uma tarefa nova: organizar e gerir programas de rádio para o público tcheco. Começaram em 8 de setembro de 1939, apenas uma semana após a Wehrmacht penetrar na Polônia. "A hora da desforra chegou", proclamou Masaryk.

> Os limites da paciência das democracias ocidentais foram alcançados, e a luta para exterminar os nazistas começou. O nosso programa é uma Tchecoslováquia livre numa Europa livre, e para alcançar isso estamos prontos a sacrificar todos.[1]

O rádio nos anos 1930 tinha um impacto comparável ao da televisão e internet em anos mais recentes. Pela primeira vez, um líder mundial podia projetar sua voz por milhares de quilômetros para dentro das cozinhas e salas de estranhos, criando uma oportunidade aparentemente ilimitada de compartilhar informações — ou propaganda. Para cidadãos em guerra, particularmente aqueles mantidos perto de casa pelo racionamento e blecautes, o rádio tornou-se um centro de existência.

As instalações em que meu pai começou a trabalhar ficavam na George Street, perto de Marble Arch. A BBC disponibilizou suas ondas aéreas em intervalos programados, como vinha fazendo para poloneses, sérvios e os representantes de outras terras ocupadas. Os britânicos originaram ou patrocinaram programas em 16 línguas estrangeiras.

No primeiro ano da guerra, era possível para amigos em Praga anunciarem as transmissões da BBC abertamente, embora de forma indireta. No linguajar tcheco, o nome carinhoso de Jan é "Honza", também o nome de um herói nas histórias de fantoche boêmias que costumava passar a perna nas autoridades austríacas. Quando cartazes apareciam nas janelas indicando que *A lenda de Honza* poderia ser ouvida naquela noite, as pessoas sintonizavam o programa. Os nazistas acabaram descobrindo o truque, mas àquela altura os programas haviam se tornado, para os legalistas tchecos, um vício revigorante. "Nós nos reuníamos ao pé do rádio todas as noites como se fosse para uma prece a fim de ouvirmos 15 minutos adorados e ilegais de notícias da BBC", recordou um líder da resistência na guerra. "Consigo ouvir o tema musical agora, através da estática de cinquenta e poucos anos."[2]

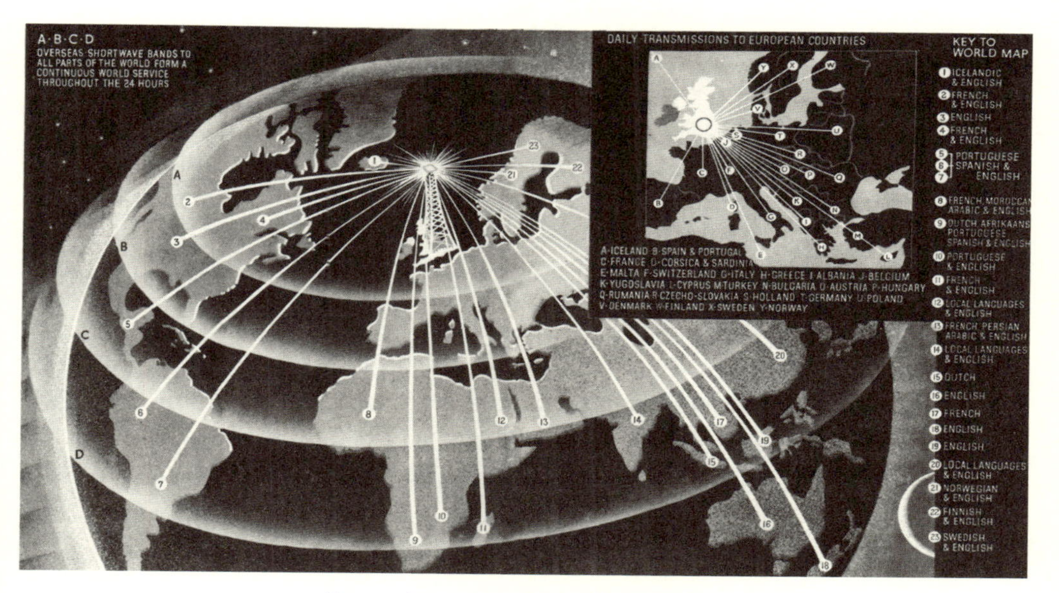

Alcance das transmissões de guerra da BBC

Para receber o sinal, os tchecos tinham de instalar em seus rádios um dispositivo caseiro — chamado "pequeno Churchill" — envolvendo uma mola de cama e um rolo de papel higiênico. As autoridades exigiam que se afixasse em todos os rádios um adesivo alertando que sintonizar uma estação estrangeira era passível de pena de morte. As crianças nas escolas eram estimuladas a informarem sobre quem tentasse desafiar essa proibição, incluindo colegas de turma e vizinhos, ou os próprios pais. Por isso, os ouvintes regulares tinham o cuidado de esconder o dispositivo e sintonizar seu rádio de volta na estação local após ouvirem a BBC.

Além de suas outras tarefas, meu pai era responsável por negociar com o Foreign Office o conteúdo dos programas. Cada roteiro era preparado em inglês, bem como em tcheco, e examinado por supervisores britânicos para se adequar às exigências de segurança. Nada que fosse capaz de revelar informações úteis ao inimigo podia ser dito. Os líderes tchecos também tinham de aprovar os textos, o que levou meu pai a frequentes contatos com Beneš e outras altas autoridades.

As transmissões eram gravadas em discos de alumínio que não sobreviveram porque eram imediatamente derretidos e reutilizados. Porém, os arquivos da BBC em Caversham Park guardam as minutas das reuniões da equipe — das quais meu pai participava —, assim como registros de transmissões que listam os temas dos programas e incluem comentários sobre o que deu ou não certo.

Cada transmissão era programada para exatos 15 minutos, incluindo as aberturas. Isso significava que os roteiros precisavam ter o tamanho certo e os locutores tinham de ler no ritmo certo. Os autores se esforçavam por ajustar os textos, mas algumas pessoas falavam mais rápido do que outras. Isso às vezes levava a gestos frenéticos, indicando que algum material deveria ser omitido ou que o leitor deveria diminuir o ritmo. Em certo caso, um locutor recebeu uma lista de notícias, a nona marcada com "deve ser lida por último", seguida dos itens dez e 11. Relógios fora de sincronia podiam gerar dores de cabeça também. Se o relógio da BBC discordasse daquele do estúdio, o programa poderia começar no meio ou com vinte segundos de silêncio.

Após meses de experiências, os produtores adotaram um menu em três partes: instrução política, a "conversa principal" e as "notícias do dia". Assim as partes mais vitais — exortações ao público e sinais codificados à resistência — podiam ser lidas sem medo de esgotar o tempo. As conversas principais, geralmente escritas por meu pai, limitavam-se a seis minutos.

Os produtores costumavam usar música e efeitos sonoros, como tiros gravados e o zumbido de aviões. A técnica acrescentava um toque dramático, mas também o risco de falha. Um programa foi interrompido por um *scherzo* de Beethoven indesejado. Outros foram atrapalhados por sons discordantes — motores rangendo, patos grasnando — que surgiam quando as fitas tocavam além do tempo. O farfalhar de papéis e os acessos de tosse (a maioria dos locutores fumava) aumentavam a cacofonia.

Em pouco tempo, os programas vinham sendo transmitidos três vezes ao dia: às sete da manhã, seis e meia da tarde e em torno da meia-noite. Meu pai escrevia roteiros continuamente, além de revisar e editar o trabalho de outros. Não pegava no microfone segundo alguma programação combinada, mas podia ser ouvido várias vezes por semana, geralmente em comentários às altas horas da noite. Estes geralmente cobriam temas patrióticos (como o aniversário de Masaryk) ou aqueles ligados aos assuntos correntes — o último discurso de Hitler ou FDR. Devido à sua fluência em servo-croata e conhecimento da cultura local, ele também transmitia para a Iugoslávia. Meu pai trabalhava duro devido à sua paixão pela democracia, mas também porque precisávamos de dinheiro. Quanto mais escrevia, mais recebia, o que ainda não era muito. Do início ao fim, o governo no exílio foi uma operação austera.

Essas transmissões em horários tardios visavam fornecer o que nós, em nossa época, poderíamos chamar de "resposta rápida". Agentes monitorando a programação de rádio em Praga e Bratislava estavam incumbidos de informar todas as noites a propaganda nazista mais recente. Na medida do possível, a réplica de Londres era transmitida em poucas horas. Isso requeria redação, tradução e avaliação mais rápidas que o normal, processo que às vezes funcionava bem, outras vezes não. O censor britânico, por exemplo, dava nos nervos das pessoas. Quando o programa de 23 de novembro de 1942 começou, ele foi até sua cadeira habitual nos fundos e, segundo um relato subsequente, "sentou-se em pleno ar". Aquela queda vergonhosa foi saudada pelos tchecos com uma "histeria contida".[3]

Esse incidente, conquanto infantil, ilustrou a tensão que existia entre as duas culturas. Os britânicos sentiam-se no direito de determinar o que se dizia em suas instalações. Os exilados, de Beneš para baixo, continuavam revoltados com Munique e impacientes com a política externa de Chamberlain. Não tinham outra escolha, porém, senão aceitar o papel de parceiros secundários. Quando o simpático H. G. Wells contactou meu pai sobre a produção de uma semana de transmissões anti-Munique, este teve de declinar em respeito à sensibilidade de seus hospedeiros.

Outro aspecto do serviço do meu pai era decidir quem dentre os vários políticos tchecos no exílio teria acesso ao tempo de transmissão. Beneš e Masaryk recebiam prioridade, mas muitas autoridades menos graduadas ansiavam pela chance de se fazerem ouvir. A questão era tão melindrosa que um comitê de trinta membros foi designado para fornecer conselhos. As decisões eram altamente políticas porque alguns oradores eram mais controversos do que outros, um equilíbrio era necessário entre democratas e comunistas, e Beneš queria garantir que os eslovacos se sentissem incluídos. Desse modo, meu pai contratou Vladimir "Vlado" Clementis, um comunista eslovaco, para ajudar nas transmissões. Lembro-me bem de Clementis, por motivos que serão descritos mais tarde, mas também porque tinha uma protuberância na testa causada por, ao que me informaram, uma placa de aço. Por quê? Ninguém parecia saber. Convém observar que o desejo de equilíbrio na seleção dos oradores não se estendia ao sexo. Embora meu pai levantasse a possibilidade de incluir mulheres, a ideia foi abandonada por medo de que vozes femininas não fossem levadas a sério.

Quando a guerra começou, Beneš estava certo de que o Ocidente venceria. Os britânicos não estavam. Em 6 de setembro de 1939, Cadogan confidenciou em seu diário: "Lutaremos até o fim e poderemos vencer — mas confesso que não vejo como!"[4] Um mês depois, o ex-primeiro-ministro David Lloyd George exortou seus compatriotas a fazerem a paz com Hitler. "As pessoas me chamam de derrotista", ele disse numa entrevista, "mas o que lhes digo é: 'contem-me como podemos vencer'".[5]

Naquele outono, o Exército Vermelho e a Wehrmacht completaram sua conquista da Polônia. Dezenas de milhares de soldados, autoridades civis, intelectuais, judeus, aristocratas e sacerdotes foram assassinados e lançados em covas coletivas. Oficiais soviéticos e alemães encontraram-se no meio do país, onde ergueram marcos de fronteira e estacionaram sentinelas que se encaravam mutuamente todos os dias sem trocar palavras. A nova fronteira deixou as famílias polonesas divididas e sem poderem recorrer a ninguém dos dois lados. Um refugiado comparou a opção entre viver sob o domínio alemão ou soviético ao de ficar de cabeça descoberta na chuva torrencial ou sob uma calha escoando água.[6]

Ao final de novembro, os soviéticos tentaram reforçar seu flanco norte ao invadir a Finlândia, esperando repetir as táticas de Blitzkrieg de seus parceiros e conquistar seu vizinho amante da paz em duas semanas. Milhares de tanques avançaram fronteira adentro, mas foram detidos por florestas e pântanos. Os vigorosos (e furiosos) finlandeses, com seus uniformes de camuflagem brancos e domínio do esqui em trilhas, conseguiram fustigar os invasores e infligir fortes baixas. Na falta de uma arma antitanque eficaz, inventaram um meio de ataque — consistindo em uma garrafa de líquido inflamável e um fósforo — que batizaram com o nome do ministro do Exterior da União Soviética: coquetel Molotov. A invasão arrastou-se por quatro meses, até que o agressor esgotado e os defensores em minoria concordaram com um armistício. A Finlândia sobreviveu, mas perdendo um décimo de seu território e 30% de seus ativos econômicos.

Quando 1939 enfim chegou ao fim, o mau tempo britânico combinava com o estado de ânimo das pessoas: em dezembro as chuvas encharcaram o interior, seguidas do janeiro mais frio em mais de quarenta anos. O Tâmisa congelou. Nevascas retardaram as entregas de carvão, tornando qualquer tipo de transporte uma provação. Chamberlain havia recrutado Churchill para o gabinete de guerra, uma medida encorajadora, mas que teve o efeito de acalmar as críticas ao governo dos belicistas do Parlamento.

Diariamente, as poucas horas de luz eram gastas em preparativos: treinar os recrutas inexperientes, estocar equipamentos, encher sacos de areia e construir barreiras novas e mais intimidantes contra ataques. Do outro lado do canal da Mancha, os franceses se contentavam em permanecer atrás de suas fortificações, não tomando nenhuma medida contra a Alemanha. A Luftwaffe fazia missões de reconhecimento, e a RAF lançava panfletos. Havia escaramuças no mar, mas tudo continuava calmo na frente ocidental. Quando o tempo esquentou e os narcisos floriram, as pessoas começaram a se animar. Talvez o pior já tivesse passado. Num discurso otimista para a Câmara dos Comuns, Chamberlain anunciou que as forças armadas britânicas haviam dado grandes passos. Em abril disse que agora estava "dez vezes mais confiante na vitória", afirmando que os alemães perderam o momento de atacar. "Uma coisa é certa", ele declarou, o sr. Hitler "perdeu o ônibus".[7]

Poucos pronunciamentos tiveram vida mais curta. Dias depois de Chamberlain se gabar, os nazistas haviam conquistado a capital, os principais portos e os aeroportos da Noruega. Os britânicos, pegos de surpresa, tentaram reagir desembarcando uma força expedicionária em vários pontos ao longo da costa daquele país. Porém, as tropas estavam mal equipadas para lutar na neve, tolhidas por uma cadeia de comando desorganizada e enfrentando unidades alemãs bem entrincheiradas e generosamente apoiadas pelo ar. Nada daquilo foi informado pelo Ministério de Guerra, que retratou a operação defensiva como um tremendo sucesso. Aqueles falsos relatos pretendiam aumentar o moral e de fato aumentaram as esperanças. Mas o breve gosto de vitória tornou a verdade ainda mais dura de enfrentar.

Em 2 de maio de 1940, Chamberlain retornou à Câmara dos Comuns bem menos animado e com notícias de que as forças britânicas, não tendo conseguido desalojar o inimigo, estavam sendo evacuadas. A oposição, indignada, exigiu uma revisão da condução da guerra, levando a um debate cinco dias depois. Diante dos colegas, o primeiro-ministro minimizou o fracasso recente e emitiu um apelo por unidade, sugerindo — como líderes de guerra sitiados costumam fazer — que as críticas ajudariam apenas ao inimigo. Aquela não era a mensagem que o país gostaria de ouvir. Em vez de uma admissão de erros e convocação às armas, Chamberlain ofereceu uma ladainha de desculpas e uma recomendação de que todos permanecessem calmos. O Parlamento, sendo como é, deixou que poucas frases escapassem de seus lábios sem que fossem interrompidas ou ridicularizadas.

O debate estendeu-se por horas, mas chegou ao clímax no início da noite quando um legislador do próprio partido de Chamberlain encerrou com as palavras que Oliver Cromwell havia dito ao Parlamento trezentos anos antes: "Aqui estiveste sentado por demasiado tempo para o bem que tenhas feito. Parte, eu digo, e vamos acabar com isso. Em nome de Deus, vá!" Após aquela rejeição contundente, o voto de confiança de Chamberlain era tão exíguo que ele achou necessário tentar formar um novo governo com uma representação mais ampla. A oposição concordou, mas com uma condição: Chamberlain teria que se afastar. Em 10 de maio, o primeiro-ministro informou relutante ao rei Jorge VI que renunciava ao seu cargo. O rei quis saber, esperançoso, se seu substituto poderia ser lorde Halifax. Não, foi a resposta, não Halifax, mas o outro sujeito.

* * *

WINSTON CHURCHILL ERA IMPONENTE, gorducho e tinha 65 anos. Ocupara praticamente todos os cargos oficiais importantes, exceto os de primeiro-ministro e ministro das Relações Exteriores. Com isso, atraíra aclamações e escárnio mais ou menos na mesma medida. O duas vezes primeiro-ministro Stanley Baldwin certa vez observou:

> Quando Winston nasceu, montes de fadas desceram sobre seu berço com dons — imaginação, eloquência, diligência e capacidade. Aí chegou uma fada que disse: "Nenhuma pessoa tem direito a tantos dons", apanhou-o, deu-lhe tamanha sacudidela que, apesar de todos aqueles dons, foram-lhe negados o julgamento e a sabedoria.[8]

Em 1915, como primeiro lorde do almirantado, Churchill liderara o desastroso ataque britânico na península Galípoli, nos Dardanelos. Nos anos 1920, como ministro da Fazenda, supervisionara reduções danosas no orçamento de defesa britânico. Nos anos 1930, criticara Gandhi e se opusera firmemente à redução do controle imperial na Índia. Sempre se podia contar com Churchill para defender a liberdade com uma tenacidade imbatível — desde que aqueles que a exercessem falassem com o sotaque certo e tivessem a cor de pele apropriada. Mas com todos os seus defeitos, o novo primeiro-ministro logo confirmaria aqueles que acreditam que, quando a história mais precisa, o Destino dá uma mão.

No dia em que Churchill ocupou seu novo escritório, a Alemanha atacou a Holanda, Luxemburgo e Bélgica, preparando-se para um ataque à França, o grande prêmio da Europa continental. Uma das lições da Primeira Guerra Mundial havia sido que o agressor acaba sendo rechaçado, de modo que talvez aquele, finalmente, fosse o momento de Ícaro de Hitler. Os franceses confiavam na Linha Maginot, assim como os britânicos. Vários de seus líderes haviam visitado essa linha fortificada. Ninguém previa que os nazistas rapidamente penetrariam pelas defesas francesas, nem mesmo o general alemão Erwin Rommel, que escreveu:

> O interior plano se espalhava à nossa volta sob a luz fria da lua. Havíamos transposto a Linha Maginot! Mal conseguíamos acreditar! Vinte e dois anos antes havíamos enfrentado esse mesmo inimigo e obtido vitória após vitória, mas no final perdemos a guerra. E agora havíamos conseguido [...] e estávamos penetrando fundo em território inimigo.[9]

Os alemães contornaram as barreiras mais pesadas e concentraram seus tanques nos pontos mais fracos. Unidades blindadas, ajudadas pelo efeito aterrorizante dos bombardeiros de mergulho Stuka, destroçaram as forças inimigas no norte e sul, deixando os franceses confusos. Cadogan escreveu que o 15 de maio foi "um dia terrível. [...] Não sei onde isso terminará. As notícias ainda são m. ruins. [...] Agora a 'Guerra Total' começa!".[10]

Naquela mesma tarde, Churchill despachou a primeira de muitas cartas veementes a Franklin Roosevelt pedindo o empréstimo de navios, aviões, munições e aço. "Acredito que o senhor perceba, sr. Presidente, que a voz e força dos Estados Unidos de nada valerão se forem contidas por muito tempo."[11] A carta chegou a Washington ao mesmo tempo que uma advertência do embaixador Joseph Kennedy: os Estados Unidos poderiam acabar "se envolvendo em uma guerra em que os Aliados esperam ser derrotados". Se tivermos que empunhar armas, continuou o enviado, "seria preferível lutar em nosso próprio quintal".[12]

Churchill viajou à França para ver em primeira mão as hostilidades. Voltou desgostoso e chocado. Dezenas de milhares de soldados britânicos haviam transposto o canal para ajudar os franceses. A Royal Air Force vinha realizando centenas de missões diárias. Muitos soldados tchecos, eslovacos e poloneses haviam aderido à luta. Contudo, Boulogne foi tomada, depois Calais. Um oficial aviador, Antoine de Saint-Exupéry (autor de *O pequeno príncipe*), comparou o esforço dos Aliados ao de lançar copos d'água numa floresta em chamas. O governo francês solicitou a Churchill mais aviões, mas os britânicos, que perderam mais de 950 aparelhos na campanha, se recusaram a correr novos riscos.

Jan Stránský pertencia a uma das principais famílias democráticas da República da Tchecoslováquia e mais tarde aderiria ao governo no exílio. Em julho de 1939, escapou de Praga para a Polônia num caminhão de carvão, depois achou espaço num navio para Marselha e se alistou na Legião Estrangeira francesa. Durante meses, ele e seus colegas tchecos dormiram em alojamentos sujos, cheios de ratos, e passaram dias marchando com roupas esfarrapadas e quepes branqueados pelo sol. Quando os nazistas ameaçaram, os voluntários enfim receberam uniformes e foram transportados para o front ao norte. Ali encontraram

> soldados franceses bêbados desertando a torto e a direito; desorganização e total caos; falta de um comando unificado, falta de comida; cartuchos que não cabiam nos rifles, posições supostamente nossas, mas há muito tomadas pelos alemães [...] um recuo e mais trincheiras para cavar, outro recuo e uma debandada.[13]

A equipe de Stránský requisitou um caminhão que dirigiram noite e dia "naquelas estradas terrivelmente obstruídas e bombardeadas [...] às vezes sob tiros de metralhadora, outras vezes parados por policiais que nos tomavam por paraquedistas alemães e muitas vezes tendo que abrir caminho à força".[14]

Quando os alemães se aproximaram de Paris, a única pergunta era se a Força Expedicionária Britânica e seus aliados poderiam ser poupados para batalhas futuras. Em 27 de maio, Cadogan estava próximo do desespero: "posição da FEB bem terrível, e não vejo esperança para mais que uma fração minúscula de seus soldados."[15] O último porto que permanecia aberto era Dunquerque. De lá foi relatado:

> Três longas linhas pretas e finas projetam-se na água desde a margem do mar, em intervalos razoavelmente grandes, dando a impressão de quebra-mares baixos de madeira. Eram fileiras de homens, de pé em pares uns atrás dos outros bem longe para dentro da água, aguardando em filas a chegada de barcos para transportá-los, uns vinte de cada vez, aos vapores e navios de guerra que estavam se abarrotando com os últimos sobreviventes. As filas permaneciam ali, fixas e quase tão regulares como que por decreto. Nenhum tumulto, nenhum empurrão, nada comparável à bagunça vista num... jogo de futebol.[16]

A evacuação épica melhorou consideravelmente o estado de ânimo naquela primavera em geral desastrosa. Se a força expedicionária tivesse sido destruída, o Commonwealth teria que enfrentar os nazistas sozinho e com seu exército em frangalhos. A Marinha Real, a guarda costeira e uma flotilha de voluntários resgataram 100 mil, depois 200 mil, depois mais de 330 mil soldados britânicos e Aliados da praia. Quando os ingleses vinham se preparando para o pior, engendraram um milagre.

Nenhum orador em qualquer época poderia ter superado Churchill naquelas semanas. Em maio, nada tinha a oferecer senão "sangue, esforço, lágrimas e suor".[17] Em 4 de junho, prometeu "lutar nos mares e oceanos, [...] no ar, [...] nas praias, [...] nos campos de pouso, [...] no campo, [...] nas ruas (e) nas montanhas".[18] Em 18 de junho, declarou:

> A Batalha da Inglaterra está prestes a começar. [...] Hitler sabe que terá que nos destruir nesta ilha ou perder a guerra. Se conseguirmos resistir a ele, toda a Europa poderá ser livre e a vida do mundo poderá avançar para amplos planaltos iluminados pelo sol. Mas se falharmos, o mundo inteiro, incluindo os Estados Unidos, incluindo tudo que conhecemos e amamos, mergulhará no abismo de uma nova Idade das Trevas, tornada mais sinistra, e talvez mais prolongada, pela luz da ciência pervertida. Preparemo-nos portanto para nossos deveres e comportemo-nos de modo que, se o Império Britânico e seu Commonwealth durarem mil anos, os homens ainda dirão: "Esta foi a sua melhor hora."[19]*

Por mais empolgante que fosse a retórica de Churchill, a oratória sozinha não poderia transformar o espetáculo abissal apresentado ao mundo em meados de 1940. Em 10 de junho, a Itália ingressara na guerra do lado da Alemanha. Os nazistas invadiram Paris quatro dias depois, e em 72

---

* A Câmara dos Comuns não dispunha, naquele tempo, de um sistema de gravação. Alguns historiadores insinuaram que a BBC contratou um ator, Norman Shelley, para representar o primeiro-ministro lendo seus discursos mais famosos. Na verdade, quando Churchill não dispunha de tempo para gravar um discurso em fita, os locutores simplesmente faziam um resumo e citavam de suas anotações. Para fins de arquivo, muitas gravações de Churchill foram produzidas após a guerra. Porém Shelley merece um lugar de honra na história: ele foi a voz do Ursinho Puff no rádio.

horas os franceses desistiram. A cerimônia da rendição realizou-se numa clareira na floresta de Compiègne. Hitler, que chegou primeiro, parou diante de um monumento comemorando a derrota em 1918 do "criminoso [...] Império Alemão". O Führer virou-se e adentrou o mesmo vagão ferroviário (cuidadosamente preservado pelos franceses triunfantes) em que os oficiais alemães haviam admitido a derrota 22 anos antes. Seguindo atrás dele, os oficiais franceses tomaram seus assentos e ouviram com olhares inexpressivos a leitura das condições da capitulação. Após uma troca de continências, a cerimônia de 15 minutos terminou — e com ela, naquele momento, a França.

Entre abril e junho, a Alemanha havia conquistado mais de um milhão de metros quadrados da Europa, assumido o controle das bases aéreas e navais do mar do Norte a Marselha, assegurado o acesso a um tesouro de minérios e petróleo e obliterado o único exército antagônico significativo no continente. Não restava quase ninguém — somente a Grécia, Grã-Bretanha e os bandos desorganizados de exilados que foram parar nas praias inglesas. Beneš, que raramente mostrava raiva, observou que um terço dos tanques alemães que entraram na França foi construído na fábrica Škoda, agora produzindo munições para o inimigo. Ele estava chateado também com o fato de que, para celebrar a retirada de Dunquerque, a BBC tocara os hinos nacionais de todos os países da coalizão aliada — exceto o hino da Tchecoslováquia.

12

A força irresistível

Minhas primeiras lembranças são de um apartamento onde meus pais dormiam numa cama Murphy, do tipo que sai da parede. Tínhamos um telefone verde e um rádio antigo vários centímetros mais alto do que eu. O rádio me fascinava por ser a única fonte de entretenimento e porque, ouvindo a voz do meu pai na BBC, eu achava que ele estivesse *dentro* do aparelho e tentava fazer com que saísse.

O apartamento foi um progresso bem-vindo depois da pensão apinhada e sombria. Morávamos no terceiro andar de um prédio de tijolos vermelhos chamado Princes House, na Kensington Park Road, 52, perto de Notting Hill Gate. O prédio tinha quatro anos; eu tinha três. Tínhamos uma cozinha minúscula, um pequeno banheiro, um corredorzinho e dois quartos principais com calefação central e leite entregue na porta. Dáša e eu dividíamos um quarto. Meus pais dormiam no outro, com piso de madeira e um trio de janelas com vista para Portobello Road, uma via movimentada. Em frente, do outro lado da rua, ficava o Ladbroke Square Gardens, um parque adorável onde eu era levada quando o tempo permitia. O prédio tinha forma de U para acomodar uma grande castanheira-da-índia. Havia arbustos também, além de vasos de cravos amarelos e violetas.

Os moradores de Princes House formavam uma Liga das Nações em miniatura — incluindo britânicos, poloneses, espanhóis, alemães, canadenses e outras famílias tchecas, entre elas a de Prokop Drtina, o amigo do meu pai que havia sido secretário particular de Beneš na época da Conferência de Munique. Drtina permanecera quase um ano em Praga para ajudar a organizar a resistência. Escapara em fevereiro de 1940 e retomou seu papel de conselheiro de Beneš, trabalhando estreitamente com o chefe da inteligência, Moravec. Eu devo ter gostado de Drtina, e ele de mim, pois em suas memórias descreveu a pequena Madlenka Korbelová como “encantadora [...] um prazer e divertida”.[1]

A autora diante de Princes House, 1940

Mais ou menos na mesma época, Dáša escreveu aos seus pais: “Madlenka é uma gracinha. [...] Reza para Deus todas as noites. Uma vez achou que podia rezar com seus pezinhos (em vez das mãos).”[2] Quando Dáša não estava ajudando a cuidar de mim, estava no internato, tentando se adaptar a uma cultura estrangeira, uma língua diferente, uma forma nova de escrever, sapatos que davam bolhas, uma saia marrom obrigatória que ela achava feia e o clima britânico temperamental. "Quando chove", ela reclamava aos pais, "estou sempre de mau humor, porque nos levam a um tipo de sala grande e lá arrumamos algo para fazer".[3] Ela conheceu uma menina tcheca de quem gostou, mas da qual foi logo separada porque os professores não queriam que falassem sua língua materna.

A vida no exílio tinha suas irritações para a geração mais velha também. Minha mãe recordou:

> Estávamos vivendo num país estrangeiro, mas cercados somente de pessoas tchecas, sem fazer amizade com os ingleses, com poucas exceções. [...] Os ingleses têm um temperamento diferente daqueles vindos da Europa Central. Era agradável estar ali apenas como hóspedes temporários. Era o que queríamos, e eles queriam também.[4]

Mesmo com Churchill agora na cadeira de primeiro-ministro, o legado de Chamberlain e do apaziguamento não foi esquecido. Meu pai contou uma história sobre aquele período. Ele estava num ônibus e pisou no pé de um cavalheiro. Em vez de pedir desculpas, disse: "Não sinto muito, isto é por Munique." Depois havia a oração irônica dos imigrantes: "Por favor, Deus, dai aos britânicos toda a força de que precisam para suportar a surra que merecem."

Por ter uma mãe americana, Jan Masaryk passara mais tempo do início de sua vida nos Estados Unidos do que em sua terra natal. Durante seus anos do outro lado do Atlântico, adquiriu a reputação de uma espécie de playboy, um homem amante de bons momentos e de música. Poucos tinham um ouvido melhor. Além de saber falar inglês, fazia-o numa variedade de sotaques adequados a uma discussão de bar ou a um jantar no Palácio de Buckingham. Sabia transformar quase tudo em piada e reclamava que gastava grande parte de seu tempo como embaixador corrigindo os britânicos, que insistiam em chamar seu país de Tchecoslovênia ou Tchecoslávia. Mas embora estivesse à vontade no Reino Unido, muitos de seus compatriotas não estavam. Nós, tchecos, sentíamos que éramos vistos com desdém por nossas roupas e nossa culinária — como o jantar tradicional de véspera de Natal de salada de batatas e carpas fritas.* Claro que a comida britânica não nos empolgava. Os pães de Londres eram insípidos e brancos, em vez de fortes e escuros. A bebida onipresente não era o café, mas o chá, estragado de qualquer modo por um excesso de açúcar e leite — e como uma nação cuja elite comia sanduíches de pepinos e agriões poderia esperar derrotar a Alemanha nazista?

Sinais de que Jan Masaryk talvez já estivesse na Inglaterra anos demais chegaram a Princes House uma tarde junto com o ministro do Exterior. Como sempre, ele procurava agradar, e quando tocou a campainha do número 35, constatamos que trouxera consigo uma travessa enorme de gelatina com pedaços de frutas. Nossa família reuniu-se em torno da mesa. Como a criança mais velha, cabia a Dáša expressar alegria e gratidão. O problema foi que ela nunca vira algo tão repulsivo. Com todos os adultos, inclusive o famoso Jan, de olho nela, não teve outra opção senão enfrentá-la. O fato de ela recordar a cena tão vivamente sete décadas depois deve servir de alerta a convidados que trazem presentes comestíveis.

A língua também era uma barreira. Os tchecos pronunciam o *r* diferente dos britânicos e, à semelhança dos alemães, dizem o *w* como se fosse *v*. Qualquer eslavo, vendo uma palavra em inglês, provavelmente erraria a sílaba tônica. A gíria de Londres era incompreensível. Minha mãe ficava pasma com uma história que circulava sobre um dos nossos soldados que visitou um aquário, pouco depois de aprender a pedir peixe com fritas. Olhando satisfeito as criaturas nadadoras, observou: "Veja, fritas." Outro soldado atendeu o telefone numa casa em que estava hospedado e, em vez de se identificar como um *guest* [hóspede], disse que era um *ghost* [fantasma]. Até Beneš pronunciava *theories* [teorias] como *tories* [conservadores], falava em debater em público para *make my luggage* [fazer minha mala] em vez de *make my case* [defender minha causa] e expressava sua determinação em *take the bull by the corns* [pegar o touro pelos calos], em vez de *take the bull by the horns* [pegar o touro pelos chifres].

* * *

---

* Receita de um livro tcheco de 1825: Limpe as escamas e divida a carpa, corte em pedaços, lave, salpique sal e deixe salgar por uma hora e meia; depois limpe cada porção com um pano limpo, passe na farinha, depois em ovos batidos e crostas de pão; em seguida frite em manteiga quente até dourar.

Em 1938, Beneš tivera que escolher entre uma guerra amedrontadora e uma paz ignóbil. Em 1940, era um líder exilado com uma agenda diplomática, para ele um papel mais cômodo. Nos dois anos seguintes, foi a força irresistível colidindo com o objeto impassível do Foreign Office britânico. Os diários de Cadogan incluem uma série de referências a reuniões com ele, acompanhadas de comentários como "bem terrível" e "Beneš, por uma hora e 15 minutos!".[5]

Diplomaticamente, o líder tcheco sabia exatamente o que queria alcançar e quem precisava convencer. Seu país, insistia, não cessara realmente de existir. A situação legal era a mesma de antes do, agora desacreditado, pacto de Munique. Aquilo significava que ele ainda era presidente, o governo no exílio deveria receber pleno reconhecimento e os Aliados tinham a obrigação de restaurar as fronteiras pré-guerra da nação. Se os argumentos legais não persuadissem, a razão moral deveria fazê-lo. A Tchecoslováquia merecia apoio porque o país havia sido forçado à submissão por seus supostos amigos e porque suas tradições, no espírito do grande T. G. Masaryk, representavam tudo que Hitler vinha lutando para destruir.

Beneš estava preparado para explicar em detalhes tudo aquilo e mais a quem quisesse ouvir, mas o fazia de uma posição de fraqueza. Metade de sua terra natal estava sob ocupação nazista, uma segunda porção se declarara independente, e outras partes eram controladas pela Hungria e União Soviética. Na semana após Munique, ele havia formalmente renunciado à sua presidência. Seu sucessor, Hácha, ocupava o escritório do castelo. Em Londres, havia contingentes de tchecos, eslovacos e alemães dos sudetos anti-Hitler que se recusavam a reconhecer Beneš como seu líder legítimo. Quer os advogados do Foreign Office fossem quer não receptivos ao drama tcheco, não havia precedente legal ao que ele estava pedindo.

Além disso, o presidente era atrapalhado por sua personalidade, sempre concentrada em sua causa. Era incapaz do tipo de gracejos sofisticados ou interesses simulados pelos outros que ajuda a azeitar as rodas da diplomacia. Não fazia piadas, não cunhava aforismos sagazes, nem cedia à ironia. Era melindroso sobre sua altura e evitava ser fotografado ao lado de pessoas mais altas. Eduard Beneš não era um líder nato.

No entanto, foi bem-sucedido. Avançava implacavelmente, mas sabia quando diminuir o ritmo. Subia um degrau após o outro, em vez de tentar saltar a escada inteira de uma vez. Aprendeu a controlar sua frustração com a política britânica e tomava cuidado nas declarações públicas para não ofender ninguém. Ao compartilhar informações secretas e seus próprios conhecimentos, tornou-se o mais útil possível à causa Aliada. Mesmo sem o poder de prender, banir ou disciplinar os inimigos, gradualmente consolidou sua posição de liderança incontestável entre tchecos e eslovacos.

Beneš também escolheu auxiliares competentes, como o amigo de meu pai Hubert Ripka, agora em Londres, para gerir o dia a dia do governo. Ripka era um administrador hábil, o homem ao qual as pessoas dentro do governo recorriam para que as coisas acontecessem. A operação de emissão de rádio estava sob sua jurisdição, portanto meu pai lhe levava problemas e pedidos. Eram em grande número porque, como em qualquer grupo sob pressão, nem todos se relacionavam bem com os demais. Drtina, por exemplo, achava que Jan Masaryk recebia muita atenção e participava pouco do trabalho duro. Ripka cobiçava o cargo de Masaryk. O chefe dos espiões, Moravec, era invejado pelos segredos que conhecia e não compartilhava com ninguém, exceto o presidente. No entanto, apesar dos pequenos ressentimentos, a lealdade deles à nação e ao seu líder nunca esteve em dúvida.

Reunião no Ministério das Relações Exteriores do governo no exílio. Da esquerda para a direita: Jiří Špaček, Josef Korbel, Hubert Ripka e Jan Masaryk

No todo, o desempenho de Beneš foi notável. Apesar das limitações, foi um símbolo genuíno da democracia ocidental. Ajudá-lo significava rejeitar Munique, e com Hitler agora desmascarado, Munique se tornara sinônimo de liderança inepta e covardia. Além disso, os britânicos precisavam urgentemente de pessoas dispostas a lutar.

Beneš reunido com oficiais tchecos exilados

Durante a queda súbita da França, Beneš apelara aos soldados e aviadores tchecos que fugissem por todos os meios possíveis e se dirigissem, se possível, à Inglaterra. Para muitos, a viagem era perigosa e tortuosa. Em pouco tempo, porém, cerca de 4 mil soldados estavam estacionados num campo temporário no Cholmondeley Park, junto ao castelo de mesmo nome em Cheshire. A maioria ainda trajava os uniformes da Legião Estrangeira Francesa. Os mais afortunados envergavam o traje de batalha britânico com uma faixa estreita no ombro com o nome "Tchecoslováquia". Algumas das unidades eram constituídas de soldados jovens e exibiam um ar de confiança e vigor. Outras consistiam em reservistas mais velhos que não pertenciam a uma força armada profissional, mas não tinham outro lugar aonde ir. A idade e aparência, porém, eram barreiras à coesão menores do que a ideologia e o preconceito. Nas fileiras havia tchecos, eslovacos, alemães dos Sudetos, judeus, antissemitas e nacionalistas radicais — além de comunistas que, fiéis ao pacto Hitler-Stalin, relutavam em lutar do mesmo lado dos "imperialistas" britânicos. Ignorando um apelo pessoal de Beneš, mais de quatrocentos dos esquerdistas aderiram a uma brigada internacional que prometeu prosseguir a batalha, mas sem a mácula do capitalismo.

Através de um programa de treinamento rigoroso, as dificuldades iniciais foram resolvidas, e após um ou dois anos o Exército tcheco era tão capaz quanto qualquer outro de seu tamanho. Em contraste, jamais se questionou o profissionalismo dos aviadores do país, dos quais cerca de novecentos (incluindo 88 pilotos experientes) chegaram à Grã-Bretanha. Em julho, esquadrões de caças e bombardeiros foram formados, enquanto pilotos adicionais foram designados para unidades polonesas e outras unidades da RAF.*

Anos depois, um amigo de minha família recordou ter visitado o clube tcheco em Clifton Road, perto de Cholmondeley. "Era lá que os oficiais iam tomar café e conversar", escreveu Renata Kauders, "e às vezes pegar garotas. Era um lugar animado. Cercado do barulho e movimento, você se sentia como que no meio da guerra".[6] Entre os oficiais com quem Renata lembra ter tomado drinques estavam dois soldados do Exército, Jan Kubiš e Jozef Gabčík. Ambos tinham quase 30 anos, eram atraentes e estavam cheios de energia; Kubiš era alto, esguio e tão reservado como o musculoso Gabčík era expansivo. Ambos sorriam facilmente. Renata não sabia (e tampouco os homens) o papel que logo desempenhariam na história da guerra.

Em meados do verão de 1940, a maior parte da Europa era neutra ou estava ocupada. Hitler achou que poderia ser magnânimo. Em casa, concedeu medalhas aos seus generais favoritos e anunciou a volta da autoriza-

* Um dos exilados tchecos que serviu nas forças armadas francesas e depois na RAF foi Karel Mahler, o filho mais velho de Marta Körbelová, a irmã mais velha de meu avô Arnošt. Após a guerra, Karel mudou-se para o Brasil, onde seu filho, Pedro, netos e bisnetos vivem hoje.

ção dos bailes públicos nas quartas-feiras e sábados. No exterior, retomou sua busca do tipo certo de paz. O autor de *Mein Kampf* era um homem de muitos ódios, mas a Grã-Bretanha não estava entre eles. Desde longa data, acreditava que os ingleses e alemães compartilhavam importantes interesses. Ambas as nações eram economicamente ambiciosas, racialmente "privilegiadas", antibolchevistas e se preocupavam com "a ânsia ilimitada pela hegemonia dos franceses".[7] Nada impedia, do ponto de vista de Hitler, a coexistência dos dois impérios.

Em junho, Hitler informou Göring que "a guerra terminou, Hermann. Vou chegar a um acordo com a Inglaterra".[8] O Führer já começara a enviar mensagens a Londres que, embora arrogantes, também ofereciam a promessa de um acordo permanente. Ele deve ter pensado que estava sendo generoso porque se sentia invencível. Os britânicos haviam falhado na defesa da Tchecoslováquia, mostraram-se impotentes na Polônia e foram derrotados na Noruega e França. Os poderosos soviéticos só estavam preocupados com suas próprias conquistas. Certamente Chamberlain e seus assessores prefeririam a segurança de um apaziguamento renovado aos riscos de invasão e bombardeios. As condições de paz não eram difíceis de formular: a Alemanha controlaria a Europa e partes da África; os britânicos poderiam sobreviver e conservar suas possessões ultramarinas; já os americanos deveriam cuidar de seus próprios negócios.

Porém, em meados de julho, os alemães estavam ficando frustrados. Contatos secretos indicavam que muitos britânicos estavam desesperados pela paz a qualquer preço, mas Churchill não estava interessado em tal barganha. Além de falar desafiadoramente, parecia favorável à perspectiva de luta. Hitler achou aquilo ilógico. O primeiro-ministro, ele concluiu, não era totalmente civilizado. No dia 16, Hitler disse aos seus militares: "Como, apesar de sua situação militar desesperadora, a Grã-Bretanha não mostra nenhum sinal de boa vontade, decidi que um plano de invasão será preparado e, se necessário, implementado."[9]

Três dias depois, em discurso no Reichstag, ele fez um último apelo público:

> Sinto como meu dever pedir outra vez, de boa-fé, que a Grã-Bretanha seja razoável e tenha bom senso. [...] Minha posição

> me permite fazer esse pedido, pois não falo como um homem derrotado implorando favores, e sim como o vitorioso falando em nome da razão. Realmente não vejo nenhum motivo para que essa guerra deva continuar. O sr. Churchill deveria, pelo menos uma vez, acreditar em mim quando digo que um grande império será destruído — um império que nunca tive a intenção de destruir ou prejudicar. Sinto uma dor forte quando percebo que sou o homem escolhido pelo destino para desferir o golpe final.[10]*

Os propagandistas alemães garantiam aos seus ouvintes que o poderoso e destemido Reich desejava a paz acima de tudo. Cada vez mais naquele verão, aquela mensagem sedutora atingiu os ouvidos ingleses. Muitas famílias estavam frustradas pela falta de notícias da guerra na BBC, preocupadas com a segurança, e sintonizavam todas as noites uma transmissão que começava com "Alemanha chamando, Alemanha chamando, Alemanha chamando!". Depois vinha a voz de William Joyce, codinome lorde Haw-Haw, um político irlandês-americano ultraconservador que, embora cidadão britânico, buscara refúgio em Berlim pouco antes da guerra. Quando Churchill e Halifax responderam desdenhosamente ao discurso de Hitler no Reichstag, Joyce verteu lágrimas de crocodilo: "É uma lástima! São mil lástimas! Esta é a tragédia que o Führer fez de tudo para evitar. Mas se aqueles que governam a Inglaterra [...] se importam menos com seu país do que o Führer se importou, a força [...] deve prevalecer."[11]

Joyce alegava falar pelo homem comum e traçava um contraste entre si e a altiva classe superior da Inglaterra. Embora tivesse nascido no Brooklyn, professava amar tanto "a ilha poderosa" que teve de traí-la para redespertar seu verdadeiro espírito. Ele, um escritor hábil, compunha seus próprios roteiros e também preparava propaganda para a New British Broadcasting

* Os britânicos, familiarizados aos clássicos, podem ter ouvido nas palavras de Hitler um eco. De acordo com a narrativa de Heródoto, o rei da Lídia, um homem chamado Creso, era famoso por sua riqueza e poder. Desejando atacar a Pérsia, buscou orientação do Grande Oráculo de Delfos. "Se Creso for à guerra", o Oráculo previu, "destruirá um grande império". Infundido de confiança, o rei de fato foi à guerra, e claro que o império que destruiu foi seu próprio.

Station, sediada na Alemanha, mas que pretendia representar os pontos de vista das famílias trabalhadoras inglesas. Mais sutis do que a maioria das ofertas nazistas, os programas retratavam Churchill como um fomentador de guerra ávido por reprimir os irlandeses, galeses e escoceses e promover os interesses dos bancos londrinos. A estação também fazia o possível para gerar medo. Numa manhã de verão, os locutores espalharam um alerta de que durante a noite "paraquedistas alemães em trajes civis foram lançados nas vizinhanças de Birmingham, Manchester e Glasgow. Portavam cápsulas para produzir neblina e evitar a captura. Alguns estão equipados com um raio da morte eletromagnético".[12] Muitos ouvintes, tendo sido advertidos por tanto tempo dos terrores da guerra, logo acreditaram no pior.

Para a Inglaterra, as batalhas terrestres não haviam começado, mas os portos e as rotas marítimas estavam sob ataque, bem como os navios cargueiros. Isso tornava o transporte marítimo perigoso e as matérias-primas preciosas. Cadernetas de racionamento foram distribuídas a cada chefe de família, mas muitos produtos comuns raramente estavam disponíveis ou só estavam em quantidades ínfimas. Manteiga de verdade era escassa, e a margarina vinha em pedaços frágeis que se quebravam quando em contato com um biscoito de água e sal. Os lojistas colocavam avisos em suas vitrines com a mensagem sardônica, baseada numa canção de um espetáculo da Broadway: *Yes, we have no bananas* [Sim, não temos bananas]. As lojas de doces, para não fecharem as portas, tiveram de diversificar vendendo artigos como lanternas e fita isolante. Existia o pedido para que o público comesse menos queijo a fim de que não faltasse aos mineiros de carvão e vegetarianos. Os novos fósforos mais baratos demoravam a acender, e o papel higiênico era vendido em rolos individuais.

Para alguns, as privações da guerra só se tornaram reais quando o ministro dos alimentos, lorde Woolton, anunciou que o racionamento seria estendido ao chá. Uma mulher de um bairro próspero achou um bilhete, pregado na porta de seu apartamento, assinado por sua empregada: "Madame, não tem mel, nem uvas, groselhas ou passas, nem frutas variadas, nem sacarina no momento, nem espaguete, nem sálvia, nem arenques, salmões ou espadinhas (defumadas ou frescas), nem lenha para a lareira, nem gordura ou banha, nem latas de aipo, tomate ou salmão. Comprei três libras de chirívia."[13]

Eduard Beneš, Hana Benešová e a rainha Elizabeth

Uma torrente de voluntários alistou-se para a guarda interna, organizada para a defesa contra a esperada invasão alemã. Membros do Parlamento diligentemente se revezavam na vigilância noturna anti-incêndios, membros do gabinete preparavam-se para a batalha, e até a rainha Elizabeth praticou tiro ao alvo. No todo, o número de recrutas superou de longe o estoque de armas. Anthony Eden, futuro secretário do Exterior e primeiro-ministro, juntou-se a um corpo de rifles desprovido de rifles e forçado a treinar nos corredores de uma loja de departamentos. Na falta de granadas de mão, alguns pelotões improvisaram escondendo giletes em batatas.

Trabalhando febrilmente, a Marinha criou campos minados ao longo das costas. O Exército, ajudado por voluntários civis, cobriu as praias de arame farpado, cavou armadilhas antitanque e ergueu casamatas e muros de concreto. Áreas costeiras foram fechadas a visitantes. Sinalizações rodoviárias foram removidas para confundir o inimigo. Famílias no interior foram instruídas a ficar em casa na eventualidade de uma invasão para não congestionar as estradas, como aconteceu na França. Diariamente, ao fim das transmissões de rádio, súditos leais se levantavam das cadeiras em suas salas de jantar e entoavam "Deus Salve o Rei".

Enquanto os britânicos se preparavam para o que vinha pela frente, o governo tcheco no exílio obtinha sua primeira vitória diplomática. Em 23 de julho, o Reino Unido reconheceu formalmente Beneš como chefe de um governo provisório que representava os povos tcheco e eslovaco. Beneš ficou tão satisfeito que veio pessoalmente ao nosso apartamento trazer a notícia a Drtina e meu pai. Com Masaryk visitando os Estados Unidos, Drtina teria a honra de ler o anúncio na BBC. A decisão inglesa foi uma vitória, se bem que limitada. O rótulo "provisório" era depreciativo, e os objetivos da guerra dos Aliados referiam-se somente à libertação dos tchecos do domínio alemão. Não havia menção a restaurar as fronteiras pré-guerra do país ou mesmo sua independência como uma nação. Mesmo assim, cinco dias depois, o hino tcheco foi tocado pela primeira vez na BBC, e o rei e a rainha convidaram o dr. e sra. Beneš para um almoço.

13

Fogo no céu

13 de agosto de 1940: Do marechal do Reich Göring a todas as unidades das frotas aéreas dois, três e cinco: Operação Águia. Dentro de um curto período vocês eliminarão a Força Aérea britânica do céu. Heil Hitler.[1]

A Luftwaffe havia ganhado experiência apoiando forças fascistas na Guerra Civil Espanhola e complementara eficazmente as invasões terrestres na Polônia, Países Baixos e França. Encorajados por aquelas aventuras, os nazistas encararam a Batalha da Inglaterra com uma confiança celestial. Sua estratégia era golpear o inimigo — que consideravam isolado e trêmulo —, destruindo seus aviões, baterias antiaéreas e fábricas de munições, e fazê-lo rapidamente para abrir caminho à invasão em meados de setembro de 1940. Göring assegurou Hitler de que, se o tempo inglês permitisse, aquilo seria feito.

Assim que os alemães derrotaram a França, começaram a construir bases aéreas ao longo da costa norte, a curta distância da Inglaterra através do Canal. Em 10 de julho, 75 bombardeiros nazistas, escoltados por 45 caças, atacaram um comboio de navios no porto de Dover. Em público Hitler falava de paz, mas suas forças armadas vinham travando a guerra.

* * *

Em 1935, uma equipe de engenharia liderada por um pesquisador com o nome tipicamente britânico de professor Robert Watson-Watt descobriu que ondas de rádio eram desviadas pela passagem de aviões. Para aproveitar a revelação, o Ministério do Ar criou uma rede de vinte estações costeiras, cada uma contendo um par de torres enormes, uma para enviar sinais, a outra para receber. Os engenheiros referiram-se à sua tecnologia nova como *radio direction finding* [radiogoniometria], conhecida agora como radar. Com essa ferramenta, os britânicos conseguiam detectar aviões à distância de 160 quilômetros e, como suas próprias aeronaves estavam equipadas com dispositivos transmissores, os técnicos conseguiam diferenciar entre amigos e inimigos.

Quando a Batalha da Inglaterra começou, as torres de rádio foram alguns dos primeiros alvos visados pela Luftwaffe. Em meados de agosto, os pilotos nazistas acreditavam terem eliminado todas, ou a maioria. Estavam enganados. As torres, erguidas com geradores de reserva, conseguiam suportar danos enormes. Aquilo era importante porque, quando as decisões em respostas eram rápidas, mesmo os poucos minutos de antecedência do alerta do radar dava tempo aos pilotos para levantarem voo e interceptarem os aviões que chegavam.

Para protegerem seus bombardeiros, os nazistas utilizavam escoltas de caças Messerschmitt, em versões de um ou dois motores. Ambas eram altamente capazes, mas tinham seus defeitos. O medidor de combustível do avião de um motor começava a piscar após uma hora de voo, forçando os pilotos a voltarem mesmo com uma ação de bombardeio em andamento. A versão de dois motores não era tão rápida ou manobrável como os caças britânicos — o Spitfire de ascensão rápida e o robusto Hurricane. O ministro do Ar britânico conseguiu ajudar seus caças empregando pequenos balões de barragem que forçavam os pilotos inimigos a voarem tão alto que não conseguiam identificar claramente os alvos em solo. Os londrinos logo aprenderam a associar a "subida dos balões" a um ataque próximo. Além disso, algumas bases aéreas estavam equipadas com cabos de aço de 150 metros lançados por foguete que, uma vez estendidos, desciam lentamente, apoiados por um paraquedas. Se lançados ao céu no momento apropriado, aqueles dispositivos criavam um obstáculo letal, difícil de evitar, aos aviões em rápida aproximação.

Apesar daqueles preparativos, a perspectiva para os britânicos era sombria. Os bombardeiros da época tinham uma vantagem mesmo sobre os melhores sistemas de defesa aérea, especialmente se os atacantes chegassem em números suficientes. Os fabricantes britânicos vinham produzindo 450 caças ao mês, mas a Luftwaffe começou a batalha com uma vantagem numérica substancial. Como o resultado dependeria da taxa de desgaste, os ingleses tinham de infligir uma quantidade desproporcional de danos. Infelizmente, a RAF estava muitos pilotos abaixo de sua força mínima requerida. Esquadrões que deveriam dispor de 26 pilotos tinham de se virar com 16. Para reduzir o déficit, os cursos de treinamento foram reduzidos para menos de duas semanas e pilotos novatos foram forçados a praticar em aviões da Primeira Guerra Mundial.

As histórias da Guerra Civil americana costumam começar com um relato de moradores de Washington levando cestas de piquenique aos campos de batalha de Virgínia para observarem a luta. Por algum tempo, cenas semelhantes se desenrolaram na Grã-Bretanha, com famílias em locais seguros do interior reunidas em locais altos para observar os Spitfires e Hurricanes duelarem com os Messerschmitts, vibrando a cada sucesso e soltando exclamações ante o espetáculo. Algo de tirar o fôlego. Os aviões do inimigo começavam como pontinhos no horizonte, rapidamente aumentando. Em poucos segundos, o barulho dos motores podia ser ouvido, combinando-se num zunido e depois num estrondo. Os aviões aproximavam-se em fileiras antes de se dividirem em grupos, depois arcos individuais ao serem desafiados. Os bombardeiros abaixavam e mergulhavam, seus pilotos ávidos por lançar sua carga mortal e voltar para casa. Os bombardeiros de ambos os lados agitavam-se freneticamente, buscando a cobertura das nuvens ou o brilho vantajoso da luz solar na sua traseira. Enquanto os combatentes arremessavam, rajadas de fumaça de suas armas contrastavam com o céu azul ou negro, e no solo bolas de fogo marcavam os locais onde bombas de 230 quilos cavaram buracos na terra. Aldeões e fazendeiros se surpreendiam quando, de tempo em tempo, um avião atingido pousava em seus campos ou um paraquedista descia numa teia de náilon emaranhado. Não era incomum um piloto da RAF ser cercado ou mesmo baleado por uma população rural desconfiada antes de esclarecer sua identidade.

Para aqueles que trabalhavam num dos alvos preferidos dos alemães ou perto — uma doca, um campo de aviação, uma bateria de artilharia, uma fábrica de munições — a visão da batalha era menos fascinante. Ali, o lamento da sirene tinha um significado agourento, sucedido por uma chuva de balas atingindo o chão, cilindros horrendos caindo e explosões que, para muitos, seriam a última sensação ou audição de suas vidas.

Após um ataque bem-sucedido, os pilotos alemães retornavam às suas bases para informar os danos infligidos. Mas mesmo antes que a poeira começasse a se dissipar, equipes de solo britânicas entravam em ação cuidando dos feridos, removendo os destroços, ativando geradores, pondo usinas de força de volta em funcionamento. Homens e mulheres, incluindo telefonistas e outros civis, cuidadosamente inspecionavam as pistas de aviação, marcando o material bélico não detonado com bandeiras vermelhas. Depois vinham as unidades de remoção e, em seguida, as brigadas da limpeza misturando concreto para encher as crateras deixadas pelas bombas. Mais rapidamente do que o inimigo julgava possível, preparavam-se as metralhadoras para voltarem a atirar e reparavam-se as pistas de aviação ao menos para que os caças pudessem aterrissar e decolar. Docas eram reconstruídas. Aviões danificados e pilotos feridos retornavam ao ar. Uma fábrica bombardeada funcionou por meses sem telhado, suas ferramentas abrigadas das intempéries por uma enorme lona. A tensão incessante esgotava os técnicos de manutenção e reparo, muitos dos quais permaneciam de prontidão meses a fio, dormindo em catres, no chão ou, com bom tempo, na grama.

Apesar de todo o sangue e tensão, os britânicos podiam se consolar com o fato de que os alemães também vinham sofrendo. Os atacantes acharam que, após um mês de fortes bombardeios, a vitória estaria assegurada. No entanto, os radares não haviam sido destruídos, o suprimento de aviões e pilotos da RAF parecia incessante e o caminho para uma invasão livre de riscos continuava bloqueado. Os alemães conservavam uma superioridade numérica, mas suas perdas de aviões e pessoal foram bem maiores do que o previsto. Os bombardeiros de mergulho Stuka que haviam dominado o ar na França eram lentos demais para fugirem do fogo das metralhadoras instaladas em caças britânicos. Um piloto da Luftwaffe, descrevendo os balões e as baterias antiaéreas como "bem sinistros", reclamou ao jornalista William Shirer que ele e seus colegas esperavam encontrar Londres em chamas, mas, em vez disso, ficaram impressionados com quanta coisa continuava intacta.[2] Os aviadores estavam no ar todas as noites, e dezenas vinham morrendo. Porém, os britânicos não cediam. As surpresas desagradáveis continuariam: em meados de agosto, os alemães acreditaram que a frota de caças do inimigo tivesse sido reduzida a 450. Na verdade, a RAF dispunha de quase o dobro. A facilidade prevista por Hitler tornou-se um desafio.

A lista de alvos da Luftwaffe não incluía Londres, mas em 24 de agosto uma dupla de pilotos, procurando um depósito de gasolina mais acima do Tâmisa, interpretou errado seus mapas e lançou várias bombas no East End da cidade. Os explosivos danificaram a igreja de Santo Egídio e destruíram uma estátua de John Milton. Churchill não sabia que o ataque havia sido um erro ou que os pilotos transgressores haviam sido repreendidos e transferidos. Considerando o ataque uma provocação intencional, ordenou represálias contra instalações industriais em Berlim. Devido às nuvens e às armas do inimigo, os pilotos britânicos também erraram seus alvos, atingindo uma área residencial, onde mataram dez civis e feriram 29. Agora foi a vez de a opinião pública alemã ficar indignada. Göring havia prometido que sua capital seria mantida em segurança. Hitler reagiu de forma furiosa e oportunista, vendo uma chance de destruir Londres sob o manto da autodefesa. Em 4 de setembro, discursou para um público ruidoso em Berlim: "Já que eles atacam as nossas cidades", ele esbravejou, "exterminaremos as deles!".[3] Entre apupos e aplausos, acrescentou: "Os britânicos têm perguntado: 'Por que ele não vem? Por que ele não vem?' Nós respondemos: 'Acalmem-se. Acalmem-se. Ele está vindo!'"[4]

Três dias depois, na tarde de 7 de setembro de 1940, o bombardeio de Londres (conhecido como *Blitz*) começou. A mudança na estratégia alemã deveu-se não apenas a um desejo de vingança. Com a aproximação do outono e a expectativa de ventos fortes e mares revoltos, as chances de invasão diminuíam. Hitler precisava desferir um golpe decisivo, e para isso tinha que encontrar um meio de forçar Churchill a concentrar mais caças em um único lugar. Haveria maneira melhor do que encher os céus sobre a catedral de São Paulo e o Palácio de Buckingham com bombardeiros alemães? Não era tarde demais — se os atacantes fossem suficientemente implacáveis — para destruir a capacidade de resistência do adversário.

Com Göring observando com expectativa na costa francesa, uma esquadra de mais de trezentos bombardeiros e seiscentos caças subiu a 5 mil metros e disparou rumo à Inglaterra em duas ondas maciças. Os operadores de radar britânicos mal conseguiam acreditar no que estavam vendo. Cada esquadrão na área recebeu ordens de levantar voo, seus pilotos prevendo, como de hábito, a necessidade de defender campos de aviação e baterias de artilharia. Em vez disso, os bombardeiros e suas escoltas viraram abruptamente em direção a Londres. Os defensores alados da cidade estavam em minoria de dez para um.

As primeiras bombas atingiram o Royal Arsenal em Woolwich, as estações ferroviárias e fábricas circundantes, fileiras inteiras de casas e as docas de Surrey. Nas palavras de uma testemunha:

> Subitamente olhávamos boquiabertos para o alto. O céu brilhante foi entrecortado, de horizonte a horizonte, por inúmeros rastros de vapor. [...] Depois, com um estrondo abafado, que fez o chão ao redor de Londres sacudir sob quem estava ali, os primeiros grupos de bombas atingiram as docas. Vagarosamente, enormes cogumelos de fumaça preta e marrom, salpicada de carmesim, subiram ao céu iluminado pelo sol. Ali penderam e lentamente se expandiram, pois não havia vento, e os grandes incêndios embaixo os alimentaram com mais fumaça, enquanto as horas passavam.[5]

Assim sucedeu aquela tumultuosa noite de sábado. O fim do alarme soou às seis e meia da manhã. Duas horas depois, os ataques aéreos recomeçaram. O chacoalhar dos tiros foi seguido por explosões ensurdecedoras. Bombas atingiram casas ao longo das ruas Pond e Victoria, de Westminster e do East End. Mil incêndios foram provocados, 430 pessoas foram mortas e outras 1.600 ficaram feridas. Na noite seguinte, outra rodada de ataques causou danos intensos a estações e linhas ferroviárias. Ao alvorecer, outras centenas de pessoas jaziam mortas.

De 7 de setembro até o final de outubro, mais de 57 dias consecutivos, uma média de duzentos bombardeiros atacou Londres. A principal cidade do mundo tornara-se um campo de batalha. Grandes prédios ruíram. Ruas ficaram intransitáveis devido ao vidro estilhaçado. A cada manhã, trabalhadores de resgate vasculhavam os destroços carbonizados, metodicamente enfaixando os sobreviventes, fazendo a triagem dos gravemente feridos e tentando recolher os restos mortais de vizinhos para sepultamento. Bombas de ação retardada tornavam ainda mais perigosos esses esforços, pois tinham que ser desativadas ou removidas cuidadosamente. Não havia nenhum refúgio confiável. Os abrigos, em jardins de casas ou parques públicos, protegiam apenas contra explosões e destroços colaterais. Famílias que se abrigavam em porões eram com frequência esmagadas ou sufocadas pelo colapso dos prédios acima. Nas primeiras seis semanas, 16 mil casas foram destruídas e outras 60 mil seriamente danificadas. Mais de 300 mil pessoas ficaram desalojadas.

Bombardeio das docas de Surrey, 7 de setembro de 1940

Os londrinos, porém, se mostraram uma espécie adaptável. Sabendo que poderiam ficar dias sem poder voltar para casa, os funcionários dos escritórios vinham munidos de escovas de dentes, travesseiros, cobertores e roupas extras. Com a aproximação da noite, a parada de colchões começava rumo aos porões, abrigos e metrô. Com os dados meteorológicos em sigilo, as pessoas faziam suas próprias previsões — céu claro significava um dia favorável para Hitler, enquanto noites iluminadas pela lua ajudavam os bombardeiros. As divisões sociais que definiam a cultura britânica momentaneamente se dissolveram, enquanto pessoas de todas as profissões desejavam o melhor umas às outras. Lojistas exibiam avisos desafiadores de que, embora atingidos, continuavam funcionando. Bancos e o serviço postal prometiam funcionamento normal. Pedestres ousados faziam o mesmo.

Algumas interrupções, porém, pareciam prudentes. Membros graduados do Foreign Office receberam ordens rigorosas de se recolher a um abrigo antiaéreo perto de Berkeley Square assim que a sirene, conhecida como "Weeping Willie" ["Willie Chorão"], começasse a guinchar. Na manhã de 13 de setembro, um grupo prestigioso de homens de meia-idade estava ali reunido, aguardando impacientemente o sinal de fim de alarme. Horas decorreram sem que realizassem qualquer trabalho. Subitamente ouviram uma batida alta na porta. Lá fora, uma tcheca adolescente queria entregar uma carta do presidente Beneš ao Foreign Office. Cumprida sua missão, deu meia-volta e caminhou calmamente de volta às ruas expostas de Londres. A ordem de buscar abrigo logo foi revogada.

Desde jornaleiros até membros do Parlamento, os britânicos refletiam sobre as implicações terríveis dos ataques. Seria aquele o ataque final antes da invasão? Churchill advertiu o gabinete de que uma força alemã vinha se reunindo. Grandes concentrações de balsas inimigas haviam sido vistas ao longo da costa francesa.

Em 22 de setembro, o primeiro-ministro recebeu uma chamada de Franklin Roosevelt, anormalmente nervoso. Os Estados Unidos haviam recebido informações de que a Alemanha planejava um desembarque militar surpresa em solo britânico. Quando? Naquele mesmo dia. Assim que ele desligou, Churchill voltou a falar ao telefone, agora com Anthony Eden, que estava no sudeste da Inglaterra, a pouca distância dos penhascos de Dover. Eden fez um rápido reconhecimento e informou que o mar estava revolto e a neblina, impenetrável. Uma força invasora, informou ao seu chefe, acabaria se perdendo ou chegaria a um estado avançado de enjoo do mar. Na manhã seguinte, Roosevelt ligou de novo: "Peço mil desculpas", ele disse. "Nossos códigos se misturaram. A invasão foi da Indochina, não da Inglaterra, pelo Japão, não Alemanha."[6]

Londrinos acampam no metrô, 21 de outubro de 1940

Mais de uma vez naquele mês, bombas caíram no Palácio de Buckingham ou perto, causando danos significativos ao prédio histórico, mas sem ferir nenhum residente. Os ataques ajudaram a consolidar um caso de amor entre o povo britânico e o casal real. A tentativa corajosa do rei Jorge de superar sua gagueira era bem conhecida e profundamente admirada — assim como as visitas do rei e da rainha às áreas que haviam sido bombardeadas. Observações ocasionais feitas pelo rádio pela jovem princesa Elizabeth também comoveram. Historiadores observaram que teria sido mais sagaz por parte dos nazistas limitarem seus ataques aos bairros mais destituídos de Londres, agravando assim a divisão entre ricos e pobres. Mas fizeram o inverso. Uma canção popular do período dizia: "O rei continua em Londres, em Londres, em Londres, e estaria na cidade de Londres se a ponte de Londres estivesse desmoronando."

Eu já era uma criança mais crescidinha. A rotina de minha família, quando o alarme soava, era descer correndo a escada de concreto cinza apinhada de Princes House até o porão, que estava dividido em vários quartos pequenos e um maior. Geralmente havia ali umas duas dúzias de pessoas, ocasionalmente mais quando prédios vizinhos precisavam ser evacuados. Bebericávamos chá ou café preparados pelos vigilantes da defesa aérea e compartilhávamos lanches de pão e biscoitos. Dormíamos — quando conseguíamos — em camas de acampamento ou colchões no quarto maior. Embora o prédio fosse estruturalmente seguro, grandes canos de gás e água quente estavam suspensos do teto baixo do porão. Eles aqueciam os quartos, mas se uma bomba caísse por perto, morreríamos escaldados ou asfixiados, ainda que não esmagados. Como criança, eu não pensava nessas possibilidades, preferindo curtir a excitação. De manhã quando soava o final do alarme, corríamos à rua ou subíamos ao telhado para verificar os danos.

Desprovido de qualquer valor estratégico, Notting Hill Gate dificilmente seria um alvo preferencial para a Luftwaffe, mas mesmo assim bombas atingiram mais de uma dúzia de locais e mataram cinquenta pessoas. Uma de nossas vizinhas era Orlow Tollett, uma antiga moradora de Princes House que continuava ali na virada do século. Em 2011, aos 103 anos, a sra. Tollett gentilmente consentiu em ser entrevistada para este livro. Ela recordou que existia um grau de separação entre os refugiados e os britânicos que viviam no nosso prédio, mas era "em geral um tipo de grupo bem agradável com uma cordialidade amistosa entre os dois lados. As pessoas se ajudavam muito. Elas costumavam jogar grandes partidas de bridge e compartilhar seus suprimentos".[7] Na plena flor da juventude e ainda solteira, Orlow raramente descia ao nosso porão. Achava que, caso o pior acontecesse, estaria mais segura no alto dos destroços do que embaixo. Uma noite no auge dos bombardeios, ela desafiou o Destino e foi com um amigo ao Freemasons Arms, um pequeno pub em Portobello Road, para uma partida de dardos e alguma bebida porventura disponível. Ela recordou:

> O pub foi diretamente atingido naquela noite. Caí sob o balcão. Fiquei comprimida ali e não conseguia sair. Aí os bombeiros chegaram e fizeram a gentileza de me tirar de lá. Quando enfim conseguiram, eu não tinha muita roupa. Levaram-me ao convento.[8]

Orlow lembrou que sua mãe ficou menos transtornada com o perigo terrível do que com a falta de roupas.

Outra vez, uma bomba caiu por perto, mas não detonou, de modo que todos os prédios da área foram evacuados e uma equipe de emergência chegou. Após uma investigação cuidadosa, os membros da equipe nos tranquilizaram. O explosivo não funcionava. Dentro da cápsula encontraram um bilhete escrito por operários tchecos. "Não tenham medo", dizia. "As bombas que fabricamos jamais explodirão."[9]

Uma manhã em meados de setembro, os alemães chegaram cedo. Meu pai e o sr. Drtina decidiram ignorar as sirenes e permanecer em nosso apartamento preparando um roteiro radiofônico. Estaria mais tranquilo ali em cima, eles pensaram, do que no abrigo apinhado. Aquele era um pressuposto correto, mas — ao que se revelou — otimista demais. Drtina recordou:

> O zunido de uma bomba voadora foi tão alto que ambos nos lançamos ao chão e o dr. Körbel rapidamente saltou sob a mesa. O ataque aéreo era ensurdecedor, e nossa casa balançava tanto que lembrou um navio em alto-mar. Eu jamais teria acreditado que um prédio enorme, de ferro e concreto, pudesse vibrar tão fortemente e, ainda assim, não desmoronar. Quando nos sentimos fora de perigo, não pudemos resistir a uma risada de alívio.[10]

As bombas continuaram caindo. Para a dupla intrépida, aquilo foi suficiente. Juntos, desceram a escada empoeirada para se juntarem ao resto do pessoal.

O Esquadrão de Caças 310 tcheco foi formado em Duxford em 20 de julho e entrou em operação cinco semanas depois. Sediado na Inglaterra central, o esquadrão escolheu como seu emblema uma espada e um leão e como lema "Lutamos para reconstruir". O comandante foi o major Alexander Hess, um veterano da Primeira Guerra Mundial que, no último dia de agosto, havia incapacitado um bombardeiro inimigo, forçando-o a aterrissar num campo. Tomado pela raiva, Hess fez seu Hurricane mergulhar com intenção de atirar na tripulação de três homens, mas hesitou em disparar sua metralhadora quando viu os homens acenando para ele. Refletindo de novo, ele endureceu e decidiu que não deveria haver sobreviventes. O Hurricane voltou a mergulhar. Dessa vez os aviadores atingidos haviam achado algo branco com que acenar, e Hess, praguejando, conteve seu dedo novamente no gatilho. Relatando o incidente, o comandante reclamou: "Tornei-me britânico demais!"[11]

Stanislav Fejfar, um graduado da Academia Militar Tcheca com uma beleza rude, derrubou seu primeiro avião inimigo em 9 de setembro. Conforme seu relato:

> Estávamos voando a mais de 8 mil metros e estava bem frio. Ao passarmos por umas nuvens, pudemos ver bombardeiros da Luftwaffe escoltados por muitos caças. Recebemos ordens de atacar, mas tínhamos de ficar de olho nos caças alemães, pois eles nos avistaram e estavam acima de nós. Achei um ME-110 para atacar e prometi a mim mesmo que aquele porco alemão não dormiria na sua cama naquela noite. Manobrei atrás dele e disparei todas as minhas metralhadoras. Ele tentou escapar subindo abruptamente e virando, mas consegui disparar mais três rajadas e ele começou a soltar fumaça, depois despencou.[12]

Fejfar era nativo de Štikov, uma cidade pequena na parte norte da república, perto da fronteira com a Polônia. Seu pai morrera na Grande Guerra, lutando pela Áustria-Hungria. O piloto de 29 anos era um tipo animado, adorava voar e continuaria fazendo isso até 17 de março de 1942, quando seu Spitfire foi atingido durante um ataque diurno sobre a França. Seus restos mortais foram recuperados pelos alemães e enterrados em Calais. A mãe de Fejfar, jamais aceitando seu destino, morreu em 1960. Suas últimas palavras foram um pedido para que deixassem a porta da frente destrancada porque "Stanislav não levou a chave".[13]

Quando não estavam voando, os aviadores tchecos e eslovacos ocupavam seu tempo lendo jornais e livros, ouvindo gramofone e jogando cartas ou xadrez. Conseguiam dormir em horas estranhas e em posição irregulares, em bancos de metal, catres e cadeiras. Os pilotos nunca se separavam de seus coletes salva-vidas amarelos, apelidados de Mae West devido à semelhança com o busto da atriz. Os aviões estavam sempre prontos para decolar, e todos ficavam com ouvidos atentos para o aviso de partir para o combate.

Dos pilotos tchecos não designados para o esquadrão, o mais bem--sucedido foi o sargento Josef František. Como muitos de seus colegas, František fugira para a Polônia na época da invasão nazista e combatera ali num obsoleto caça Pulawski. Após a queda da Polônia, escapou de um campo de detenção na Romênia e se dirigiu, através da Síria, para a França. Ali teve uma atuação brilhante na Força Aérea francesa. Após a evacuação de Dunquerque, foi designado para o esquadrão polonês que se exercitava na Inglaterra. František — que tinha cara de garoto, sobrancelhas pretas espessas e um olhar penetrante — ficou conhecido por sua bravura e coragem. Naquele setembro, derrubou 17 aviões alemães, mais que qualquer outro aviador Aliado de qualquer nacionalidade. Em 8 de outubro, seu avião desapareceu do campo de visão dos colegas pilotos, sendo mais tarde encontrado, destruído, em Surrey. O corpo de František, com pescoço quebrado, foi descoberto numa sebe próxima.

Mesmo antes do fim de setembro, Hitler havia concluído que as metas básicas da campanha de bombardeios estavam além de seu alcance. A RAF não havia sido destruída, uma invasão era impraticável, e a determinação do inimigo de lutar só fizera aumentar. Mesmo assim, ordenou que os ataques continuassem. Em outubro, mais de 7 mil toneladas de explosivos foram lançadas sobre Londres. Outras cidades como Liverpool, Manchester, Birmingham também foram atingidas. Em novembro, incursões devastadoras foram dirigidas contra Coventry. Em dezembro, foi de novo a vez de Londres.

O Natal de 1940 é lembrado por todos que passaram aquela festa na capital britânica ou nos arredores. Mesmo que as bombas noturnas tivessem cessado, os ataques já ocorridos impediam qualquer espírito de celebração. Em nossas cabeças, se não na de Hitler, a perspectiva de uma invasão alemã ainda assomava. Não havia luzes acesas em nossa casa em Notting Hill Gate, mas a decoração natalina foi armada. Tivemos nossa árvore. No final do ano, estou certa de que os pensamentos de meus pais estavam ali comigo, mas também com seus entes queridos em Poděbrady e Praga.

Apesar da tristeza e preocupação, houve também um toque de satisfação. Hitler não estava perdendo a guerra àquela altura, mas tampouco esmagara os britânicos como fizera com os franceses. Uma piada circulou entre os amigos de meu pai em que o Führer liga para Mussolini a fim de repreendê-lo pelo péssimo desempenho militar de suas tropas. "Você prometeu que logo estaria em Atenas e no Cairo no mês seguinte", ele reclama. "Já se passou um tempão e você continua em Roma." Mussolini fica em silêncio por uns momentos, depois responde: "Senhor, não estou conseguindo ouvi-lo. A ligação deve estar ruim." Hitler então eleva a voz e repete suas críticas. "Peço desculpas, senhor, mas continuo sem ouvi-lo", diz o ditador italiano. "O senhor parece tão distante. Posso saber de onde está chamando? Será de Londres?"

14

A aliança se forma

No início da segunda semana de 1941, Harry Hopkins, o emissário confidencial de Franklin Roosevelt, voou até Londres para se reunir com Churchill. O idiossincrático Hopkins, um resolvedor de todo tipo de problemas bem mais do que um diplomata, agia como os olhos, os ouvidos e — devido à mobilidade limitada do presidente — muitas vezes as pernas de FDR. Em maio do ano anterior, Hopkins se mudara para a Casa Branca, onde continuaria morando até a morte de Roosevelt. Mais do que qualquer outra autoridade, podia-se contar com Hopkins para falar com o comandante-chefe dos Estados Unidos.

Durante sua visita, Hopkins passou horas com o primeiro-ministro, examinando a desesperada necessidade britânica de navios e aviões adicionais. As reuniões transcorreram bem. Em novembro, Roosevelt fora reeleito, com base em parte em sua promessa de manter os Estados Unidos fora da guerra. Embora não estivesse preparado para renunciar à promessa, estava determinado a ajudar a Inglaterra. Em meados de dezembro, Roosevelt revelou seu inovador programa *lend-lease*, sob o qual — em troca de bases militares secundárias — uma parte da produção bélica americana seria emprestada aos britânicos e demais Aliados enquanto durasse o conflito. Quando pressionado por repórteres sobre o custo, ele observou que "um homem não diria a um vizinho cuja casa está pegando fogo: 'Vizinho, a mangueira do meu jardim me custou 15 dólares; você tem que me pagar

15 dólares por ela.' Ele emprestaria a mangueira ao vizinho e a pegaria de volta depois."[1]

Embora a maioria dos americanos permanecesse temerosa do envolvimento direto no conflito europeu, ela gradualmente passava a compartilhar os sentimentos de FDR. Da Nova Inglaterra à Califórnia, americanos haviam acompanhado os bombardeios de Londres e admirado a determinação da Inglaterra. Correspondentes como James Reston, Edward R. Murrow e John Gunther não pouparam adjetivos para pintar um quadro lisonjeiro da Grã-Bretanha sob o cerco.

Alguns de seus textos foram melodramáticos:

> Eles se sustentam em parte do folclore, da tradição e da história da Grã-Bretanha, mas são um povo reservado. Não se consideram heróis. [...] Esses homens de rostos pretos com olhos injetados de sangue que estavam disparando tiros, a moça que conteve o volante de uma ambulância pesada em seus braços (e) o policial que mantém guarda junto a uma bomba não explodida em St. Paul esta noite. [...] Existe senso de humor nessa gente, mesmo quando o desastre e o inferno caem dos céus.[2]

Alguns foram reflexivos:

> Existe uma tremenda vitalidade por trás dos pensamentos tranquilos das pessoas deste país. [...] Todos os passatempos populares da civilização moderna foram prejudicados pela guerra. É difícil ir ao cinema. Não há bailes, futebol ou corridas de cães. As pessoas têm o tempo em suas mãos agora. Estão lendo mais e, como todos os homens tristes, estão pensativos. Uma nova Inglaterra está sendo gerada nos metrôs e abrigos dessa corajosa ilha.[3]

E alguns eram apenas relatos:

> "Por favor, passe a geleia", disse a velhinha. Eu estava tomando café num hotel pequeno de uma cidade costeira ao sul poucas horas atrás. Naquele momento as sirenes de ataque aéreo começaram a tocar, e o homem ao meu lado olhou o relógio. "Um

> pouco mais cedo esta manhã", ele observou. [...] Bebi meu café devagar. Ninguém à minha volta se mexeu. "Poderia passar a geleia?", a velhinha pediu de novo, mais enfaticamente agora, enquanto a sirene silenciava.[4]

As homenagens dos jornalistas americanos foram reforçadas pelas transmissões americanas da própria BBC, que duravam seis horas todas as tardes. A programação apresentava relatos em primeira mão dos bombardeios e dramatizações acompanhadas de efeitos sonoros. Os roteiros visavam empurrar os Estados Unidos em direção à guerra, mas sem anunciar abertamente essa intenção. Em vez disso, os comentaristas achavam vínculos sugestivos entre a Carta Magna e a Constituição americana, entre o Parlamento e o Congresso e entre a luta pela liberdade na Europa e sua sobrevivência nos Estados Unidos. Entre as celebridades participantes estiveram a estrela Leslie Howard, de *E o vento levou*, que contou episódios comoventes com o sotaque exatamente certo, e o romancista de tendência esquerdista J. B. Priestley, que falou não do glamour da guerra, mas das privações da classe operária:

> É a Inglaterra industrial que está travando essa guerra [...] aquelas dezenas de cidades soturnas semissoterradas em fumaça densa, com suas longas ruas sombrias de casinhas todas semelhantes e o pessoal [...] meio baixote geralmente com dentes podres, que não são agradáveis de se olhar, mas que por acaso estão entre os trabalhadores mais habilidosos e confiáveis do mundo.[5]

Ao mesmo tempo, agentes britânicos vinham espalhando rumores na mídia americana sobre os supostos planos de Hitler de dominar o hemisfério ocidental e proibir as religiões organizadas. A combinação de respeito pela Inglaterra e o desprezo aos nazistas levou uma população ambivalente para perto do compromisso. Uma pesquisa no meio do ano revelou que, embora 70% dos eleitores americanos ainda se opusessem ao ingresso na guerra, a mesma porcentagem era a favor de se derrotar a Alemanha a qualquer custo, ainda que isso significasse entrar na luta.

O crescente relacionamento transatlântico melhorou ainda mais com a chegada de um novo embaixador americano em Londres, John G. Winant. Durante os bombardeios, o embaixador Kennedy havia se refugiado todas as noites nos subúrbios, desencorajara americanos expatriados de participarem da guarda de defesa interna e se mostrara pessimista quanto às perspectivas britânicas. O novo emissário ocupou um apartamento no centro de Londres, incentivou os voluntários e expressou sua plena confiança no sucesso final da Inglaterra. A satisfação com ele ficou evidente desde o começo. O trem de Winant foi recebido pelo rei na estação Victoria, a primeira vez na história em que um monarca saudou assim um diplomata estrangeiro.

Quando seus encontros na Grã-Bretanha atingiam o clímax, Harry Hopkins jantou com Churchill em Glasgow. Antes de se despedir, olhou direto para o primeiro-ministro e disse: "Suponho que você queira saber o que direi ao presidente Roosevelt na minha volta. Bem, vou citar para você um versículo do Livro dos Livros: 'Aonde quer que tu fores irei eu, e onde quer que pousares, ali pousarei eu; o teu povo é o meu povo, o teu Deus é o meu Deus.'"[6] Essa declamação da promessa de Rute à sua sogra ainda é citada sempre que líderes britânicos e americanos expressam a afeição pública mútua. Na época, fez Churchill chorar. Nos meses subsequentes, centenas de milhões em tanques, caminhões, barcos torpedeiros, alimentos e todo tipo de armas de fogo foram transferidos do arsenal da democracia para as mãos inglesas.

COMO AHAB PERSEGUINDO A baleia, Eduard Beneš pretendia caçar o pacto de Munique por todos os oceanos diplomáticos "até que esguiche sangue e boie de barbatana à mostra". Beneš sentia que sua decisão de não lutar havia sido correta, mas sabia que muitos de seus seguidores discordavam. Sentia-se profundamente magoado pelas críticas deles e pelo pressuposto difundido de que T. G. Masaryk teria mostrado mais coragem. Beneš havia mostrado fraqueza no momento da crise? Ele achava que não, mas se quisesse salvar sua reputação — e seu país — não podia perder um minuto remoendo isso. Munique precisava ser arpoado.

Seu primeiro passo havia sido obter reconhecimento como o governo provisório no exílio. O segundo seria persuadir a Inglaterra a eliminar a ressalva "provisório". Como Jan Masaryk lembrava a quem o ouvisse, os tchecos que haviam morrido combatendo os nazistas não estavam "provisoriamente" mortos. Para meus pais e seus amigos, a injustiça com que vínhamos sendo tratados era óbvia. A Coroa havia nomeado embaixadores junto a outros grupos de exilados. Quanto a nós, tivemos de nos contentar com um oficial de ligação. Nas reuniões diplomáticas, os nossos representantes, embora de volta nas listas de convidados, recebiam as piores cadeiras em todas as mesas e as últimas posições em qualquer fila. Os contingentes poloneses e sérvios em Londres não tinham adjetivos humilhantes antes de seus nomes. Beneš sabia que jamais conseguiria apagar Munique se seu governo não fosse visto como plenamente legítimo. Para que fosse levado a sério, primeiro precisava ser tratado em pé de igualdade, até porque sua meta principal — ver nosso país restaurado em suas fronteiras pré-guerra — não era prioridade para qualquer outro líder internacional.

Além de sua busca por reconhecimento pleno, Beneš tinha três grandes preocupações: resolver as diferenças entre tchecos e eslovacos sem prejudicar a causa; manter contato com os partidários em casa; e demonstrar o compromisso de seu país com o sucesso dos Aliados. A propaganda desempenhou um papel-chave naqueles esforços. Em janeiro de 1941, um Instituto Tcheco abriu suas portas em Londres com o propósito de promover a cultura do país e informar os ingleses sobre o "povo de quem não sabemos nada". Para gerar entusiasmo, o governo imprimiu cartazes marciais ("Tchecos! A hora de vossa libertação está chegando!") e distribuiu adesivos alusivos à vitória ("Uma Tchecoslováquia livre numa Europa livre; a Tchecoslováquia luta pela vitória!").

Como o quartel-general do governo no exílio havia sido danificado durante os bombardeios, escritórios novos e maiores foram abertos em Grosvenor Place, número 8, no centro de Londres, enquanto Beneš mudou sua resistência para Aston Abbotts, uma aldeia de quatrocentos moradores na periferia de Buckinghamshire. Ali vivia com Hana em uma casa de dois andares coberta de hera com um campo de croquet no gramado, um escritório com pilhas de livros e mapas e — em sua escrivaninha — uma cópia emoldurada do "Se", a ode de Rudyard Kipling à coragem sob ataque. Aproximando-se do 57º aniversário, Beneš exibia sinais da idade. Seus cabelos haviam ficado grisalhos, e seu rosto habilmente grave estava marcado por bolsas cada vez mais fundas sob os olhos. Como sempre, trabalhava sem parar, tratando dos seus negócios em Aston Abbotts nos fins de semana, segundas-feiras e nas noites. Nos outros dias, fazia o percurso de noventa minutos até Londres num Daimler com chofer. Como muitos europeus, comunicava-se com as mãos tanto quanto com a boca. Quando não lia, usava seus óculos como objeto cênico, brandindo-os, segurando-os pensativo, depois os erguendo de novo para enfatizar um ponto.

Madame Benešová costumava se manter em segundo plano, mas seus sentimentos também eram profundos. Durante a Primeira Guerra Mundial, seu marido oferecera um divórcio para protegê-la de perseguições políticas. Ela se recusou e doou grande parte da riqueza pessoal à campanha pela independência. Sem conseguir fugir da Áustria-Hungria, havia sido detida por atividades revolucionárias, ficando presa por 11 meses, durante os quais sofrera interrogatórios rigorosos. Hana Benešová tinha uma constituição robusta, com um agradável rosto redondo e cabelos castanhos presos com grampos. Usava chapéus, como era costume na época, junto com casacos discretos e amiúde um colar de pérolas e brincos. Ela era presidenta honorária da Cruz Vermelha tcheca, abriu uma creche para crianças exiladas em Londres e ajudava a fornecer gêneros básicos para soldados pobres. Conquanto fosse raro que falasse em público, ocasionalmente dava seu recado nos microfones da BBC, defendendo a democracia, o patriotismo e o serviço comunitário. Como a maioria das pessoas na comunidade de exilados, contava os dias para poder voltar para casa.

A PROPRIEDADE RURAL DE Winston Churchill, Chequers, ficava a poucos quilômetros de Aston Abbotts. Em 26 de fevereiro de 1941, o convidado do almoço com o primeiro-ministro foi o dr. Beneš, que então e em encontros posteriores aproveitava sua companhia. O presidente descreveu Churchill a um amigo como "enfim um inglês que entende os fundamentos desta guerra e o que significa para a Europa".[7] Para Beneš, a Segunda Guerra Mundial era em parte uma continuação da primeira — uma luta entre uma Alemanha militarista e o Ocidente, mas com a Rússia melhor posicionada do que antes para mudar o desfecho. Estava convencido de que, apesar do pacto Hitler-Stalin, a Alemanha logo invadiria a União Soviética, e Moscou e Londres acabariam lutando do mesmo lado. Aquele ponto de vista era fortalecido por informes do serviço de inteligência que ele devidamente transmitiu para Churchill.

Durante a refeição, o presidente convidou o primeiro-ministro para visitar as tropas tchecas. O convite foi aceito e, em 19 de abril, Churchill viajou de carro até o acampamento militar, que se mudara para o sul de Cholmondeley até uma base perto de Leamington Spa. Ali inspecionou os soldados, empertigados em seus melhores uniformes, com capacetes que pareciam pratos de sopa invertidos. Após o almoço, Beneš enfiou nas mãos de Anthony Eden, agora secretário das Relações Exteriores, um memorando defendendo o reconhecimento irrestrito da Tchecoslováquia. Quando Churchill se preparava para partir, os soldados irromperam num coro de "Rule, Britannia!",* num inglês com forte sotaque. Os eslavos costumam ser cantores animados, e o corpulento Churchill logo saiu do carro para aderir. No dia seguinte, enviou um bilhete para Eden: "Não vejo razão para não darmos aos tchecos o mesmo reconhecimento concedido aos poloneses."[8] Eden respondeu: "Concordo."

Churchill e Beneš inspecionam as tropas tchecas

Seria aquele mais um passo rumo à democracia tcheca? Ainda não. Antes de tomar qualquer ação legal, Eden sentiu-se na obrigação de submeter o memorando a consultores jurídicos, que acharam ofensivo o tom anti-Munique do memorando e não se impressionaram com seu argumento central. Beneš havia renunciado, e outro homem tomara seu lugar. Por qual lógica o Foreign Office poderia concluir que ele ainda era presidente? O próprio Beneš

* Em português, algo como "Vamos, Britânia!". [N.E.]

era advogado e devia ter entendido aquilo, mas continuava importunando. Tratava-se, sem dúvida, de um homem irritante. Essa percepção era compartilhada pelos diplomatas americanos mais influentes. Hopkins recusara-se a ter um encontro com Beneš durante sua visita a Londres, e Kennan defendia a ideia bizarra de que o presidente títere, Hácha, era o líder melhor. De qualquer modo, Kennan não acreditava que a Tchecoslováquia seria ou deveria ser restaurada, qualquer que fosse o vencedor da guerra. Outro impedimento surgiu quando, em abril, a Alemanha lançou-se na direção da Iugoslávia e Grécia. A incursão criou um risco aos interesses britânicos que absorveria a atenção de Churchill e Eden nos próximos dois meses. Enquanto Londres demorava, Beneš sentava-se à sua escrivaninha, talvez refletindo sobre o quinto verso do poema de Kipling: "Se és capaz de esperar sem te desesperares..."

Na noite de sábado, 10 de maio de 1941, a Luftwaffe despejou mais de setecentas toneladas de bombas em Londres, provocando 2 mil incêndios e danificando símbolos do império como o British Museum, a Torre de Londres, a Câmara dos Comuns e a Abadia de Westminster. Mais de 1.400 londrinos foram mortos. Para os ingleses, foi o bombardeio mais cruel da guerra.

Logo depois, mais ou menos na época de meu quarto aniversário, meus pais decidiram que já havíamos nos arriscado o suficiente. Seria mais seguro nos mudarmos para fora da cidade. Felizmente tínhamos aonde ir. O irmão de meu pai, Honza, vivia com sua esposa, Ola, e seus filhos, Alena e George, num imponente casarão do século XVI adornado com glicínias e rosas amarelas, em Berkhamsted, a noroeste de Londres. Anos antes, meu tio começara a trabalhar com vovô Arnošt no ramo de materiais de construção e casas pré-fabricadas. Em 1937 ou 1938, criara um posto avançado na Inglaterra para a multinacional que os empregava. Na primavera de 1939, sua família foi para lá também. Alena, três anos mais velha do que eu, seria mais tarde informada de que sua família deixara Praga devido ao envolvimento de meu pai com política. Ela não recorda quaisquer discussões, mas consigo me lembrar de ruidosas discordâncias entre tio Honza e meu pai. Talvez a causa fosse seus temperamentos diferentes, ou talvez um mero caso de rivalidade entre irmãos. De qualquer modo, do meu quarto de dormir sobre a cozinha, com frequência ouvia os dois homens discutindo às altas horas da noite, embora eu não soubesse por quê.

Nos fins de semana, amigos tchecos vinham fazer visitas, trazendo consigo — devido à escassez do tempo de guerra — uma contribuição em alimentos. Foi com o estímulo de tal companhia que, numa tarde ao final daquele maio de 1941, meus pais se batizaram como católicos em uma cerimônia na igreja do Sagrado Coração. Eu fui batizada também, embora não tenha lembrança da cerimônia.

Quando, em 1997, fiquei sabendo que minha família era de ascendência judaica, presumi inicialmente que meus pais se converteram ao catolicismo para escapar do Holocausto. Claro que não foi bem assim. Já estávamos vivendo na Inglaterra. De qualquer modo, uma conversão não teria significado nada para os nazistas. Então por que meus pais fizeram essa escolha? Com certeza não vinham tentando enganar seus amigos e conhecidos, para os quais sua ancestralidade judaica não era segredo. Surpreendida, e sem meus pais para questionar, eu só podia especular da distância de mais de meio século. Mesmo assim tenho refletido bastante, tentando entender aquela decisão.

Em Berkhamsted: (frente, a partir da esquerda) George Korbel, Alena Korbelová, a autora; (atrás) Ola Korbelová, Dáša Deimlová, Mandula e Josef Korbel

Para início de conversa, duvido que a teologia desempenhasse qualquer papel. Meu pai havia sido criado num lar inteiramente secular. De acordo com minha prima Alena, vovô Arnöst proibiu a família de frequentar a sinagoga. Ao que me consta, nenhum dos meus pais foi muito influenciado pelos pensadores judeus que floresceram no início do século XX, entre eles Martin Buber, cujo *Três endereços em Praga* (1909-1911) ajudou a criar a base do sionismo tcheco. Na época de seu casamento, meus pais haviam se registrado como não tendo religião.

Isso não significa que seus sentimentos fossem exatamente os mesmos. À superfície ao menos, minha mãe era mais emotiva e menos cerebral do que meu pai. Como muitos tchecos e eslovacos, ela era uma espiritualista que acreditava em mistérios para os quais a ciência não tinha resposta e que a fronteira entre vida e morte não era tão intransponível como se costumava supor. O medo e a tensão dos anos de guerra, ainda mais dolorosos pela separação dos entes queridos, só pode ter aprofundado sua busca por tranquilização. Entre os amigos mais próximos de meus pais na época estavam Jaroslav e Milada Stránský, ambos católicos praticantes.* Jaroslav, um ex-professor e editor de jornal diminuto, era funcionário do governo no exílio e costumava contribuir com os comentários de rádio em língua tcheca. A sua família, também de origem judaica, havia se convertido na década de 1890. Milada crescera numa família devota e estava ávida por salvar almas. O encorajamento dos Stránský pode ter tornado a ideia de conversão mais convidativa, especialmente à minha mãe.

Um segundo fator, que considero ainda mais revelador, pode ter sido o desejo de meus pais de enfatizar a identidade de nossa família como democratas tchecos. A nossa terra natal era predominantemente cristã, e muitos tchecos e eslovacos associavam injustamente a cultura judaica aos inimigos de suas aspirações nacionais. Aqueles preconceitos, que tinham suas raízes na época do Império Austro-Húngaro, haviam se atenuado durante a república de Tomáš Masaryk, mas a maioria dos judeus tchecos ainda falava alemão ou húngaro. A ânsia em serem — e serem vistos como — plenamente tchecos provavelmente explica por que, durante a guerra,

---

* Jaroslav foi o pai de Jan Stránský, cujas aventuras durante a queda da França são descritas no capítulo 10.

minha família abandonou o trema de nosso sobrenome, embora a falta daquele símbolo nas máquinas de escrever britânicas possa ter contribuído.* O nome "Korbel", com a segunda sílaba tônica, soava mais tcheco e menos alemão do que "Körbel".

Finalmente, e suspeito que esta seja a causa principal, acredito que meus pais ingressaram na igreja devido à filha que tiveram e aos filhos que planejavam ter. Minha tia Ola e primas Alena e George haviam obtido certidões de batismo ainda em Praga, e seu exemplo pode ter influenciado. Suponho que meus pais pensavam que a vida seria mais fácil para nós se fôssemos criados como cristãos, em vez de judeus. Os motivos de tal conclusão, na Europa de 1941, são evidentes.

As pessoas me perguntam agora se lastimo a decisão de meus pais. Não sei como responder. Para mim é difícil imaginar uma vida diferente daquela que conheci ou comparar o que poderia ter sido com o que foi e é. Sou uma firme admiradora da tradição judaica, mas não consegui — a partir dos 59 anos — sentir-me plenamente participante dela. Celebrando tanto o Natal como o Hanucá com meus netos, tenho motivos para estar grata por minhas origens serem mais ricas e complexas do que eu imaginava. Mesmo assim, gostaria que meus pais tivessem explicado, quando tive idade suficiente para entender, a decisão que tomaram. Eu gostaria de ter tido uma chance de discutir cada aspecto de suas deliberações. Exatamente quando decidiram e por quais razões?

Embora temerosa de abordar uma questão tão hipotética, acho importante acrescentar minha crença — tendo em vista tudo que sei sobre seus valores — de que meus pais não teriam feito aquela escolha se tivessem esperado mais quatro anos. O mundo em 1945 diferia daquele de 1941, como tem diferido desde então. A perseguição nazista aos judeus estava avançando na época de nosso batismo, mas o desenrolar macabro do Holocausto ainda estava nos estágios iniciais. Os judeus tchecos não haviam sido levados a campos de concentração, nem eram ainda obrigados a usar a estrela amarela. Meus pais devem ter achado difícil sua decisão de se converterem, mas a tomaram levando em conta principalmente a próxima

---

* A ausência do trema explica por que, em alguns documentos britânicos, o nome do meu pai está escrito "Koerbel".

geração de sua família. Ao final da guerra, o desejo de estarem associados à cultura tcheca, em oposição à alemã, teria sido ainda mais poderoso, mas substituir uma identidade judaica por uma cristã — na ausência de uma vocação religiosa genuína — seria difícil de conceber. Quando vistas sob as lentes do Holocausto, as conotações morais de tal escolha haviam se alterado irrevogavelmente. Talvez por isso meus pais nunca tenham encontrado uma boa ocasião para discutir a decisão comigo e pareciam evitar discuti-la com os outros. Antes do assassinato de 6 milhões de judeus, poderiam ter encontrado as palavras. Depois, não encontraram mais.

JOSEF STALIN NÃO ERA dado ao pensamento positivo. Tendia a esperar o pior dos outros, razão por que tramou a morte de tantos colegas. Estranho, então, que na primavera de 1941 optasse por usar lentes cor-de-rosa para ver o mundo. No ano anterior, havia se chocado com a velocidade com que a Alemanha penetrou na França. Esperava um confronto equilibrado que deixasse os dois lados sangrando, com seus recursos drenados e maduros para a mudança revolucionária. Em vez disso, Hitler se sentia confiante o suficiente para bombardear a Grã-Bretanha, depois mergulhar nos Bálcãs. Tinha também tropas no norte da África e parecia desejoso de capturar o Egito e Creta. Aquelas batalhas ainda vinham sendo travadas.

Em novembro anterior, o ministro do Exterior soviético, Molotov, havia se encontrado com Hitler em Berlim. O Führer lhe assegurara que os ingleses estavam liquidados e que seus esforços de retaliação eram inúteis. Mal proferira essa frase, os dois líderes foram encaminhados às pressas — devido a um bombardeio dos Aliados — a um abrigo antiaéreo. Stalin não acreditava que Hitler atacaria a União Soviética até estar certo de que vencera na Europa. Os nazistas eram suficientemente inteligentes para evitar uma luta em duas frentes. Por medida de precaução, os soviéticos nada fizeram para despertar a ira de Hitler. Nos quatro primeiros meses de 1941, haviam vendido à Alemanha 250 mil toneladas de petróleo e 750 mil toneladas de cereais. Stalin, como Chamberlain antes dele, tranquilizou-se sabendo o que faria se estivesse no lugar de Hitler. Como Chamberlain, estava equivocado.

Beneš, porém, estava certo. Ele não esperava que Hitler agisse de uma maneira que os outros achassem lógica, e sim para cumprir seu próprio destino imaginado. O sonho nazista dependia da expansão para o leste, tornando um choque com Stalin inevitável. Se o Führer esperasse, Beneš pensou, daria às Forças Armadas soviéticas uma quantidade de tempo perigosa para se preparar. Além disso, para conservar o elemento surpresa, Hitler tinha de agir antes que os analistas do inimigo achassem que ele estava preparado. No decorrer daquela primavera, o presidente tcheco insistiu que os nazistas pretendiam invadir a União Soviética logo e sem aviso. Em 22 de junho, a previsão tornou-se realidade. Decorrida uma semana, os tanques e soldados alemães avançaram mais de 300 quilômetros União Soviética adentro, matando e aprisionando um número enorme de russos. O Exército Vermelho, pego de surpresa, recuou em confusão. Stalin, cuja paranoia era grande, temeu ser derrubado ou mesmo fuzilado por seus próprios auxiliares. O resultado do ataque parecia certo. Os especialistas militares eram unânimes: os alemães conquistariam Moscou dentro de dois meses.

Em Londres, aqueles acontecimentos levaram a uma reavaliação drástica e imediata. A União Soviética, criticada por seu bolchevismo e pelo vergonhoso pacto com Hitler, havia se tornado da noite para o dia o inimigo jurado do adversário mais perigoso da civilização. Os soviéticos precisavam de ajuda. O Ocidente tremia ante o pensamento de Hitler entronizado de Paris a Vladivostok. Falando pelo rádio à sua nação na noite da invasão, Churchill reprimiu seu anticomunismo profundo e declarou: "Qualquer homem ou Estado que lutar contra o nazismo terá nossa ajuda. Qualquer homem ou Estado que marchar com Hitler é nosso inimigo. [...] Segue-se, portanto, que daremos toda a ajuda possível à Rússia e ao povo russo."[9]

A destruição nazista era aterradora, mas também significava que os soviéticos iriam atrás de amigos — e a afeição da Tchecoslováquia estava disponível. Beneš informou ao embaixador russo em Londres que seu país faria de tudo para ajudar, com a única condição de que Moscou concedesse pleno reconhecimento ao governo no exílio. Representando uma nação sitiada, os diplomatas soviéticos pouco interesse tinham em filigranas legais. A resposta foi sim.

Beneš imediatamente informou ao Foreign Office que vinha sendo cortejado. "Estou preocupado", ele disse em seu tom mais sincero, "que a

Rússia conseguirá a total adesão do meu povo, mas a Inglaterra, como em Munique, ficará para trás". Para enfatizar, observou que os soviéticos haviam prometido criar uma legião militar tcheca e eslovaca em solo russo e começar transmissões em língua tcheca de Moscou. Essa manobra, totalmente transparente, teve exatamente o impacto desejado. Com o apoio de Churchill e Eden, os receios legais foram enfim postos de lado, o "provisório" foi abandonado, e em 18 de julho o governo no exílio foi oficialmente reconhecido pela União Soviética e Grã-Bretanha.*

Os tchecos estavam agora no mesmo plano de outros líderes exilados em Londres — mas o número de membros desse grupo aumentara. Não apenas havia poloneses e iugoslavos, mas também franceses, belgas, gregos e uma boa amostra de cabeças coroadas: o rei Haakon VII da Noruega, a rainha Guilhermina da Holanda, o imperador Haile Selassie da Etiópia e o rei Zog da Albânia. Todos eram aliados, mas também, em certo sentido, rivais. Eles tinham interesses diferentes, e todos queriam atenção e ajuda dos britânicos.

A causa tcheca foi auxiliada nessa competição pelo bravo serviço de seus soldados e aviadores. Beneš temia, porém, que o governo títere tcheco em Praga se mostrasse submisso e o constrangesse apoiando a invasão alemã e provavelmente até mandando tropas para combater os soviéticos. Enviou uma mensagem firme a Hácha e Eliáš solicitando que não mostrassem nenhum sinal de apoio aos nazistas. Disse também a Hácha que seu governo perdera quase todo o seu valor e que ele e seus principais auxiliares deveriam estar prontos para renunciar a qualquer momento. Nenhuma resposta foi recebida.

Chegara a hora de reavaliar o papel da resistência tcheca. Haviam decorrido 22 meses entre a assinatura do pacto Hitler-Stalin e a traição alemã da União Soviética. Para os comunistas no protetorado, aquele fora um período de silêncio forçado e confusão. Sob ordens de Moscou, haviam se abstido de quaisquer ações que pudessem contrariar as autoridades em

---

* O governo Roosevelt reagiu às decisões britânica e soviética nomeando um embaixador pleno junto ao que continuou sendo chamado de regime "provisório", outra vez sugerindo que o governo Hácha era legítimo e tinha mais apoio doméstico do que Beneš. Somente em outubro de 1942 os Estados Unidos abandonaram o "provisório" e começaram a designar Beneš de "presidente da República Tcheca".

Berlim. Em 22 de junho, aquele sinal particular mudou de vermelho para verde. Subitamente, os comunistas — ou, como preferiam ser chamados, a "vanguarda heroica da humanidade" — estavam novamente livres para direcionar sua raiva contra as "hordas de monstros fascistas".[10] Através de mensageiros e transmissões de rádio, a liderança russa apelou aos tchecos para mudarem da resistência passiva para uma mais ativa. Os membros da resistência foram exortados a sabotar as engrenagens da máquina de guerra nazista lançando cascalho nas fábricas de munições, onde óleo lubrificante costumava ser aplicado. O impacto dessa chamada à ação, embora gradual, foi tangível. Semana após semana, aumentavam as panes nas fábricas, acidentes, casos de sabotagem, incêndios em ferrovias e pichações antinazistas.

Num local remoto ao longo da costa escocesa, o British Special Operations Executive começou a treinar um grupo selecionado de aviadores e operadores de rádio exilados para participarem de operações clandestinas. Também se fizeram esforços para melhorar a rede de comunicações dos Aliados. Tornou-se possível enviar e receber mensagens de transmissores em lugares tão distantes como Portugal a oeste, Cairo ao sul e União Soviética a leste. O potencial de resistência coordenada também aumentou.

Os programas da BBC supervisionados por meu pai assumiram um papel mais dinâmico também. Em setembro, ele e sua equipe ajudaram a formular e divulgar duas campanhas. A primeira era uma iniciativa que encorajava os trabalhadores tchecos a fazerem cera no trabalho. "Vocês, que trabalham em fábricas controladas pelos alemães, não tenham tanta pressa", Jan Masaryk aconselhou. "Se forem apanhar ferramentas, não corram porque podem perder o fôlego. E se todos vocês trabalharem um pouco mais devagar, apressarão a vitória. A partir de agora será rápido e devagar, cada um fazendo seu trabalho em plena cooperação com Beneš e Londres."[11]

A segunda iniciativa foi uma convocação para o boicote de jornais pró-alemães, uma categoria que — devido à censura — agora incluía praticamente todas as publicações disponíveis nas ruas de Praga. Ambas as campanhas foram lançadas no início do mês e sustentadas por apelos diários. A sabotagem e as operações tartaruga reduziram a produção industrial tcheca em estimados 30%. O boicote à imprensa reduziu as compras de jornais em mais da metade. Em uma reunião da equipe em 24 de setembro, meu pai informou que a estratégia havia sido "um extraordinário sucesso".

Mas se havia uma coisa que os alemães não tolerariam era um sucesso tcheco.

15

A coroa de Venceslau

O presidente Hácha ergueu as sete chaves para que seus hóspedes pudessem ver, uma para cada tranca da câmara real e das joias da coroa da Boêmia, representando a herança de mil anos da história tcheca. Diante dele, dispostos numa mesa de centro, estavam o cetro, o orbe e o manto do rei, a cruz e a espada da coroação, e a reluzente coroa de ouro de Venceslau. Lentamente Hácha deu meia-volta e entregou-os. Reinhard Heydrich, o Reichsprotektor interino da Boêmia e Morávia, segurou as chaves firmemente, e ele também as ergueu. Ali, em 19 de novembro de 1941, na capela Venceslau da catedral de São Vito, o suposto líder dos tchecos formalmente confiou a herança mais querida de sua nação à Alemanha. Heydrich deu um sorriso amigável ao inspecionar os tesouros, apertando o punho da espada e tocando de leve na flor-de-lis sobre as pontas da coroa cravada de pedras preciosas. Com um gesto cordial, devolveu três das chaves a Hácha, alertando: "Veja isso igualmente como confiança e obrigação." O significado da cerimônia era tão óbvio quanto a linguagem corporal dos participantes. Heydrich, com mais de 1,80 metro e ostentando seu elegante uniforme militar, exalava força e ordem. Hácha, quase 30 centímetros mais baixo, tinha os ombros caídos e um olhar inexpressivo. Aos olhos alemães, o relacionamento justo entre os dois povos havia sido estabelecido um milênio antes quando Venceslau pela primeira vez fizera a paz com a Saxônia e começou a pagar um tributo anual. Os alemães estavam destinados a governar, os tchecos, a servir.

Hácha entrega as chaves a Heydrich; à esquerda está o braço-direito de Heydrich, Karl Hermann Frank

Oito semanas antes, em seu bunker na Prússia Oriental, Hitler conhecera K. H. Frank, o líder dos sudetos, que defendia uma linha mais dura contra os tchecos. Em discussão estava o alarme crescente causado pela Resistência. Com a invasão da União Soviética começando a perder ímpeto, o Exército Alemão não podia tolerar uma redução na produção e no envio de material de guerra. Frank, sempre de olho em sua carreira, lançou toda a culpa no Protektor Neurath, o qual, segundo ele, vinha afagando a população local e não se fazia respeitar. Talvez houvesse um homem mais forte para o cargo? Hitler concordou, mas, em vez de recorrer a Frank, pediu ajuda a uma das figuras mais ocupadas do Reich. Reinhard Heydrich, auxiliar de Heinrich Himmler, chefe da segurança de Hitler, supervisionava todas as operações policiais na Alemanha. Desde agosto de 1940, era chefe da Comissão de Polícia internacional, ou Interpol. Era também um líder da federação esportiva alemã. Em 27 de setembro, voou para Praga para assumir suas tarefas adicionais como Protektor interino. Neurath foi orientado a tirar uma licença "para cuidar da saúde".

Olhos azuis, cabelos claros e traços bem delineados, Heydrich, aos 37 anos, era o nacional-socialista ideal: dedicado, organizado, ambicioso e sem piedade. Herdara seu extremo nacionalismo e antissemitismo do pai, um compositor de pouca projeção falsamente acusado de ser judeu. Antes que o jovem Heydrich encontrasse seu rumo como protegido de Himmler, havia sido expulso da Marinha por passar uma noite com uma mulher pouco depois de pedir em casamento outra. Um nazista desde junho de 1931, Heydrich adquirira sua reputação identificando e enfrentando inimigos internos. Em reconhecimento por seu zelo, foi um dos primeiros a ser agraciado com o cobiçado anel da caveira da SS. Quando a guerra começou, continuou agindo onde outros poderiam ter hesitado. Sob a direção de Himmler, organizou os esquadrões da morte móveis que massacraram judeus, clérigos, aristocratas e intelectuais durante a invasão da Polônia. No outono de 1941, assegurou que barbaridades semelhantes fossem perpetradas contra os russos.

Para a maioria dos tchecos, os primeiros dois anos e meio de ocupação nazista haviam sido irritantes e humilhantes. Os judeus sofreram forte discriminação, as universidades foram fechadas, o toque de recolher continuava em vigor, e ruas, lojas, repartições públicas e diretorias de fábricas estavam repletas de soldados, burocratas, espiões e aproveitadores alemães. No entanto, o tcheco típico sentia-se mais revoltado do que aterrorizado. Quem mantinha a boca fechada e a cabeça abaixada podia continuar com sua vida normal. Mesmo as pessoas detidas eram, em sua maioria, soltas. Execuções eram raras. Os tchecos podiam se orgulhar de sua identidade, desde que não desrespeitassem os alemães. Com o tempo, a atmosfera relativamente relaxada teve um efeito. A resistência ganhou confiança. As transmissões da BBC evoluíram de um pequeno estorvo para uma ameaça real. Os tchecos começaram a se perguntar até onde poderiam resistir ao inimigo. A esta última pergunta em particular, Heydrich estava disposto a dar uma resposta.

O PLANO DO PROTEKTOR interino para impor o domínio baseava-se no princípio de misturar cenouras e bastões ou, como Heydrich preferia, "chicotes e açúcar". Desde seu primeiro dia em Praga, ele instilou o medo, impondo a lei marcial e ordenando a prisão, o questionamento e a tortura de milhares de tchecos. Entre os presos estava o primeiro-ministro Eliáš, cujos vínculos com a Resistência eram conhecidos fazia algum tempo, mas que tinha sido protegido da punição por Neurath. Agora Eliáš se tornara o único primeiro-ministro em um país ocupado pelos alemães a ser julgado e condenado à morte. Todas as tardes, carros de polícia transportavam prisioneiros para os locais de fuzilamento. De manhã, cartazes caprichosamente datilografados eram pendurados em postes com os nomes e as datas de nascimento das vítimas. Os parentes deviam reembolsar a Gestapo pelo custo das execuções e dos cartazes.

Protetorado da Boêmia e Morávia, 1939-1945

Em 2 de outubro, uma semana após sua chegada, Heydrich reuniu sua equipe. Exigiu que a onda recente de resistência e sabotagem fosse retribuída com uma "dureza inflexível". Cada tcheco deve entender seu dever: trabalhar de forma incessante em apoio ao esforço de guerra alemão. Aquilo só poderia ser obtido pela brutalidade, porque a população local confundia bondade com fraqueza. "Nem um único alemão deve perdoar algo aos tchecos. [...] Não deve haver nenhum alemão que diga: 'Mas este tcheco é uma pessoa decente!'"[1]

O objetivo, ele disse, não era levar aqueles desgraçados à exaustão, e sim colher os plenos frutos de seu trabalho. Para isso, enquanto durasse o conflito, os trabalhadores deveriam "receber a sua comida". Mas o objetivo de longo prazo deveria persistir. "Esta região precisa de novo se tornar alemã [...] os tchecos não têm [...] nenhum direito de estarem aqui." Heydrich revelou seu plano de solicitar exames médicos da população inteira do protetorado, começando pelas crianças, para determinar qual parcela poderia ser salva para a possível arianização e qual deveria ser eliminada. O mais preocupante, ele alertou, eram os tchecos "com intenções hostis, mas de boa linhagem racial. Esses são os mais perigosos".

A cerimônia em que tomou posse das joias da coroa boêmia forneceu um clímax à primeira fase de sua estratégia: a supremacia alemã se consolidara agora simbolicamente, bem como política e economicamente. Na fase dois, Heydrich revogou a lei marcial e enfatizou os dividendos da colaboração. Trabalhadores em fábricas de armas receberam salários maiores, sapatos grátis, cigarros, mais comida e dias extras de folga. Os tchecos que denunciavam seus compatriotas eram recompensados, e policiais e outros funcionários que cooperassem com os nazistas eram promovidos. Mesclando crueldade com uma promessa tentadora de favores especiais, Heydrich contribuiu para enfraquecer a Resistência. Pela primeira vez, o sistema de comunicação clandestina entre os resistentes e o governo no exílio foi abalado. Mais de quatrocentas pessoas foram executadas, e milhares de outras entraram na clandestinidade. Aumentou a sensação de que uma rebelião eficaz não era possível. Hácha, agora maleável até a traição, denunciou publicamente Beneš e as transmissões incômodas da BBC. Para os nazistas, os resultados foram gratificantes: as fábricas de munições vinham de novo operando a pleno vapor, ocorriam menos incidentes de sabotagem e alunos tchecos coletavam luvas, xales, suéteres e esquis para serem enviados aos combatentes alemães na Rússia. Até Hitler ficou satisfeito: "Se dermos a esses glutões rações duplas", ele se vangloriou, "os tchecos poderiam ser transformados em fanáticos partidários do Reich".[2]

Heydrich buscara a sua posição em Praga por vê-la como um trampolim para um posto em Paris ou um cargo ainda mais alto em Berlim. Martin Bormann, o secretário particular do Führer, observou o quanto aquele jovem homem se assemelhava a Hitler em sua energia criativa. Heydrich, ele disse, "sempre permanecia um otimista contente e forte. Quanta fraqueza humana, carência e mal ele via! Mesmo assim, sempre permanecia um nacional socialista despreocupado e agressivo, cuja fé no domínio das tarefas era simplesmente inabalável!".[3]

O Protektor interino era de fato incansável, pois, além de todas as suas responsabilidades, oferecera-se para mais outra: encontrar uma solução ao problema judeu.

As burocracias geram especialistas. O sistema nazista produziu especialistas em perseguir judeus. Membros desse grupo reuniam-se primeiro na Alemanha e Áustria, depois em outras terras ocupadas. Desenvolveram seu próprio jargão, repleto de eufemismos para genocídio e assassinato, e encontraram seu lar na Gestapo, onde prestavam contas apenas a Himmler e, no final, ao Führer. Heydrich foi um de seus guias. Ele explicou que todos os judeus, quer religiosos, quer seculares, banqueiros ou pedreiros, faziam parte de uma conspiração de várias gerações para dominar o mundo e aniquilar os valores arianos. "O judeu", escreveu Heydrich em 1935, é "o inimigo mortal dos povos racialmente saudáveis liderados pelos nórdicos".[4] Mesmo os muitos soldados judeus que haviam lutado pela Alemanha na Grande Guerra o fizeram para enganar os reais patriotas e desviar a atenção de seus objetivos de autoengrandecimento.

Durante a década de 1930, uma combinação do fanatismo verbal de Hitler e da intimidação nazista levara centenas de milhares de judeus a deixarem a Alemanha. O êxodo foi encorajado pelo Reich, que procurou no processo separar os emigrantes de suas propriedades e dinheiro. Essa política foi refinada na Áustria, após o Anschluss de 1938, pelo acólito de Heydrich de 32 anos Adolf Eichmann, cujo escritório agilizava o fornecimento dos documentos e financiava a emigração, tributando os judeus ricos. Seu "Modelo de Viena" levou 110 mil pessoas a deixarem a Áustria em cinco meses. No verão de 1939, Eichmann abriu um escritório semelhante em Praga, onde declarou: "Eu também sou sionista. Quero que todo judeu parta para a Palestina."[5]

Antes da guerra e em seus dois primeiros anos, os nazistas consideravam a emigração como um meio tanto de arrecadar recursos como de remover uma população indesejada. Hitler chegou a apelar aos líderes ocidentais para que, coerentes com suas declarações de preocupação com o bem-estar dos judeus, abrissem as suas fronteiras, desafio que o Ocidente vergonhosamente não aceitou. Em 1940, os planejadores nazistas conceberam um esquema para enviar um milhão de judeus anualmente à colônia francesa de Madagascar. Aquela ideia extravagante, supostamente apoiada por Hitler, não deu em nada quando os britânicos sobreviveram aos bombardeios. A frota alemã não era suficiente para combater a Marinha de Sua Majestade e, ao mesmo tempo, operar um serviço de transporte para a África.

A Operação Barbarossa, a invasão alemã da Rússia, parecia abrir uma porta a outra opção. No caso de uma vitória rápida, a totalidade do leste congelado da União Soviética se tornaria disponível. Os nazistas logo descobriram, porém, que o sucesso ali não seria tão veloz quanto esperavam. Nesse ínterim, a Wehrmacht tinha prioridade sobre os serviços ferroviários para o movimento de tropas. Os burocratas preocupados com a questão judaica teriam de improvisar.

Do outono de 1941 até janeiro do ano seguinte, Heydrich presidiu uma série de reuniões visando implementar o que denominou a *Endlösung*, ou "solução final", da questão judaica na Europa. A emigração representara um início, mas era claramente insuficiente, dadas as conquistas recentes da Alemanha. Campos de trabalhos forçados e prisões só conseguiriam acomodar uma fração dos 3,25 milhões de judeus que passaram para a jurisdição nazista. Era necessária uma estratégia abrangente que levasse em conta as necessidades de guerra, o desejo urgente do Führer de expulsar os judeus e o desejo do Ministério das Relações Exteriores de evitar danos desnecessários à reputação do país. Heydrich decidiu por uma abordagem passo a passo: os evacuados seriam enviados primeiro do Reich e protetorados para guetos. Depois, para fins de trabalhos forçados e "manuseio especial", seriam levados para locais no leste.

A deportação sistemática de judeus das terras tchecas começou em outubro, quando o primeiro dos cinco transportes para a Polônia deixou Praga. Os passageiros incluíam muitos dos profissionais liberais e homens de negócios proeminentes da cidade. Ao chegarem ao gueto de Łódz, foram designados para destacamentos de trabalho. Após meses de exploração, os sobreviventes foram enviados à aldeia de Chelmno, a 50 quilômetros de distância, onde as primeiras fábricas da morte nazistas estavam operando. A instalação de câmaras de gás móveis e mais tarde fixas foi denominada pelos nazistas Operação Reinhard, em homenagem ao principal auxiliar de Heydrich.

Em novembro, os alemães também começaram a transferência de judeus para Theresienstadt, que os tchecos chamavam de Terezín. Tratava-se da fortaleza em forma de estrela com cujo nome o imperador José II homenageara sua mãe 150 anos antes. A cidade localizava-se perto da fronteira tcheco-alemã, 64 quilômetros ao norte da capital. Os líderes judeus de Praga ficaram chocados com os primeiros transportes. A visão de seus vizinhos enfileirados e apinhados em trens, sob a vigilância da Gestapo, levara-os a aceitar com alívio a ideia de um gueto judaico dentro do protetorado. Isso foi antes que qualquer um, afora os nazistas, tivesse imaginado campos da morte ou câmaras de gás. Se a ocupação alemã significava que os judeus seriam forçados a viver separadamente, mas perto, tudo bem. As coisas poderiam ser piores. Heydrich e Eichmann prometeram não apenas que os judeus tchecos se "autogovernariam", mas que seriam autorizados a permanecer em Terezín e não seriam obrigados a mudar de novo. Aquilo era uma mentira. Heydrich já havia informado Eichmann e outros companheiros de que Terezín não passaria de um "campo de reunião temporário". Com o tempo, se tudo transcorresse segundo o plano, os judeus teriam desaparecido e a área seria repovoada por alemães.

Percorri Terezín como secretária de Estado e, de novo, na primavera de 2011. O complexo possui duas partes. A Pequena Fortaleza, historicamente uma casa da guarda e penitenciária, corresponde às expectativas: fria, sombria e dura como o concreto de seu chão e o ferro de suas barras. Os visitantes são informados de sua história, primeiro como sede de uma elite de artilheiros sob José II, depois na Grande Guerra como prisão de mais de 2.500 prisioneiros políticos, mais notadamente Gavrilo Princip, o assassino do arquiduque Ferdinando. Durante os anos da independência, um corpo de artilheiros tchecos esteve baseado lá. Depois vieram os alemães, que, a partir de junho de 1940, usaram a fortaleza como um local para deter, torturar e muitas vezes executar supostos inimigos do Reich.

Eles incluíam líderes da organização de ginástica patriótica Sokol, participantes de protestos de estudantes, perpetradores de sabotagem e outros que haviam abrigado fugitivos ou de algum modo desagradado aos nazistas. Houve tanta crueldade na fortaleza que, estando-se numa cela, logo se imagina o espaço apinhado com tantos prisioneiros que não podiam se deitar.

Terezín

Em contraste, o chamado gueto de Terezín em nada lembra um campo de concentração. Não há muralhas grossas em volta, masmorras escuras nem grilhões enferrujados. Terezín hoje é uma cidade novamente, embora com população escassa. Os prédios nos quais os ocupantes outrora foram aglomerados até que são bonitos. A grama é espessa e verde, a sensação de dor e desespero, menos fácil de evocar. Talvez isso seja apropriado a um lugar que se disfarçava de spa. Convenientemente, as exposições organizadas pelo projeto Memorial Terezín enfatizam diferentes aspectos de como teria sido a experiência: o depósito ferroviário, o dormitório de rapazes, a caserna, a sede administrativa, o crematório. Também são exibidas as velhas malas e roupas, os cartões de chegada e partida, as obras de arte e música, os jornais e, mais impressionante, as fotos das crianças.

Os PRIMEIROS JUDEUS TCHECOS vieram para Terezín em novembro de 1941. Eram trabalhadores qualificados incumbidos de preparar a velha cidade-fortaleza para sua função nova. No final do ano, trens vinham chegando mais ou menos semanalmente. Ainda que o gueto originalmente visasse apenas aos judeus do protetorado, os nazistas acharam conveniente enviar judeus alemães, austríacos e, mais tarde, holandeses e dinamarqueses. Como Terezín era descrita publicamente como uma comunidade de retiro autoadministrada, Eichmann sentiu-se confiante de que "Theresienstadt nos permitirá preservar nossa imagem no estrangeiro".[6]

Não demoraria muito tempo para os nazistas romperem sua promessa de que a instalação serviria como residência permanente. Os registros indicam que a irmã mais nova de meu avô, Irma (Körbel) Paterová, foi a primeira de minha família a ser mandada para lá, chegando em 10 de dezembro, junto com seu marido, Oscar, e sua filha de 28 anos, Herta. Cinco semanas depois, os três estavam entre aqueles transportados em vagões de gado sem calefação para a cidade letã de Riga, controlada pelos alemães — o local de pogroms horrendos no ano anterior. Ali os passageiros foram descarregados e levados a uma floresta próxima, onde foram fuzilados.

No VERÃO DE 1941, a resistência tcheca havia intensificado sua pressão sobre os ocupantes nazistas. Em setembro, os alemães contra-atacaram. Agora chegou a vez de Beneš. A campanha de terror de Heydrich exigia uma reação dramática, algo memorável para convencer os Aliados de que os tchecos não seriam intimidados. A portas fechadas, o presidente sugeriu "uma ação espetacular contra os nazistas — um assassinato realizado em total sigilo por nossos comandos de paraquedistas treinados".[7]

Durante meses, uma unidade de elite de oficiais tchecos e eslovacos vinha realizando missões em sua terra natal. Supervisionados pelos britânicos, paraquedistas foram ensinados a operar rádios, atirar, lutar, interpretar mapas, sobreviver no campo, resistir a interrogatórios, manusear explosivos e saltar de aviões sem se machucarem. Carregavam materiais úteis à Resistência como munições, baterias, dinheiro, documentos forjados e informações sobre códigos. Para reduzir as chances de detenção, vestiam roupas tchecas e eram supridos com artigos de higiene pessoal, cigarros e até fósforos localmente produzidos. Antes de partirem, redigiam seus testamentos e recebiam pastilhas — lacradas em papel — de cianeto. As missões dos homens, que eram organizados em grupos de dois ou três, às vezes envolviam sabotagem, porém mais tipicamente consistiam no reparo e na substituição de transmissores de rádio. A Operação Antropoide seria mais ambiciosa.

Jozef Gabčík

Tratava-se de algo raro em tempos de guerra ou paz: um segredo bem guardado. Somente um grupo reduzido de altos funcionários britânicos e tchecos participou do planejamento — meu pai não estava entre eles. As sensibilidades políticas eram consideráveis, as chances de sucesso, baixas, e a perspectiva de que os paraquedistas sobrevivessem, quase nulas. Mesmo em operações de rotina, os enviados costumavam ser presos após dias ou semanas. Para aquela missão de uma ousadia inédita, tudo dependeria da distinção dos homens.

Os britânicos recomendaram uma combinação de armas de fogo e bombas. Jozef Gabčík usaria uma metralhadora Sten leve, de fabricação tcheca, e, quando desmontada, facilmente ocultável. Jan Kubiš recebeu um suprimento de granadas, projetadas originalmente para destruir tanques no norte da África. Em meados de dezembro, os dois foram transportados até Londres e instalados num esconderijo, aguardando um clima adequado e a disponibilidade de um avião.

Jan Kubiš

Enquanto ficaram na capital, os oficiais encontraram-se com Beneš, que lhes agradeceu a bravura e enfatizou a importância do que lhes foi pedido. O auxiliar pessoal do presidente, Eduard Táborský, lembra quão jovens se afiguravam: "Um deles me pareceu mais um menino do que um soldado, menos ainda um paraquedista, disposto a qualquer coisa e partindo direto para o meio daquele inferno."[8] Um colega estagiário recordou que "ambos eram sujeitos comuns. [...] Kubiš era um camarada tranquilo, incapaz de fazer mal a uma mosca. Gabčík, por outro lado, era impetuoso e empolgado. [...] Como soldados, sentiam que ordens eram ordens — sem discussão. As notícias de nosso país, informando-nos sobre as torturas e a matança de nosso povo, fizeram com que estivessem dispostos a correr qualquer risco".[9]

Voar de Londres ao interior tcheco e de volta numa mesma noite sem ser detectado exigia as muitas horas de escuridão disponíveis apenas no inverno. Identificar com precisão um local de pouso requeria certa quantidade de luar, disponível apenas dez dias ao mês — e uma ausência relativa de nuvens. Somente em 28 de dezembro aquelas condições coincidiram. A rota do avião passou sobre a França, depois Alemanha. Durante vinte tensos minutos, foi seguido por caças inimigos, que o perderam de vista ou ficaram sem combustível. Nas primeiras horas da madrugada, o avião desacelerou e mergulhou para um ponto centenas de metros acima do interior coberto de neve, ao sul da cidade de Plzeň. Às 2h24 a escotilha se abriu e, momentos depois, paraquedistas camuflados desceram do céu.

PARTE III

Maio de 1942–abril de 1945

De que vale para a humanidade a beleza da ciência?
De que vale a beleza das garotas bonitas?
De que vale um mundo quando não existem direitos?
De que vale o sol quando não há dia?
De que vale Deus? Existe só para punir?
Ou para melhorar a vida da humanidade?
Ou somos animais, para sofrer futilmente
E apodrecer sob o jugo de nossos sentimentos?

De que vale a vida quando os vivos sofrem?
Por que meu mundo está cercado por muros?
Saiba, filho, isto existe por uma razão:
Fazê-lo lutar e vencer todos!

—HANUŠ HACHENBURG (1929-1944),
Terezín

16

Dia dos Assassinos

Marie Moravcová (Moravec), na casa dos 40, era alta, com uma constituição robusta. Tinha cabelos castanhos, bochechas redondas, olhos vivos e um riso despreocupado que quase desapareceu com a invasão nazista. Morava num apartamento de dois quartos em Žižkov, um bairro operário na periferia de Praga, cujo nome homenageava o guerreiro hussita Jan Žižka e famoso pelos muitos bares. Marie dividia o pequeno apartamento com seu marido, Alois, um ferroviário aposentado, e seu filho Ata, de 21 anos. Mulher de bom coração, trabalhava como voluntária na liga antituberculose e como secretária das Irmãs da Cruz Vermelha. A organização era influente em Praga, e seus membros ficaram naturalmente alarmados quando amigos tiveram que se esconder temendo serem presos pelos nazistas. Tais famílias não ousavam se registrar para obter cupons de racionamento e assim corriam o risco não só de prisão, mas de morrerem de fome. Os voluntários da Cruz Vermelha se adaptaram realizando reuniões secretas e aprendendo a contrabandear comida. Madame Moravcová não era normalmente uma pessoa política, mas tinha contatos por toda a cidade e garantiu ao presidente da divisão: "Se o senhor precisar de algo, estou à sua inteira disposição."[1]

A época era fevereiro de 1942. Heydrich estava em Praga havia cinco meses. A resistência tcheca continuava funcionando, mas as pessoas estavam com os nervos tensos. Cada prisão levava à especulação: quem conseguiria suportar a tortura e quem não conseguiria? Quanto a pessoa detida sabia? Quais de nós serão os próximos? Um dia, as Irmãs receberam uma mensagem urgente: poderiam dar um jeito de abrigar homens jovens? A primeira a se oferecer foi Marie Moravcová.

De início eram três, todos com menos de 30 anos, que ela ficou conhecendo como Pequeno Ota, Grande Ota e Zdenda. Marie encontrou lugares para os homens ficarem, depois os ajudou a se instalarem, fornecendo roupas, lâminas de barbear, cigarros e comida. Apresentou-os ao zelador de seu prédio, František Spinka, um colecionador de moedas que morava no térreo e concordou, quando os visitantes voltassem de noite e sussurrassem a senha certa, em destrancar a porta. Spinka concordou também em cuidar do grande cão pastor preto de Zdenda. Parecia que os estranhos teriam horários irregulares.

O que estariam tramando? Os homens gastavam grande parte de seu tempo explorando as rotas que separavam a capital de Panenské Břežany, a cidade onde Heydrich assegurara um castelo suntuoso para sua família. Procurando não chamar a atenção, Zdenda e seus colegas caminhavam ao longo das estradas e examinavam o mato e os grupos de árvores circundantes. Prestavam uma atenção especial aos lugares onde a estrada vinda de Panenské Břežany fazia curvas e decidiram enfim por um trecho montanhoso onde os carros com destino a Praga tinham de reduzir a marcha, antes de dobrarem bruscamente à direita e cruzarem uma ponte para dentro da cidade. Aquele era um bairro residencial, com ruas estreitas e casas pequenas, sem nenhum posto policial perto. Através de contatos com funcionários tchecos do Castelo Hradčany, os homens ficaram sabendo da rotina diária de Heydrich. Souberam que seu carro o transportava pelo cruzamento tortuoso todas as manhãs e tardes, às vezes com uma escolta de segurança, mas geralmente sem.

Quando outros integrantes da Resistência perguntavam o que vinham planejando, os homens riam e diziam que vieram "contar os patos do rio Moldava". Cada um tinha uma pasta cuidadosamente oculta. Pequeno Ota conquistou uma namorada, uma jovem conhecida de madame Moravcová. Grande Ota prometeu desposar a filha de 19 anos da família em cujo apartamento estava se hospedando. Às vezes, os homens pediam a Marie, ou "tia" como a chamavam, algo diferente: um pedaço de corda, um local para esconder um transmissor, uma bicicleta cujo número de série tivesse sido raspado.

A identidade real de Pequeno Ota era Gabčík; a de Grande Ota era Kubiš; Zdenda era o sargento Josef Valčik, um operador de rádio cuja equipe havia sido inserida separadamente na mesma noite dos outros dois. No princípio de abril, juntou-se a eles o tenente Adolf Opálka, o alto oficial de um grupo que chegara por paraquedas no final de março. Estivera acompanhado de um homem chamado Vrbas, mas cujo nome de batismo, destinado à execração, era Karel Čurda.

Os paraquedistas conseguiam se comunicar com Londres através de um transmissor instalado na aldeia de Pardubice e monitorado por outros membros de sua equipe. Mensageiros viajavam a pé ou de bicicleta e empregavam um conjunto completo de batidas, senhas e códigos especiais. Qualquer mensagem, uma vez decodificada, era reescrita com um sentido semelhante, mas em palavras diferentes, para que, ainda que interceptada, não pudesse ser usada na decifração do código. Às vezes as instruções vinham do próprio Beneš.

Certa manhã no final de abril, madame Moravcová pediu ao filho que acompanhasse Zdenda numa viagem ao interior para apanharem um radiofarol escondido por outro grupo de paraquedistas, recentemente chegados, que tiveram problemas após pousarem. Antes que pudessem completar sua missão, os dois foram descobertos por um policial tcheco, que os aconselhou a desocuparem a área porque estava fortemente patrulhada por alemães. Ata, transtornado por aquele susto, abalou-se ainda mais com uma advertência de Zdenda: "Está vendo aquele engradado de madeira, Ata? Os alemães são capazes de bater nele com tanta força que começará a falar. Mas se isso acontecer com você, não diga nada, sequer uma palavra, entende?"[2]

Conquanto o propósito da Operação Antropoide devesse permanecer um mistério, várias figuras na resistência passaram a suspeitar do que vinha sendo planejado. Discussões furiosas irromperam entre os paraquedistas — que haviam recebido uma ordem — e os líderes locais que temiam que a missão, bem-sucedida ou não, prejudicasse seus próprios esforços futuros. A Resistência enviou uma mensagem a Londres pedindo que a operação fosse cancelada ou ao menos transferida para um alvo menos provocador. Em 15 de maio, falando pela BBC, Beneš pareceu dar sua resposta:

> Nesta situação, uma prova de força mesmo em nosso próprio país — rebelião, ação aberta, atos de sabotagem e protestos — pode se tornar desejável ou necessária. No plano internacional, uma ação desse tipo contribuiria para a preservação da própria nação, ainda que fosse paga com sacrifícios.[3]

A instrução parecia clara: a contagem regressiva prosseguia. De Londres partiu a recomendação: agora que Beneš se pronunciara, não atrapalhem as coisas. Em 21 de maio, meu pai recebeu um memorando não assinado numa folha de papel sem timbre: "As transmissões da BBC chamam atenção demais para sabotagem. [...] Sabotagens continuam ocorrendo, mas quanto menos se mencionar, melhor."[4] Em Praga, a equipe teria de agir rápido. Segundo informações do castelo, o alvo logo partiria para uma missão nova na França.

NA NOITE DE 26 de maio de 1942, Heydrich inaugurou o Festival de Música de Praga, com um concerto de obras de câmara compostas por seu pai. O filho orgulhoso escreveu as notas do programa. Um momento memorável.

Na manhã seguinte, uma quarta-feira, o Protektor interino foi conduzido de carro de sua propriedade ao seu escritório em Praga. Apesar de avisos de Berlim, viajou sem escolta policial, acreditando que nenhum tcheco seria tão incauto a ponto de atacá-lo. Mesmo assim seu conversível Mercedes manteve uma velocidade alta até ser forçado a reduzi-la ao se aproximar da curva fechada. Opálka e Valčik, agindo como olheiros, sinalizaram a chegada. Quando o carro entrou na curva, uma figura surgiu da lateral da estrada, desvencilhou-se de sua capa de chuva e apontou uma metralhadora para o veículo. Nada aconteceu: a arma de Gabčík havia falhado. Em vez de ordenar ao seu chofer que acelerasse, Heydrich pegou sua pistola, levantou-se do assento e gesticulou para que o veículo freasse. Naquele instante, Kubiš surgiu das sombras do lado oposto da calçada e lançou uma de suas poderosas granadas antitanque em direção ao pneu traseiro direito. Uma explosão alta rompeu a quietude matutina. A bomba caíra alguns centímetros antes, mas a força de sua detonação lançou fragmentos de metal, vidro e estofamento do banco do Mercedes nas entranhas do passageiro.

Heydrich caiu para trás no carro, agarrando o estômago com uma das mãos e brandindo a arma com outra. Kubiš, apesar dos estilhaços de bomba em seu próprio peito e testa, lançou-se sobre sua bicicleta e pedalou furiosamente rumo ao bairro próximo de Liben. O chofer saltou do carro e, não conseguindo interceptar Kubiš, foi atrás de Gabčík, que trocara sua metralhadora por um revólver e estava correndo — gravata voando na brisa — morro acima na direção de onde viera o carro.

Carro danificado de Heydrich

Os dois homens correram, trocando tiros, até que Gabčík, sem fôlego, enfiou-se por uma viela e entrou num açougue que, por azar, pertencia a um fascista. O açougueiro, surpreso, correu para a calçada, onde gesticulou freneticamente ao chofer, que se protegeu atrás de um poste e pôs-se a atirar na loja. A pistola de Gabčík respondeu, e o chofer resmungou, agarrando sua perna. Vendo sua chance, o jovem disparou de volta à rua e fugiu, agora perseguido pelo açougueiro, que logo deixou para trás.

Valčik e Opálka conseguiram escapar. Naquela noite e nos dias angustiantes que se seguiram, madame Moravcová e líderes da resistência se esforçaram por ocultar os autores do atentado, cuidar das feridas de Kubiš e planejar o passo seguinte.

Heydrich, enquanto isso, foi levado às pressas ao Hospital Bulovka num furgão Tatra de dois cilindros, estendido na parte de trás em meio a caixas de cera para pisos e latas de lustra-móveis. Aos olhos do motorista assustado do furgão, o homem ferido parecia "bem mal, amarelo qual limão e mal conseguindo ficar de pé".[5] Um médico tcheco chegou a olhar a ferida de 8 centímetros de profundidade de Heydrich, mas quase imediatamente médicos alemães assumiram o controle. Concluíram que o paciente precisava de uma operação naquela tarde para encher novamente o pulmão esquerdo, extrair a ponta de uma costela fraturada, suturar o diafragma dilacerado e remover o baço, que continha uma mescla de fragmentos de granada e fibras de estofamento.

Himmler foi rápido em visitar seu protegido ferido no hospital e enviar seu médico pessoal para monitorar os cuidados ao paciente. Por um tempo, o estado de Heydrich pareceu se estabilizar, mas depois ele desenvolveu uma febre. Em 3 de junho, caiu em coma antes de morrer no dia seguinte às quatro e meia da madrugada. A causa aparente foi envenenamento do sangue. Seu corpo foi conduzido ao Castelo de Praga para o velório e, em 9 de junho, o funeral realizou-se em Berlim. Hitler falou e mais tarde homenageou o morto dando seu nome a uma unidade da SS que operou na frente oriental.

"Os TIROS QUE SOARAM em Praga em 27 de maio", declarou meu pai em uma transmissão três dias após o ataque, "não foram um acontecimento isolado, [...] eles mostraram a tensão que começou em 15 de março de 1939. [...] Nenhuma nação pode aceitar o destino de escravos ou abrir mão do direito de existir. O orgulhoso povo tcheco não pode fazer isso".[6]

O assassinato do Carniceiro de Praga, como era chamado no Ocidente, foi notícia de primeira página dos dois lados do Atlântico. Não houve, porém, nenhuma atribuição de responsabilidade. Os alemães não haviam identificado quaisquer suspeitos e lhes faltavam pistas sólidas. Em Londres, Beneš nada disse. Jan Masaryk, em Nova York, foi menos discreto. Indagado pela NBC sobre se Heydrich poderia ter sido abatido por um rival da Gestapo, Masaryk não pôde resistir a fornecer a mais transparente das pistas: "Baseado em certos sinais que eu não gostaria de detalhar hoje", ele disse, "sou definitivamente da opinião de que foi o povo tcheco que realizou esse belo serviço. Eu chegaria ao ponto de dizer que pessoas vivendo no país ou que vieram de um país livre, talvez Inglaterra, cumpriram esse dever para com a humanidade". Como se aquilo não fosse claro o suficiente, Masaryk acrescentou: "Veja bem [...] existe um dispositivo chamado paraquedas."[7]

O assassinato levou ao rompimento definitivo entre os exilados de Londres e o governo títere do protetorado. Hácha compareceu a uma cerimônia memorial para Heydrich em Praga, exortou o público a colaborar com a investigação e ofereceu uma recompensa a quem ajudasse a identificar os assassinos. Além disso, culpou Beneš por todos os infortúnios experimentados pela população tcheca, chegando a identificar o presidente como o inimigo número um da nação. Aquilo foi demais para meu pai. Em sua transmissão de 30 de maio, ele explicou que o governo no exílio jamais acusara Hácha de ser um "traidor ou um colaboracionista porque conhecíamos as condições sob as quais o chamado protetorado se formara".[8] Mas disse que o gabinete deveria ter renunciado, em vez de servir um só dia junto a Heydrich. "Teriam feito melhor se tivessem se afastado no momento certo, poupando-se dessa terrível responsabilidade e vergonha."

Para o governo no exílio na Inglaterra, aquele foi um período de intensa ansiedade. Beneš e os funcionários da inteligência ficaram satisfeitos com o sucesso da missão, mas sem saber o que acontecera com os assassinos. Como sua animosidade crescente em relação a Hácha mostrava, era essencial vencer a competição pela opinião pública em casa. Diariamente as transmissões da BBC lembravam os tchecos e o mundo dos crimes de Heydrich. "Os líderes da atual Alemanha e toda a nação alemã são responsáveis", disse meu pai. Ele acrescentou, citando Stalin: "Precisamos odiar nosso inimigo de todo o coração e do fundo de nossa alma se quisermos derrotá-lo."[9]

Na noite de 5 de junho, meu pai estava no meio da leitura de um boletim de notícias sobre a morte de Heydrich quando o censor britânico desligou o áudio no meio da frase. Aparentemente, o texto não havia sido examinado de forma plena. Não existe registro da reação de meu pai, mas deparei com um indício. Numa carta de reclamação à BBC, o censor perguntou: "Não dá para dizer a Korbel que pare com essa gritaria?" Claramente, as emoções estavam a mil.[10]

Quando inicialmente notificado do atentado, Hitler ordenou a execução de todos os prisioneiros políticos tchecos e a detenção aleatória de mais 10 mil. Alertado por seus auxiliares contra represálias tão descomunais, voltou atrás, preferindo uma reação mais tática, mas igualmente bárbara.

Lídice era uma aldeia mineradora 32 quilômetros a noroeste de Praga, não longe da casa de campo da família Masaryk. A Gestapo fora informada de que a população da aldeia dera auxílio a paraquedistas, possivelmente até aos assassinos de Heydrich. A informação era falsa, mas na noite de 9 de junho, poucas horas antes do funeral de Heydrich, tropas da SS cercaram a aldeia. Revistaram cada casa, confiscaram valores e ordenaram que os moradores se reunissem. De madrugada, os homens, 173 ao todo, foram separados de suas famílias e fuzilados.

As mulheres e crianças foram transportadas ao ginásio de uma escola na cidade vizinha, onde foram interrogadas e revistadas. Algumas das mais jovens, aquelas com cabelos louros e rosto nórdico, foram entregues a famílias arianas para serem criadas como sendo delas. As crianças restantes (cerca de oitenta) foram para a Polônia, primeiro para Łódz, depois para Chelmno, onde em 2 de julho foram assassinadas em câmaras de gás. As mulheres foram enviadas a campos de concentração. Moradores de Lídice que estavam afastados na hora do massacre ou trabalhando num turno noturno foram localizados e mortos. Cada casa foi queimada ou dinamitada, e o cemitério, destruído. O nome da cidade foi removido dos mapas. Até um rio que passava por ela foi desviado.

Fotos de Lídice tiradas antes do massacre mostram o campanário de uma igreja e os telhados íngremes comuns entre residências no interior boêmio. As casas são de bom tamanho, dispostas num padrão irregular sobre uma terra ligeiramente inclinada dos três lados da igreja. Uma fileira de choupos monta guarda contra o vento norte. Fotografias tiradas após as mortes mostram apenas uma grande área de pradaria, marcada por uma forma quadrada cuja vegetação foi toda arrancada. Não há madeiras quebradas visíveis, cinzas queimadas, fundações de pedra ou outros sinais do povoado. Não há nada. A fileira de choupos foi deixada, mas todos foram cortados — podados a poucos metros do solo. Os nazistas filmaram tudo. Voltando a Praga, um homem da SS confidenciou a um guarda de segurança tcheco: "Não achamos nenhum traidor, mas o dia foi glorioso."[11]

O incêndio de Lídice

PARA OS NAZISTAS, o ataque a Heydrich foi um desafio ao seu domínio que nem mesmo a liquidação de Lídice conseguiria extinguir. De Berlim veio a ordem de que os assassinos teriam de ser punidos. Milhares de lares, lojas e depósitos foram revistados. Centenas de suspeitos potenciais foram presos e interrogados. As peças da investigação — a pasta de Gabčík e a bicicleta de Kubiš — foram publicamente expostas. Quem dispusesse de informações que levassem à identidade dos assassinos poderia contar com a gratidão do Führer e uma recompensa generosa. Nesse ínterim, a observação errada ouvida num bar ou um comentário fortuito na rua poderia significar a morte. A "aprovação do assassinato" foi considerada um delito capital, pelo qual 477 tchecos seriam executados.

Tereza Kašperová, mãe de uma criança de 7 anos, recordou que "por toda a cidade de Praga, a Gestapo e a SS revistaram apartamentos e casas, gritando e xingando, procurando por toda parte os responsáveis pelo ataque".[12] Sua casa também foi revistada, mas deixaram de olhar atrás de uma grande almofada azul e amarela que havia sido enfiada entre um sofá e a parede, não percebendo assim que atrás da almofada havia um armário, e que dentro do armário estava o tenente Opálka.

Apesar da busca frenética, nenhum paraquedista foi capturado entre o dia do atentado e a destruição de Lídice. Sete estavam sendo abrigados em Praga, inclusive os quatro participantes do assassinato (Kubiš, Gabčík, Opálka e Valčik). A Resistência decidiu que seria mais seguro reunir os homens num só local do que os deixar correndo risco em esconderijos dispersos, com patrulhas de segurança esquadrinhando a cidade. Jan Sonnevend, líder local da Igreja Ortodoxa Cristã, observou que os nazistas não vinham revistando prédios religiosos com maior rigor. Sugeriu como esconderijo a cripta sob Karel Boromejsky, um santuário dedicado a Cirilo e Metódio, os dois santos que trouxeram o cristianismo às terras tchecas mil anos antes.

Quando Marie Moravcová teve certeza de que os paraquedistas estavam em local seguro, ela e sua família deixaram Praga por alguns dias. Parte de sua viagem levou-a a Pardubice, o local do transmissor. Ali pediu e recebeu uma cápsula de cianeto. Retornando a Praga, voltou a circular, levando pacotes de comida, café, tabaco e querosene a intermediários, que faziam com que chegassem à igreja. Às vezes a esposa do zelador cuidava dos pacotes. Eles tomavam diferentes rotas e encontraram diferentes locais onde se encontrar.

Marie não contou a ninguém onde estavam os homens, mas informou aos íntimos que estavam psicologicamente animados, embora soubesse que não era verdade. Os homens dormiam em espaços talhados na parede que haviam sido usados para guardar os ataúdes de monges. Mesmo em junho, fazia frio na cripta. Dois pequenos fogões eram tudo que os fugitivos tinham para cozinhar e se aquecer. Um problema maior era o moral. Os homens tinham acesso aos jornais e sabiam que centenas de tchecos vinham sendo mortos e milhares de outros, detidos e importunados como resultado do assassinato. Gabčík e Kubiš discutiram formas de assumir a plena responsabilidade e depois se suicidarem.

Os líderes da resistência ordenaram que abandonassem tais pensamentos e se concentrassem em escapar. Montou-se um esquema em que quatro dos sete paraquedistas seriam conduzidos a uma cidade próxima num carro da polícia. Os outros seriam escondidos em caixões e transportados para uma segunda cidade. O grupo inteiro seria então enviado a uma pista de aviação clandestina nas montanhas, de onde um avião os levaria até Londres. A operação de resgate foi programada para a sexta-feira, 19 de junho.

Naquela segunda-feira, madame Moravcová saiu de novo com um embrulho. Ao retornar, contou ao zelador do prédio que estaria preparando algo especial para a quarta-feira — um dos paraquedistas fazia aniversário.

ENTRE AS FIGURAS INCONFUNDÍVEIS esculpidas na catedral de São Vito que se ergue sobre Praga está o diabo arrancando a alma de Judas Iscariotes pela boca.

Karel Čurda estava no protetorado havia dois meses. Sua equipe de paraquedistas estivera incumbida de instalar antenas de rádio para ajudar os Aliados a bombardearem a Fábrica Škoda — missão malsucedida. Fora então para Praga, onde conheceu alguns dos outros paraquedistas, mas não desempenhou nenhum papel no assassinato. Após o atentado, fugiu para a casa de sua família no sul da Boêmia, onde se refugiou num celeiro. Com o decorrer das horas e dos dias, começou a reavaliar suas opções. Ficou sabendo de Lídice e das ameaças nazistas de matar mais tchecos inocentes. Ele escapara por pouco de ser preso, e sua presença estava colocando em risco toda a sua família. Soubera também da polpuda recompensa oferecida por informações que levassem aos assassinos. Em 16 de junho, chegou a uma decisão e partiu para a sede da polícia estatal em Praga. Estava pronto para trair seu país e amigos. Mas quanto dano conseguiria infligir? Ele não sabia exatamente quem dentre seus colegas paraquedistas tomara parte na trama contra Heydrich. Não tinha ideia de onde os conspiradores estavam se escondendo. Sabia apenas um nome que poderia ajudar, de uma mulher de meia-idade que brevemente lhe arrumara acomodações em Praga, uma mulher do bairro Žižkov conhecida como "tia" Marie Moravcová.

ANTES DA MADRUGADA DO dia 17, o superintendente da polícia alemã, um homem chamado Fleischer, disparou pela esposa do zelador e escadas acima. Tocou a campainha do apartamento dos Moravecs. A porta se abriu, e a polícia entrou, esperando achar os assassinos. "Onde estão eles?", perguntou a Marie, de pé junto à parede com seu marido e filho. "Não conheço ninguém", ela respondeu e pediu para usar o toalete. O comandante da polícia negou, mas logo foi chamado ao quarto enquanto a busca continuava.

Ao retornar, quis saber onde a mulher havia ido. Praguejando, forçou a porta do banheiro e achou Marie de olhos vidrados, sem conseguir falar. Dentro de minutos, o veneno dera conta do recado: ela estava morta. Seu marido e filho, ainda de pijamas, foram levados a um porão do Palácio Peček.

Alois, o marido, manteve-se calado, e talvez nem soubesse onde os paraquedistas estavam escondidos. A Gestapo torturou o jovem Ata o dia inteiro. Ele resistiu por horas, negando-se a dizer algo, mas quando começou a perder forças os interrogadores o embebedaram com conhaque. Em seguida trouxeram um aquário e — num gesto de sadismo — removeram a tampa. Boiando dentro do aquário, Ata pôde ver a cabeça decepada de sua mãe. Abalado, contou tudo que sabia: não onde os paraquedistas estavam, mas que Marie o aconselhara, se surgissem problemas, a ir às catacumbas da igreja de Boromejsky.

Estavam no meio da noite. Na escuridão, a Gestapo montou um cordão de isolamento e postou guardas em tetos e em cada bueiro e saída de esgoto. Mais de setecentos homens armados tinham sido convocados. Suas instruções: capturar os assassinos vivos.

Às 4h15, a Gestapo adentrou a igreja, apoderou-se das chaves e, em bando, passou de detrás do altar para o santuário. Estavam na nave quando tiros foram disparados de cima, atingindo um dos nazistas no braço. Kubiš, Opálka e outro paraquedista haviam sido pegos fora da cripta, no balcão que cercava o espaço de devoção. Como tinham colunas atrás das quais se esconderem e apenas uma escadaria tortuosa para vigiarem, capturá-los não seria fácil. Por quase duas horas, os paraquedistas e seus predadores lutaram num desespero ruidoso, escondendo-se e reaparecendo, disparando tiros, tentando evitar os ricochetes. À medida que alemães feridos eram removidos, atiradores novos eram enviados, dessa vez equipados de metralhadoras e granadas. Finalmente o tiroteio cessou e os corpos ensanguentados dos homens procurados foram trazidos à rua, um morto, dois agonizantes. Trouxeram o traidor Čurda. Ele identificou o corpo como de Opálka, o homem com quem saltara de paraquedas no país menos de três meses antes.

A Gestapo logo entendeu que os fugitivos restantes, por muitos que fossem, haviam se refugiado na cripta sob a igreja. De início, não encontraram nenhuma entrada, exceto uma pequena janela de ventilação a uns 2,5 metros de altura, diante da rua. Ordenaram que um bombeiro tcheco quebrasse o vidro. Depois lançaram granadas de gás lacrimogêneo lá dentro, tapando a abertura com um colchão, e se afastaram. Imediatamente, o colchão foi empurrado e as granadas lançadas de volta, em meio a uma saraivada de tiros. Os paraquedistas tinham uma escada apoiada do lado de dentro da janela. Os alemães acenderam um holofote com a ideia de cegar os homens caçados, mas a lâmpada foi destruída a tiros antes que pudesse ser acesa. O plano seguinte foi inundar a cripta. Cinco mangueiras foram inseridas, mas, como aconteceu com o colchão e granadas, foram prontamente removidas. Os alemães tentaram então transpor a parede circundante, mas não conseguiram arrombá-la. Quando o sol nasceu, os comandantes nazistas discutiam entre si. K. H. Frank, que havia sido auxiliar de Heydrich, chegou ao local. Reputações e carreiras estavam em jogo.

Os alemães acabaram achando a abertura secreta dentro da igreja pela qual os paraquedistas haviam descido à cripta. Um sacerdote, algemado, recebeu ordens de gritar em tcheco que os homens deveriam se render e que, uma vez detidos, seriam tratados humanamente. A resposta foram mais tiros. Um "voluntário" alemão fortemente armado desceu pelo buraco estreito numa corda, foi ferido em poucos segundos e rapidamente puxado de volta. Depois o tapete do santuário foi removido e uma abertura detectada sob o chão. Usando dinamite, os alemães explodiram uma tábua, expondo outra escada. Um esquadrão da morte foi enviado para dentro e logo expulso. Quando os nazistas se reagruparam, quatro tiros soaram de baixo. Os assassinos haviam usado suas últimas balas.

A MORTE DOS PARAQUEDISTAS foi um prelúdio para mais mortes. Com ajuda do traidor, as equipes de rádio foram novamente dissipadas. A pequena aldeia de Lezaky, onde ficava o transmissor de ondas curtas apelidado de Libuše, teve o mesmo destino de Lídice. As famílias dos paraquedistas e os vizinhos e sacerdotes que os haviam abrigado, bem como Alois e Ata Moravec, foram executados.

O ASSASSINATO DE HEYDRICH foi sensato ou insensato, um lance ousado em prol da justiça ou uma asneira impetuosa de um líder se esforçando demais por impressionar? O próprio Beneš talvez não soubesse ao certo, porque nunca assumiu a responsabilidade pelo ataque. A vingança dos alemães ceifou milhares de vidas tchecas e deixou os oponentes do regime sem muitas opções além de se esconderem e esperarem sobreviver. Mas eles já estavam sob enorme pressão, e a ousadia da operação melhorou o moral dos Aliados, que estivera bem baixo. Heydrich foi a primeira — e última — alta autoridade nazista abatida com sucesso por agentes clandestinos.

O chefe da inteligência tcheco, František Moravec (sem parentesco com Marie), foi um dos que consideraram o assassinato um sucesso. A ação atraiu a atenção mundial, elevou a imagem do país entre os grupos de exilados em Londres e privou os nazistas de um de seus líderes mais capazes. O diplomata inglês Bruce Lockhart, um amigo de Jan Masaryk e normalmente o maior aliado da Tchecoslováquia no Foreign Office, sustentou um ponto de vista oposto: o incidente havia ampliado as pressões enfrentadas pela Resistência, ele afirmou, sem acrescentar nada à causa Aliada.

O atentado contra Heydrich exemplificou os dilemas complexos enfrentados tanto pelos líderes como pelos cidadãos. Beneš teve de pesar, de um lado, os benefícios políticos de desferir um golpe dramático e, de outro lado, as consequências inevitáveis — os nazistas tinham capacidade e vontade de retaliar brutalmente. Dentro do protetorado, muitos tchecos enfrentaram um dilema mais pessoal. Membros ativos da Resistência já haviam decidido sacrificar suas vidas se necessário, mas muitos outros estavam na situação de terem que fazer julgamentos instantâneos: informar ou calar o bico; testemunhar ou desviar o olhar? O zelador e sua esposa jamais haviam se oferecido para a Resistência, mas quando Marie pediu ajuda ambos responderam: "Conte comigo", correndo grave risco. O mesmo vale para os amigos e parentes que abrigaram os fugitivos em seus porões, garagens ou sótãos "só por uns dias". É compreensível que os sacerdotes da igreja Boromejsky discutissem entre si qual a ação apropriada a ser tomada.

Ainda outros tchecos estiveram moralmente em risco devido às suas profissões, incluindo o primeiro médico a examinar Heydrich ferido, o intérprete presente ao interrogatório de Ata Moravec, os bombeiros que receberam ordens de apontar suas mangueiras para o porão da igreja e os policiais chamados para proteger o local. Aqueles homens não estavam sendo ordenados a matarem ninguém, mas a facilitarem a vida daqueles que matariam. Postos em tal posição hoje, como reagiríamos? O que conseguimos quando nos recusamos a obedecer? Porventura não haveria outros médicos, intérpretes, bombeiros e policiais que fariam aquilo que nós recusássemos? Não estaríamos sacrificando nossas vidas por nada?

Čurda foi um vilão, mas e os tchecos — e foram centenas — que voluntariamente informaram sobre o que haviam visto nos dias em torno do assassinato? Seriam gananciosos, ou estariam honestamente tentando salvar vidas removendo a causa imediata da brutalidade nazista? O que deveríamos pensar do frouxo presidente Hácha, que condenou o atentado contra Heydrich e instou seus compatriotas a cooperarem com a investigação? E quanto aos funcionários locais que fizeram tudo que os alemães pediram, como o bom soldado Švejk, com o mínimo de competência e eficiência possível?

Essas perguntas trazem à mente uma variante tcheca da justificativa "eu estava apenas cumprindo ordens". Pode ser traduzida como "eu não era o regente da orquestra, apenas um músico". Minha própria reação é sentir desdém por traidores diretos e admiração irrestrita pelos heróis que optaram pela bravura. Quanto aos muitos que desviaram os olhos e fecharam a boca, fazendo todo o possível para evitar o envolvimento, não sinto respeito nem qualquer sensação de superioridade. Posta nas mesmas circunstâncias, teria eu mostrado a coragem de madame Moravcová? Por mais que gostasse de achar que sim, não posso afirmá-lo com certeza.

O assassinato gerou um resultado misto, mas foi, na minha visão, uma opção corajosa, e a opção certa. A reação de Hitler, embora selvagem, solapou a causa nazista quase tanto quanto a morte de Heydrich. Os alemães resolveram destruir todos os sinais da existência de Lídice, mas poucas semanas após o massacre, os nomes de cidades e bairros nos Estados Unidos e uma dúzia de outros países, inclusive o Brasil, foram mudados em homenagem à cidade destruída. Soldados aliados pintaram seu nome na lateral de seus tanques, e o secretário da Marinha americana, Frank Knox, declarou que "se as gerações futuras nos perguntarem pelo que estávamos lutando nessa guerra, contaremos a elas a história de Lídice".[13]

Hollywood respondeu com dois filmes, ambos lançados em 1943. Em *O capanga de Hitler* John Carradine fez o papel de Heydrich. O mais interessante, *Os carrascos também morrem*, foi obra de dois refugiados alemães, Bertolt Brecht e o incomparável diretor Fritz Lang. Embora baseado apenas vagamente nos fatos, o roteiro enfocou o dilema moral genuíno do assassino: entregar-se ou continuar foragido enquanto reféns tchecos eram executados. O filme termina com uma canção, "Nunca se Renda", e uma promessa: *não* é o fim.

Atualmente Lídice continua sendo lembrada em filmes e livros, enquanto o plano de Hitler de erguer um memorial especial para Heydrich nunca se concretizou. Em 1945, a lápide de madeira em seu túmulo desapareceu. Não foi substituída.

17

Augúrios de genocídio

No princípio de 1942, Jan Masaryk contou ao público de Nova York: "Este é o ano mais crucial na história da raça humana."[1] Seus ouvintes só podiam concordar. Em dezembro anterior, o Japão havia atacado Pearl Harbor, os Estados Unidos haviam declarado guerra ao Japão, e Hitler fizera o mesmo em relação aos Estados Unidos. O inimigo não permitira outra escolha: os Estados Unidos estavam na guerra. Churchill correu para Washington, onde obteve uma promessa de Roosevelt de dar prioridade ao embate na Europa. Dado que os Estados Unidos haviam acabado de ser atacados no Pacífico, aquele não era um compromisso qualquer.

Jan Masaryk estava nos Estados Unidos desde o final de 1941, dando palestras e entrevistas por toda a Costa Leste. Conhecido pela irreverência na juventude, agora desempenhava o papel de pregador. Disse que os Estados Unidos deveriam assumir o papel de Moisés porque ninguém mais dispunha do poder e da credibilidade para liderar. Defendeu a causa dos países pequenos, especialmente "a adorável e velha terra da Boêmia", observando que Jesus também viera de uma nação de tamanho modesto. Compartilhou ainda seus sentimentos sobre a Alemanha.

Como Beneš e outros líderes Aliados, Masaryk prestava homenagem aos ícones do humanismo alemão. Glórias passadas, porém, não podiam justificar "os periódicos blecautes éticos e morais"[2] que manchavam a herança cultural do país. "Não foi Hitler quem fez a Alemanha", Masaryk afirmou, "foi a Alemanha que produziu Hitler". "Até que a guerra se encerre", ele acrescentou depois, "não conheço quaisquer alemães bonzinhos. [...] Precisamos eliminar as pessoas que acreditam que [...] a guerra agressiva tem um lugar aos olhos de Deus".[3]

Em Londres, Beneš estava em frequente contato com os líderes antifascistas dos Sudetos, também no exílio. A dúvida deles: o governo de Beneš seria amplo o suficiente para incluí-los? Ficou claro que a resposta era não. Já em 1940, Beneš começou a cogitar a necessidade de remover os alemães do solo tcheco. Havia originalmente pensado que certas concessões territoriais talvez se justificassem. Contudo, a combinação do terror de Heydrich e a destruição de Lídice haviam convencido a maioria dos tchecos — inclusive Beneš — de que os alemães haviam perdido o direito de negociar. Eles eram condenáveis individual e coletivamente por crimes de guerra. Daquela época em diante, Beneš insistiu em que uma deportação maciça faria parte do ajuste de contas pós-guerra. "Cada alemão dos Sudetos que não se opôs ativamente ao nazismo", ele insistiu, "precisa partir, e partir imediatamente".[4] Embora o presidente abrisse uma exceção para pessoas com credenciais anti-Hitler comprovadas, o dilema ético permaneceu. Bruce Lockhart, o emissário britânico apoiador, observou ironicamente: "O presidente Beneš achou sua própria solução para o problema. Ele a tomou emprestado de Hitler. É uma troca de populações."[5]

Embora negando seus pedidos, Beneš falava respeitosamente aos líderes alemães dos Sudetos que haviam fugido para Londres. Possuía razões para tal. A maioria deles desprezava Hitler por seus crimes e por manchar a reputação de seu povo. Forçados a decidir entre a colaboração e o exílio, haviam optado pelo caminho honrável, para descobrirem que não poderiam vencer. Uma vitória nazista significaria o desastre; um triunfo dos Aliados deixaria seu povo sem um lar.

Os locutores da equipe de transmissão do meu pai não revelavam seus verdadeiros nomes enquanto estavam no ar temendo represálias contra suas famílias. Aquela precaução estendeu-se ao meu pai, mas duvido, no seu caso, de sua eficácia. Depois que me tornei secretária de Estado, mostraram-me uma cópia de um documento preparado durante a guerra pelo comando de Praga da polícia secreta alemã. O documento requeria que a cidadania tcheca do "judeu Korbel", de sua esposa Anna e da filha Marie Jana fosse revogada sob a justificativa de que meu pai havia "colaborado com o governo tcheco ilegal em Londres". Mesmo anos depois, acho perturbador que a polícia secreta tivesse o endereço correto de minha família na Inglaterra.

Os astros das transmissões radiofônicas, Beneš e Masaryk, eram o inverso de anônimos. Queriam ver seus nomes intimamente associados à causa nacional. Beneš falava periodicamente, em especial para marcar aniversários e outros eventos importantes. O ministro do Exterior, quando não estava viajando, entrava no ar todas as quartas-feiras. Suas falas eram anticonvencionais, trocando a retórica política por relatos animados. Desprezava Mussolini como um "gângster pomposo", Hitler como um "colador de cartazes vienense" e os nazistas como "pagãos" que, ao contrário dos troianos antigos, travavam guerra não por uma mulher bonita, mas por um homem feio.[6] Sabendo que seu público em casa tinha uma tendência à melancolia, Masaryk falava em termos reconfortantes, prevendo que "aqueles que veneram a força acabarão se exaurindo". Sua palavra favorita era "decência", e seu conselho final, "Anime-se e bola pra frente!".

Beneš sozinho dirigia o governo, mas um homem mais jovem o ajudava a navegar pelas águas turbulentas da política britânica. Masaryk prometera ao seu pai agonizante que faria de tudo para auxiliar Beneš. Sua fidelidade era inquestionável. Mesmo assim, formavam uma dupla estranha — o diplomata pequeno e reservado ao lado da força da natureza jocosa com quase 1,90 metro de altura. Beneš representava os interesses da Tchecoslováquia, mas seu colega era o emissário da nação para o mundo.

Através dos anos de guerra, Masaryk dirigiu-se a grupos por toda parte das Ilhas Britânicas. Meu pai às vezes o acompanhava. Décadas depois, descreveu um daqueles momentos.

> Masaryk adentrou o salão, alto e lento, com uma expressão tímida e olhos marcadamente indecisos. Aqueles que não o conheciam devem ter sentido desde o primeiro segundo que uma personalidade havia penetrado em seu meio. Ele cumprimentou os conhecidos e rapidamente se tornou informal, jovial, espirituoso, exibindo um belo sorriso. Naqueles momentos, son-

> dava intimamente a natureza de seu público — seus interesses especiais, preocupações e fraquezas. Então ele falava carinhosamente sobre pessoas que mereciam ou precisavam de carinho, mas brutalmente sobre aqueles que haviam violado as leis básicas da humanidade. De tempo em tempo, sua mão se erguia como se quisesse dar, com seus finos dedos aristocráticos, o toque final aos seus pensamentos. As pessoas se perguntavam: seria ele um tribuno, um orador apaixonado, um ator? Ele era as três coisas.[7]

Masaryk gostava de dizer que adorava a Inglaterra "porque minha arrumadeira conserva o chapéu na cabeça enquanto está esfregando o chão e porque o bombeiro que vem consertar a torneira do banheiro me oferece um cigarro Player. Ele ofereceria ao rei. Isto é democracia".[8] Tais frases encantavam os britânicos, mas Masaryk era suficientemente ousado, quando necessário, para falar sem rodeios. Disse à British Empire League, cujos membros haviam endossado o Acordo de Munique, que os nazistas tinham começado em Praga, mas não parariam enquanto não ameaçassem Ottawa, Sydney, Nova Déli, Johanesburgo, e cada posto avançado do império.

Ele também era franco em expressar indignação pelos crimes perpetrados contra os judeus. Meu pai estava com ele uma tarde quando Masaryk se encontrou com um grupo de crianças judias emigradas. Uma menina, vestindo um traje tradicional, presenteou-o com uma cópia da Torá. Em resposta, ele falou, como costumava fazer, sobre o esforço de Hitler de privar os judeus de sua dignidade e comparou as aspirações judaicas a uma terra natal às de seu próprio povo tcheco. "Minhas queridas crianças", ele concluiu, "por este livro sagrado de vocês, juro solenemente não voltar para casa enquanto todos vocês não estejam em casa de novo".[9]

Em outubro de 1942, o lar dos Korbels foi transformado pela chegada de Kathy, minha irmã mais nova. Eu deixei de ser o centro das atenções, mas não liguei. No mês anterior, eu havia alcançado um nível inédito de realização: entrei no jardim de infância da Escola Kensington para Garotas, a cerca de dez minutos a pé de nosso apartamento. Cumprindo a norma de vestuário, eu trajava uma túnica cinza e uma saia pregueada encimada por uma jaqueta vermelho-cereja e uma boina com uma máscara antigases como acessório.

Não tendo nada com que comparar, eu não percebia quão sortuda era por estar com minha família. Milhares de outras crianças refugiadas só podiam se comunicar com seus pais por pensamento. Muitas eram transferidas de um lar provisório para outro. Umas poucas eram bem cuidadas em grandes propriedades, enquanto outras agiam como empregadas não remuneradas em lares com dificuldades econômicas. Em contraste, meu pai me levava à escola todos os dias e estava em casa para o jantar sempre que podia. Algumas vezes, eu visitava seu escritório, onde atrapalhava o trabalho sério e dava a mão a membros do governo no exílio. Eu também comparecia a recepções ocasionais e fui apresentada a Beneš, que foi gentil mas, mesmo aos meus olhos inexperientes, rígido e formal.

Meu pai também era um homem formal, mas mesmo assim gregário. Adorava contar histórias e não se importava quando eu escalava nele, ainda que tivesse de pôr de lado seu jornal e o onipresente cachimbo. Minha mãe era amigável com seus conhecidos e menos inclinada a ser rigorosa quando eu me comportava mal. Agora com pouco mais de 30 anos, exibia um sorriso glorioso e cabelos castanho-escuros enrolados em volta da cabeça. Eu me fascinava com a forma como conseguia penteá-los assim, colocando na cabeça a ponta cortada de uma velha meia comprida e enrolando seu cabelo em volta.

Uma manhã, quando minha mãe teve de ficar em casa com Kathy, minha prima Dáša pegou-me pela mão e me acompanhou aos Estúdios Ealing. O conhecido diretor tcheco Jiří Weiss estava rodando um filme de curta metragem sobre os refugiados tchecos. Não me lembro do roteiro, mas devo ter recebido um papel importante, porque ganhei de pagamento um coelho de pelúcia rosa. Pouco depois, eu estava numa multidão observando soldados tchecos desfilarem por Londres antes de irem lutar no continente. Um soldado de passagem parou e me levantou, e no dia seguinte uma foto apareceu no jornal com a legenda: "Um pai despede-se da filha." Minha mãe achou a confusão hilária; meu pai nem tanto.

Com frequência quando meu pai estava viajando, minha mãe aproveitava para satisfazer seu lado espiritual comparecendo a uma sessão espírita. Como eu havia nascido logo após a morte de meu avô materno, ela achava que talvez seu espírito tivesse reencarnado em mim. Em 1941, ela voltou de uma sessão num dia de verão com a sensação de que sua amada irmã Marie, ou Máňa, havia sucumbido à doença dos rins que a atormentou por anos. A confirmação dessa triste premonição logo chegou. No ano seguinte, quando Kathy chegou ao mundo, minha mãe sentiu que Máňa reencarnara nela.

Marie "Máňa" Spiegelová

De acordo com o costume tcheco, nossa família observava tanto os aniversários como os dias dos santos — o dia reservado para homenagear nosso santo específico. Para mim, aquilo significava uma celebração em 15 de maio e outra em agosto, também no dia 15, na Festa da Assunção da Virgem Maria. Quanto ao Natal, tínhamos um jantar tradicional, uma árvore cuidadosamente decorada e presentes. Dáša, separada de sua família imediata, escreveu aos seus pais que havia ganhado "um álbum de selos, um estojo de manicure, um livro, um lápis dourado, sais de banho, sabão perfumado e uma blusa nova".[10] Encerrou com uma observação saudosa: "Talvez nos vejamos em breve."

As cartas que Dáša recebia de casa devem tê-la perturbado, embora o tom das palavras de sua mãe fosse tranquilizador. Seu pai, Rudolf, havia sido proibido de praticar medicina, e o equipamento de seu consultório havia sido confiscado pelos alemães. "Papai está sempre em casa", escreveu Greta, "e em seu tédio me ajuda um pouco. Fomos nadar três vezes durante todo o verão. Sempre temos que ir ao lago, na piscina não dá. Sequer vamos ao parque, apenas passeamos sozinhos".[11] A família de Dáša conseguiu permanecer em Strakonice, mas, privada de renda, teve de se mudar para uma casa menor.

A PROPAGANDA ALEMÃ DENTRO do protetorado retratava os exilados em Londres como prisioneiros de interesses financeiros judaicos. Beneš costumava ser tachado de judeu honorário. O argumento era prejudicial, porque um bom número de tchecos aceitava a ideia de que os judeus, sobretudo aqueles de origem alemã, eram ao menos em parte culpados pela guerra. Uma mensagem da Resistência tcheca informou a Londres:

> Aos nossos próprios judeus, as pessoas estão oferecendo ajuda sempre que podem, por motivos puramente humanitários. Afora isso, não desejamos seu retorno. Não temos afinidade com eles e estamos satisfeitos por não encontrá-los mais. Não esquecemos que, com poucas exceções, os judeus não se assimilaram e ficaram do lado dos alemães sempre que isso lhes foi vantajoso, prejudicando o povo tcheco.[12]

Beneš aludia apenas raramente, e só em termos gerais, às atrocidades cometidas contra judeus e outras minorias. Quando a Associação de Judeus Tchecos pediu que falasse mais incisivamente, ele se recusou, citando "razões de interesses maiores".[13] Aquela reticência oficial, porém, não se estendia às transmissões de rádio do governo. No início da guerra, Ripka escreveu uma mensagem intitulada "Pensamos em Vocês" aos judeus tchecos e eslovacos. Nela, condenou a longa lista de afrontas nazistas, incluindo discriminação e confinamento dos judeus em guetos e campos de trabalhos forçados.

Em junho e julho de 1942, os boletins de notícias incluíram relatos da execução sistemática de judeus na Polônia oriental. Os informes eram tão sensacionalistas que muitos os rejeitaram como propaganda dos Aliados. As fontes, afinal, não eram lá muito objetivas: o governo polonês no exílio e o Congresso Judaico Mundial. Quem iria acreditar que 700 mil judeus haviam sido pura e simplesmente assassinados e que um número semelhante havia sido levado à morte pela fome e doença? Com certeza nem mesmo os nazistas poderiam estar fuzilando ou asfixiando com gás prisioneiros a uma taxa de mil por dia. De início, os líderes Aliados mostraram-se céticos, mas em dezembro, 12 governos (incluindo a Tchecoslováquia) e o Comitê Nacional Francês se juntaram numa condenação formal à "política bestial de extermínio a sangue-frio" dos nazistas. Em Londres, o ministro das Relações Exteriores Eden confirmou, para uma sessão calada do Parlamento, que os informes terríveis eram verdadeiros. Disse que judeus vinham sendo transportados dos países ocupados para "os principais matadouros nazistas na Polônia", onde eram mortos de fome ou de tanto trabalhar ou "deliberadamente massacrados".[14] Edward R. Murrow referiu-se aos relatos como "material de testemunhas oculares" referente a "um horror além do que a imaginação consegue conceber".[15]

As notícias assustadoras eram comunicadas ao protetorado numa transmissão especial. Jaroslav Stránský, colega e amigo de meu pai, implorou aos tchecos e eslovacos que fizessem todo o possível para ajudar os judeus que permaneciam em seu meio. "Toda a ajuda e assistência que vocês lhes concederem serão para vossa honra e glória."[16] Ripka alertou os médicos a não cooperarem em crimes médicos nazistas como a esterilização forçada de judeus. Em termos mais gerais, o próprio Beneš prometeu que "cada crime, cada ato de violência, cada assassinato cometido pelos capangas nazistas na Tchecoslováquia [...] precisa ser e será vingado e expiado mil vezes".[17]

As palavras desses homens eram extremadas porque o tempo era curto, a tragédia vinha se desenrolando no país que chamavam de lar e os crimes — embora de fato além da imaginação — eram reais.

18

Terezín

Em fevereiro de 1997, minha irmã Kathy e meu irmão John visitaram a República Tcheca para pesquisar a história de nossa família à luz das revelações sobre nossa origem judaica que haviam aparecido no *Washington Post*. Com a ajuda de amigos, puderam confirmar grande parte das informações, mas uma peça importante continuava um mistério. A matéria do *Post* havia equivocadamente identificado o primeiro nome da nossa avó materna como Anna, em vez de "Rose" ou Růžena. Os registros mantidos pela Federação das Comunidades Judaicas de Praga mostravam que diversas Anna Spiegelovás haviam sido enviadas a Terezín da área em torno de Kostelec nad Orlicí, mas nenhuma chamada Růžena Spiegelová.

O enigma continuou até que John se lembrou de ter visto, anos antes, uma fotografia minha quando neném com uma mulher de meia-idade que ele não reconhecera. No verso da foto estava anotado o nome de um antigo balneário a leste de Praga famoso pela fabricação de vidro. Por coincidência, John já havia visitado a cidade sem ter conhecimento de qualquer ligação com nossa família. Agora ele sugeriu a Kathy: "Por que não pesquisamos se vovó veio de Poděbrady?" Foi o que fizeram.

Em 9 de junho de 1942, o dia em que Heydrich foi enterrado e Lídice, destruída, Růžena Spiegelová pegou um trem em Kolin, perto de Poděbrady, com destino a Terezín. Anos antes, tinha sido uma lojista, garantindo aos fregueses que o café de sua família era o melhor de toda a Boêmia. Na época de meu nascimento, ajudou a cuidar de mim e foi a primeira a me chamar de "Madlen" — daí a foto que John recordara. Nos dias assustadores após a invasão de Hitler, ela me abrigara de novo, enquanto meus pais circulavam por Praga, pensando num plano de fuga. Ela estava com seu marido quando, em 1936, ele havia morrido e também com sua filha quando, cinco anos depois, Máňa perdeu a batalha contra a doença renal. Além de fotografias, não tenho lembranças de Růžena. Eu era criança demais. Ao crescer, raramente pensava nos meus avós. Nas ocasiões em que pensava, eu os imaginava bem velhos. Quando adulta, tive a oportunidade de ver meu pai e minha mãe brincarem com meus filhos. Isso me fez imaginar um dia me tornar uma avó também. Entendo agora que, ao chegar a Terezín, ela tinha apenas 55 anos, não sendo absolutamente velha — na verdade, era cinco anos mais jovem do que eu quando me tornei secretária de Estado. Também lembrei um detalhe: quando criança, eu adorava nadar em água fria. Nessas ocasiões, minha mãe costumava exclamar: "Você é igualzinha a sua avó."

Eu só queria que sua sorte tivesse sido mais parecida com a minha.

Růžena Spiegelová

O trem que transportou Růžena Spiegelová para Terezín e — alguns dias depois — mais para leste foi um dos três diretamente ligados à vingança nazista pelo assassinato de Heydrich. Precisamente o que aconteceu com os passageiros ao final da viagem não se sabe, exceto que não houve sinais de sobreviventes. Quase certamente, o trem parou na Polônia oriental, onde os ocupantes foram desembarcados e executados. Os registros de Terezín sugerem que o local teria sido Trawniki, onde ficava um campo de trabalhos forçados criado em 1941. A instalação foi usada pelos nazistas para ensinar prisioneiros de guerra soviéticos e ucranianos a se tornarem guardas de campos de concentração. Como parte de seu treinamento, eles tinham de fuzilar outros prisioneiros.

Para meu avô paterno, Arnošt Körbel, os frutos de uma vida de trabalho agora eram proibidos. Lançado prematuramente na inatividade, não tinha renda, e sua conta bancária deixou de render juros. Desde setembro de 1941, aqueles identificados como judeus estavam obrigados a usar a execrável estrela amarela de seis pontas, com a palavra "Jude" gravada em preto. Sua caderneta de racionamento estava carimbada com um "J", o que significava nenhuma carne, peixe, fruta ou laticínio. Além disso, os judeus não eram autorizados a ter telefones, rádios ou a viajar pelo país. Para Arnošt, aquilo significou o fim das excursões à costa da Dalmácia, onde ele adorava tirar férias, não tanto com sua esposa, Olga, mas com seu querido cão, Drolik, que recebeu esse nome devido ao seu amor pela França e pela palavra francesa *drôle*, que também significa "homenzinho" ou "bufão". Enquanto Arnošt estava à beira-mar, Olga levava suas netas, Dáša e Milena, às montanhas. Tais viagens também estavam agora proibidas.

Meu pai adorava sua mãe, mas Olga e sua nora Mandula nem sempre se entendiam. Talvez porque nunca tiveram a chance de se conhecer bem. Meus pais haviam passado grande parte de suas vidas de casados em Belgrado ou Londres. Contava-se na família que um dia, tricotando um suéter, minha mãe cometeu um erro, que Olga concordou em consertar. Minha mãe, observando, não teve coragem de pedir a Olga que parasse até que o suéter inteiro foi desfeito.

Arnošt era gentil, mas o cão despertava sua paixão. Dáša nunca esqueceu a tarde em que achou que seria mais divertido ler do que levar o velho e vacilante fox terrier em seu passeio diário. Ela prendeu Drolik a uma maçaneta e abriu seu livro. Quando Arnošt retornou e viu a cena, ficou furioso. Sem uma palavra, prendeu a guia a uma mesa e pôs a outra extremidade no pulso de minha prima, depois levou o cão para uma longa corrida. "Que isto sirva de lição", ele disse mais tarde, "de como é perder sua liberdade". Mas logo tudo foi perdoado. Em seu 11º aniversário, Dáša ganhou de Arnošt uma coleção em oito volumes da *Enciclopédia Masaryk*, um compêndio de informações sobre tudo. Decorridos 72 anos, os livros ainda ocupavam um lugar de honra em seu apartamento.

Arnošt Körbel com Drolik e Alena Körbelová

* * *

Em 1940 ou 1941, Arnošt e Olga foram forçados a se mudar para uma habitação compartilhada por outras famílias judias. Mês após mês, a comunidade vinha sendo comprimida. Quando se aventuravam lá fora, eram bloqueados a cada curva pelo aviso *Juden nicht zugänglich* (Sem acesso para judeus). À medida que suas liberdades e propriedades foram sendo tomadas, só restava às famílias judias permanecer em contato mútuo e aguardar que seus nomes fossem chamados. Terezín? Todos tinham ouvido rumores, mas ninguém sabia ao certo como seria a vida ali.

Para meus avós, a espera terminou em 22 de julho de 1942, às 9h45. A convocação foi transmitida pela liderança da comunidade judaica. Arnošt e Olga teriam uma semana para porem seus assuntos em dia. Minha avó escreveu imediatamente à sua filha Greta:

> Preciso me acostumar ao pensamento de que estamos partindo. Vou lavar meus cabelos [...] fazer umas compras e [...] limpar a casa. À noite, vou preparar a massa para assar o pão de manhã. [...] Espero que, uma vez chegando (a Terezín) eu me acalme. Não estou calma agora. Na verdade, não estou calma há muito tempo. [...] Gostaria de lhe pedir, minha querida Gretichka, que não gaste sua energia preocupando-se conosco. Você precisará dela para si. Prometo que tenho uma vontade fortíssima de sobreviver. Em algum lugar, em algum país estrangeiro, voltaremos a nos encontrar.[1]

Ela acrescentou que esperava conseguir trabalhar com crianças, mas somente como supervisora, "porque senão eu me desgastaria". Arnošt recebera ordens de levar Drolik ao depósito, onde estavam sendo coletados os animais de estimação das famílias judaicas. "Papai vai ficar com o coração partido", ela escreveu. "Ele se sentirá miserável, mas eu também me entristeço com isso."[2]

Meus avós fizeram de tudo para se preparar para o novo capítulo em suas vidas. Receberam um fluxo constante de visitas de despedida de amigos, inclusive alguns que esperavam ser convidados para jantar. Autorizados a levar cerca de 45 quilos de bagagem, que escolheram cuidadosamente, tentaram embalar o máximo de roupa quente possível. No dia anterior à partida, Olga voltou a escrever para Greta:

> Tivemos visitas o dia inteiro. Agora são dez e meia da noite. O apartamento está um caos. Eu cuidei de tudo. [...] Gretichka, minha única filha, fique saudável. Eu os abençoo, meus queridos Rudolf e Milena. Lembrem-se de que meus primeiros e últimos pensamentos estarão com vocês, meus filhos. Sou forte e acredito que em algum lugar nos encontraremos. Um beijo caloroso de sua mãe.[3]

Houve uma pequena boa notícia de última hora: o cão estava salvo. Um vizinho que vinha levando Drolik para passear após o toque de recolher destinado aos judeus jurara às autoridades que o animal era seu.

Os judeus de Praga convocados para Terezín eram instruídos a se reunirem numa velha dependência militar num grande terreno a seis quarteirões da estação ferroviária. Ali passavam por um martírio burocrático que costumava durar dois dias inteiros ou mais. Os deportados, jovens e velhos, dormiam em colchões de palha, quando não estavam de pé na fila ou preenchendo formulários. Recebiam ordens de entregar suas carteiras de identidade, chaves das casas, cadernetas de racionamento e objetos de valor.

Na manhã de 30 de julho, o trem designado como "AAv" partiu da estação de Praga. Levava 938 pessoas a bordo. O número de Olga era 451, o de Arnošt, 452. A viagem de um universo para outro levou duas horas e meia, passando por campos de lúpulo, fileiras de árvores frutíferas e o monte Rip de cume arredondado, onde tempos atrás o mítico Pai Čech prometera ao seu povo "uma terra cheia de leite doce e mel". Os passageiros chegaram a Terezín sob uma chuva torrencial, recolheram seus pertences e percorreram 3,2 quilômetros até a entrada do gueto.

A experiência da prisão começou com mais burocracia: mais papéis por preencher e também mais mãos sondando as bagagens em busca de contrabando e outros objetos de valor. Enfim as moradias foram designadas. O avô Arnošt foi enviado para o velho alojamento militar junto com outros homens. Olga deveria achar espaço numa casa, L-304, reservada para mulheres. A mudança deve ter sido traumática, pois suas habitações estavam apinhadas.

Durante o verão, os trens não pararam de chegar — alguns do protetorado, mas muitos mais da Alemanha e Áustria. Os passageiros falantes de alemão incluíam aqueles que mesmo os nazistas não poderiam matar sem terem de responder a perguntas inconvenientes: judeus que eram amigos de membros proeminentes do Reich, com nomes conhecidos nos negócios, artes e profissões liberais, ou que haviam sido condecorados defendendo a pátria na Grande Guerra. Entre eles estavam ex-funcionários do governo, barões, condessas, cantores, atores, a neta de Franz Liszt, a irmã mais nova de Franz Kafka, o filho de Oskar Strauss e a ex-cunhada de Thomas Mann. A torrente de novas chegadas aumentou a população da prisão de 21 mil, em junho, para 51 mil, em agosto, dez vezes a capacidade razoável do campo. O influxo também aumentou a idade média da população em 15 anos.

Viagem para Terezín

Muitos dos alemães recém-chegados haviam sido induzidos a assinar contratos garantindo sua admissão no "spa", onde lhes prometeram uma vida de conforto, refeições lautas e quartos com vista. Em vez disso, foram recebidos por guardas berrando, privados de suas bagagens, alimentados com gororoba e apinhados em alojamentos infestados. Em questão de semanas, quartos para quatro pessoas viravam depósitos para vinte, depois quarenta, depois sessenta. Camas-beliches de três andares estendiam-se de uma parede a outra e do chão ao teto, com dois moradores dividindo cada colchão. Quando o suprimento de quartos habitáveis se esgotava, os prisioneiros eram atulhados em sótãos sem janelas, porões com chão sujo, armários de suprimentos e depósitos empoeirados. A falta de talheres combinava perfeitamente com a escassez de comida. Em julho, os esgotos entupiram. Não havia água limpa suficiente. A privacidade inexistia. As condições de vida criaram uma intensa pressão física e psicológica, especialmente naqueles já enfraquecidos pela idade, doença ou desespero. A organização cedeu lugar ao caos.

Dormitórios em Terezín

Gerty Spies, filha de um próspero comerciante de Berlim, chegou a Terezín em 20 de julho, dez dias antes de Arnošt e Olga Körbel. Ela escreveu:

Depois que saquearam nossa bagagem de mão, fomos conduzidos pela aldeia. Inacreditável! Onde estava o lar para cidadãos idosos, as residências de que nos haviam falado? Onde estavam as casas limpas, nas quais todos teriam seu próprio quarto mobiliado? [...] Levaram-nos ao nosso alojamento. Não dava para morar lá! Era um galpão nos fundos de um quintal. [...] Não havia nada no galpão. Nenhum móvel, nenhum fogão. [...] A cada pessoa destinou-se um espaço vital com uns 60 centímetros de largura [...] suficiente para dormir com joelhos dobrados. Para aquela grande comunidade havia dois vasos sanitários.[4]

O crematório em Terezín

O Conselho Judaico dos Anciões do gueto havia decidido desde cedo que as rações de alimentos e distribuição de moradias deveriam favorecer os jovens, achando melhor aumentar as chances de sobrevivência daqueles cujas potenciais contribuições futuras fossem maiores. A decisão era defensável, mas o índice de mortes entre a população mais velha foi alto. A superlotação fez com que doenças contagiosas (pneumonia, febre tifoide, tuberculose) se espalhassem rapidamente. Não havia câmaras de gás em Terezín, por não se tratar de um campo de extermínio. Mas era um local de assassinatos mesmo assim, pois as mortes por causas supostamente naturais se deviam a condições criadas. O espaço para sepultamentos era limitado, assim como a madeira para os caixões. Um crematório foi construído e passou a funcionar em setembro. Desde o início, seus quatro grandes fornos pretos estiveram ativos. As cinzas eram recolhidas, etiquetadas e guardadas de início em urnas de madeira, depois em caixas de papelão.

O outono chegou. A folhagem no campo boêmio circundante tornou-se carmesim e dourada. O ar esfriou, prenunciando o frio intenso que chegaria. Dentro dos muros da prisão, a população de Terezín havia — em 18 de setembro de 1942 — atingido 58.491, mais do que em qualquer outro dia. Aquela também foi a data em que mais prisioneiros morreram, entre eles meu avô Arnošt Körbel. Aos 64 anos, sucumbiu à broncopneumonia. Um serviço funerário deve ter sido celebrado, mas teria sido coletivo, e não somente para Arnošt. Se Olga escreveu para compartilhar as notícias tristes com sua filha Greta, só foi permitido um cartão-postal com no máximo trinta palavras, escritas em letra de fôrma e em alemão.

Só os nazistas pensariam em melhorar a imagem pública criando um campo de concentração. Terezín era uma prisão disfarçada de cidade. Além do correio, havia uma cafeteria com uma banda de jazz chamada Ghetto Swingers, mas o "café" era feito de uma mistura de ervas e nabos. O único alimento sistematicamente disponível era mostarda. Havia lojas, mas a maioria das mercadorias havia sido confiscada dos prisioneiros. Em Terezín circulava a piada de que suas butiques eram as melhores do mundo, porque somente ali você podia comprar uma camisa que já vinha com seu monograma pessoal. Numa época em que o tabagismo era comum, cigarros — embora supostamente proibidos — eram trocados por tudo, desde fatias de pão até beijos na bochecha. Os alemães chegaram a suprir o gueto com sua própria moeda, com uma caricatura de Moisés segurando os Dez Mandamentos.

Administrar o gueto era um pesadelo que os nazistas preferiram entregar ao Conselho Judaico. Os anciões tiveram de lidar com uma população dividida entre sionistas e judeus assimilados, comunistas e democratas, jovens e velhos. Os alemães e tchecos, em particular, nem sempre se entendiam. Os tchecos ressentiam-se dos judeus alemães por serem alemães. Os alemães ficavam desgostosos com os tchecos por seu preconceito. Ambos os grupos acusavam o outro de arrogância. Aumentando a mistura, havia uma minoria significativa de cristãos praticantes, que pleitearam com sucesso o direito de celebrar serviços religiosos.

Como os nazistas delegavam tanta coisa, conseguiam dirigir o destino de Terezín com um contingente de apenas duas dúzias de alemães. Eles eram auxiliados por 150 policiais tchecos sob o comando de Theodor Janeček, um sádico que molestava os prisioneiros e delatava todas as infrações aos seus chefes. O guarda tcheco típico, porém, evitava a crueldade gratuita. Quatorze foram detidos por contrabandearem coisas para os prisioneiros ou por ilegalmente levarem cartas para fora.

Para suplementar as forças de segurança alemãs e tchecas, os judeus formaram uma unidade policial própria, a *Ghettowache*. Esses policiais tinham autoridade para prender e punir prisioneiros por delitos menores, incluindo roubo e difamação. As transgressões mais graves eram repassadas à polícia tcheca ou, em última instância, aos supervisores nazistas. A *Ghettowache* também era responsável pela contagem dos prisioneiros a cada noite. Especialmente nos primeiros meses, a fuga de Terezín era relativamente fácil — dava para arrancar a estrela amarela e pegar um ônibus. Mas para onde fugir? No norte ficava a Alemanha, ao sul a Boêmia ocupada. Cerca de vinte homens partiram para aderir à resistência antifascista, mas a maioria não via opção melhor senão aguardar pelo fim da guerra em Terezín.

Com tantos prisioneiros e tão poucos guardas, Terezín contava com uma abundância de regras frequentemente violadas. Apesar do risco de ser detido, era possível encontrar túneis para encontros privados.* Jovens sionistas encontraram um espaço no sótão de uma padaria para instalar um rádio do tamanho de uma pasta sintonizado na BBC. Horticultores e cozinheiros inventavam meios de esconder comida nas roupas. Uma fazendeira

* Com medo de perderem seus pertences, os moradores de Terezín gostavam de mantê-los por perto. Essa tendência levou um pretendente de espírito poético a se queixar: "Querida, eu adoraria beijá-la, mas você está coberta da cabeça aos dedos dos pés. Cinco calcinhas, dois vestidos, uma touca e um chapéu. Como é que um sujeito consegue colocar seus braços em volta disso tudo?"

de 20 anos conseguiu sequestrar uma cereja individual que deu de presente aos pais. Seu pai, ex-chefe de serviços médicos no hospital judaico de Praga, cuidadosamente cortou a fruta em três porções iguais.

Todos com idade entre 16 e 65 anos eram obrigados a trabalhar se fisicamente aptos. Os moradores eram encaminhados para trabalhar em minas e na construção, cultivar alimentos e criar gado, remendar uniformes militares alemães e cortar mica para isolamento de dispositivos eletrônicos.

No final de 1942, a vida em Terezín começara a desenvolver uma identidade singular. Os alemães haviam feito todo o possível para privar os judeus de sua dignidade, e certamente as condições miseráveis tiveram um efeito darwiniano sobre o comportamento. Aqueles que se adaptaram rapidamente e aprenderam como bajular e obter comida sobreviveram mais tempo, mas em meio ao horror e morte também emergiu um estupendo exemplo de vida.

Desde o início, a administração judaica do gueto conseguiu improvisar um sistema rudimentar de serviços públicos, incluindo energia elétrica, saneamento, segurança, aplicação da lei e, no tocante à moradia, obter o máximo da escassez. Quanto à educação, os alemães no protetorado haviam zombado que, em seu "admirável mundo novo", os tchecos não teriam necessidade prática de ensino além da oitava série, enquanto os judeus não precisariam de ensino algum. Consoante essa lógica, as aulas formais foram banidas em Terezín, mas a proibição foi burlada na prática pelo desejo dos prisioneiros de aprender e ensinar. Qualquer que fosse sua língua preferida, os reclusos respeitavam o conhecimento. Muitos eram acadêmicos, e alguns possuíam conhecimentos de nível internacional. O grupo de professores e instrutores qualificados era grande.

Embora as aulas pudessem ser interrompidas a qualquer momento, costumavam ser conduzidas durante várias horas ao dia em dormitórios, porões, sótãos — o que estivesse disponível. Um olheiro avisava da aproximação da SS. No caso de uma inspeção, os alunos eram exímios em ocultar o material de ensino e fingir que estavam envolvidos numa atividade permitida, como canto, desenho ou limpar a bagunça dos quartos.

O ensino em Terezín não era apenas um meio de terapia. As crianças aprisionadas estavam entre as mais bem-educadas do Reich. Seus colegas em Praga, Viena ou Berlim aprendiam apenas o que as autoridades alemãs julgavam essencial. Os educadores em Terezín não tinham mais nada a perder. Se todo ensinamento era ilegal, por que não ensinar a história do judaísmo, da ética grega, filosofia moral e a poesia de Heinrich Heine? Por que não organizar grupos de estudo que se aprofundassem no russo e no latim? Por que não dedicar as noites a eventos culturais que incluíssem palestras, poesia, teatro e canções não apenas em alemão, mas em hebraico e tcheco? Por que não apreciar peças baseadas nos contos de Sholem Aleichem sobre Tevya, o Leiteiro?

Especialmente nos dois primeiros anos do gueto, as expectativas de que ao menos as crianças sobreviveriam eram grandes. Porém, mesmo quando tal otimismo tornou-se mais difícil de sustentar, as aulas continuaram com o mesmo vigor. Ensinar a uma criança opções morais também era uma opção moral — e uma opção corajosa.

A assistência médica também apresentava um paradoxo. Ali, nas profundezas do Vale das Trevas, esforços heroicos vinham sendo realizados para prevenir infecções e tratar feridas e doenças. O fato de que o campo possuía cerca de quinhentos médicos ajudou, embora muitos fossem idosos. O sistema de assistência médica carecia de medicamentos e mal dava conta da demanda, mas a taxa de sobrevivência de doenças como escarlatina e difteria superava 90%. O campo também se beneficiou de equipamentos cirúrgicos trazidos dos hospitais judaicos do protetorado, agora fechados. Milhares de operações dentárias, oculares e outras foram realizadas.

Aquele era o ambiente predominante quando, em 26 de novembro de 1942, Rudolf Deiml, sua esposa Greta e a jovem Milena chegaram ao gueto em companhia da maioria da população judaica de Strakonice. A viagem fora fria. De acordo com um vizinho, a neve tinha sido tão pesada que "a maioria das pessoas não conseguia carregar seus pacotes e colocá-los, um sobre o outro, ao lado da estrada. [...] No vagão de trem, os bancos estavam cobertos de uma camada fria de gelo".[5] No entanto, aos 52 anos, Rudolf estava mais preparado do que estivera seu sogro para sobreviver aos rigores do tempo gelado e de Terezín. Ele também era um homem sociável, com conhecimentos médicos que estavam sempre em demanda. Greta, por sua vez, esperava dedicar seu tempo às crianças.

Só posso imaginar as emoções que dominaram minha tia e tio ao trocarem seu ambiente familiar pelas incertezas de Terezín. O mesmo vale para os sentimentos ambíguos com que, suspeito, foram recebidos por vovó Olga. Em qualquer outro lugar, ela estaria vibrando, mas vê-los, especialmente Milena, condenados a uma vida de prisão deve ter gerado muita ansiedade e tristeza.

Mesmo assim, não havia escolha. Em pouco tempo, Rudolf estava supervisionando a assistência médica nos alojamentos para mulheres e crianças. Greta, embora separada do marido, conseguia ver Milena regularmente, pois foi designada para cuidar das meninas no quarto ao lado daquele de sua filha. Como a maioria, os quartos estavam lotados, quarenta ou mais pessoas morando em cada um. Greta e outras mulheres brincavam com as meninas e zelavam para que se lavassem e arrumassem as camas todas as manhãs. As refeições, preparadas em grandes panelões, consistiam em sopa aguada, pedaços de batata, pão velho e uma colher ocasional de geleia.

Cercados de miséria, Olga, Greta e Milena devem ter extraído forças uns dos outros. Terezín, porém, era inimiga mesmo de pequenos confortos. Uma epidemia de febre tifoide irrompeu entre as crianças, das quais cerca de 125 estavam infectadas em janeiro e outras quatrocentas em fevereiro. Os pais se assustaram. Os alemães temeram os riscos de contágio. Um proeminente médico nazista foi chamado de Praga para analisar a crise. Himmler, escalado para uma visita, subitamente alegou que tinha compromissos urgentes em outro lugar.

Esforços frenéticos foram feitos para descobrir a origem da epidemia. Suspeitou-se da cozinha das crianças, mas nenhum dos reclusos que lá trabalhavam estava doente. As mortes aumentaram. Helga Weissová, de 12 anos, escreveu em seu diário: "A irmã de Lilka morreu. Lilka também está com febre tifoide. Vera, Olina e Marta estão na enfermaria. Milča foi levada ao alojamento de Hohenelbe ontem. Dizem que está morrendo."[6]

Duas das mulheres adultas que cuidavam das crianças também contraíram a doença. Uma delas foi minha tia Greta Deimlová. Ela morreu, após dez dias de doença, em 15 de fevereiro de 1943.

Milena não tinha mais uma mãe para cuidar dela, e seu pai continuava com os homens no alojamento. Segundo as regras, ela foi encaminhada para uma casa de três andares, designada como L-410, que fornecia abrigo para umas 360 meninas entre 8 e 18 anos, na maioria tchecas. Ali foi exposta a uma rotina nova. O dia começava às sete horas. Aqueles que acordavam primeiro corriam ao banheiro para não terem de enfrentar a fila. As mãos recebiam um borrifo de desinfetante sob o olhar vigilante de uma mulher mais velha, cujo refrão constante era: "Lavem suas mãos antes de comerem e quando se levantarem da privada."[7]

As camas eram então arejadas e os colchões sacudidos, num esforço, geralmente inútil, para impedir infestações de percevejos e piolhos. Depois vinha a chamada e a distribuição de tarefas — limpar, consertar, apanhar coisas, colher alimentos e outras tarefas. Algumas das meninas faziam parte de uma organização chamada Yad Ozeret ("Assistência" em hebraico). Elas se ofereciam para ajudar prisioneiros mais velhos carregando bagagens, recitando poemas e animando festas de aniversário.

Antes e após as tarefas, havia bastante tempo para a escola. Milena foi uma das que tiveram aulas com uma protegida de Paul Klee de 44 anos, Friedl Dicker-Brandeis, que na década de 1930 se mudara de Viena para Praga, onde mantivera uma escola de arte para crianças. Em Terezín, seus alunos incluíam as meninas de L-410.

"Você não precisava desenhar bem", recordou Helga Weissová. "Aquilo não era o que realmente importava. O fundamental era você desenvolver seus talentos, aprender a ver. Reconhecer cores. Brincar com cores."[8] Dicker-Brandeis ensinava as moças a desenharem em resposta a histórias, desejos, ideias, até ritmos batucados numa mesa. "Um dia, ela propunha um tema", escreveu Weissová, "um animal em uma paisagem, ou simplesmente dizia: 'Temporal, vento, noite — pintem isto!' Outro dia, ela esboçava uma história de fantasia em poucas frases ou nada dizia além de 'Pintem onde gostariam de estar agora'".

Nada era fácil em Terezín. Dicker-Brandeis tinha o alemão como sua primeira língua. Os materiais de desenho e o papel eram escassos. Mesmo assim, as crianças produziram mais de 4 mil desenhos em lápis preto, lápis de cor e aquarela. Os temas incluíam praticamente tudo, exceto o que não era permitido — a vida real dentro de Terezín. Muitos dos desenhos sobreviveram. Quando o gueto foi libertado, um par de malas foi encontrado no quarto de uma das crianças, abarrotadas de desenhos, entre eles muitos de Milena. Vê-se que minha prima adorava desenhar retratos, trens, casas, carrinhos de bebê e uma variedade de animais, incluindo cães, porcos, cavalos e camelos. O sol está quase sempre presente, às vezes sorrindo, outras vezes não. Atualmente uma seleção da arte das crianças de Terezín, inclusive um desenho de Milena, está exposta no Museu Judaico de Praga.

Desenho de Milena Deimlová

Perto do L-410 ficava L-417, uma antiga escola municipal convertida em dormitório para meninos tchecos. Ali uma das criações literárias mais notáveis de Terezín foi produzida. A cada semana, os moradores de Terezín criavam várias revistas, incluindo *Vedem* (Na Liderança). Como a reprodução não era possível, apenas uma cópia era criada. Nas noites de sexta-feira, os meninos se reuniam para ler suas contribuições em voz alta. Os textos incluíam poemas, sátiras, ensaios sobre a administração da prisão e entrevistas com celebridades do gueto como o cozinheiro, o engenheiro-chefe, a enfermeira ou o chefe de polícia. O editor era Petr Ginz, um filho extremamente precoce de 15 anos de uma mãe católica com um pai judeu.

Dotado de um desejo ilimitado de autoaperfeiçoamento, Ginz era visto quase todas as noites sentado de pernas cruzadas em sua cama-beliche, cercado de materiais de escrita e pintura.

Por um breve tempo, Petr manteve um diário no qual prometeu dedicar mais esforço à pintura, encadernação, aumentar de peso, estudo do budismo, linoleogravuras, estenografia, inglês, russo, Platão e Balzac. Mas logo resolveu parar. "Declaro pelo presente", começou sua anotação de 16 de fevereiro de 1944, "que manter um diário é estúpido, porque você escreve coisas que deveriam ser mantidas em segredo".[9]

Em um dos textos que escreveu para a *Vedem*, comparou a atitude de muitos em Terezín à expressão manchu "*Mey fah zu*" ou "Não tem jeito":

> A Manchúria não é o único lugar onde existem manchus. Existem muitos deles aqui também. Estamos em Terezín? *Mey fah zu*. Estamos suando feito porcos? *Mey fah zu*. Eles consideram tudo como fatos consumados, desagradáveis com certeza, mas imutáveis. Existe favoritismo aqui? Não tem jeito. O favoritismo é tão imutável, tão natural como a rotação da Terra ou a gravitação. Foi assim no passado, será assim de novo. *Mey fah zu*.

Dentro do gueto, a fome era constante, assim como a sujeira — os privilégios da lavanderia só surgiam a cada seis semanas. Uma visão comum eram homens a caminho do crematório puxando carroças cheias de corpos humanos. Os mesmos vagões serviam para transportar pães. Os mais miseráveis eram os idosos, que, privados das mesmas rações e muitas vezes sem família para enviar pacotes de fora, sobreviviam apenas para se arrastarem pelo campo à procura de alimento. Aquela era uma imagem da humanidade decaída, esqueletos mal cobertos de pele e feridas, incapazes de se lavarem ou de conversarem de forma inteligível. Para os moradores do gueto, tal existência deve ter parecido pior que a morte.

A incerteza central que pairava sobre o campo era alimentada pelos transportes misteriosos para o leste, que começaram, depois pararam, depois recomeçaram. Nem mesmo o Conselho Judaico tinha maiores informações de quando os trens partiriam, nem seus membros sabiam para onde iam, embora o palpite predominante fosse para campos de trabalhos forçados vagamente definidos na Polônia. Os prisioneiros mais realistas entendiam que, qualquer que fosse o destino, seria provavelmente pior que Terezín. Alguns, incapazes de imaginar tal lugar, ofereciam-se para os transportes — especialmente se entes queridos já tivessem sido ordenados a partir.

Os alemães estavam determinados a implementar a Solução Final, mas sem divulgá-la. Até o fim, insistiam que estavam enviando prisioneiros para locais onde poderiam sobreviver ou mesmo viverem juntos como famílias. Em geral eram indiferentes quanto a quais judeus seriam transportados — embora, por um tempo, judeus casados com arianos ou condecorados na guerra fossem poupados. Com um sadismo típico, os nazistas delegavam aos anciões a responsabilidade de decidir quem partiria, prescrevendo apenas o número de passageiros e se deveriam ser jovens, velhos, dotados de certas habilidades ou de uma nacionalidade específica.

A tarefa de selecionar vítimas criou um dilema moral terrível para os líderes judeus. Nomes eram acrescentados, depois retirados, de acordo com critérios subjetivos, como afinidade ideológica, relações familiares, língua, nacionalidade e grau de sofrimento pessoal. Cada vez que se abria uma exceção, outro prisioneiro tinha de tomar seu lugar. Os mais vulneráveis eram adolescentes órfãos, sem ninguém que os defendesse. Inevitavelmente, o poder exercido pelo conselho causava ressentimento. Seus membros dispunham de moradias mais confortáveis, jantares mais fartos e roupas mais limpas. Também estavam em posição de ajudar seus amigos. Os reclusos referiam-se sarcasticamente à importância das vitaminas B (*Beziehung*, ou relacionamento) e P (*Protektion*, ou proteção). Gonda Redlich, membro do conselho responsável pelos jovens, queixou-se: "Os anciões jamais concordarão em reduzir uma fatia de seus direitos."* Acrescentou a pergunta: "Um homem que recebe duas porções de comida está apto a julgar um ladrão que recebe apenas uma porção, quando este tenta retirar uma segunda porção da cozinha?"[10]

---

* Redlich manteve um diário de janeiro de 1942 até sua morte em outubro de 1944. Suas palavras ásperas e muitas vezes comoventes, escritas em folhas de calendários de escritório, só foram descobertas em 1967, quando achadas por trabalhadores — enfiadas numa bolsa de mulher — num sótão em Terezín.

Como discernir, num tal lugar, a diferença entre certo e errado? Vera Schiff, de apenas 17 anos, trabalhava no hospital de Terezín. Uma noite, um renomado cirurgião entrou correndo carregando um fardo nos braços. Vera puxou o cobertor e descobriu um bebê recém-nascido, que o médico implorou que ela matasse. A mãe da criança chegara a Terezín poucos dias antes e conseguira esconder a gravidez. Dar à luz no campo era um crime capital. O médico conhecia a mãe e queria salvar-lhe a vida, mas prejudicar o recém-nascido violaria o juramento de Hipócrates. Ele preparou uma seringa e implorou a Vera que a aplicasse. Sua reação:

> Embora eu não estivesse presa a nenhum juramento, achei impossível pegar calmamente a seringa, injetá-la no bebê e sair. Ambos estávamos nervosos pelo ato deliberado de extinguir uma vida, mesmo a vida de um bebê fadado a morrer, ainda que fosse para tentar salvar a vida da mãe.
>
> Trocamos um olhar doloroso e constrangido. Depois o menino começou a choramingar, deixando o dr. Freund arrepiado. Com frieza e tensão, ele disse que faríamos aquilo juntos. Antes que eu pudesse dizer algo, agarrou minha mão, enfiou a seringa nela e com sua mão envolvendo a minha, forçou a agulha na coxa do bebê.[11]

De acordo com os registros oficiais, a criança jamais existiu. O médico traiu seu juramento e implicou uma moça inocente em seu crime, só para fazer o que — em sua avaliação — constituía a coisa certa. Com certeza a culpa não foi daqueles forçados a fazer tais escolhas, mas dos responsáveis por criar as circunstâncias em que tais escolhas precisaram ser feitas.

19

A ponte longe demais

A decisão fatídica de Hitler de invadir a Rússia deixou suas tropas expostas aos três mesmos guerreiros indômitos — outubro, novembro e dezembro — que haviam derrotado Napoleão mais de um século antes. Em janeiro de 1943, o Sexto Exército alemão rendeu-se às forças soviéticas, após o fracasso de um cerco prolongado e encarniçado em Stalingrado. As tropas Aliadas, tendo enfim prevalecido nos desertos do norte da África, preparavam-se para pressionar Hitler pelo sul através da Sicília e depois pela Itália continental. Churchill e Roosevelt, num encontro em Casablanca, juraram exigir a rendição incondicional da Alemanha. Na Inglaterra, o estado de ânimo começava a melhorar, apesar do blecaute constante. "Hitler e sua turma estão gemendo no momento", escreveu uma mulher de uma aldeia perto de Coventry, "e nós... bem, nós estamos nos sentindo bem melhor!".[1]

Beneš também estava eufórico. "Nossa causa está internacionalmente garantida", ele disse aos seus assessores. "Nosso governo no exílio foi reconhecido por todos os países democráticos. Temos um tratado de aliança com a Grã-Bretanha. Renovamos o tratado franco-tcheco com De Gaulle. As potências aliadas declararam o Tratado de Munique nulo e sem efeito. Chegou a hora de assinar um tratado com a União Soviética."[2]

Forjar um vínculo firme com Moscou era um elemento essencial na estratégia de pós-guerra de Beneš. Munique não teria acontecido, ele argumentou, se os britânicos tivessem desconfiado menos dos soviéticos. Se seu povo quisesse viver seguro, a parceria entre Rússia e Ocidente deveria continuar. Sim, os líderes soviéticos eram totalitários, mas aquilo era previsível, dada a tradição czarista do país. A exposição prolongada ao Ocidente com certeza teria um efeito libertário, processo esse que a Tchecoslováquia, com seus valores democráticos, poderia ajudar a acelerar. Quer essa esperança se realizasse, quer não, Beneš acreditava que seu país precisava de um amigo poderoso. Mesmo derrotadas, Alemanha, Hungria e Áustria continuariam avultando, cercando e ameaçando. Ele perdera a fé nas promessas ocidentais. Moscou devia ser cortejada.

A perspectiva de tal romance não despertou maiores reações na Grã-Bretanha. O Foreign Office não estava muito preocupado com o futuro da Tchecoslováquia, mas a Polônia, bem maior e com um exército no exílio de 200 mil homens, atraía a atenção. Se soviéticos e tchecos negociassem uma paz em separado, como ficariam os poloneses? À semelhança de Beneš, os líderes poloneses queriam restaurar as fronteiras pré-guerra de seu país. A dificuldade era que, enquanto a Tchecoslováquia havia sido ocupada pela Alemanha, a Polônia fora corroída dos dois lados. Os alemães, quando derrotados, poderiam ser forçados a devolver o que haviam tirado, mas os soviéticos eram aliados e teriam de concordar voluntariamente.

Para complicar ainda mais as coisas, em abril os nazistas descobriram os corpos de 4 mil oficiais poloneses na floresta Katyn, perto da cidade russa de Smolensk. A Wehrmacht atribuiu as mortes aos soviéticos, os quais, indignados, negaram a acusação e culparam os nazistas. Essa discussão entre os dois Estados totalitários atraiu a curiosidade de um diplomata britânico principiante que investigou e depois informou aos seus supervisores que, dessa vez, os alemães estavam certos. Moscou havia sido responsável pelas execuções de Katyn e por muitas outras. Em particular, os ingleses concordaram que Stalin era um açougueiro pavoroso, mas que havia assassinado tanta gente de seu próprio povo que fazer o mesmo a umas centenas de poloneses não deveria ser considerado chocante, mas publicamente nada disseram temendo ofendê-lo. Do outro lado do Atlântico, o governo Roosevelt recusou-se mesmo a avaliar os indícios.

Aliados em briga são uma ameaça a qualquer esforço de guerra. Beneš, a pedido dos britânicos, tentou acalmar os ânimos defendendo a ideia de uma federação pós-guerra que unisse seu país com a Polônia e que teria também a bênção diplomática da União Soviética. Para isso, no início de 1942, assinou uma declaração de princípios e começou uma série de discussões com seus colegas poloneses. O projeto empacou quando os soviéticos se recusaram a cogitar devolver quaisquer territórios que haviam roubado, posição que os poloneses acharam inaceitável. Com o decorrer das semanas, Beneš ficou ansioso. Ele não queria que a segurança de seu país ficasse refém de uma negociação que jamais teria sucesso. Em vez disso, fecharia seus próprios acordos com base nos interesses tchecos.

Mais ou menos naquela época, Beneš avaliou e rejeitou um convite de Stalin de transferir sua base de operações para Moscou. Os soviéticos insinuaram que Beneš deveria se mudar se quisesse acompanhar o contingente oriental do Exército tcheco quando este libertasse sua terra natal. De acordo com os propagandistas soviéticos, aquela força estava se expandindo rapidamente e logo chegaria a 20 mil membros. Na verdade, ainda era modesta e de pouco valor militar.

Os soviéticos tentaram controlar Beneš, daí o capacho de boas-vindas em Moscou, mas o presidente não poderia fazer tal mudança sem trair seus partidários democráticos baseados em Londres, inclusive meu pai. Devido à guerra, a rivalidade entre membros do Partido Comunista e de outros partidos estava atenuada. Todos vinham combatendo do mesmo lado. Entretanto, na comunidade do exílio, havia dois centros de transmissões radiofônicas, dois conjuntos de soldados e dois grupos de políticos tentando se posicionar para o futuro. Na própria Tchecoslováquia, havia tendências ideológicas bem diferentes dentro da resistência. A competição entre as facções era inevitável. Beneš, agora reconhecido por todos como o líder legítimo da nação, estava determinado a preservar seu status posicionando-se acima da briga. Decidiu ir a Moscou, não para permanecer, mas para assinar um tratado de amizade que assegurasse um dos pilares da estrutura diplomática que queria criar.

A POLÍTICA EXTERNA DE todo país pequeno começa com uma pergunta: como podemos sobreviver? A questão é particularmente crítica se o país está na posse de recursos que outros valorizam ou se sua localização é interessante para potências maiores. Essa vulnerabilidade explica por que estados menores são muitas vezes os mais eloquentes no apoio às instituições — tais como as Nações Unidas — que visam proteger os direitos e a soberania de todos. Beneš, em 1943, não podia depender da esperança de que a ONU do futuro seria bem-sucedida. Ele acabara de ver o fracasso da Liga das Nações. Por isso, precisava enfrentar a realidade de que preservar um Estado pequeno muitas vezes requer ao menos uma dependência limitada de uma potência maior. No caso da Tchecoslováquia exigia ainda mais: uma amizade com a União Soviética que o Ocidente não achasse ameaçadora e um relacionamento caloroso com o Ocidente que a Rússia não objetasse.

Tendo decidido ir a Moscou, o presidente precisava forjar um vínculo paralelo com o Ocidente — e por Ocidente tinha em mente mais do que suas relações ambivalentes com os britânicos. Não era preciso ser um observador tão arguto como Beneš para perceber que os Estados Unidos exerceriam mais influência no pós-guerra, mesmo na Europa, do que as autoridades assoberbadas em Londres. Ele não queria que nenhum mal-entendido surgisse com Washington e achou prudente se reapresentar e explicar suas intenções às autoridades naquela capital. Nunca antes tendo voado pelo Atlântico, reuniu coragem, redigiu um testamento novo e pegou um avião com destino a oeste.

Quatro anos antes, quando Beneš chegara aos Estados Unidos, era o líder deposto de um país em desintegração. Agora uma guerra vinha sendo travada, e ele era um membro importante, se não um dos principais, do time Aliado. Em 12 de maio de 1943, foi recebido na Casa Branca com honras militares. Numa recepção em South Lawn, a banda da Marinha tocou o hino tcheco "Onde está meu lar?" e, após um jantar oficial, Beneš conversou em particular com o presidente Roosevelt até duas da manhã.

Nas palavras de um relatório da inteligência americana, Franklin Delano Roosevelt achou o plano do visitante para o futuro da Europa "bem interessante".[3] Beneš previa "uma esfera de influência russa no leste europeu e [outra] na Europa Ocidental sob a liderança da Inglaterra". Ofereceu-se a Roosevelt como alguém que poderia servir de mensageiro entre Moscou e as capitais ocidentais. Deixou também claro seu desejo de amizade com Stalin, observando que seu país e a União Soviética seriam vizinhos. Seria portanto inevitável que os soviéticos tivessem uma ampla influência no período do pós-guerra. Beneš assegurou aos americanos que os tchecos, mesmo sendo eslavos, eram basicamente ocidentais na cultura. Eles não se tornariam subservientes aos comunistas, mas buscariam ter relações cordiais com ambos os lados.

Beneš e Roosevelt, Washington, D.C., 1943

Em uma vitória do pragmatismo sobre os princípios, os dois homens concordaram que a tentativa da Polônia de culpar a União Soviética pelas mortes da floresta Katyn era imprudente e que as pretensões territoriais do Kremlin na Polônia teriam de ser respeitadas. Franklin Delano Roosevelt encorajou seu visitante a desenvolver vínculos fortes com os russos e perguntou se também ele deveria se reunir com Stalin. Após uma discussão prolongada que abordou a França, as instituições do pós-guerra e o futuro da Alemanha, Beneš insistiu em seu objetivo de expulsar os alemães do território tcheco dos Sudetos ao final da guerra e ficou grato ao receber o apoio implícito dos Estados Unidos.

Nos dias seguintes, Beneš teve uma série de encontros com grupos de imigrantes, manteve longas discussões com líderes legislativos e discursou numa sessão conjunta do Congresso, onde se referiu ao seu país como um "afilhado dos Estados Unidos". Falou também para públicos entusiasmados em Nova York, Detroit e Chicago e num encontro carregado de emoção na recentemente renomeada cidade de Lídice, Illinois. Antes de partir, foi informado por Harry Hopkins de que "Roosevelt estima seus conselhos e julgamentos sensatos sobre as questões europeias. Embora ele próprio acompanhe cuidadosamente os assuntos europeus, não pode conhecer todos os detalhes e gostaria de manter contato constante".[4] Beneš retornou à Inglaterra satisfeito por Roosevelt ter aprovado suas políticas e valorizado seu papel. Sentiu que poderia ir à União Soviética sem medo de se indispor com seus amigos democráticos.

Na noite de 23 de novembro, Beneš iniciou uma peregrinação memorável ao Leste. Como T. G. Masaryk na Primeira Guerra Mundial, visitaria a Rússia em auxílio à independência e liberdade de seu país. Devido ao mau tempo, seu avião não conseguiu ir além do pitoresco porto de Baku no mar Negro, de onde o presidente embarcou numa viagem de trem de quatro dias através do Cáucaso até Moscou. Ao passar pelo interior, teve a oportunidade de ver quão pouco sobrara das cidades e aldeias varridas pelo furacão da invasão alemã. "Passei [...] por aldeias, linhas e estações ferroviárias, pontes e estradas destruídas", escreveu mais tarde, e "pilhas intermináveis de tanques, carros, aviões, vagões ferroviários e todo tipo de armas destruídos. Numa bonita noite clara passei por Stalingrado e vi a destruição incrível perpetrada pelos alemães, casas demolidas das quais restavam apenas as quatro paredes principais apontando para o céu como dedos apavorantes e alertadores".[5]

Beneš acreditava estar numa missão de importância histórica, sentindo-se portanto ansioso por retornar com notícias que validassem sua viagem. Aquele impulso, além de uma falta de poder de negociação e sua decisão de viajar sem seus altos assessores, fez dele um hóspede facilmente manipulável pelos soviéticos. O fato de que Zdeněk Fierlinger, seu embaixador em Moscou, estava mais preocupado em agradar aos soviéticos do que em defender os interesses tchecos tampouco ajudou.

Após ser recebido pelo Kremlin com as mais altas honrarias, Beneš se engajou em amplas conversas com Stalin, seguidas por uma excursão VIP a fábricas, institutos científicos, instalações militares e teatros. Como muitos visitantes em Moscou, foi induzido a adotar uma visão favorável do sistema soviético em parte por se sentir entre amigos. Aonde quer que fosse, topava com cidadãos trabalhadores que aparentemente adoravam o comunismo e — em contraste com os londrinos — estavam bem informados sobre o sofrimento tcheco. Ficou genuinamente impressionado com o empenho da União Soviética em sua rápida reconstrução, apesar dos golpes violentos que sofrera. O Exército Vermelho perdera meio milhão de homens só na luta por Stalingrado. Ele também atribuiu à revolução a transformação de um país de camponeses iletrados em uma sociedade industrial moderna. "Masaryk recusou-se a aceitar que o regime soviético perduraria", ele observou a um de seus assessores. "Pergunto-me o que ele diria agora. Um regime capaz de melhorar os padrões de vida de 90% do povo está destinado a se manter. É isso que tantos no Ocidente não percebem."[6]

Beneš estava convencido de que os países e seus líderes podiam ser transformados pelos acontecimentos. Viu aquilo acontecendo com Stalin e a Rússia. Em sua visão, o líder soviético estava totalmente dedicado à derrota e ao desmembramento da Alemanha, metas que também eram fundamentais para a Tchecoslováquia. Dada a natureza modesta de suas próprias ambições para o pós-guerra, Beneš teve certeza de que o espírito de cooperação iria continuar. Assegurou que, uma vez reempossado, seu governo conduziria as relações exteriores de forma plenamente aceitável aos soviéticos. Beneš previa uma colaboração econômica e militar estreita, até íntima. Pediu apenas que Moscou apoiasse seu desejo de expulsar os alemães e que Stalin se abstivesse de interferir nos assuntos internos de seu país. O ditador concordou com aqueles pedidos sem um momento de hesitação. Em 12 de dezembro de 1943, os dois homens assinaram um tratado prometendo amizade e não agressão mútuas por um mínimo de vinte anos. Beneš proferiu seu discurso em russo com uma pronúncia que Stalin brincou ser ao menos "melhor do que antes".[7]

O orgulho do líder tcheco pelo serviço bem-feito ficou evidente no telegrama enviado a Londres: "Considero todas as nossas negociações como um sucesso total. [...] Podemos ter certeza de que todos os tratados e acordos (soviéticos) não apenas conosco, mas também com os britânicos e os Estados Unidos, serão cumpridos."[8] Estava convicto de que "uma nova União Soviética emergirá da guerra",[9] mais tolerante com os outros e cooperativa ao lidar com o Ocidente.

Beneš e Stalin, Moscou, 1943

Antes de deixar a capital russa, Beneš encontrou-se com os exilados comunistas tchecos que haviam se reunido ali, entre eles seu líder, Klement Gottwald, que não via desde a época turbulenta do Acordo de Munique. Gottwald, com 47 anos, estudou para ser metalúrgico e submergiu no dogma e na disciplina do partido por mais de duas décadas. A missão de sua vida era provocar uma revolução dos trabalhadores em sua terra natal. Baixo e atarracado, cabelos escuros e face ampla, Gottwald era conhecido por usar bonés em vez de chapéus e por seu gosto, nada incomum entre seus colegas, por bebedeiras. Um tático autodidata e com frequência astuto, sentia-se fortemente atraído pelo poder e jamais se desviaria intencionalmente da linha soviética.

As circunstâncias do exílio e da guerra haviam deixado o presidente e Gottwald compartilhando o mesmo barco político, realidade que não agradava a nenhum dos dois. Beneš era fiel à nação, Gottwald, a uma doutrina que — ao menos teoricamente — desprezava o nacionalismo. O primeiro era um dedicado democrata; o último considerava a democracia um engodo da burguesia para negar aos trabalhadores seus direitos. Beneš era disciplinado e meticuloso ao extremo; Gottwald era bombástico e pouco diplomático, quase grosseiro. No entanto, não lhes restava outra opção senão se entenderem, porque na época um precisava do outro.

Durante seu encontro, os dois conseguiram concordar sobre a primazia do esforço de guerra, punição dos colaboradores e redução drástica do número de alemães em seu país. Gottwald insistiu que o primeiro-ministro do pós-guerra deveria vir de um dos partidos de esquerda, e o presidente, que acabara de se encontrar com Stalin, não se sentiu em posição de discordar. Ambos achavam óbvio que o novo governo deveria ser comandado pelos líderes no exílio — ou seja, por eles — em detrimento dos combatentes da resistência que lutavam para sobreviver em casa. A atmosfera harmoniosa se dissipou, porém, tão logo a discussão se voltou para decisões tomadas antes da guerra, Gottwald culpou o governo por capitular e ridicularizou a alegação de que os acontecimentos subsequentes haviam comprovado a prudência daquela decisão. Quando Beneš afirmou que a nação iria "sobreviver à guerra melhor do que qualquer um poderia ter imaginado",[10] o líder comunista bateu na mesa e denunciou "as consequências morais nefastas que Munique deixou para nosso povo". Beneš respondeu perguntando o que ele achava que teria acontecido se os tchecos tivessem ingressado na guerra sozinhos. "Eu reivindiquei o mérito", ele escreveu com um toque de afetação, "de ter previsto, em 1938, que certas coisas iriam acontecer e que outras coisas não".

Poucas tentações são mais prejudiciais a um líder do que agir baseado em esperanças, em vez de fatos. Chamberlain havia depositado sua confiança no bom senso de Hitler, Daladier, na suposta invulnerabilidade da Linha Maginot. Stalin achara que os alemães não ousariam atacá-lo. Hitler se imaginava um agente do destino. Beneš, o líder de um país pequeno em uma região perigosa, queria acreditar na capacidade de crescimento intelectual e moral de Stalin. Desse modo, considerava o tratado recém-negociado como um marco na história diplomática de sua nação. Acreditou que salvaguardaria a segurança tcheca, dissuadiria os soviéticos de intervirem nos assuntos de seu país e criaria um modelo para as relações entre a União Soviética e o resto da Europa Central. Aquelas eram grandes expectativas.

Em sua defesa, Beneš sabia que, após a derrota dos alemães em Stalingrado, a melhor chance de sobrevivência de Hitler era dividir os Aliados. Assim, a propaganda nazista baseou-se cada vez mais na ideia de salvar a civilização dos bolchevistas. Beneš temia que o furor anticomunista solapasse a unidade ocidental nos estágios finais da guerra. Achava importante combater tal sentimento defendendo a confiabilidade de Stalin e prevendo um futuro no qual o Ocidente não precisasse temer o Oriente. Era um pensamento estratégico sensato, contanto que Beneš não se deixasse enredar demais no feitiço de suas próprias palavras.

20

Olhos desesperados

Verão de 1943. O porão do alojamento das meninas em Terezín (L-410) havia se tornado um salão de ensaio de concertos e peças de teatro. Os moradores, que incluíam minha prima de 10 anos Milena Deimlová, muitas vezes arrumavam tempo para descer e ouvir ou assistir. Era ali que ensaiava o coro das meninas e eram encenadas as produções do gueto de *A noiva vendida, A flauta mágica* e *As bodas de Fígaro*. Algumas meninas do L-410 também apareceram em *Brundibár*, uma ópera infantil. A obra, composta em Praga, havia sido encenada lá no inverno anterior por um elenco de órfãos judeus. Quando o compositor e muitos dos cantores se viram em Terezín, reviveram o espetáculo, ensaiando no sótão do dormitório dos meninos L-417. O libreto da ópera descreve uma batalha de inteligência entre um tocador de realejo malvado (Brundibár) e uma dupla de irmãos pobres que cantam nas esquinas das ruas para arrecadar dinheiro para sua mãe acamada. Com a ajuda de alguns animais musicalmente dotados, as crianças acabam vencendo. A canção final, "Brundibár foi derrotado", era popular entre os muitos prisioneiros que associavam Brundibár a Hitler. A partir de setembro, a ópera foi encenada 55 vezes, sempre com casa lotada.

Como um oásis num deserto, a cultura e as artes animavam a paisagem do gueto. Havia um menu constante de palestras, leituras e peças teatrais, enquanto as apresentações musicais eram prejudicadas apenas pela escassez de instrumentos funcionando. Os moradores estavam ávidos por diversões apesar do sacrifício físico de sua rotina diária. Mesmo grupos relativamente humildes mandavam convites para que a multidão não excedesse a capacidade de seu "teatro". Um deles dizia: "O Serviço de Limpeza [...] tem o prazer de convidá-lo para uma noite de cabaré em 12 de janeiro de 1943 às 8 horas na sala de descascar batatas do AH (alojamento Hamburgo)."[1]

Gerty Spies, uma prisioneira que em épocas mais afortunadas desfrutara a vida cultural de Berlim em toda a sua diversidade, escreveu:

> As apresentações se multiplicavam [tornando-se] mais variadas, mais confortáveis para os artistas e o público. [...] Podiam-se escolher concertos, teatro (sem cenário, claro), narrativas de viagem, palestras científicas e literárias, noites de canções e o que mais se possa imaginar.[2]

A atmosfera repressiva tornava perigosa qualquer tentativa de transpor o limite que separava arte de política. Devido à familiaridade com sua própria língua e cultura, os tchecos tinham uma vantagem que os artistas alemães não possuíam. Alguns meses antes do fim da guerra, uma segunda ópera infantil foi apresentada, baseada em "Vaga-lumes", um conhecido conto de fadas. O público da prisão se encantou ao ouvir o hino nacional tcheco discretamente inserido na partitura. A sátira de Karel Schwenk, *O último ciclista,* também foi escrita em Terezín. Conta a história de um ditador que culpa as pessoas que andam de bicicleta por todos os problemas de seu país. O tirano bane qualquer um incapaz de provar que seus ancestrais haviam sido pedestres por ao menos seis gerações. Um ciclista intrépido se revolta e é lançado na prisão, onde é ridicularizado pela população local. Como em *Brundibár,* a virtude triunfa no final.

Os nazistas privaram os reclusos de sua liberdade física, mas não da capacidade de pensar — e de fazê-lo bem além dos terrores de sua situação. A prisão incluía pessoas ávidas por conversarem sobre linguística, botânica, antropologia, teologia, literatura — quase tudo. Um dos conferencistas mais populares foi Leo Baeck, um rabino reformista de 70 anos natural de Berlim, que dava palestras sobre "Pensadores filosóficos de Platão a Kant". Honrado e eloquente, Baeck inspirava aqueles à sua volta a preservarem o respeito próprio. Mesmo com o corpo definhando devido à falta de nutrição, continuou trajando seu terno e gravata e aparando meticulosamente a barba. "Nunca se torne um mero número", ele dizia. "Curvamo-nos diante de Deus, mas ficamos eretos diante do homem."[3]

Baeck era admirado por seu saber, integridade moral e coragem (quatro de suas irmãs morreram em Terezín). Tinha, porém, um segredo. Um fugitivo de um campo de trabalhos forçados na Polônia havia lhe contado sobre as câmaras de gás em Auschwitz. Aquilo significava que, para a maioria dos prisioneiros, uma convocação para um transporte equivalia a uma sentença de morte. Após refletir, Baeck decidiu não revelar o que ficara sabendo, porque não queria desesperar ainda mais seus colegas prisioneiros, e porque mesmo em Auschwitz era possível sobreviver sendo escolhido para um destacamento de trabalho. A resposta certa ao seu dilema — contar ou não contar — tem sido debatida desde então.

* * *

Quando, em dezembro de 1942, as nações aliadas denunciaram as atrocidades nazistas contra os judeus, haviam citado notícias de execuções em massa nos campos de prisioneiros da Polônia. Himmler negou que tais massacres estivessem ocorrendo. Simulando indignação, convidou a mídia e a Cruz Vermelha a inspecionarem um campo de trabalhos forçados e também a "instalação modelo" de Terezín. Claro que, antes que o gueto pudesse receber visitantes, alguns preparativos seriam necessários.

Para começar, o nível da população foi estabilizado. Enfatizou-se a limpeza para reduzir os riscos à saúde. A comida tornou-se mais palatável. Cavaram-se poços novos, e instalou-se um encanamento de esgoto. Os prisioneiros tiveram tempo para melhorar a aparência de seus alojamentos. Crianças e adolescentes puderam formar times de futebol. Ruas designadas somente por letras e números receberam nomes mais atraentes: L-I tornou-se a rua do Lago, apesar da ausência de qualquer lago.

Essas mudanças bem-vindas, embora em grande parte cosméticas, foram interrompidas quando, em julho de 1943, a divisão de arquivamento da Gestapo solicitou espaço de escritório a salvo dos bombardeios dos Aliados. Milhares de prisioneiros foram expulsos de suas moradias, entre eles meu tio Rudolf Deiml e um amigo, Jiří Barbier, um carpinteiro profissional. Juntos, eles e alguns outros conseguiram construir novos alojamentos para si, com uma mesa, quatro cadeiras, um armário e um pequeno fogão.

Mas nem todos eram carpinteiros. O desalojamento criado pelos arquivistas fez com que a superlotação retornasse. Por ordem de Himmler, os transportes haviam sido suspensos por sete meses, mas circulou a notícia de que, em setembro, um comboio novo — e gigantesco — partiria. A lista de passageiros potenciais incluía Olga Körbelová, Rudolf Deiml e Milena Deimlová. Com muita apreensão, os três se prepararam para partir. Exatamente o que aconteceu depois não se sabe, mas a resposta pode provavelmente ser encontrada num bilhete escrito por Gonda Redlich. Nele, o líder dos jovens explicou ao conselho que a mãe de Milena morrera enquanto cuidava das crianças durante a epidemia de febre tifoide e que a menina sucumbira à tuberculose. O valor de Rudolf como médico também pode ter contribuído para aquele alívio. De qualquer modo, seus nomes foram riscados da lista.

Em 6 de setembro de 1943, mais de quinhentos prisioneiros, na maioria falantes de tcheco, deixaram Terezín, sendo seguidos em dezembro por um número igual. Os passageiros desses transportes, embora destinados a Auschwitz, não passaram pelo processo de seleção habitual, qual seja, a divisão entre prisioneiros considerados aptos para trabalhar e aqueles enviados imediatamente às câmaras de gás. Em vez disso, foram desviados para a vizinha Birkenau, onde um "acampamento de família" de prisioneiros de Terezín foi criado. Aquela era supostamente a instalação humanitária que Himmler queria que o mundo visse. As crianças receberam sua própria área de lazer e uma alimentação mais satisfatória. Os adultos, além dos trabalhos braçais, teciam e confeccionavam roupas. Com o tempo, o campo também ficou superlotado. Para abrir espaço, em 8 de março de 1944, os passageiros do transporte de setembro que haviam sobrevivido aos seis primeiros meses foram convocados para um falso destacamento de trabalho. Naquela noite, mais de 3.700 judeus tchecos foram executados, de longe o maior assassinato em massa de tchecos durante a guerra.

De novo, a Resistência polonesa tentou divulgar os massacres. Porém, três meses decorreram antes que informações confiáveis alcançassem o governo no exílio, em Londres. A notícia foi acompanhada por uma advertência de que os nazistas planejavam liquidar em 20 de junho os sobreviventes dos transportes de dezembro; faltavam poucos dias. A equipe de radiodifusão do meu pai destacou imediatamente o informe, conjugado com uma promessa de punir todos os responsáveis por assassinatos futuros. A Gestapo respondeu adiando seus planos e ordenando que os prisioneiros do "acampamento de família" enviassem postais, datados de 21 de junho, a Terezín.

Em outubro de 1943, o primeiro dos vários grupos de judeus dinamarqueses chegou ao gueto. Sua recepção foi diferente das outras, e seria um teste para a capacidade de os nazistas enganarem. A Dinamarca fornecera um exemplo instrutivo do que acontece quando o mal é confrontado. Sob a ocupação nazista, o rei Cristiano X e os dinamarqueses recusaram-se a virar cúmplices. Informada de que Eichmann planejava deportar os 8 mil judeus do país, a resistência dinamarquesa conseguiu contrabandear para fora ou esconder 90% deles. Naquele setembro, os asseclas de Eichmann haviam reunido os que restaram, enviando-os a Terezín. Em vez de aceitarem a derrota, o rei Cristiano e a Cruz Vermelha dinamarquesa indagavam constantemente sobre o bem-estar dos prisioneiros, cumularam-nos com cartões-postais e pacotes de comida e exigiram que uma delegação internacional fosse autorizada a inspecionar suas condições de vida.

Seleção em Auschwitz, 1944

A data da visita do Comitê Internacional da Cruz Vermelha (CICV) levou meses para ser marcada e foi repetidamente adiada pelos nazistas. Com isso Himmler ganhou tempo para produzir uma simulação de gueto modelo sobre a qual vinha se vangloriando. Dado o amplo suprimento de trabalho escravo, precisou apenas de alguma tinta, materiais de construção, equipamentos de recreação infantil e confiança no desejo da maioria das pessoas de acreditar no que queriam. Os trabalhadores receberam instruções de criar uma nova sala de espetáculos, remodelar o correio e o banco, adornar o café remodelado com toalhas brancas e flores, além de erguer um pavilhão infantil com caixas de areia e balanços. Artistas foram convocados para usar sua imaginação e retratar a vida social supostamente despreocupada do gueto. A nova Terezín possuía farmácia, confeitaria, coreto, vitrines de lojas repletas de mercadorias tentadoras, uma sala de conferências sofisticada, melhores moradias e uma escola restaurada com o aviso "Fechada para férias".

Em 19 de junho, a Cruz Vermelha recebeu permissão para realizar uma inspeção quatro dias depois. A delegação consistia em dois dinamarqueses e um suíço, Maurice Rossel, representante do escritório do CICV em Berlim. Raramente se fez tanto esforço para impressionar tão poucos. Os líderes judeus foram instruídos no que seriam ou não autorizados a dizer. Os artistas infantis sentaram-se diante de lâmpadas para escurecer suas peles carentes de sol. Para minimizar o potencial de incidentes perturbadores, os reclusos dinamarqueses, supostamente menos intimidados e, portanto, mais passíveis de dizer a verdade, foram mantidos fora de vista. Para reduzir a superlotação, mais 5 mil prisioneiros foram enviados a Auschwitz, entre eles muitos inválidos ou doentes.

Em 23 de junho, às dez da manhã, os delegados chegaram de limusine de Praga. Cada detalhe da visita de seis horas havia sido cuidadosamente planejado. Na agência bancária, os visitantes viram filas de clientes esperando para fazer suas transações. Na lavanderia, mulheres sorridentes lavavam roupas de máxima qualidade. No salão de jantar, os reclusos se fartavam com porções generosas de carne grelhada, legumes e bolo. Lá fora, mulheres jovens riam enquanto partiam — ancinhos nos ombros — para trabalhar no campo. Quando a delegação passou por uma partida de futebol, gritos irromperam para comemorar um gol. Os visitantes chegaram à sala de espetáculos a tempo de assistir ao final de *Brundibár*. Aonde quer que olhassem, viam jogadores de xadrez concentrados na partida, pessoas idosas ouvindo um concerto, jovens passeando despreocupados. Se tivessem prestado mais atenção, teriam até percebido a mesma caravana de crianças bem-vestidas sendo conduzidas por elas diversas vezes no decorrer do dia.

Um dos inspetores, Rossel, havia trazido uma câmera a Terezín com que tirou três dúzias de fotos. Nas pesquisas para este livro, tive a oportunidade de ver algumas daquelas imagens, e uma delas me surpreendeu. Na foto, crianças, reunidas num pequeno grupo, olham de pé para a câmera. Entre elas, uma menina com o braço amigável sobre o ombro de uma companheira. Não só o rosto da menina, mas seu vestido, me pareceram familiares. A última foto que minha família tem de Milena havia sido tirada em 1941 com seus pais. Embora uma identificação conclusiva não seja possível, parece provável que minha prima estivesse entre as crianças obrigadas a marchar por Terezín naquele dia de junho.

Crianças em Terezín, 1944, durante a visita do CICV

Milena Deimlová, 1941, com seus pais

O CICV fornecera à delegação duas listas de perguntas para explorarem durante a visita. Tratavam basicamente do manuseio dos pacotes de assistência. Fiel ao seu propósito humanitário, a organização queria obter uma lista confiável dos moradores do gueto, para facilitar as remessas de correspondência e se certificar de que comida, remédios e roupas chegassem aos destinatários certos. Durante a guerra, o CICV realizou mais de 11 visitas a campos nos quais prisioneiros vinham sendo mantidos. Para reduzir o risco de fraude, a prática padrão era insistir no direito de falar em particular com os prisioneiros. Aquilo não aconteceu em Terezín.

No decorrer da visita, autoridades alemãs, incluindo um auxiliar próximo de Eichmann, estavam a postos para monitorar as conversas. Os reclusos não tiveram chance de falar livremente. Os representantes dinamarqueses mesmo assim detectaram sinais de tensão. Quando perguntaram a um recluso quanto tempo estava morando no seu quarto bem mobiliado, a resposta foi: "Desde ontem."[4] Perguntaram ao chefe do Conselho Judaico o que achava que aconteceria com os prisioneiros. "Não vejo nenhuma saída" foi a resposta. Uma série de outras perguntas recebeu respostas confusas, bem como pedidos para ver lugares inexistentes como a maternidade "plenamente equipada". Mais crucial, porém, foi a resposta à pergunta de se os prisioneiros vinham sendo deportados para o Leste. Não, foi a resposta, Terezín era uma comunidade permanente e autogerida, um *Endlager*, não um ponto de passagem.

Da perspectiva nazista, a farsa dificilmente poderia ter sido mais satisfatória. O relatório apresentado pelos representantes dinamarqueses congratulou os judeus de Terezín pelo que haviam conseguido, mas nos outros aspectos manteve um tom neutro. A mídia da Dinamarca, sob controle nazista, usou as constatações para negar rumores de que judeus vinham sendo enviados para campos de trabalhos forçados. O relato do observador suíço, Maurice Rossel, foi ainda mais prejudicial:

> A cidade judaica é realmente espantosa. [...] Encontramos no gueto alimentos quase impossíveis de achar em Praga. As mulheres mais elegantes trajavam meias de seda, chapéus, lenços de pescoço e carregavam bolsas modernas [...] com certeza raramente houve uma população com assistência médica melhor do que aqueles em Terezín.[5]

Em 19 de julho, os nazistas concederam uma entrevista coletiva para jornalistas estrangeiros usando as palavras de Rossel e suas fotos para negar que os judeus estivessem sendo maltratados ou mesmo mortos em câmaras de gás.

Certos aspectos da visita do CICV permanecem misteriosos. Rossel não era um inspetor experiente. Havia sido contratado em fevereiro daquele ano, treinado em março, e nunca conduzira uma inspeção sem o acompanhamento de um funcionário mais graduado. Seu superior em Berlim, Roland Marti, vinha discutindo havia quase dois anos uma visita a Terezín. Quando enfim foi marcada, Marti saiu de férias. Até hoje, a Cruz Vermelha não sabe explicar por que aquilo aconteceu. Em uma mensagem para mim, um pesquisador do CICV especulou que Marti sabia que uma inspeção séria seria impossível e, portanto, se afastara para preservar sua credibilidade futura.

Como interpretar os relatórios da delegação? Meu primeiro impulso é indagar como os inspetores puderam ser tão cegos, questionar sua credibilidade e, no caso de Rossel, sua atitude em relação aos judeus. Meu segundo pensamento é perguntar quão bem eu teria me saído no lugar deles. Em 2011, ao visitar Terezín, mostraram-me um banheiro na Pequena Fortaleza. Havia duas longas fileiras de pias brancas reluzentes, um chuveiro e uma privada. Que civilizado, pensei. Quem poderia reclamar daquilo? Depois os guias explicaram. O banheiro estava tão limpo porque nunca havia sido usado. Foi construído somente para a visita da Cruz Vermelha, para ser mostrado caso os inspetores insistissem em visitar a Pequena Fortaleza — o que não fizeram.

Após muita reflexão, não posso culpar os inspetores por se impressionarem com o que viram e lhes foi contado. Mas eu os culpo por não sondarem sob a superfície. Dezenas de milhares de judeus haviam sido enviados a Terezín nos trinta meses antes da inspeção. Onde estavam? O CICV sabia os nomes de muitos que deveriam estar no gueto. Por que não pediram para entrevistá-los? Se o gueto era tamanha maravilha, por que os nazistas adiaram a visita tantas vezes? Os inspetores não tinham como comprovar a resposta recebida à pergunta-chave de se judeus de Terezín vinham sendo enviados a campos do Leste. Mas seus relatos ingênuos ajudaram a sustentar a mentira de Himmler.

Existe uma lição aqui para aqueles que conduzem inspeções no presente, seja de prisões, trabalho escravo, campos de refugiados, locais de votação ou instalações nucleares. Não confiem — aprofundem-se. Controlem seu próprio horário. Façam seu dever de casa. Lembrem-se de que informações pela metade podem ser perigosas. Uma inspeção cancelada ou interrompida serve melhor à verdade do que uma visita malfeita.

No caso de Terezín, as consequências trágicas da inspeção deficiente fizeram-se sentir bem além dos limites da prisão. Himmler havia prometido à Cruz Vermelha uma oportunidade de visitar um campo de trabalhos forçados na Polônia. Após a visita da delegação ao "spa", não se insistiu mais naquilo, o que significou que o "acampamento de família" em Auschwitz-Birkenau deixou de ter serventia. Em dezembro e maio, um total de 11 mil judeus tinham sido transportados do gueto para lá. Em julho, alguns foram selecionados para um destacamento de trabalho. Os gêmeos foram enviados ao abominável doutor Josef Mengele. A maioria foi assassinada.*

No mês seguinte, os alemães decidiram explorar ainda mais as mudanças cosméticas em Terezín, produzindo um filme intitulado *Hitler dá aos judeus uma cidade.* As cenas da vida descontraída e próspera criadas

---

* Uma das enviadas de Terezín para o "acampamento de família" de Auschwitz-Birkenau foi Jiřina Smolková, com 19 anos. Em julho, ela ocupou seu lugar entre os prisioneiros na fila para os "chuveiros" na câmara de gás. Desconhecendo seu destino fatídico, os prisioneiros não estavam muito temerosos. Quando um guarda alemão sorriu para Jiřina, ela retribuiu com um sorriso cauteloso. Alguns segundos mais tarde, viu-se retirada da fila. Pouco depois, foi enviada para uma subunidade recém-inaugurada do campo de concentração de Neugraben. As mulheres ali foram incumbidas de várias tarefas, incluindo a construção de casas, instalação de canos e remoção dos destroços causados pelos bombardeios dos Aliados. Em fevereiro de 1945, a SS transferiu as mulheres para outro subcampo (Hamburg-Tiefstack), depois para a superlotada prisão feminina de Bergen-Belsen. Em 15 de abril, o campo foi libertado pelo Exército britânico, que encontrou 60 mil prisioneiros, muitos gravemente doentes. Entre as que haviam perecido no mês anterior estava Anne Frank e sua irmã, Margot. Jiřina não permaneceu em Bergen-Belsen tempo suficiente para sucumbir às más condições sanitárias e doenças desenfreadas. De novo, sobreviveu. Após a libertação, conheceu Vilém Holzer, também tcheco, e também um sobrevivente. Vilém havia sido detido no princípio da guerra e enviado a um campo de trabalhos forçados em Plzeň. No outono de 1939, fora forçado a fazer parte de um experimento alemão que envolvia a injeção da bactéria da febre tifoide. Ele foi um dos poucos que não morreram. Passou grande parte da guerra em Buchenwald. Jiřina e Vilém Holzer construíram um novo lar na Argentina. Sua neta, Mica Carmio, agora trabalha no meu escritório em Washington.

para a Cruz Vermelha foram repetidas diante das câmeras. As mulheres voltaram a ser trajadas com roupas elegantes e a ser obrigadas a passear no calor de verão. Moças desciam um quarteirão mordiscando pedaços de fruta que, assim que dobravam a esquina, eram arrancadas, comidas pela metade, de suas mãos.

Um texto soturnamente satírico na *Vedem*, a revista dos meninos, captou o estado de espírito:

> "Agora, cavalheiros, você com o nariz comprido, você gorducho, você quatro-olhos, alinhem-se para a filmagem. Mostrem um ar agradável, satisfeito, como se acabassem de jantar um ganso. Você, judeu fedorento, que espécie de olhar é este? Toma um tapa na cara" — e os golpes começam a ser dados, *jabs* de cotovelo, pontapés dados por um cavalheiro de verde na cabeça de um ancião indefeso. Um grupo inteiro de velhas senhoras é ordenado a ir tomar banho. [...] Uma anciã, que sequer sabe nadar, tem que cair na água. [...] Judeus ortodoxos e rabinos foram enviados à orquestra municipal e tiveram de saltitar ao ritmo da banda de jazz.[6]

O espetáculo era obsceno, como todo o resto. Conforme observou Redlich em seu diário: "Nem os reis do Egito filmavam as crianças que queriam matar."[7]

Novos prisioneiros continuaram chegando. No final do verão, mais de 2 mil chegaram da Holanda. Com a população do gueto voltando a crescer, os nazistas começaram a se preocupar com a possibilidade de rebelião. Sua solução foi recomeçar os transportes, com ênfase nos homens em boas condições físicas. Os moradores do gueto foram informados de que os deportados seriam enviados à cidade de Dresden, próxima ao gueto, para trabalharem em projetos de construção. A informação ganhou credibilidade quando somente homens entre 16 e 55 anos foram convocados. O intervalo foi amplo o suficiente para incluir tanto Petr Ginz, o jovem escritor promissor, quanto Rudolf Deiml, o pai de minhas primas Dáša e Milena.

Àquela altura, Deiml havia sido nomeado comissário de saúde para o campo inteiro, responsável por inspecionar as cozinhas e testar a água e a comida. No início da guerra, uma pessoa com tamanho prestígio facilmente evitaria ser mandado embora. Não mais.

Seria a intimação realmente uma má notícia? Os anciões do conselho estavam convencidos de que os nazistas cumpririam o que vinham prometendo sobre os novos transportes. Enquanto os passageiros embarcavam, uma declaração oficial foi lida aconselhando os reclusos a não se preocuparem, que a comida seria melhor e o trabalho, uma fonte de satisfação. Ao contrário das partidas anteriores, o estado de espírito era de esperança. Talvez até Milena e vovó Olga estivessem tranquilas. Quando, alguns dias depois, os nazistas anunciaram que parentes seriam autorizados a partirem também, centenas se ofereceram voluntariamente. Uma sensação começou a se enraizar de que um divisor de águas havia sido transposto, a guerra estava chegando ao fim, e os nazistas — agora desesperadamente carentes de mão de obra — realmente precisavam da ajuda deles.

O transporte designado como "Ek" deixou Terezín em 28 de setembro com 2.500 homens a bordo. Rudolf Deiml estava entre eles, assim como seu amigo Jiří Barbier, o carpinteiro. Pouco após a partida, receberam cartões-postais para enviarem aos familiares dizendo que estava tudo bem. Quando o trem alcançou Dresden, parou para que os guardas pudessem coletar e remeter os postais, depois continuou em seu caminho. "Até Dresden", Barbier recordou, "ninguém tinha quaisquer dúvidas, mas após partirmos em direção ao Leste (rumo a Auschwitz), percebemos o que estava acontecendo conosco".[8]

A viagem consumiu dois dias e noites. Barbier e Deiml sentaram juntos, dividiram o pão e a comida enlatada, e refletiram silenciosamente. Prometeram que, caso um sobrevivesse e o outro não, um avisaria a família do outro. Em 30 de setembro, às cinco da manhã, o trem alcançou seu destino. De acordo com Barbier:

> Tivemos de saltar sem bagagens e aguardar novas ordens. Enquanto isso, prisioneiros chegaram e começaram a descarregar nossas coisas. Disseram que entregássemos nossos objetos valiosos, mas não achamos que pudéssemos confiar neles. Recomendaram que, durante as inspeções, negássemos que estivéssemos doentes e dissésssemos que éramos trabalhadores.[9]

Ali na plataforma, Barbier recomendou que Deiml não admitisse sua profissão, mas dissesse que era carpinteiro também, e que os dois trabalhavam juntos. Deiml não disse nada. A inspeção foi realizada por Mengele e por um segundo médico, Schwarz. A cada um dos prisioneiros foi feita a mesma pergunta. Deiml foi na frente de Barbier.

— Como está sua saúde? — perguntou Schwarz.

— Boa — respondeu Deiml.

— Qual a sua profissão?

— Sou médico.

Deiml foi encaminhado para a esquerda, para as câmaras de gás; Barbier, o carpinteiro, para a direita. "Assim nos separamos", escreveu Barbier sobre seu amigo. "Seu último olhar permanecerá para sempre em minha lembrança."[10]

No início de outubro de 1944, o campo recebeu boas-novas: não haveria mais transportes. Um memorando, afixado com essa notícia, deve ter causado celebração. Porém os nazistas começavam a entrar em pânico. Alguns dirigentes queriam se abster de mais crimes para evitar a punição futura. Outros buscaram o mesmo objetivo matando testemunhas. Assim a decisão de suspender os transportes logo foi revertida. Após alguns dias, uma nova rodada começou, e antes do fim do mês oito novos trens partiriam, carregando a maioria da população restante do campo e toda a sua liderança judaica. Os nazistas ainda insistiam que os transportes seguiriam para uma nova instalação de trabalho, mentira essa reforçada pelo recebimento dos postais de Dresden. Muitos que embarcaram nos trens em outubro — incluindo a esposa de Jiří Barbier e Friedl Dicker-Brandeis, a professora de arte — esperavam ser recebidos por membros da família que já haviam partido. Mesmo assim, os transportes de outubro não foram tão tranquilos como os de setembro. Os nazistas haviam assumido a tarefa da seleção, e logo ficou claro que muitos dos convocados eram velhos, jovens ou doentes demais para realizarem trabalhos físicos.

O aumento das deportações e o caos resultante perturbaram todos os demais aspectos da vida no campo. Parecia que todos estavam partindo, aguardando a partida ou ajudando outros a fazerem as malas. Não havia como obter uma dispensa dos anciões judeus. O único apelo possível era ao comandante inconstante do campo, Karl Rahm, com uma merecida reputação de brutalidade, mas que às vezes concedia uma isenção mesmo com o processo de embarque em andamento.

Finalmente, de novo, veio a convocação. Olga, com 66 anos, e Milena, com 12, teriam de se apresentar em dois dias no ponto de reunião, chamado de comporta, no alojamento Hamburgo. A data da partida seria domingo, 23 de outubro. Muitas moças do L-410 estavam entre as escolhidas para partir. O grupo era uma mistura de jovens e velhos.

Para cada transporte, uma equipe de reclusos saudáveis era escalada para ajudar os doentes e idosos a embarcarem no trem. Uma dessas auxiliares, Alice Ehrmann, recordou a cena:

> 23 de outubro de 1944: Noite na comporta. Às nove e meia colocando as pessoas nos vagões. Os doentes, os doentes, os doentes, macas sem fim. E tudo isso, inclusive carregar a bagagem, é feito por quarenta pessoas com boinas brancas. Bagagem por toda parte. Bagagens diante da comporta, bagagens na comporta, nas plataformas, nos vagões. E todos possuem ridiculamente tão pouco, e mesmo isso provavelmente será retirado deles. [...]
>
> Crianças pequenas, entre 3 e 10 anos. Gritando. Cada uma tem uma pequena mochila. [...] Não há nenhuma pessoa aqui cuja história não seja uma tragédia. Todas foram abandonadas. [...] Você olha peculiarmente aqueles com olhos desesperados. Você é corajoso. Aqueles que caminham transformaram-se em pedra. Os que permanecem engolem suas lágrimas. No final, a bagagem permaneceu. Não havia espaço.[11]

O trem fez uma viagem demorada, parando com frequência para permitir que outros trens, prioritários, passassem na frente. Um sobrevivente relatou que chegou ao destino no meio da noite seguinte, os passageiros sendo recebidos por latidos de cães, ordens gritadas e holofotes fortes brilhando nos seus rostos. Ordenados a abandonarem todos os seus pertences, os prisioneiros saíram confusamente dos vagões e fizeram fila no pátio. Dos 1.714 a bordo, duzentas mulheres e 51 homens foram colocados em caminhões e levados a um campo de trabalhos forçados. O resto, incluindo Olga e Milena, foi condenado à câmara de gás.

EM TEREZÍN, OS NAZISTAS estavam determinados a deixar o mínimo de provas possível. O transporte final para Auschwitz partiu em 28 de outubro de 1944, cinco dias depois do trem que havia transportado Olga e Milena. Duas semanas depois, o comandante ordenou a remoção das urnas do crematório. A tarefa consumiu quatro dias, realizada basicamente por mulheres e crianças, que foram pagas em sardinhas. Começando pelo mausoléu, longas filas foram formadas, e os reclusos passaram os recipientes de madeira e cartolina de mão em mão, como faziam os bombeiros com baldes d'água no passado. Cada um tinha uma etiqueta com um nome (como Arnošt Körbel ou Greta Deimlová) e as datas de nascimento e morte. As urnas improvisadas foram postas em caminhões, transportadas, depois descarregadas — de novo de mão em mão — antes de serem viradas de cabeça para baixo e seus conteúdos despejados no rio Ohře. Uma imensidão de cinzas flutuou na superfície.

Os prisioneiros suspeitaram de que o descarte seria apenas a primeira fase de uma estratégia para soterrar a verdade do que acontecera em Terezín. Estavam certos. Nas semanas subsequentes, os alemães ordenaram a engenheiros judeus que construíssem um depósito de verduras e uma grande granja de aves. As equipes de construção começaram a trabalhar, mas os engenheiros logo desconfiaram. Por que projetar um depósito sem ventilação e com portas que não podiam ser abertas por dentro? Por que cercar uma granja com um muro de 5 metros e meio de altura ou construir um recinto grande o suficiente para conter toda a população do campo? Por que amontoar o suprimento de substâncias químicas tóxicas normalmente usadas para matar percevejos? Enquanto especulavam, os prisioneiros também indagaram: por que, a essa altura da guerra, deveríamos fazer os que os nazistas mandam? Os engenheiros decidiram confrontar Rahm. Resolvemos parar, eles anunciaram. Enraivecido, o comandante bateu no porta-voz várias vezes com uma pistola, mas — para sua surpresa — não ordenou o fuzilamento dos homens. Pelo contrário, recuou para Praga no dia seguinte para consultas. Àquela altura, o Exército Vermelho começara a deparar com os campos da morte e câmaras de gás alemães. A verdade horrenda chegara a todas as primeiras páginas dos jornais. Eichmann teria dito aos subordinados: "Já chega."[12] Os planos de matar os 15 mil prisioneiros remanescentes em Terezín foram abandonados.

Entre 1942 e 1944, ao menos 25 membros de minha família foram enviados a Terezín. Nenhum sobreviveu. Do lado de meus avós paternos — além de sua filha Greta, seu cunhado Rudolf e sua neta Milena — as vítimas incluem três dos seis irmãos de Arnošt, uma cunhada, um cunhado, duas de suas sobrinhas e um sobrinho. Do lado materno, minha avó Růžena, sua irmã, cunhado e sobrinho pereceram, assim como o irmão do avô Alfred, sua cunhada, dois sobrinhos, uma sobrinha, o marido dela e dois filhos. Alguns, como Gustav, o cunhado de Růžena, morreram no gueto, mas a maioria foi enviada para o Leste. A esposa de Gustav, Augusta, seus filhos e um neto viveram por um tempo no acampamento de família de Auschwitz-Birkenau. Meus parentes estiveram entre os primeiros a chegar a Terezín e os últimos a partir. Karel, irmão de Arnošt, e sua esposa estiveram no último transporte. Na época, seu filho Gert, de 26 anos, estava num campo de trabalhos forçados perto de Auschwitz. No início de 1945, quando o campo foi evacuado, ele foi mandado numa marcha forçada de volta à Tchecoslováquia. Debilitado pela subnutrição e febre tifoide, morreu num celeiro poucos dias antes da libertação. Como a de tantos outros, nossa árvore genealógica havia sido podada.

Penso às vezes que só existem realmente dois tipos de histórias, uma terminando em esperança, a outra, em desespero, embora nem sempre seja óbvio qual é qual. Não existe causa mais forte para o desespero do que a esperança traída (Hitler o provou), e poucos traços são mais valiosos do que a tristeza e a raiva no sofrimento. A distinção que importa não é se uma história termina feliz, mas se existe em seu núcleo uma afirmação de que a vida tem sentido. Por isso, este livro de lembrança e guerra terminará em esperança — assim como a história particular narrada a seguir.

Numa manhã, em meados de junho de 1942, trinta homens subiram atrás de um caminhão verde surrado e se comprimiram lá dentro. As ferramentas foram empilhadas, depois dois barris de cal. O caminhão e sua carga passaram por uma sucessão de cidades e fazendas com patos e gansos correndo, laguinhos com crianças brincando e velhos sentados pacientemente diante de seus chalés. Os passageiros apinhados atrás do caminhão não puderam obter muito prazer daquelas cenas bucólicas, pois eram moradores de Terezín. De repente, à frente, surpreenderam-se ao ver séries de chamas acompanhadas de nuvens de fumaça preta espessa.

O avô paterno da autora, Arnošt Körbel (atrás, esquerda), com seus pais e irmãos. Marta (atrás, meio), Irma (frente, esquerda) e Karel (frente, segunda à esquerda) também morreram no Holocausto

Alguns minutos depois, o veículo passou por uma placa meio caída com o nome "Lídice". O caminhão deu uma freada súbita. Os homens saltaram para fora e olharam em torno. O que restava da aldeia ainda estava queimando. Corpos crivados de balas jaziam amontoados desordenadamente diante do muro de execução feito de colchões e catres empilhados. Usando o cabo de prata de seu chicote, o comandante alemão marcou no chão um retângulo. "Doze metros de comprimento, 9 metros de largura e 4 metros de profundidade! Entenderam, seus filhos da mãe de Jericó, seus comedores de porco, seus criminosos?"[13] Os trabalhadores puseram-se a cavar. As horas passaram, o céu escureceu, os guardas acenderam tochas.

Suando e seminus, os homens manejaram suas pás pela noite. Ao alvorecer, a igreja em combustão de Lídice ruiu, as paredes desmoronaram enquanto o sino da torre despencava, tocando e ecoando pela última vez. Um dos trabalhadores era compositor de profissão. Quando a igreja despencou, pôs-se a cantar baixinho. A melodia era do *Requiem* de Antonín Dvořák. A letra: *Dies irae, dies illa, solvet saeclum in favilla* (Dia da ira, aquele dia em que os séculos se desfarão em cinzas) e *Agnus Dei, qui tollis peccata mundi* (Cordeiro de Deus, que tirais o pecado do mundo). Horas depois, completada a escavação, os homens receberam ordens de recolher o dinheiro e os documentos dos corpos, arrastá-los até o túmulo e cobri-lo de terra, todos os 432 metros cúbicos.

Lídice, 10 de junho de 1942

Seguiu-se a longa viagem de volta a Terezín. Antes de se renderem ao sono, os homens exaustos dedicaram algum tempo a cantar junto com outros prisioneiros a reza dos mortos, Kaddish. Entre os que haviam suportado o martírio estava um jornalista de 37 anos, de tórax amplo, chamado František R. Kraus. Anos depois, ele recordou suas emoções ao término daqueles dois dias miseráveis:

> Eu afundo na cama. [...] Lá fora a noite é de um negrume total. E sob mim, nos beliches inferiores, o compositor canta baixinho: "*Requiem aeternam dona eis, Domine, et lux perpetua luceat eis.*" (Concedei o eterno descanso, ó Senhor, e deixai brilhar a luz perpétua sobre eles.) Uma névoa de pequenas estrelas brilha fora das barras da janela do alojamento.[14]

Os nazistas haviam tentado destruir o espírito tcheco arrasando uma aldeia e forçando os moradores de Terezín — também um instrumento de destruição — a participarem daquele crime impronunciável. Haviam tentado com isso privar seus inimigos de um futuro. Mas a história não termina tão simplesmente.

Dois anos e meio antes, František Kraus estivera no primeiro trem de Praga para Terezín. Foi um daqueles cujo trabalho duro ajudara a preparar o gueto para seu novo e terrível papel. No outono de 1944, foi enviado a Auschwitz e de novo selecionado para um destacamento de trabalho; ele sobreviveu para criar uma família — plenamente judaica e plenamente tcheca. Desde 1993, Tomáš, o filho de František, é presidente da Federação das Comunidades Judaicas na República Tcheca. Em 1997, ajudou-me a conhecer o destino de minha própria família, incluindo o de minha avó Růžena, transportada para Leste nas mesmas horas em que František Kraus e seus colegas prisioneiros estavam enterrando as vítimas de Lídice e cantando baixinho a respeito da luz perpétua.

21

Doodlebugs *e* gooney birds

Em 1943, meus pais, Kathy e eu nos mudamos de nosso apartamento em Kensington Park Road para Walton-on-Thames, uma aldeia pitoresca a noroeste de Surrey, uns 50 quilômetros ao sul de Londres. Ali, na Stompond Lane 22, dividimos uma casa de tijolos vermelhos com quatro quartos com um casal tcheco, os Goldstückers. Nos fundos ficava um jardim, diante de uma planta espinhenta estranha chamada araucária chilena. Todas as manhas dos dias úteis, meu pai e o sr. Goldstücker caminhavam 800 metros até a linha de trem recém-eletrificada, onde viajavam até Londres. A Ingomar School, onde eu estava matriculada na primeira série, ficava no caminho até a estação, de modo que eu pedalava ao lado dos homens na minha bicicleta. Como meu pai, Eduard Goldstücker estudara na Universidade Carlos. Ele era um acadêmico especializado em literatura alemã que trabalhava no Departamento de Educação do governo no exílio. Mais tarde fiquei sabendo que era comunista, mas um comunista afável — nunca o ouvi discutindo com meus pais sobre política.

Na escola, eu me sentia uma verdadeira menininha inglesa com meu uniforme marrom e branco, que incluía uma gravata e um chapéu de palha com uma faixa listrada. Diariamente, eu almoçava embutidos e *bubble and squeak* (uma mistura de sobras de batatas e repolho frita, que recebia esse nome devido ao som borbulhante e chiante que fazia no estômago após consumido). Eu adorava ir a Ingomar porque fazia com que me sentisse crescida e porque sempre fui ávida por aprender. De acordo com meus boletins, eu tinha "a capacidade de um bom desempenho, mas precisava tentar ser um pouco mais quieta". Em aritmética, fui aconselhada a evitar "lapsos descuidados" e em desenho a "não ter pressa" no meu trabalho. Mesmo para alunos de minha tenra idade, as artes não eram negligenciadas. A pequena Madlen aparentemente tinha "uma excelente noção de ritmo" e era "cheia de entusiasmo" quando lia em voz alta clássicos como "Camptown Races" e "The Lass of Richmond Hill". A escola oferecia aulas de piano, que eu prontamente resolvi fazer, apaixonando-me por um antigo austríaco (não alemão) chamado Mozart. Em geografia, minha nota no primeiro semestre foi D menos, nada compatível com uma carreira nos assuntos internacionais, mas no semestre seguinte melhorei para B, de modo que afinal havia uma chance.

Eu só tinha 6 anos, mas impressionar meus pais já era uma preocupação. Como era típico de uma escola pública inglesa, o corpo de alunos se dividia em equipes, e você ganhava pontos tendo sucesso em diversas atividades. Quando pela primeira vez ganhei pontos para minha equipe, meu pai mostrou-se satisfeito. Querendo mais, comecei a fazer proezas que valessem notas adicionais, incluindo, como recordo, retirar meu professor de uma roseira espinhenta. Em pouco tempo, eu havia acumulado tantos pontos imaginários que decidi inventar um prêmio especial, contando aos meus pais que havia vencido uma "Copa Egípcia". Eles pediram para ver o troféu, algo obviamente impossível. Concebi uma série de novas lorotas sobre quão ruins todos estavam sendo comigo. "Me obrigam até a sentar sobre agulhas!", exclamei. Minha mãe insistiu em ir à escola para descobrir o que vinha ocorrendo com sua pobre filha. Como Hus havia previsto bem antes, a verdade prevaleceu, e eu fui devidamente punida. Nos anos posteriores, sempre que uma história que eu estava contando parecesse contrariar os fatos, bastava meus pais murmurarem "Copa Egípcia" que eu parava.

Dáša geralmente estava afastada, na escola em Gales ou hospedada em Berkhamstead com nossa tia e tio. Aquilo fazia de mim a irmã mais velha. Havia uma pequena mercearia a quatro quarteirões de casa, do outro lado de uma rua movimentada, para onde eu empurrava Kathy em seu carrinho verde de bebê. Trazia comigo a lista de compras e a caderneta de racionamento, mas quase não se encontrava carne ou frutas frescas, e havia um limite rígido para as compras de leite. Aquilo não parecia incomum, por ser a única realidade que eu conhecera. Também me confiaram a tarefa de dar de beber às galinhas ruidosas que mantínhamos no quintal. Na primeira vez, simplesmente peguei uma garrafa de leite vazia e enchi pela metade. Minha mãe sugeriu que uma vasilha poderia ser uma estratégia melhor e perguntou: "Como você esperava que as pobres galinhas bebessem?" Após refletir um pouco, respondi: "Elas têm pescoços compridos."

Em Walton-on-Thames, me entreguei pela primeira vez à minha fantasia de virar freira, o que para uma jovem menina católica era certamente um sinal de ambição. Todas as noites, eu rezava para a Virgem Maria, improvisando no meu quarto um altar completo, com velas e um cálice de prata que usava para apagar as chamas. Não sei ao certo o que mais me atraía, o cheiro da cera ardendo ou o ritmo devoto das palavras, mas a experiência religiosa significava mais para mim do que para meus pais, particularmente meu pai, que raramente comparecia aos serviços religiosos e, quando o fazia, reclamava dos pedidos de dinheiro.

Pensando bem, não sei o que se passava nas mentes de minha mãe e meu pai quando se preocupavam com o que poderia estar acontecendo lá em casa. Sei que fizeram todo o possível para que a minha vida e de Kathy parecessem o mais normal possível. Fazíamos passeios de família, inclusive à praia, onde nadávamos, ignorando as enormes barreiras erguidas para impedir que os alemães invadissem. Nas tardes dos dias úteis, eu às vezes passava por entre os galhos da sebe para tomar o chá da tarde com nossos vizinhos ingleses. Nos domingos, meus pais costumavam promover uma reunião de amigos tchecos. Após o jantar, as mulheres limpavam as mesas, enquanto os homens — a maioria pertencente ao governo de Beneš — perambulavam pelo jardim em francas discussões. Caminhavam com as mãos entrelaçadas nas costas, como fazem os homens europeus, meu pai geralmente com seu cachimbo e uma nuvem de fumaça em volta da cabeça. À noite os homens bebiam cerveja, enchiam cinzeiros com cigarros e jogavam Mariáš, um jogo de cartas tipicamente tcheco e eslovaco com 32 cartas divididas em quatro naipes (copas, sinos, folhas e nozes) e regras mais complicadas que as do bridge. As esposas bebiam café, trocavam novidades e riam.

NA PRIMAVERA DE 1944, pela primeira vez vi soldados americanos. Havia muitos deles percorrendo as ruas da cidade, cercados pelas crianças em busca de guloseimas e perguntando: "Tem algum chiclete, colega?" Outros podiam ser vistos nas estradas rurais, dirigindo casualmente seus jipes camuflados, caminhonetes e veículos anfíbios de aspecto estranho conhecidos como "patos". Mesmo os praças americanos tinham uniformes impecáveis de cor verde-oliva, e suas armas, ao contrário das britânicas, eram reluzentes e novas. Por um tempo, os "ianques" estiveram por toda parte. Depois, num piscar de olhos, desapareceram.

Na manhã de 6 de junho, a Operação Overlord, o maior desembarque anfíbio da história bélica, ocorreu em cinco cabeças de ponte ao longo do trecho de 80 quilômetros da costa da Normandia. Apesar do vento noroeste frio, 160 mil soldados atravessaram o canal. Os céus estavam coalhados com 11 mil aeroplanos, e havia tantos navios e barcos que parecia quase possível caminhar da Inglaterra à França. As notícias do início da tarde confirmaram que o Dia D havia chegado. Os locutores de rádio, empolgados por terem tamanho acontecimento para discutir, contavam a história emocionante de como os homens e equipamentos haviam sido reunidos, as armas e munições, embaladas e o elemento crítico da surpresa, mantido. A população francesa local havia sido avisada apenas uma hora antes para evacuar a área. Um bombardeio devastador de estradas, ferrovias e pontes estava em andamento. Uma transmissão noturna apresentou o discurso do rei, seguido de um serviço religioso celebrado pelo arcebispo da Cantuária. Ao cair da noite, 9 mil combatentes aliados haviam sacrificado suas vidas. Nas semanas seguintes, grandes números de soldados continuaram acorrendo em enxames à França, penetrando mais profundamente a cada dia. A luta decisiva pela reconquista da Europa começara.

Morávamos em Walton-on-Thames havia mais de um ano. O blecaute continuava em vigor, mas não nos preocupávamos tanto com as bombas. Após o Dia D, os alemães estavam em retirada — ou assim achávamos.

Em 13 de junho às 4h13 da madrugada, ouviu-se uma explosão em Gravesend. Algo grande havia aterrissado num canteiro de verduras. Dez minutos depois, uma segunda explosão danificou uma ponte ferroviária em Londres. Durante meses haviam circulado rumores de que os alemães vinham desenvolvendo uma arma secreta para ser posta em ação se e quando os Aliados invadissem a França. Alguns diziam ser um raio invisível que destruiria tudo no seu caminho, outros, um método engenhoso de borrifar gás venenoso, ainda outros, uma superbomba mais devastadora do que qualquer uma já imaginada. Após três dias de investigação, o governo confirmou que os nazistas vinham utilizando uma bomba voadora sem piloto chamada V-1, ou *Vergeltungswaffe* (arma da vingança). Da forma de pequenos aviões, com 8 metros de comprimento e 5 de largura nas asas, atingiam 560 quilômetros por hora. A maioria foi lançada de rampas perto das costas francesa e holandesa, algumas por bombardeiros de voo baixo.

Churchill de início adotou o que Cadogan chamou de "a visão de um buldogue despreocupado",[1] considerando as V-1 um simples estorvo, o último suspiro de um regime desesperado. Prestou mais atenção quando as baixas e os danos aumentaram. Muitos britânicos estavam indignados com as autoridades por não estarem melhor preparadas. Para alguns cidadãos os ataques foram mais difíceis de enfrentar do que a chamada Blitz. Quando o futuro parecia sombrio, o perigo era menos intimidador. Agora, no limiar da vitória, a perspectiva de morte do céu parecia um ardil cruel.

Cem ou mais bombas eram enviadas à Inglaterra diariamente, e várias semanas se passaram até que as defesas conseguiram interceptar algumas. Quando ouvíamos o zumbido alto, prendíamos a respiração. O som significava que o foguete ainda dispunha de combustível e passaria rapidamente por nós. Quando o ruído cessava, o mesmo ocorria com a bomba, que caía quase reto. As V-1 foram apelidadas de *doodlebugs* [larvas de formiga-leão] devido à semelhança com os grandes insetos zumbidores de mesmo nome. "Dá para ver seu pequeno corpo preto passando ruidoso por nós", escreveu um britânico que estava lá, "com algo tremulando atrás que parece gaze soprada por um ventilador elétrico". À noite, "esse escapamento refulge feito meteoro, e dá para seguir a coisa enquanto se lança pelo céu qual estrela cadente [...] resoluto, vingador e horrivelmente determinado".[2]

O soar das sirenes tornou-se comum de novo, e outra vez vivi a experiência de compartilhar longas horas com vizinhos num abrigo antiaéreo. Para passar o tempo, cantávamos "A Hundred Green Bottles" do início ao fim, depois recomeçávamos. Em certos dias, toda a população em idade escolar de Walton-on-Thames ficava confinada ao abrigo. A cidade, situada ao sul de Londres, localizava-se no meio da "alameda das bombas", a rota de voo dos locais de lançamento das V-1 até a capital. Além disso, agentes duplos britânicos — ou seja, espiões ingleses fingindo-se de espiões nazistas — foram instruídos a informar Berlim de que as bombas estavam ultrapassando Londres. Os alemães diminuíram seu alvo, enviando menos bombas rumo à cidade densamente povoada, com mais bombas caindo em torno de nós. Em 19 de junho, uma V-1 abalou o chão a poucos quarteirões de nossa casa, depois outras, e mais outra — um total de 18 em nossa cidade. "Por que os *doodlebugs* têm tanta pressa?", dizia uma piada. "Você também teria se seu rabo estivesse pegando fogo!"

Meu pai era um vigilante voluntário da defesa aérea. Isso significava que, ao voltar todas as noites de Londres, tinha de percorrer rapidamente a vizinhança para verificar se todos haviam fechado as cortinas, embora as bombas voadoras não tivessem piloto e não conseguissem ver. Uma noite escura como breu, ele foi de encontro a um pilar de tijolos diante de nossa casa, o que resultou em um nariz sangrando e óculos quebrados. Eu fui solidária, mas àquela altura tinha meu próprio problema: sonambulismo. Se foi causado pelas V-1 ou não, jamais soube, mas durante semanas fui para a cama sem saber direito aonde iria parar. Meus pais e os Goldstücker, temendo que nossa casa pudesse ser atingida, compraram uma mesa Morrison, nome do secretário do Interior Herbert Morrison. À noite, o objeto pesado de aço retangular tornava-se o centro de nossas vidas. Comíamos sobre ele. Os adultos tomavam seu café e outras bebidas sentados em torno dele. Kathy e eu brincávamos em cima dele. E quando as sirenes soavam, todos os seis mergulhavam embaixo dele.

Um *doodlebug* caiu diante da sede da BBC, estilhaçando vidraças e danificando o prédio. A transmissão do meio-dia em tcheco, que estava começando, prosseguiu conforme programado, apesar dos ferimentos em uma secretária e dois locutores. Em outra ocasião, meu pai e o sr. Goldstücker chegaram à Estação Waterloo alguns momentos após a explosão de uma bomba. As ambulâncias ainda não haviam chegado, e os passageiros estavam se desvencilhando de suas pastas para prestarem os primeiros socorros às vítimas aturdidas e sangrando. No domingo, 18 de junho, uma das bombas atingiu o telhado da Guards Chapel, no centro de Londres, pouco depois do início de um serviço religioso semanal. Os escombros soterraram a congregação, uma mescla de militares e civis, matando 121 e enviando mais 140 ao hospital. Dois dias foram necessários para resgatar os corpos.

Os ataques dos *doodlebugs* duraram três meses, ceifando a vida de mais de 5.500 pessoas e ferindo três vezes este número. Como durante a Blitz, dezenas de milhares de crianças foram evacuadas. O país inteiro celebrou quando, em setembro, as tropas dos Aliados se apoderaram dos locais de lançamento dos V-1 ao longo da costa norte da Europa, e o sr. Morrison anunciou que a segunda Batalha da Inglaterra havia sido ganha. Àquela altura, Roma e Paris haviam sido retomadas, assim como Bruxelas. Os evacuados que retornavam atulharam as estações de trem e metrô em Londres, enquanto em Walton-on-Thames os sinos centenários da igreja de Santa Maria recomeçaram seu repicar alegre.

Outono de 1944. Os alemães vinham sendo rechaçados em todas as frentes. As forças dos Aliados estavam avançando do sul, oeste e leste, enquanto disparavam implacavelmente dos céus e do mar. Em setembro, Luxemburgo estava livre e a Holanda também. O Exército Vermelho vinha avançando pela Polônia, Romênia e os Bálcãs, transpondo as densas florestas dos Cárpatos rumo à fronteira da Eslováquia. Em novembro, guerrilheiros libertaram a Grécia, e Churchill se entregou a um merecido dia de discursos e colocação de coroas de flores como convidado de honra numa Paris celebratória e inebriada. Os soldados alemães, tolhidos pelas linhas ferroviárias bombardeadas e falta de combustível, vinham sendo aprisionados aos milhares. A captura de um livro de códigos permitiu aos americanos decifrar as comunicações dos submarinos inimigos, levando à destruição de trezentos submarinos nazistas em poucos meses.

Para os democratas poloneses, a perspectiva de serem libertados dos nazistas pelos soviéticos tinha a aparência de uma prece atendida pela metade. Em agosto, a força principal de resistência, Armia Krajowa, soube que tropas soviéticas haviam atingido os subúrbios do leste de Varsóvia. Em vez de esperarem serem libertados pelos comunistas, os poloneses resolveram fazer o serviço por conta própria. Uma força de 40 mil combatentes (mas com apenas 2.500 armas de fogo) atacou os postos militares e as instalações civis alemãs. Uma luta encarniçada transformou a cidade inteira, e a área circundante, em um campo de batalha. Os comandantes alemães acossados convocaram reforços e emitiram ordens de exterminar todos os poloneses. Os rebeldes esperavam que o pânico causado pelo levante, aliado ao medo da aproximação dos soviéticos, levasse os nazistas a fugirem. Isso não ocorreu.

Pilotos britânicos, poloneses e sul-africanos tentaram salvar os combatentes enviando suprimentos de bases no Reino Unido e na Itália, mas as quantidades não foram suficientes. Uma ponte aérea poderia ter sido organizada se os soviéticos permitissem o uso dos campos de aviação sob seu controle, mas Stalin simplesmente se recusou. Após várias semanas de luta, os alemães melhor equipados levaram a melhor. No final, o levante se tornou uma tragédia. Estima-se que 200 mil poloneses foram mortos e outros 800 mil foram capturados ou expulsos de seus lares. Os nazistas saquearam cada canto da cidade antes de queimarem o que restou. Quando, em janeiro de 1945, o Exército Vermelho e seus guerrilheiros comunistas enfim entraram em Varsóvia, encontraram grande parte da cidade destruída.

Um conselho governante pró-soviético foi formado em Lublin, o centro da região sudeste da Polônia. Os democratas poloneses baseados em Londres contavam com a ajuda dos Aliados para lhes assegurarem um papel em qualquer acordo no pós-guerra. O presidente Beneš não se mostrou favorável. Disputas de fronteiras do passado haviam deixado um gosto amargo em sua boca, e o líder polonês mais capaz, o general Władysław Sikorski, morrera dois anos antes num desastre de avião. De uma perspectiva diplomática, Beneš estava convicto de que os exilados poloneses haviam cometido falhas graves. "A Polônia nesta guerra cometeu um erro fundamental", ele disse a amigos. "Ela só conseguirá atingir seus objetivos com a ajuda da Rússia soviética e a colaboração das três grandes potências. [...] Os poloneses [pensam] que são fortes o suficiente para discutir o futuro como iguais. [...] Eu aprendi faz tempo que as grandes nações sempre resolvem suas questões entre si à custa das pequenas."[3]

A questão que Beneš não abordou era se os poloneses teriam alguma chance. Ao contrário da Tchecoslováquia, seu país se ressentia fortemente dos soviéticos, que haviam perpetrado atrocidades terríveis contra seu povo e se apossado de mais de um terço de seu território. Sikorski até tentou melhorar as relações, mas foi repelido quando pediu, sensatamente, uma investigação internacional do massacre da floresta Katyn. Stalin dificilmente aceitaria um acordo que fortalecesse os democratas poloneses, porque já havia assassinado muitos deles. O ditador soviético queria também que seu país dispusesse do maior bloqueio territorial possível contra a Alemanha.

Os tchecos, por outro lado, poderiam se aproximar da União Soviética como amigos. Não havia histórico de conflitos entre os dois países e nenhuma razão para não serem parceiros. Beneš certamente favorecia tal cenário. Por seu cálculo, uma vez derrotados os nazistas, as forças armadas russas dominariam a Europa Central. Para cada soldado ocidental na região, os russos tinham três. Os britânicos estavam fracos demais e dispersos demais para contê-los, enquanto o único desejo dos americanos e canadenses seria voltar para casa. O que Stalin desejasse na região, ele obteria. O único caminho era influenciar o que os soviéticos achavam que precisavam.

Assim, Beneš continuou se mostrando afável. Ou os soviéticos poderiam fazer na Tchecoslováquia o que já haviam feito na Polônia e estavam se preparando para fazer em outras partes: escolher um conjunto de líderes alternativos e apoiá-los com dinheiro e armas. O Exército Vermelho logo estaria na Tchecoslováquia. Se Beneš quisesse estar lá também, precisaria de sua ajuda. Embora Londres fosse o centro oficial do governo no exílio, os comunistas tchecos e eslovacos em Moscou teriam de ser incluídos em um governo do pós-guerra. Faltava-lhes um líder de estatura genuína, mas sua ideologia ganhava popularidade cada vez que Hitler a denunciava.

Mesmo enquanto apaziguava Stalin, Beneš não queria ser visto como submisso aos soviéticos. Insistia que seu país poderia evitar a opção entre Oriente e Ocidente. Afinal, não havia assinado um tratado de amizade com a Inglaterra tanto quanto com a União Soviética e viajado para Washington antes de ir a Moscou? Stalin não prometera se abster de interferir na democracia tcheca? A ideologia comunista preconizava a liquidação do capitalismo burguês, mas o governo soviético acabara de passar anos combatendo em uma grande aliança com o Ocidente. Com certeza os interesses compartilhados que haviam reunido os comunistas e outros partidos continuariam presentes após a guerra.

Beneš não era o único a sustentar tal ponto de vista. Afora as vítimas de Stalin — das quais havia milhões — as pessoas tendiam a sentir afeição pelo velho tio Joe. Ele era jovial, fumava cachimbo, não falava violentamente como Hitler e parecia bem mais prático do que ideológico. Mais do que isso, quando as perspectivas eram as mais sombrias, seu país reagira. Durante anos, cada vitória das forças armadas soviéticas havia suscitado aplausos e suspiros de alívio no Ocidente. Esse tipo de experiência faz diferença.

Harold Nicolson, um parlamentar britânico íntimo de Churchill, explicou:

> As pessoas me dizem: "Mas por que, se você nos xingou por querermos apaziguar Hitler, agora defende o apaziguamento de Stalin?" Eu respondo: "Por várias razões. Primeira, porque o sistema nazista foi mais perverso do que o sistema soviético. Segunda, enquanto Hitler usava cada rendição de nossa parte como um ponto de partida para uma nova agressão, existe um limite que Stalin não transporá. Em termos puramente materiais, Stalin necessita de ajuda econômica dos americanos, por isso não vai querer se indispor demais com eles. Minha sensação é que, se formos pacientes, a onda soviética recuará."[4]

No contexto tcheco, essa análise foi reforçada pela retórica tranquilizadora da liderança comunista. De Moscou, Gottwald falou em dezenas de transmissões sobre a importância de um esforço de guerra unido. Como inspiração, não citava Marx e a solidariedade de classe, mas Hus e o patriotismo. Como meta, pregava a volta da liberdade, sem se referir à revolução mundial. Em Londres, Vlado Clementis e os demais líderes comunistas falavam de seus objetivos em termos mal distinguíveis daqueles dos democratas.

Beneš era o que poderíamos chamar hoje de democrata com inclinações socialistas. Defendia o controle estatal de indústrias básicas, um movimento sindical vigoroso e serviços públicos generosos. Tinha certa simpatia pelos ideais igualitários do comunismo, mas duvidava que a ideologia pudesse ser aplicada à Tchecoslováquia como fora na União Soviética. Estava certo de que a maioria de seu povo permaneceria fiel ao modelo democrático criado antes da guerra por Tomáš Masaryk. No entanto, o velho Masaryk, bem mais do que Beneš, havia sido um crítico eloquente e convincente das falhas do comunismo. Havia uma razão por que Lenin tachara Masaryk de seu oponente intelectual mais sério na Europa. Beneš, que procurava agradar a quase todos, viu-se na posição de tentar defender a democracia, implementar políticas econômicas de esquerda, aplacar o Ocidente e adular Stalin, tudo ao mesmo tempo.

As manobras frenéticas deixavam alguns seguidores democratas do presidente incomodados, mas havia pouco que pudessem fazer. Beneš reagia a cada expressão de preocupação com uma garantia de que sabia exatamente o que estava fazendo. Quanto a Jan Masaryk, não iria desafiar seu chefe em questões de ideologia política. Mesmo seu amor pela democracia era temperado por preocupações com a volubilidade da opinião pública. Afinal, Hitler tivera multidões de admiradores, e o público britânico aplaudira Chamberlain após o Tratado de Munique. Para Masaryk, o maior pecado dos comunistas era se levarem por demais a sério. Ele contou a um amigo: "Lenin disse que as pessoas precisam parar de ouvir Beethoven, porque este tem o poder de deixar as pessoas contentes. Ele temia que elas se tornassem frouxas demais para fazerem a revolução. Ali você tem Lenin por inteiro."[5]

Menos de uma semana depois que o último V-1 alçara voo, foguetes V-2 foram lançados. "O que eu quero", Hitler exigira de seus projetistas de munições, "é a aniquilação — um efeito aniquilador!".[6] Os engenheiros alemães, versados na ciência dos foguetes, tentaram criar uma tecnologia suficientemente poderosa para destruir cidades inteiras e, assim, alterar os resultados da guerra. O que produziram foi um míssil de quatro toneladas e 14 metros, lançado de pontos móveis na Holanda e França, que percorria 80 quilômetros no céu antes de cair sem muita precisão em áreas urbanas, aldeias e — mais amiúde — nos campos vazios e terrenos vagos da Inglaterra. Ao contrário dos *doodlebugs*, cujo zumbido avisava de sua chegada, aqueles foguetes eram supersônicos. Seu impacto era sentido antes que qualquer som pudesse ser ouvido. Os *doodlebugs* haviam sido rastreados por radar, atrapalhados por balões e derrubados por caças e armas antiaéreas. Os V-2 voavam alto e rápido demais para tais contramedidas. A carga explosiva estava aquém das fantasias de Hitler, mas eram bastante pesadas para deixar crateras do tamanho de um ônibus. Os mísseis eram bem mais destrutivos do que uma bomba convencional. Os britânicos, que tinham um apelido para tudo, chamaram-nos de *gooney birds*, uma denominação dos albatrozes — grandes, desajeitados e, como no poema de Samuel Taylor Coleridge, muito azarados.

Felizmente para os Aliados, os V-2 eram caros de produzir e difíceis de lançar. Os alemães conseguiram disparar quatro por dia, depois seis, mas nunca mais de 13. Aquilo já era o suficiente para preocupar os líderes britânicos, que temiam o pânico se a notícia sobre o foguete pesado se espalhasse. Por quase dois meses, os locais das quedas foram rapidamente isolados, e as explosões enormes atribuídas a canos de gás com defeito ou sabotagem. O governo negou a própria existência dos *gooney birds*. A charada terminou em novembro, quando Churchill sentiu que não poderia mais fingir que aquilo que seu povo estava vendo e ouvindo era imaginário.

Entre setembro de 1944 e a primavera seguinte, mais de mil V-2 atingiram o território britânico, cerca de metade em Londres e sua periferia. O mais mortal atingiu a loja Woolworth's, em Deptford, no auge das compras de Natal. Por mais assustadores que fossem, os explosivos não tinham um "efeito aniquilador". Não carregavam peso suficiente, nem podiam ser fabricados com rapidez suficiente para fazer uma diferença estratégica. A arma certamente não derrubou o moral britânico no grau em que a liderança nazista esperara. Na verdade, os alemães fariam melhor em investir em uma esquadrilha mais capaz de bombardeiros de longo alcance. Mesmo assim, o desenvolvimento de foguetes aptos a percorrer longas distâncias, lançar uma grande carga de explosivos e permanecer mais ou menos no alvo era desanimador para os que pensavam no futuro. "Cada vez que um deles é lançado", escreveu George Orwell, "ouço referências sombrias à 'próxima vez' e a reflexão (de que quando a guerra voltar) será possível lançá-los através do Atlântico".[7]

Dois aspectos adicionais da história dos V-2 são dignos de menção, o primeiro pelo que mostra da perversidade nazista, o segundo pelo que revela do pragmatismo americano.

Os foguetes eram produzidos num complexo industrial cerca de 200 quilômetros a sudoeste de Berlim, perto do mar Báltico. Os trabalhadores — ou, mais precisamente, os escravos — incluíam prisioneiros franceses, soviéticos, belgas, holandeses e alemães que labutavam sob a terra 12 horas por dia. Seus corpos eram nutridos somente por café, sopa rala e pão. A combinação de subnutrição, água impura, má ventilação, clima rigoroso e maus-tratos físicos causava tantas mortes que substitutos tinham de ser constantemente enviados de campos de concentração próximos. Em abril de 1945, imediatamente antes da ocupação da instalação pelos Aliados, os alemães trancaram 1.046 dos trabalhadores num celeiro e os queimaram vivos.

O diretor de desenvolvimento técnico dos V-2 era Wernher von Braun, um major da SS de 31 anos que informava pessoalmente Hitler sobre o projeto. Através de uma combinação de seu próprio poder de persuasão com a disposição dos americanos de ignorarem a culpa daqueles com habilidades úteis, o jovem nazista foi poupado da punição no pós-guerra. Mais tarde tornou-se uma figura proeminente do segmento "Tomorrowland" do programa de televisão de Walt Disney e — mais valiosamente — um artífice do programa espacial norte-americano. Em reconhecimento às suas realizações, von Braun foi publicamente homenageado pelo presidente John F. Kennedy, cujo irmão mais velho, Joseph Jr., havia morrido numa missão de bombardeio em 1944 contra um local de lançamento de *doodlebugs* na França.

22

O fim de Hitler

O ar estava tão frio que meus pés se entorpeceram e não pude sentir as escadas, tão frio que pensei que meus ossos congelariam, até que o rei Alberto II da Bélgica galantemente ofereceu dividir sua manta. De 1993 a 1997, fui a embaixadora americana nas Nações Unidas. Durante aqueles anos, senti como se o mundo estivesse celebrando o 50º aniversário de tudo. Não que eu me importasse. Em 16 de dezembro de 1994, tive a honra de representar meu governo num dia de comemoração e ação de graças.

O local foi Bastogne, uma pequena cidade belga um pouco a oeste da fronteira alemã. As temperaturas gélidas eram apropriadas, porque a batalha ali meio século antes fora travada em condições abaixo de zero, no gelo e neve das florestas escuras das Ardenas. Do pódio, pude ver, além da condensação vaporosa de minha respiração, as cores que conduziram o Exército americano por seu teste mais duro: entre elas os estandartes do V Corps, a 7ª Divisão Blindada, os "malditos engenheiros" do 291º Batalhão de Combate de Engenheiros e a 30ª Divisão de Infantaria. Ali também estavam veteranos da 101ª Divisão Aerotransportada e elementos da 9ª e 10ª Divisão Blindada que haviam combatido não longe de onde eu agora me sentava.

Do desembarque na Normandia no início de junho de 1944 até meados do outono, as tropas dos Aliados avançaram mais rápido do que previram. Aquilo era uma boa notícia, mas sobrecarregava as linhas de suprimentos, exigindo uma pausa antes do avanço final. Os alemães escolheram aquele intervalo para concentrar suas forças e lançar — em 16 de dezembro — um contra-ataque desesperado, visando induzir o inimigo a buscar uma negociação de paz mais favorável. Assim começou o embate épico conhecido na Europa como a Batalha das Ardenas e nos Estados Unidos como a Batalha do Bulge. Os generais alemães haviam dado ao ataque pouco menos de 10% de chances de sucesso, mas o elemento surpresa levou a um início promissor. Eles haviam programado a ação para coincidir com o mau tempo, quando os Aliados não conseguiriam obter apoio aéreo ou rastrear os movimentos das tropas hostis do alto. Os nazistas atacaram onde as linhas oponentes estavam mais espalhadas e num momento em que muitas unidades de seu inimigo careciam de equipamentos e recursos humanos experientes. Subitamente os líderes do Exército americano estavam na defensiva, para a maioria uma experiência nova.

Um ponto de virada foi alcançado quando a 101ª Divisão Aerotransportada se viu cercada em Bastogne. Os alemães haviam esperado que a posição caísse no segundo dia do ataque. Já era o décimo dia. Indagado por um mensageiro nazista se estava disposto a se render, o general Anthony McAuliffe disse apenas uma palavra: "*Nuts*" [Maluco]. O mensageiro perguntou: "Isso deve ser interpretado como uma resposta positiva ou negativa?" A resposta: "Negativa. E significa: 'Vá pro inferno!'" Nos dias antes do Natal, a 4ª Divisão Blindada do general George Patton se preparou para romper o cerco. Como o apoio aéreo seria crucial, seu capelão realizou uma prece pelo bom tempo. Quando o céu clareou na manhã seguinte, o religioso foi recompensado por Patton com a Estrela de Bronze.* Em 26 de dezembro, os tanques dos Aliados avançaram, esquivando-se de um labirinto de artilharia inimiga e campos minados, para socorrer a divisão imobilizada.

As escaramuças continuaram por várias outras semanas, mas com a 101ª de volta à ação, menos nuvens e uma promessa frenética de novos homens e equipamentos, os Aliados rapidamente recuperaram a suprema-

* As exatas palavras de Patton foram: "Caramba! Esse (capelão) O'Neill com certeza tem uma reza forte."

cia. Eisenhower contara aos seus homens: "Ao sair correndo de suas defesas fixas, o inimigo pode ter nos dado a chance de transformarmos sua grande aposta em sua pior derrota."[1] Foi o que aconteceu. O ataque alemão empacou, e com suas forças de reserva agora exaustas, os defensores do Reich começaram sua retirada final. Num mês de confrontos sangrentos por todo o front, cerca de 90 mil soldados americanos e 1.400 britânicos foram mortos, feridos ou capturados. Mais de 3 mil cidadãos belgas morreram. O Exército americano perdeu quase oitocentos tanques — mais do que possuía antes da guerra. O ataque final de Hitler custou à Wehrmacht 60 mil baixas e quatro vezes esse número de soldados aprisionados. No todo, um preço assustador.

Enquanto eu tremia naquela manhã em Bastogne, pude ver um exército de velhos soldados de cabelos grisalhos que haviam cruzado o Atlântico para reviver lembranças e recordar amigos perdidos. Após saudar os nossos anfitriões em francês, dirigi minhas palavras àqueles bravos americanos:

> Vocês, os veteranos desse conflito, podem ter sentido que estavam combatendo somente por vocês, seus companheiros, sua unidade e sua família. Quando o fantasma da guerra vem nos visitar, não são países que lutam, são pessoas, e as emoções do conflito são intensamente pessoais. Mas suas habilidades, coragem e sacrifício foram enriquecidos e enobrecidos pela causa por que vocês lutaram. Jamais esqueçamos por que essa guerra começou, como essa guerra foi travada ou em que consistiu essa guerra. [...] A história não terminou aqui nestas famosas florestas. Não terminou com a rendição dos nazistas ou a queda do Muro de Berlim. Cada geração é testada; cada uma deve escolher.[2]

No início de fevereiro, Churchill, Stalin e o enfermo Roosevelt encontraram-se na antiga casa de férias do czar no resort de Yalta, na costa do mar Negro. Ali, num ambiente palaciano, planejaram o fim da guerra e pensaram no que viria depois. Três temas dirigiram sua agenda: o futuro da Alemanha, a criação de uma organização mundial nova (as Nações Unidas) e a questão do que fazer com a Polônia.

Diante de sua posição merecidamente honrada na história do século XX, gostaríamos de imaginar o presidente americano e o primeiro-ministro britânico dando o melhor de si nesse momento de triunfo. Poderíamos imaginá-los abordando energicamente os problemas do mundo guiados por uma estratégia inteligente e princípios claros, seus pensamentos amadurecidos por insights profundos sobre o legado da guerra e a essência das esperanças futuras. Gostaríamos de vê-los pressionando Stalin não apenas em relação às condições do acordo, mas ao significado preciso de cada palavra e frase, entendendo que uma discussão de interpretação poderia retirar o valor de qualquer pacto. Alexander Cadogan, que admirava ambos os líderes, costumava ser um observador favorável. Mesmo assim, escreveu que, em Yalta, Churchill comportou-se como "um velho bobo"[3] que falava de forma incoerente, divergindo das posições de seu próprio governo, enquanto Roosevelt "não parecia bem e estava um tanto trêmulo. Sei que ele nunca é um mestre dos detalhes, mas tive a impressão de que, na maior parte do tempo, ele mal sabia o que estava sendo tratado". O espetáculo foi, ele acrescentou, "um tanto perturbador".[4]

Churchill, Roosevelt e Stalin em Yalta, 1945.

Naquela companhia, particularmente com seu exército a apenas 105 quilômetros de Berlim, Stalin não precisou se esforçar muito. Começou de forma afável prometendo expiar os maus-tratos da União Soviética à Polônia, estado que ele concordava que deveria ser plenamente independente, com líderes escolhidos em eleições livres. Quanto à fronteira, propôs que os poloneses recebessem uma grande fatia da Alemanha em troca dos 30% de seu país a que se referiu como a "Ucrânia e Bielorrússia ocidentais". Ele também aceitou a ideia de ampliar o governo provisório instalado pelos soviéticos em Lublin para incluir democratas. Isso asseguraria um processo eleitoral justo. Churchill, cuja mente possuía uma vasta biblioteca de frases marciais, declarou que a Polônia deveria ser "livre e soberana, comandante de sua alma".[5] Stalin murmurou que tinha precisamente aquela intenção. As eleições, se tudo corresse bem, poderiam se realizar em um mês.

De volta a Washington, Franklin Delano Roosevelt declarou que a Conferência de Yalta havia encerrado o tipo de divisões de equilíbrio de poder que por muito tempo atrapalharam a política global. Sua avaliação lembrou as afirmações idealistas e igualmente incorretas de Woodrow Wilson ao fim da Primeira Guerra Mundial. Em Londres, Churchill informou ao seu gabinete que "o pobre Chamberlain acreditava poder confiar em Hitler. Ele estava errado. Mas não creio estar errado sobre Stalin". A amizade soviético-britânica, Churchill sustentou, "continuaria enquanto Stalin estivesse no comando".[6]

Outros assuntos foram tratados em Yalta: a União Soviética concordara em participar da conferência que se realizaria em San Francisco para criar as Nações Unidas. Além disso, consentira em aderir à guerra contra o Japão, medida que poderia apressar o fim do conflito ainda sangrento no Pacífico. Na capital britânica, porém, foi a Polônia que gerou mais controvérsia. Os exilados poloneses baseados em Londres denunciaram o acordo de fronteiras proposto em Yalta e criticaram o que tacharam de legitimação de seu rival, o regime de Lublin pró-russo. Quando a Câmara dos Comuns debateu a questão, um grupo de 25 parlamentares ficou do lado dos exilados e propôs uma emenda condenando o tratamento supostamente injusto. A proposta falhou, mas não antes de causar bastante problema — para meu pai.

O governo tcheco no exílio precisava do apoio dos governos que haviam participado em Yalta. Portanto, era natural que Beneš — cujo caminho para casa passaria por Moscou — apoiasse suas decisões. Portanto meu pai usaria sua plataforma de transmissões para explicar o ponto de vista de seu governo. Num programa em 3 de março de 1945, fez exatamente isso, mas talvez com entusiasmo excessivo. Em vez de fazer uma defesa direta do Acordo de Yalta, criticou os parlamentares britânicos que se opuseram, rotulando-os de terem sido partidários do Acordo de Munique e "membros da Associação Britânico--Alemã". Os alvos daquela crítica, liderados pelo parlamentar Maurice Petherick, acharam o cúmulo serem insultados por um estrangeiro — ainda por cima um convidado da BBC. Exigiram a demissão imediata de Korbel. Meu pai raramente criticava alguém sem fundamentos, mas naquele caso prudentemente concordou em pedir desculpas, admitindo que "a passagem ofensiva deveria ter sido expressa em palavras mais precisas e cautelosas".[7]

O próximo ato daquele drama transcorreu na Califórnia, onde delegados haviam se reunido para redigir as regras para as Nações Unidas. A questão emergiu de quem deveria representar a Polônia. A União Soviética pressionou pelo reconhecimento do governo provisório comunista. Os britânicos e os americanos preferiam aguardar até que um corpo mais democrático pudesse ser reunido. Pela primeira vez, a Tchecoslováquia viu-se forçada a uma escolha de soma zero entre a aquiescência a Moscou e o alinhamento com o Ocidente. Infelizmente, o pedido para aprovar a posição soviética foi feito por ninguém menos que Jan Masaryk. "Queremos uma Polônia forte e democrática", Masaryk explicou, "mas somente uma Polônia que venha a colaborar com a União Soviética".[8] Ele mais tarde confidenciou ao emissário americano Charles Bohlen:

> O que se pode fazer com esses russos? Repentinamente recebi uma carta de Molotov dizendo que a Tchecoslováquia precisa votar pela proposta soviética em relação à Polônia, ou perder a amizade do governo soviético. [...] Você pode estar ajoelhado que isso não é suficiente para os russos.[9]

Os soviéticos não poderiam ter feito mais naquele período para revelar a ingenuidade de seus apologistas. Em março, Stalin convidou 16 líderes democratas poloneses a Moscou para conversar — o que foi prometido em Yalta — sobre a formação de um governo provisório unificado. Assim que os democratas chegaram, desapareceram. Por seis semanas, os russos alegaram não saber onde seus visitantes poderiam estar. Os britânicos e os americanos quiseram saber o que estava acontecendo. Os democratas poloneses em San Francisco estavam desconfiados. Enfim os soviéticos admitiram que os poloneses estavam na prisão de Lubyanka, tendo sido detidos por "organizarem táticas diversionárias na retaguarda do Exército Vermelho". Os prisioneiros foram processados, e a maioria condenada à prisão, constrangendo assim todos aqueles que haviam garantido a confiabilidade de Stalin. A traição estava apenas começando. Apesar das promessas feitas na costa do mar Negro, a União Soviética impôs um governo totalitário à Polônia que oprimiria o país por mais de quarenta anos.

Era abril de 1945, o último mês da guerra europeia. Prisioneiros vinham sendo trocados aos milhares. Os dias ficaram mais longos, e o tempo esquentou. As lâmpadas nas ruas foram acesas. Os faróis dos carros foram destampados. Agora com quase 8 anos, aprendi com alegria como era viver numa casa sem cortinas escuras e feias cobrindo as janelas. A carne e os produtos agrícolas frescos reapareceram nas prateleiras das mercearias. A volta dos cocos virou notícia. Nosso rádio estava quase sempre ligado, e pela primeira vez em seis anos foi considerado seguro transmitir boletins meteorológicos. Eu ouvia rádio sempre que ficava presa em casa pela chuva de primavera. Quando o sol saía, trabalhava na horta com minha mãe, plantando verduras que não esperávamos estar por lá para comer. Eu passava muito tempo brincando com Kathy, porque meus pais viviam ao telefone. As reuniões das tardes de domingo em nosso quintal estavam plenas de risos e uma sensação de expectativa. Meu pai logo obteria um emprego novo. O melhor é que voltaríamos para casa — uma grande aventura, com certeza, mas que eu não conseguia nem imaginar.

O exército de Patton, com todos os seus equipamentos, transpusera o Reno Alemanha adentro. Os britânicos e os canadenses estavam se juntando ao norte. Os soviéticos haviam alcançado e penetrado na Áustria. Os bombardeios dos Aliados na Alemanha eram implacáveis, a destruição, horrível. Na sexta-feira 13, soubemos que o presidente Roosevelt morrera de hemorragia cerebral enquanto posava para a pintura de seu retrato na Geórgia. O Ocidente pranteou a perda de um homem que, sentado numa cadeira de rodas, soerguera a democracia de joelhos.[10] Dois dias depois, soldados americanos entraram no campo da morte nazista de Buchenwald. Edward R. Murrow estava com eles, e seu relato da devastação humana foi transmitido via BBC. Nunca a necessidade de confrontar o mal foi mais vivamente demonstrada.

Os comunicados continuavam chegando. Berchtesgaden, o retiro nas montanhas onde Hitler se encontrara com Chamberlain, havia sido bombardeado. Os Aliados haviam tomado Munique. Em 28 de abril, uma tempestade de neve e gelo na Inglaterra destruiu nossa horta. Agora Berlim estava cercada pelas tropas soviéticas, americanas e britânicas. Em Londres, as pessoas se preparavam para celebrar. Grandes quantidades de bebidas foram importadas, mas reservadas para o dia especial. O sistema de alarme aéreo foi desligado. Por toda parte bandeiras estavam à venda. Símbolos patrióticos eram comprados em quantidades descomunais. Os nazistas não tinham mais para onde fugir.

Levou um dia até as novidades chegarem a ela, mas a notícia penetrou também nos muros grossos de Terezín, onde, em 2 de maio, Eva Ginzová, a irmã de 15 anos de Petr Ginz, escreveu em seu diário: "Aparentemente, Hitler bateu as botas."[11]

PARTE IV

Maio de 1945–Novembro de 1948

Nenhum homem irá impor quais livros devo ler,
qual música devo ouvir ou quais amigos devo escolher.

—JAN MASARYK

23

Nenhum anjo

Em abril de 1945, Eduard Beneš retornou à sua terra natal que deixara seis anos e meio antes. Escoltado pelo Exército Vermelho, viajou de trem da Ucrânia para a cidade de Košice, na parte oriental da Eslováquia. Foi saudado por aldeões eufóricos envergando os trajes nacionais, agitando bandeiras, vibrando e lançando flores. Uma menina fez a saudação tradicional de pão e sal. De Londres, o presidente só se comunicara com seu povo pelo rádio. Nas transmissões da BBC, não escondera sua identidade, mas pela rede clandestina usada pela Resistência, havia sido chamado por seu codinome: sr. Retorno.

Beneš deixara Londres quatro semanas antes em companhia de Jan Masaryk e representantes das diferentes facções do governo no exílio em Londres. O séquito, grande o suficiente para requerer três bombardeiros da Real Força Aérea, parou para reabastecer em Teerã. Lá o embaixador hipócrita do governo em Moscou, Zdeněk Fierlinger, o esperava para saudá-lo. Beneš foi informado de que os comunistas haviam proposto Fierlinger para primeiro-ministro do governo do pós-guerra. Ele se surpreendeu, porque Fierlinger carecia de experiência em política doméstica, mas ficou aliviado pelo fato de os comunistas não terem escolhido alguém de seu grupo. Por mais que o embaixador fosse partidário de Moscou, pertencia ao Partido Social Democrata. O Ocidente se sentiria melhor com ele do que com o líder comunista Klement Gottwald. Beneš também achou que a falta de apoio popular tornaria Fierlinger mais fácil de controlar.

O grupo presidencial chegou a Moscou em 17 de março. As reuniões para organizar o governo começaram cinco dias depois, encabeçadas por Gottwald. Beneš não compareceu, alegando que, pela Constituição, deveria permanecer acima dos partidos e aguardar suas recomendações. Aquele foi um erro de cálculo. De longe o homem mais popular na Tchecoslováquia poderia ter usado seu capital político — reconhecido até pelos soviéticos — para moldar as instituições do Estado pelas quais seria o supremo responsável. Em vez disso, deixou que os líderes do partido democrata se defendessem sozinhos, o que estavam mal preparados para fazer. Durante anos, pouco haviam feito sem seu consentimento. Agora tinham que agir por conta própria. Viam sua missão como de restauração: recriar um sistema pluralista em que um governo nomeado logo seria substituído por um eleito. Segundo o pensamento dos líderes do partido, o futuro rumo do país seria determinado nas urnas, não por acordos temporários decididos em Moscou.

Já os comunistas tchecos e eslovacos não visavam à restauração, e sim à revolução. Viam a guerra como uma catástrofe provocada pela decadência capitalista, mas também uma oportunidade rara de criar um Estado totalitário por meios democráticos. Tiveram paciência suficiente para não buscar a vitória de uma só vez, mas estavam determinados a colocar o país no que pretendiam ser um rumo irreversível. Stalin aconselhou-os a aceitarem Beneš como presidente, mas aumentando sua alavancagem em todos os demais pontos. Seu programa provisório de 32 páginas serviu de base para as discussões, porque os partidos oponentes não prepararam uma alternativa. As cartas estavam ainda mais marcadas por uma aliança informal entre os comunistas e sociais-democratas, o partido de esquerda moderada liderado por Fierlinger — homem cujo coração e mente os comunistas sabiam que lhes pertenciam.

Gottwald também procurou tirar vantagem da tensão perpétua entre eslovacos e tchecos. Prometeu aos representantes eslovacos que sua região teria plena autonomia. Beneš e os democratas tchecos não viram alternativa senão aceitar isso, embora com grande pesar. Beneš em particular acreditava que o nacionalismo eslovaco não tinha nenhuma base racial ou linguística e que o país não poderia prosperar sem uma autoridade central robusta. Tentara obter o apoio de Stalin para esses argumentos, mas o ditador não se mostrou interessado. Aquilo significava que o sonho nacional eslovaco sobreviveria — mas com que finalidade?

A EXPERIÊNCIA DO TEMPO de guerra de uma Eslováquia independente estivera aquém da visão de seus defensores. Em vez de sua parceria subalterna com Praga, a nação optara por uma subserviência deplorável ao Reich, embora no fundo muitos eslovacos se ressentissem do domínio alemão e lutassem para reduzir seu controle. Os comunistas do país se opuseram ideologicamente ao nazismo. Muitos protestantes ainda eram atraídos pelos tchecos, e um bom número de católicos se indignou com a visão pervertida de Hitler das Escrituras. Um diplomata americano comparou o relacionamento entre Bratislava e Berlim ao de um cãozinho na correia de seu dono: sempre puxando em uma ou outra direção, mas incapaz de se soltar. A liderança eslovaca, imperdoavelmente, fez poucas tentativas de se libertar.

O padre Tiso, o presidente com papada e cabelo escovinha, foi um colaborador entusiástico. Enviara os rapazes de seu país para lutar e morrer junto aos soldados alemães na frente oriental e foi generoso em canalizar alimentos e recursos minerais à máquina de guerra nazista. Mais deplorável ainda, seu governo se apressara em livrar sua terra natal de judeus, não porque Tiso e seus assessores concordassem com as teorias raciais nazistas — como eslavos, estariam assim traindo a sua própria origem étnica. Pelo contrário, sua política foi envenenada por uma poção feita pela bruxa da ganância, da vingança e do fanatismo: ganância porque as propriedades judaicas eram um alvo tentador ao saque; vingança porque muitos judeus eslovacos eram de origem húngara; fanatismo porque, nas palavras de uma publicação católica, "a fonte da tragédia do povo judeu é que eles não reconheceram o Messias e o prepararam para uma morte horrível e deplorável na cruz".[1]

O Parlamento aprovou leis antissemitas semelhantes às do Reich, mas com mais poderes ao presidente de conceder exceções — o que Tiso fez rotineiramente para os convertidos ao cristianismo e os ricos. Mesmo com esse atenuante, 60 mil eslovacos (cerca de três quartos da população judaica) foram deportados, supostamente para campos de trabalhos forçados. Em julho de 1942, o Vaticano alertou o governo de que os deportados vinham sendo sistematicamente assassinados. Quando os eslovacos pediram permissão à Alemanha para visitar os locais onde os exilados estariam supostamente trabalhando, a resposta foi negativa. O gabinete e o Parlamento pressionaram Tiso a suspender os transportes. O mesmo fez monsenhor Angelo Roncalli, o representante papal em Constantinopla, conhecido mais tarde como papa João XXIII. No devido tempo, o presidente cedeu.

A parceria da Eslováquia com a Alemanha nazista foi puramente um casamento de conveniência. Os alemães exploraram os eslovacos. Estes obtiveram o direito, sob certas restrições, de se autogovernarem e estavam inicialmente convictos de terem apoiado um vencedor. Hitler, o valentão, parecia seguro de que permaneceria sendo a força dominante na Europa. Depois que a sorte alemã virou, as atitudes eslovacas começaram a mudar, e aqueles que nunca se sentiram à vontade com os nazistas tornaram-se mais assertivos.

No final de agosto de 1944, quatro semanas após o início do levante antifascista em Varsóvia, a resistência eslovaca preparou seu próprio ataque. Ali, como na Polônia, os organizadores esperavam que a aproximação do Exército Vermelho, aliada aos reveses em outras partes, forçaria os nazistas e seus colaboradores a retrocederem. Em vez disso, forças alemãs acorreram à Eslováquia e, em dois meses, suprimiram a rebelião. Uma forte causa do colapso da coalizão foi a falta de coordenação entre seus componentes ecléticos, que incluíam democratas pró-Beneš, nacionalistas, prisioneiros judeus libertados, comunistas e unidades desertoras das forças armadas eslovacas. De novo, como na Polônia, o Exército Vermelho pouco ajudou, seja porque Stalin não queria o sucesso do levante (como insistiram mais tarde os anticomunistas) ou porque tinha outras prioridades legítimas (conforme argumentaram os partidários de Moscou). Na vitória, os alemães foram tipicamente implacáveis, executando milhares de rebeldes e enviando uma última carga de judeus de trem para Auschwitz.

Com a guerra chegando ao fim, os eslovacos viram-se numa posição singular. Os Aliados haviam exigido a rendição incondicional da Alemanha, mas também haviam sido persuadidos por Beneš a rejeitar a pretensão eslovaca à independência. Isso significava que, aos olhos do Ocidente, o país ainda fazia parte de uma Tchecoslováquia unificada — estando portanto do lado vencedor, e não perdedor, da guerra. Aquele golpe de sorte não reduziu o desejo eslovaco pela separação. Ao se reunirem para celebrar o fim da guerra, encheram o ar de bandeiras eslovacas e algumas bandeiras comunistas. Mal se via o emblema de uma Tchecoslováquia unida.

O RESULTADO DAS CONVERSAÇÕES em Moscou foi divulgado em Košice em 4 de abril de 1945. O governo interino consistiria em três representantes de cada um dos quatro grandes partidos tchecos e dos dois eslovacos. Seis pessoas sem afiliação partidária também foram designadas, além de Beneš. Embora superficialmente equitativa, a distribuição do poder deu aos comunistas quase tudo que queriam. Direta ou indiretamente, eles controlavam o primeiro-ministro e a maioria dos ministérios-chave. Um novo cargo de secretário de Estado para relações exteriores também foi criado para ser ocupado por Vlado Clementis, amigo de meu pai, mas também comunista. Sua função seria ficar de olho em seu chefe nominal, o ministro do Exterior Jan Masaryk.

Em Moscou, Masaryk encontrou-se com Gottwald pela primeira vez. Os dois homens tinham em comum um amor profundo pelas canções folclóricas tchecas, mas sentiram uma aversão imediata um pelo outro. Conversaram por uma tarde inteira sem concordar em grande coisa. Gottwald queixou-se de que a política externa defendida pelos exilados de Londres havia sido insuficientemente pró-soviética. Aquilo, ele insistiu, teria de mudar. A cooperação total seria requerida. Gottwald disse que duvidava de que Masaryk tivesse entendido, ao que Jan respondeu que na verdade entendera, mas não prometeu aquiescer. Sintetizando o diálogo em um memorando a Beneš, Masaryk observou que, quando seu pai fora presidente, ninguém ousara atacá-lo, preferindo em vez disso criticar Beneš, o ministro do Exterior. Agora que Beneš era presidente, ele, Masaryk, ocupava aquele cargo — com um alvo nas costas.

APÓS ANUNCIAR O PROGRAMA do governo, Beneš permaneceu em Košice, esperando o desenrolar dos estágios finais da luta. Embora o líder reconhecido da nação estivesse de volta ao seu próprio solo, mal estava em posição de comando. Os soviéticos se encarregaram de sua segurança, mantendo-o numa casa cercada de guardas e impedindo que se comunicasse diretamente com Londres ou Praga. Alegando razões de segurança, Moscou recusou-se a permitir que diplomatas britânicos ou americanos o acompanhassem em sua vinda de Londres ou se juntassem a ele em Košice. Se Beneš quisesse notícias, tinha de apelar ao embaixador russo, que transmitia apenas o que considerava prudente. Aos seus auxiliares, o líder tcheco se queixou de seu tratamento degradante. Com os soviéticos, manteve-se calado.

Antes em Moscou, Stalin recebera Beneš num jantar da vitória animado por música tradicional, histórias, danças folclóricas e brindes. Em suas observações, enfatizara o interesse compartilhado dos dois países em conter a ambição alemã e negou qualquer desejo de promover o comunismo em estilo soviético através da Europa. Stalin conseguia fazer um visitante se sentir um rei simplesmente contando aquilo que este queria ouvir. Naquela noite, também tentou preparar Beneš para o que estava por acontecer. "Os nossos soldados entrarão em seu país", ele disse. "Não os julgue com muito rigor. Estão cansados de uma longa guerra e se tornaram um pouco descontrolados. De qualquer modo, os homens do Exército Vermelho não são anjinhos."[2]

Ele não estava exagerando. Como uma tempestade nos Cárpatos, o Exército marchou pela Eslováquia e para oeste, Morávia adentro, saudando as multidões contentes com um animado *Hitler kaput!* [Hitler caiu!] e dando aos alemães em fuga um empurrão firme. Os soviéticos, conquanto bem-vindos, muitas vezes ignoravam a distinção entre libertação e conquista. Relativamente poucos eram soldados profissionais. A maioria era feita de jovens camponeses pouco treinados que, tendo passado pelo inferno com equipamentos insuficientes e comida ainda pior, estavam agora ávidos por satisfazer seus apetites. Como libertadores, receberam de comer e beber tudo que os cidadãos pressionados puderam oferecer. Os russos gostaram daquilo e exortaram seus anfitriões a irem um pouco mais longe. Os homens adoravam em particular relógios, tecidos, tapetes e roupas — especialmente botas. Bebiam vodca, é claro, mas também vinho, cerveja, álcool medicinal e, num incidente notório, álcool metílico usado por um museu para preservar espécimes de animais.

Seus oficiais não eram muito melhores. Requisitavam casas para seu próprio uso e, ao partirem, levavam consigo todos os objetos valiosos que conseguissem. Também tencionavam surrupiar carros, tentando duas vezes sequestrar a viatura do embaixador britânico, uma vez com o chofer sozinho, e outra com o enviado, bastante contrariado, sentado no banco de trás. Em setembro de 1945, as forças armadas russas invadiram refinarias de açúcar e puseram-se a roubar o conteúdo. Aquilo foi demais para Beneš, que, sem consultar o gabinete, ordenou que seu próprio exército interviesse, fazendo os soviéticos recuarem.

Ainda pior, na Tchecoslováquia como em outras partes da Europa oriental e ocidental, os homens do Exército Vermelho estupraram milhares de mulheres e moças sem o menor sinal de desaprovação de seus altos oficiais. Os tchecos e eslovacos que deparavam com tal conduta ficavam enojados, mas também temerosos. Nem todos reagiam como meu pai: "Eles nos libertaram dos piolhos e nos enviaram sanguessugas."[3] Em vez disso, alguns buscavam proteção pedindo ajuda a membros do Partido Comunista local ou aderindo ao partido. Desse modo, a brutalidade russa tornou-se uma dádiva para os organizadores do partido. Mais significativamente, os comunistas se beneficiaram do fato de que foi a União Soviética — e não os Estados Unidos — que havia libertado Praga.

Já na conferência de Teerã em 1943, a liderança dos Aliados concordou que os soviéticos seriam responsáveis por proteger a Europa Central, incluindo a Tchecoslováquia. O planejamento militar foi feito com base naquele entendimento. Os americanos não fizeram nenhuma objeção, nem — na época — os britânicos.

Mas as circunstâncias mudam, e Churchill concluiu que poderia realmente fazer uma diferença quais Aliados marchassem para onde. Sua fé nas intenções de Stalin desaparecera abruptamente após o breve flerte dos Três Grandes nas praias do mar Negro. Em meados de abril de 1945, os britânicos insistiram com os Estados Unidos que enviassem suas forças a Praga. Não tendo recebido resposta após duas semanas, Eden enviou um segundo comunicado:

> Do nosso ponto de vista, a libertação de Praga e do máximo possível do território da Tchecoslováquia ocidental por tropas americanas poderia fazer toda a diferença na situação do pós-guerra. [...] Por outro lado, se os Aliados ocidentais não desempenharem nenhum papel relevante na libertação da Tchecoslováquia, aquele país poderá perfeitamente seguir o caminho da Iugoslávia.[4]

O Departamento de Estado foi persuadido pelo argumento e recomendou às forças americanas que avançassem até o vale Vltava. Porém, Truman, que estava começando seu mandato na presidência, não queria interferir em acordos já aceitos pelos líderes militares aliados. A situação mudou apenas ligeiramente quando o Terceiro Exército do general Patton, penetrando na Áustria, precisou de proteção em seu flanco norte. O comandante supremo dos Aliados, Dwight D. Eisenhower, pediu aos soviéticos autorização para enviar tropas ao sul da Boêmia. Ela foi concedida, e um novo consenso foi obtido: as forças americanas poderiam penetrar a leste até Plzeň, a cerca de 80 quilômetros de Praga. Elas o fizeram sem oposição do inimigo durante a primeira semana de maio, deflagrando uma celebração entusiástica e aumentando a impaciência através das terras tchecas.

De uma direção, tropas soviéticas vinham avançando rumo à capital, da outra, forças americanas estavam atravessando a fronteira. A vitória estava à vista, mas a ignomínia do domínio estrangeiro prosseguia. Os soldados alemães permaneciam nas esquinas de Praga. Insultar o Führer continuava um crime. A Gestapo prosseguia prendendo e fuzilando guerrilheiros, enquanto prisioneiros políticos permaneciam na prisão, sob risco de execução. Não era de admirar que, nos porões e sótãos, as pessoas monitorassem o rádio sem parar, aguardando a notícia de que os alemães haviam partido. De acordo com os noticiários das rádios estrangeiras, Hitler havia se suicidado, seus altos assessores estavam mortos ou em fuga, e o Terceiro Reich estava em colapso. Por que então o inimigo não voltava para casa?

Nos primeiros dias de maio, a população de Praga e outros centros urbanos decidiu não mais esperar. Agindo espontaneamente, começaram a retomar seu país, destruindo as placas alemãs e substituindo suásticas por bandeiras tchecas. Os lojistas e motorneiros de bonde recusaram-se a aceitar marcos do Reich, enquanto os soldados alemães eram molestados e, quando possível, desarmados. Na manhã de 5 de maio, a estação principal de rádio transmitiu um apelo: "Venham todos ajudar! Estamos combatendo os alemães!"[5] Quando as tropas nazistas acorreram à estação, a polícia municipal, antes dócil, desafiou-as. A tarde inteira, os dois lados combateram. Reforçados por um destacamento de guardas que alcançaram a estação de rádio pelos telhados, os tchecos encurralaram a unidade nazista e forçaram sua rendição. Os rebeldes também se apoderaram do sistema de alto-falantes e da central telefônica. No fim daquela tarde, uma equipe da inteligência americana chegou em jipes. O comandante, tenente Fodor, concordou em voltar a Plzeň e transmitir um pedido de ajuda.

Naquela noite, o comandante local da SS telegrafou aos seus superiores que metade de Praga estava em mão dos rebeldes, que "estão lutando inesperadamente bem".[6] Tragicamente, os alemães não estavam dispostos a depor suas armas. Precisavam controlar a cidade para proteger sua retirada geral. Dispondo de poder de fogo e soldados, contra-atacaram, usando bombas incendiárias para destruir prédios de apartamentos e blindados para romper barreiras e matar o máximo de pessoas possível. Os rebeldes, esperando a chegada da ajuda americana a qualquer momento, não cederam. Famílias inteiras aderiram, erguendo barricadas feitas de tonéis de lixo, sacos de areia, pedras de calçamento arrancadas, pedaços de madeira e colchões. Para manter o controle das ruas, recuperaram munições que haviam sido escondidas em assoalhos, jardins e até caixões. Mulheres disfarçadas de enfermeiras da Cruz Vermelha foram à estação ferroviária, onde um depósito de armas permanecia escondido desde o começo da ocupação. Ali as mulheres pegaram cestas com o rótulo "ataduras", mas que, para serem carregadas, exigiram todas as suas forças.

Os tchecos transmitiram por rádio repetidos apelos por ajuda. Churchill telegrafou a Washington pedindo que o Terceiro Exército avançasse. Consultado pelo tenente Fodor, Patton mostrou-se disposto a marchar até a praça Venceslau. Eisenhower informou o alto-comando soviético sobre a disposição em enviar seus combatentes para o leste. Os russos responderam: não avancem além de Plzeň, para que não se crie uma confusão de forças. Naquele momento decisivo, o general americano aquiesceu, acrescentando apenas que presumia que "as forças soviéticas avançariam rapidamente para resolver a situação no centro do país".[7]

Aquele diálogo deixou claro que o Terceiro Exército não avançaria para Praga. Os russos, nesse ínterim, ainda não estavam lá.* Os tchecos permaneceram nas barricadas, lutando desesperadamente. Em 7 de maio,

* Quatro tanques americanos entraram em Praga em 7 de maio, mas para transmitir a notícia da rendição alemã em Berlim às autoridades nazistas locais. Os americanos informaram que as tropas de seu país não iriam libertar a capital. Aquilo desapontou os alemães (que tinham pavor dos soviéticos) tanto quanto os tchecos.

a liderança rebelde exortou seus seguidores a "permanecerem firmes e atacarem com ainda mais força. Que cada tiro acerte um alvo, que cada golpe vingue a morte de seu irmão, irmã, pai ou mãe. Esta noite, que todos os homens, mulheres, meninos e meninas ergam ainda mais numerosas e maiores barricadas que nenhum tanque consiga penetrar e nenhuma bomba consiga dilacerar".[8]

Nas barricadas

Durante 24 horas após a capitulação nazista em Berlim, a batalha prosseguiu. Ruas foram destruídas e prédios, danificados, incluindo a Velha Prefeitura, onde uma década antes meus pais haviam se casado. Antes que o levante terminasse, aproximadamente 1.700 tchecos perderam suas vidas. Enfim um cessar-fogo foi negociado, permitindo aos alemães uma retirada segura. Em 9 de maio, as primeiras unidades do Exército Vermelho apareceram. Uma testemunha registrou a cena:

Soldados russos sendo saudados

As pessoas acorreram às ruas para aclamar, para saudar, para abraçar seus libertadores, convidando-os às suas casas, oferecendo-lhes tudo de bom que tinham. Moças bonitas cobriram os tanques com flores e subiram nos carros blindados. Os russos riam alegremente e pegavam seus acordeões. O mundo estava cheio de fragrância, música e alegria.[9]

Nos anos posteriores, muitos autores, inclusive meu pai, citaram o não envio de tropas americanas por Eisenhower a Praga como sinal da indiferença ocidental. Essa acusação não é totalmente justa. Beneš jamais defendera a libertação pelos americanos e, pelo contrário, deixara claro seu relacionamento caloroso com Stalin. Além disso, os Aliados não tiveram nenhum papel em planejar ou encorajar o surto de violência de última hora. Eisenhower estava envolvido na articulação da rendição da Alemanha — isso para aliviar o sofrimento de todos, inclusive de Praga. A vitória era iminente somente porque o Exército soviético, com 2 milhões de homens dedicados à batalha, impedira Hitler de mandar mais de suas tropas para lutarem no Ocidente. Além disso, os Aliados foram bem-sucedidos em seus esforços porque todos os participantes, incluindo a União Soviética, cumpriram seus acordos. Com a guerra no Pacífico ainda não resolvida, a decisão de faltar com a palavra ao Kremlin naquele momento crítico acarretaria riscos extraordinários.

De qualquer modo, a responsabilidade por fazer política não era de Eisenhower. O general recebera ordens de destruir as forças armadas alemãs e encerrar a guerra de forma rápida e vitoriosa, não de se preocupar com o equilíbrio político do pós-guerra. Mesmo assim, os registros deixam claro que Ike estava preparado para pôr em ação Patton e teria feito isso se os soviéticos não se opusessem. A culpa pelo que aconteceu em Praga é na verdade de Moscou.

Existe, porém, pouca justiça na criação de mitos nacionais. Os símbolos importam, e algumas tentativas — por mais quixotescas que sejam — não podem ser ignoradas sem que se pague um preço. O levante de Praga fez pouco sentido taticamente, mas possuiu sua própria lógica como uma expressão do ódio contido, vindo de um povo a quem antes se negaram as oportunidades de lutar. A rebelião não era uma questão de lógica, mas de coragem e honra, ou o que meu pai chamava, no contexto do Tratado de Munique, de "espírito nacional". Assim nasceu a lenda de que os Estados Unidos deram as costas aos tchecos no momento de maior necessidade. Durante anos vindouros, os comunistas explorariam a percepção de que os americanos ficaram "sentados em Plzeň bebendo Pilsener" enquanto a busca de liberdade do povo foi afogada em sangue.

Essa percepção perdura. Quando os aniversários do levante são lembrados, os políticos ainda se referem à falha de Eisenhower. Isso ocorre até em Plzeň, onde, como posso testemunhar, a população local preservara muitos dos jipes e caminhões americanos que Patton deixou para trás. Em 2010, Václav Havel contou-me que uma libertação americana de Praga teria feito "toda a diferença". Havel, cuja família passou a guerra no interior, recordava o fim do conflito como uma época de incerteza. Os alemães vinham sendo expulsos, soldados soviéticos circulavam com meia dúzia de relógios roubados em cada braço, e pessoas surgiam da floresta alegando serem combatentes da resistência quando, em alguns casos, eram bandidos. Um piloto tcheco retornando da Inglaterra pousou seu avião num prado não longe da casa de Havel. A cidade inteira acolheu-o com uma refeição de ovos, ketchup e salada.

Um dos princípios delineados em Košice foi que as novas forças armadas tchecas e eslovacas seriam treinadas e equipadas dentro do modelo do Exército Vermelho. Na prática, significava que os exilados na Rússia formariam o núcleo das novas forças armadas, enquanto os soldados e aviadores que haviam combatido com os britânicos seriam marginalizados. Os comunistas queriam um monopólio dos heróis da guerra, e assim redefiniram as forças armadas baseadas em Londres como uma ferramenta da opressão capitalista. Em poucos anos, a maioria dos homens que haviam lutado tão bravamente com a RAF foram forçados a um novo exílio ou — no caso do piloto que havia sido festejado por Havel e sua comunidade — à prisão.

24

Sem remendos

Em julho de 1945, retornei à minha terra natal, voando através da Europa no ventre de um bombardeiro da RAF. Eu tinha 8 anos e minha irmã Kathy apenas 3. Esprememo-nos entre minha mãe e minha prima Dáša, agora com 17 anos. Os assentos — na verdade bancos duros — ficavam em vãos nos quais a força aérea costumava manter bombas. O barulho era ensurdecedor, o avião chacoalhava e balançava. Muitos dos cerca de quarenta passageiros adoeceram, e tive pavor de voar durante anos depois. Nossos estômagos revolveram quando o piloto deu um rasante sobre Dresden, a cidade alemã destruída pelo bombardeio dos Aliados naquele ano. De forma inexplicável, a Força Aérea norte-americana havia lançado 150 toneladas de munições sobre Praga ao mesmo tempo. Nenhum alvo militar foi atingido, mas quinhentas pessoas morreram. Evidentemente os pilotos haviam confundido a capital tcheca com Dresden.

Meu pai, que havia retornado em maio, buscou-nos no aeroporto. Ficou incomodado com quão longe da recepção o avião havia sido ordenado a desembarcar seus passageiros. Os pilotos britânicos só foram autorizados a usar as áreas mais remotas, um sinal preocupante de quão generalizada se tornara a presença soviética. Mas ao menos chegamos com segurança. Dois meses depois, um voo semelhante trazendo pessoas de volta caiu, matando todos a bordo.

Quando a guerra terminou, Dáša ficou confusa sobre o que fazer. Ela passara o semestre anterior numa escola em Gales especialmente criada para alunos tchecos. Após serem pressionados a falar inglês por vários anos, os jovens eram agora encorajados a atualizar seu tcheco, preparando-se para a volta ao lar. Compreensivelmente confusos, inventaram uma língua que era metade tcheco, metade inglês, chamada "Czechlish" [junção de *Czech*, tcheco, com *English*, inglês].

Quando chegou a hora de partir, Dáša hesitou. Tio Honza e tia Ola a convidaram para permanecer com eles na Inglaterra, em vez de enfrentar as incertezas de Praga no pós-guerra. Mas uma daquelas incertezas dominava a mente de Dáša. Como outros exilados, ela fizera visitas cansativas e muitas vezes frustrantes à Cruz Vermelha na tentativa de descobrir o destino de sua família. Havia anos não chegavam cartas. As notícias sobre os judeus tchecos, e outros judeus, eram horripilantes. Num triste dia, ela ficou sabendo das mortes de sua mãe e irmã, mas também viu uma lista de sobreviventes que incluía o nome Rudolf Deiml. Isso resolveu a questão: ela voltaria a Praga para estar lá quando seu pai aparecesse. "Eu tinha que ir e esperar por ele", ela me contou muito depois, "porque sabíamos que todos os outros estavam mortos".

Em Praga, nossa família recebeu do governo um apartamento no segundo andar de uma casa do século XVII defronte à praça Hradčany. O apartamento era espaçoso, com grandes quartos reluzentes, uma lareira, linda mobília e varandas cobertas de hera. Dáša ocupou seu próprio quarto. Eu dividi um com Kathy. Adorei o apartamento, mas não sabia direito, no início, o que fazer em Praga. Walton-on-Thames, onde eu tivera amigas e colegas, era bonito e verde. Aqui eu não conhecia ninguém. As ruas costumavam estar cheias demais para meu conforto, sem falar em todos aqueles soldados russos.

Mesmo assim, em pouco tempo a cidade me encantou. Do outro lado da rua ficava um pequeno parque dedicado a São João de Nepomuk, um homem do século XIV adorado pelos católicos tanto quanto Jan Hus pelos protestantes. Enquanto Hus foi martirizado por desafiar a Igreja, João foi atirado da ponte Carlos por defender o Selo da Confissão contra o sacrilégio de um soberano secular. Nas estátuas e nos retratos, a cabeça desse santo costuma estar circundada por uma auréola de cinco estrelas, representando as testemunhas celestiais de seu afogamento.

Quando não estava no parque, atravessava feliz a praça retangular até o famoso castelo onde Beneš e sua mulher agora moravam. Os guardas ali usavam belos uniformes, e nada mais divertido para uma menina de 8 anos do que fazer caretas para os homens na esperança de que um deles sorrisse, o que nunca faziam.

Durante a guerra, engenheiros alemães haviam confiscado mais de 14 mil sinos de igreja, pretendendo fundi-los e utilizar o metal na artilharia e nos tanques. Os fiéis agora acorreram para devolvê-los às torres e pináculos aos quais pertenciam. Praga fora palco de lutas, especialmente naqueles últimos dias, mas a maioria da arquitetura barroca gloriosa, os palácios ornados e os prédios de telhados de ardósia permaneciam intactos. O calçamento que havia sido destruído logo foi reparado, e os bondes voltaram a retumbar pelo emaranhado de ruas da Cidade Velha à Nova. As lojas conservaram seus letreiros típicos forjados à mão, distinguindo o sapateiro do farmacêutico e o açougueiro do padeiro. Quer de uma das pontes, quer das alturas do castelo, eu gostava de olhar para a água fluindo e as gaivotas mergulhando, os pescadores em seus barquinhos e os cargueiros transportando sei lá o quê para sei lá quem. Todas as tardes ao pôr do sol, as lâmpadas se acendiam em meio às árvores e arbustos florescentes nas margens do rio. Era sobre aquilo, eu pensava comigo mesma, que meus pais vinham falando quando ficavam ansiosos por voltar para casa.

Claro que eu não entendia que a Tchecoslováquia passara por um martírio que a mudara para sempre. De sua população, 250 mil haviam morrido, incluindo 80% da população judaica. Dezenas de milhares de lares haviam sido destruídos. Muitas das maiores fábricas haviam sido bombardeadas, e as redes ferroviária e rodoviária do país haviam sido destroçadas. A comida era escassa. Na capital, a batalha intensa dos últimos dias deixara sua marca. Nas ruas, mulheres que haviam sobrevivido aos campos de concentração usavam mangas compridas para cobrir cicatrizes e tatuagens. O novo governo começou a recuperar escritórios e ministérios que ainda "fediam a nazistas". A câmara de tortura da Gestapo, onde Ata Moravec e milhares de outros haviam sofrido, foi preservada, sua guilhotina, com uma crosta de sangue, agora envolta pela bandeira tcheca e uma pequena coroa de flores. As minorias étnicas alemã e húngara, antes participantes bem-vindos na democracia tcheca, enfrentavam a perspectiva de expulsão por decreto presidencial. De alto a baixo, os vitoriosos corriam para punir os colaboradores da guerra, promovendo assim a causa da justiça, mas também gerando abusos e criando oportunidades para injustiças políticas.

Em seus textos, meu pai descreveu um país dividido entre os exilados retornados de Londres e Moscou, combatentes da resistência, pessoas que simplesmente aguardaram pelo fim da guerra, "camaradas" (os que mais falavam) e ex-prisioneiros de campos de concentração (os que menos falavam). Tanta coisa acontecera que a sensação de solidariedade nacional praticamente se esgotara. Pessoas demais tinham crescido acostumadas a obedecer a ordens. Os tchecos que tinham sobrevivido à ocupação se ressentiam de seus compatriotas que permaneceram "seguros lá fora" na Inglaterra. Muitos dos exilados que lutaram contra o nazismo questionaram a bravura dos que permaneceram em casa. Os abismos que separavam aqueles grupos, meu pai lamentou, "eram profundos, sempre emotivos, às vezes racionais, e raramente contornáveis".[1]

Como em Walton-on-Thames, meu pai me levava até a escola. A diferença era que, nas escolas inglesas, eu me destacara. Nas salas de aula de Praga, ficava grande parte do tempo à margem. Quando meus pais perguntavam por quê, a resposta era que eu havia sido arrogante. Como assim? Minha professora disse que eu elogiara o vestido que estava usando, uma simples cortesia na Inglaterra, mas uma observação íntima demais para uma criança na atmosfera mais formal da Tchecoslováquia. Ao menos é assim que recordo a história. De qualquer modo, a escola era rígida demais para o meu gosto.

O Ministério do Exterior, onde meu pai trabalhava, ficava a poucos quarteirões de nosso apartamento, abrigado no imponente Palácio Černín. Anos depois, eu teria a oportunidade de comparar o palácio com o Departamento de Estado norte-americano. De fora, Černín é um exemplo impressionante da arquitetura do século XVII, enquanto o Departamento de Estado lembra uma enorme caixa descartada. Um visitante do palácio depara com um salão enorme com tetos abobadados, tapeçarias finas, móveis antigos e uma escultura impressionante de Hércules matando a Hidra. O

Departamento de Estado recebe seus convidados com detectores de metais e um guichê de segurança. Sem dúvida, as salas de recepções diplomáticas americanas são lindas, mas estão ocultas no oitavo andar, sendo usadas somente em ocasiões especiais ou visitas. Ambos os prédios oferecem uma vista espetacular. O Departamento de Estado tem vista para o Memorial de Lincoln, enquanto de seu correspondente tcheco dá para ver uma igreja histórica, na qual residem os restos mortais de Santa Starosta, uma princesa portuguesa que repeliu o assédio de seu marido indesejado, deixando crescer — com a ajuda de Deus — uma barba.

Meu pai auxiliava o primeiro-ministro, Jan Masaryk, e seu substituto, Vlado Clementis. Cada um desses homens tinha alguém encarregado das relações públicas, e havia duas secretárias, uma lidando com os negócios em tcheco e outra em eslovaco. O gerente do escritório era um funcionário público veterano de "estatura frágil, bochechas vermelhas, lábios finos, nariz pontudo, cabelos castanho-acinzentados e pequenos olhos cinza".[2] Esse retrato lisonjeiro é cortesia de Hana Stránská, uma jovem mulher da equipe do meu pai em Londres que ele recrutara para ajudá-lo em Praga. Stránská, de 27 anos, trabalhava principalmente como tradutora do inglês e também lidava com a montanha de papelada em tcheco.

As tarefas do meu pai incluíam a organização do que se tornaria um Ministério do Exterior em rápido crescimento e a supervisão das atividades políticas do dia a dia, uma carga pesada, dado que Masaryk passava grande parte do tempo no exterior. Lidar com visitantes importantes também consumia uma energia considerável. Entre os convidados naquele verão movimentado estavam os dos ícones militares do Ocidente: o general Eisenhower e o marechal de campo Bernard Montgomery. Meu pai estava incumbido daquelas responsabilidades em parte por ser um dos poucos que se relacionavam bem tanto com Masaryk como com Clementis. Os dois diplomatas, embora profissionalmente no mesmo barco, nem pareciam da mesma espécie. Ao contrário do informal Masaryk, Clementis era habitualmente sério e eficaz, intelectual e ideologicamente comprometido com o comunismo. Masaryk tinha aversão a qualquer ideologia. Achava que faziam as pessoas esquecerem sua humanidade na busca vã de objetivos estúpidos. Quando criança, conheci ambos: Masaryk com sua face redonda, barrigão e modos brincalhões, Clementis com seus olhos sérios e voz profunda.

Quando lhe pediram que ajudasse a administrar o Ministério do Exterior, seus supervisores informaram meu pai de que o cargo seria temporário. Na verdade, Clementis solicitou que permanecesse mais tempo do que planejado. Apesar de sua idade relativamente jovem (36), meu pai estava prestes a se tornar um embaixador. A missão lógica, dada sua experiência, foi uma volta a Belgrado como representante diplomático de nosso país na Iugoslávia. Dáša optou por permanecer em Praga com uma tia-avó para terminar a escola e aguardar notícias de seu próprio pai. O resto de nós estaria outra vez de mudança.

Masaryk e Clementis, 1946

Durante meses, Dáša apegou-se à esperança de que o dr. Deiml estivesse realmente vivo. Circulavam vários rumores, inclusive a possibilidade de que ex-prisioneiros tivessem sido enviados à União Soviética. Finalmente, em fevereiro de 1946, ela recebeu uma carta de Jiří Barbier, o carpinteiro que conhecera sua família em Terezín e acompanhara Rudolf em sua viagem final. Barbier, que obtivera o endereço de Dáša na Cruz Vermelha, pediu desculpas por ser o portador de notícias abaladoras, mas achava que talvez ela já tivesse descoberto a verdade. Ela não tinha.

Não percebi a angústia de Dáša então devido à minha idade, ensimesmamento e o fato de que havíamos passado apenas dois meses em Praga antes de partirmos para Belgrado. Olhando para trás, mal consigo conceber sua dor, mas vim a perceber que ela não estava sozinha entre os membros de minha família em experimentar e enfrentar o luto.

Minha mãe não costumava esconder os sentimentos. Se contrariada, ela dizia; se triste, suas lágrimas fluíam. Mas quando retornamos a Praga após a guerra, estou convencida em retrospecto de que fez um esforço corajoso para ocultar sua dor. Ela havia amado profundamente sua mãe e irmã, mas eu não via nenhum sinal da agonia que devia ter sentido. Meu pai tampouco mostrou sinais externos de pesar. Eu não pensava sobre aquilo, pois fui informada apenas de que meus avós haviam morrido. Alfred tinha sucumbido antes que eu nascesse; Ružena, Olga e Arnošt eram nomes que eu mal reconhecia. Eu não me lembrava de alguma vez ter chamado alguém de vovó ou vovô.

Cinquenta anos depois, quando fiquei sabendo das circunstâncias de suas mortes, e daquelas de tantos outros parentes, voltei a me perguntar o que meu pai teria sentido. Eu podia imaginar a profundidade de sua dor, mas não tinha indícios. Agora tenho. Revirando suas caixas na minha garagem, descobri uma pasta contendo um documento de 123 páginas em espaço triplo com margens estreitas. O texto está primorosamente datilografado, com poucas correções a lápis. Aquela foi a tentativa de meu pai de escrever um romance. Ele a havia mencionado para mim uma vez, mas eu não o levara a sério e, de qualquer modo, não ouvi mais falar sobre o assunto. Um professor e historiador, meu pai tinha um talento em fazer o passado ganhar vida, mas ele também lidava com fatos. Em seus livros e artigos, escrevia para desenvolver uma tese e provar um ponto. Por que faria uma tentativa em ficção? O que o preocupava profundamente que o compelisse a escrever, mas não de seu jeito costumeiro? Peguei a pasta, removi o clipe e pus-me a ler a página de abertura.

"O avião estava prestes a aterrissar", a história começa. Pedro Ptachek,* um jovem diplomata, está retornando a Praga após seis anos em Londres,

* O nome de solteira de minha avó materna foi Olga Ptačková.

onde dirigira as transmissões radiofônicas durante a guerra para o governo tcheco no exílio. Solteiro, imagina uma reunião há muito aguardada:

> Ele entrará silenciosamente pelo quintal e abrirá cautelosamente a porta. Cuidado, um azulejo no corredor está solto e faz barulho. [...] Ali está ela. Inclinada sobre o forno. [...] Ele cobre suas têmporas com as mãos e... Talvez ela não esteja em casa. Saiu para comprar algo para o jantar. Talvez esteja no campo e deixou uma carta. Estará sob o segundo frasco do lado direito do armário da cozinha. Foi sempre assim nos velhos tempos.

Uma vez em solo, Pedro pega um táxi do aeroporto para o Hotel Alcron, onde os altos funcionários que retornavam tiveram quartos reservados. Seu percurso o conduz em frente ao castelo e catedral, descendo a rua íngreme com o nome de Jan Neruda e através da ponte rumo à praça Venceslau. "Séculos decorreram e séculos decorrerão", Pedro pensa com seus botões. No hotel, é saudado de forma cordial pelo porteiro, que provavelmente passou os últimos seis anos repetindo, com a mesma cortesia: "Heil Hitler." No saguão, ouve trechos de conversas entre outros retornados: "Sim, encontrei todos eles" ou "Não encontrei ninguém".

Pedro pega o bonde número 1. Após saltar, caminha — depois corre — até a porta familiar. Atrás dela, em vez de sua mãe, encontra uma estranha, que diz que está morando na casa há três meses. Antes uma família alemã morava ali. Ela não tem informações. Estupefato, Pedro decide caminhar até a casa da irmã mais nova de sua mãe, Martha, que mora com o marido, Jan, e dois filhos. Enquanto caminha, pensa nas muitas noites de sexta-feira antes da guerra em que visitara a família de Martha para tocarem música de câmara. Ele chega e bate à porta. Esta se abre — de novo, em vez de um rosto familiar, um estranho:

> Pedro apresentou-se e perguntou sobre seu tio.
>
> Sim, nós o conhecíamos muito bem, respondeu o homem. Éramos bons amigos tanto de Jan como de Martha. Também conhecemos sua mãe, pobre alma.
>
> O que aconteceu? Onde ela está?, murmurou Pedro, temeroso.

Meu caro amigo, caso eu tenha que ser a primeira pessoa a lhe contar. Ela não vive mais. Aconteceu em maio de 1942. Eles a levaram embora, e duas semanas depois Jan recebeu uma carta a respeito. Depois chegou a vez de Jan e Martha. Antes que viessem pegá-los, Jan pediu que nos mudássemos para seu apartamento.

O que aconteceu com os meninos?

Deus do céu. Eles os levaram também, dois dias depois. Tenho algumas fotos. Gostaria de vê-las? A foto da sua mãe também.

Não, acho que não. Não agora. Voltarei depois.

A escuridão da noite engoliu o corpo náufrago de Pedro. Passos pesados e lentos conduziram-no por ruas e praças. Praga, seu berço, subitamente se tornou para ele a cidade mais estranha do mundo. A ponte Carlos o estava conduzindo à margem do desconhecido. Ao cruzá-la, uma mulher, em pé sob a estátua de Cristo, emergiu e perguntou: Me compra uma bebida, querido?

Pedro prosseguiu e olhou rio abaixo. A vida sobre e sob a ponte obviamente continuava inalterada, ele pensou.

Foi bem depois de meia-noite que chegou ao hotel. Cambaleou até seu quarto. Tenso e exausto, desabou na cama. Seu rosto mergulhou no túmulo do travesseiro. "Deus, dai-me um, eu suplico, dai-me ao menos um", ele soluçou. Pedras de lágrimas estavam caindo por um buraco na fronha. A guerra terminara. Deixara para trás muitos buracos. Alguns podiam ser fechados. Outros não.

Ali estava tudo. Meu pai não era nenhum estoico, pelo contrário. As emoções estavam ali e o acometeram por anos. Provavelmente começara a escrever pensando em publicar, mas deve ter concluído que não era algo que pudesse fazer. Por que sua mãe e seus primos tinham sido levados embora?

Mais adiante na história, Pedro vai ao interior visitar sua casa de infância. A porta é aberta por um homem baixinho. Pedro se apresenta e pergunta se pode entrar e dar uma olhada. O homem dá de ombros, constrangido, depois abre a boca e emite sons ininteligíveis. Após um momento, Pedro percebe que ele é surdo-mudo. Após algumas tentativas desajeitadas de se comunicar, Pedro educadamente se despede. "Sou grato", pensa consigo mesmo ao se afastar. O encontro deve ter sido um aviso: "O passado deveria ser surdo e mudo para ele. Não devia ser ouvido nem falado."[3]

25

Um mundo grande o suficiente para nos manter afastados

Durante a guerra, Beneš procurara apoio diplomático ao seu plano de banir os alemães étnicos da Tchecoslováquia, excetuando apenas aqueles que conseguissem provar sua resistência à ocupação fascista. Em 1944, submeteu um memorando às grandes potências (Estados Unidos, Grã-Bretanha e União Soviética) no qual propunha a expulsão de dois terços dos alemães de seu país. Os transferidos teriam o direito de levar consigo todas as propriedades móveis e receber indenizações pelo resto. Prometeu que o processo se completaria dentro de dois anos. "O nosso povo", ele disse, "não pode mais viver no mesmo país que os alemães".[1]

Essa política de confisco e expulsão — corporificada no que passou a ser conhecido como os decretos de Beneš — refletia um sentimento que se infiltrara nos ossos e sangue de praticamente toda a população tcheca. Através de suas vidas e da memória herdada de sua nação, os tchecos haviam compartilhado espaço com seus vizinhos alemães. Cada povo frustrara as ambições do outro, e os dois mantiveram identidades separadas apesar dos casamentos mistos, amizades pessoais, laços comerciais e inúmeras experiências comuns. Jamais foi inevitável que esse relacionamento íntimo terminasse em guerra, mas a guerra acontecera e cavara um poço profundo de amargor. Em maio de 1945, a maioria dos tchecos não tinha nenhum interesse em definir um relacionamento novo com os alemães. Queriam, isso sim, *encerrar* aquele relacionamento.

Quando, em 17 de maio, um dos grandes partidos democráticos promoveu sua celebração da vitória em Praga, nosso amigo e ex-vizinho Prokop Drtina esteve entre os principais oradores. Logo se tornaria ministro da Justiça e uma figura central do novo governo. Para o evento, diante de uma assembleia grande e entusiasmada de futuros eleitores, suas antenas políticas estavam atentas. Escrevendo mais tarde, confessou que denunciar os alemães para um público tcheco em 1945 foi "uma oportunidade demagógica" favorável demais para ser desperdiçada. Livrar-se dos alemães, ele disse em seu discurso, "constitui a tarefa histórica de nossa geração. [...] Nosso novo país só pode ser construído como um Estado puro. [...] Um de nós precisa partir — os alemães ou nós — e como este é um país tcheco e somos os vencedores, eles precisam partir!".[2]

O líder comunista Klement Gottwald atiçou a mesma fogueira sugerindo que as expulsões eram merecidas por razões com profundas raízes no passado. "Agora definitivamente compensaremos a Montanha Branca", ele prometeu. "E não apenas isso: retrocederemos ainda mais na história de nossa nação. Ao confiscar as propriedades dos alemães, retificaremos os erros cometidos pelos reis da dinastia Přemyslid que [convidaram colonos alemães. Agora eles serão expulsos de nossa terra definitivamente."[3] Essa e declarações semelhantes foram aclamadas com tamanhas demonstrações de ódio que qualquer conversa sobre procedimentos ordeiros e indenizações justas logo foi esquecida. As garantias que deram um verniz de civilidade aos memorandos diplomáticos de Beneš foram postas de lado na primeira comemoração de vitória.

Durante o fim da primavera e início do verão de 1945, um número desconhecido de alemães foi fuzilado, linchado ou espancado até a morte. Os cidadãos de Brno juntaram o máximo que conseguiram, cerca de 20 mil, forçando-os a marcharem até a Áustria. Devido à escassez de comida, um surto de disenteria e uma falta quase total de organização, estima-se que 1.700 tenham morrido. Houve outros tipos de violência. De acordo com um informe:

> Em Nový Bydžov, 77 soldados alemães capturados foram executados; na cidade montanhosa de Špindlerův Mlýn, trinta civis alemães foram assassinados junto com cinquenta soldados; per-

> to de Přerov, 265 foram mortos, incluindo 120 mulheres e 74 crianças com menos de 14 anos. Em Postoloprty, uma equipe investigadora tcheca mais tarde desenterrou os corpos de 763 alemães que haviam sido concentrados na área e liquidados.[4]

O devido processo legal, especialmente nas primeiras semanas, foi em grande parte negligenciado. Em alguns casos, supostos colaboradores foram simplesmente mortos. Em outros, foram conduzidos a prisões improvisadas para serem interrogados e torturados. Em muitas cidades, mutilar alemães locais tornou-se um espetáculo público, com multidões reunidas para ridicularizá-los. Para os guardiões locais da segurança, o tratamento bruto não constituía nenhuma ilegalidade, e sim justiça. Os alemães receberam as mesmas rações concedidas aos judeus durante a guerra e foram proibidos de entrar em hotéis, restaurantes e lojas. Já não podiam falar sua língua em público. Em algumas cidades, foram obrigados a usar braçadeiras especialmente coloridas, em outras, suásticas foram pintadas em suas costas. Suas escolas foram fechadas, e muitos de seus negócios foram confiscados. As mulheres tchecas com fama de manter relações com alemães foram humilhadas. Não surpreende que, nesse ambiente, erros terríveis fossem cometidos. No início de maio, um homem idoso foi espancado até a morte num hospital de Praga após citar como cidade natal uma aldeia na região dos Sudetos. Os assassinos acharam que fosse alemão quando na verdade era tcheco. De qualquer modo, não estava prejudicando ninguém de seu leito de hospital.

Algumas semanas após o fim da guerra, Hana Stránská (a mulher de 27 anos que trabalhava no escritório do meu pai) fez uma excursão ao resort de Marienbad, ocupado pelos americanos. Encontrou as ruas repletas de soldados americanos despreocupados e gracejadores e ficou contrariada ao ver alguns caminhando "de braços dados com senhoritas alemãs em trajes típicos dos Sudetos".[5] Hana não conseguia esquecer os sobreviventes dos campos que vira nas ruas e bondes, com seus rostos emaciados, corpos escoriados e cabelos começando de novo a crescer.

Ao caminhar por ali, seus sentidos foram atraídos pelo som de uma canção de amor tcheca e a visão de um grupo de homens cantando e dançando no meio da rua. Logo percebeu que aqueles não eram cantores comuns. Tratava-se de prisioneiros alemães obrigados a cantar por um contingente de soldados tchecos. Ocasionalmente, quando os alemães paravam ou erravam, os soldados berravam para que recomeçassem. Hana sorriu.

Alemães cercados por tchecos furiosos

Um soldado americano, observando por perto, não estava tão satisfeito assim. Gritou para que os tchecos parassem.

— A guerra acabou, portanto chega de agressões — ele esbravejou.[6] Alguns de seus colegas concordaram.

Aquilo foi demais para Hana.

— Como ousa? — disse ao americano. — De que lugar dos Estados Unidos você vem?

— Mississippi — ele respondeu.

— Miss-iss-ip-pi? — disse Hana, separando as sílabas com sarcasmo. — Estou vendo. Você veio lá dos confins do Miss-iss-ip-pi para nos dizer na Tche-cos-lo-vá-quia como devemos tratar nossa escória nazista traidora, nossos prisioneiros. Acha um abuso se humilhamos esse lixo da humanidade, obrigando a cantar canções tchecas? Onde você esteve esse tempo todo? Sabe o que eles fizeram? Sabia que torturaram e mataram milhões? Ou não ouviu dizer? Ou talvez — disse Hana, respirando fundo — simpatiza com eles porque vocês lançam negros mortos rio abaixo?

Suas palavras causaram uma comoção: soldados furiosos e indignados se reuniram em torno dela, e Hana recebeu de volta sua própria pergunta:

— Como ousa?

Outro americano interveio.

— Ela está absolutamente certa — ele disse. — Acabo de vir de um desses campos onde libertamos os prisioneiros. Vocês deviam ver. Além disso, esses alemães não estão sofrendo nenhuma agressão física.

Voltando-se ao primeiro soldado, disse:

— Eu e você vamos nos manter fora disso, ok?

Como muitos tchecos, incluindo meus pais, Stránská convivera com os alemães grande parte da vida. Conhecera-os na escola, passara férias de verão com eles, aprendera a língua deles, compartilhara jantares e eventos sociais. Mas a guerra a mudara. Ela mais tarde sintetizou seus pensamentos naquele dia em Marienbad:

> Eu não vou acreditar nas alegações de inocência de nenhum alemão. Quem é que admitiria uma culpa tão colossal como essa? Na minha opinião, eles foram culpados até que se prove sua inocência. E permaneceriam assim aos meus olhos pelo resto de minha vida. Jurei que jamais proferiria uma palavra em alemão a não ser que nenhuma outra língua servisse, [...] jamais colocaria voluntariamente os pés de novo na Alemanha ou Áustria, [...] não compraria produtos alemães, grandes ou pequenos, [...] não falaria com um alemão ou austríaco, nem mesmo para perguntar a hora. A ideia de que um alemão pudesse sorrir para mim deixava minha pele arrepiada. O mundo é grande o suficiente para nos manter afastados.

A primeira vez em que ouvi a história, pensei comigo mesma: quem tem razão, o soldado que interveio ou aquele que disse que os americanos não têm nada que resolver conflitos entre os outros? Uma pergunta que — naquele contexto e em muitos outros recentes — continuo fazendo.

Como é possível perceber pelo relato de Hana, os soldados americanos que ocuparam Plzeň, Marienbad e outras partes do sul da Boêmia geralmente não permitiam maus-tratos aos alemães. Os soviéticos, que estavam no controle do resto do país, encorajavam e aderiam aos maus-tratos. Essa discrepância deixou muitos tchecos ressentidos — contra os americanos.*

Meu pai, um estudioso da história, veio a reconhecer os notáveis e sinceros esforços da Alemanha para expiar o mais indizível capítulo de sua história. A reação de minha mãe foi comparável à de Hana. Ela não estava disposta a ouvir uma palavra positiva sobre a Alemanha. Anos depois, quando lhe contei sobre meu amor por um homem chamado Joe Albright, pediu que eu repetisse o nome. Quando o fiz, ela suspirou: "Graças a Deus é Albright, não Albrecht."

OFICIALMENTE, O PLANO DO governo previa a divisão dos alemães étnicos em três categorias: (1) colaboradores e oportunistas, (2) aqueles que haviam sido presos ou perseguidos pelos nazistas e (3) outros. As pessoas na primeira categoria receberam ordem de partir, aquelas na segunda puderam permanecer, e aquelas na terceira podiam solicitar uma nova cidadania. Por ordem presidencial, 270 mil fazendas, cobrindo mais de 2,4 milhões de hectares, foram confiscadas.

As leis raciais nazistas haviam sido difíceis de implementar porque pessoas de sangue puramente alemão ou tcheco eram a exceção, não a regra. Os decretos de Beneš esbarraram com um problema semelhante. Muitas famílias tchecas ou dos Sudetos eram culturalmente mistas ou haviam oscilado entre as duas nacionalidades baseadas no que era mais conveniente na época. Mesmo Hana Stránská, que estudara em escolas alemãs quando criança, teve de se esforçar para provar que era tcheca. Menos sucesso teve Emmanuel Goldberger, que em 1942 escapou de um campo de concentração e acabou aderindo ao Exército tcheco no exílio. Por ter sido criado numa família falante de alemão, o Ministério da Defesa negou sua solicitação de voltar para casa. Goldberger foi acusado de ter optado pela identidade tcheca durante a guerra "a fim de permanecer oculto e não chamar a atenção",[7] não por uma lealdade nacional autêntica.

---

* Devo observar que os soldados americanos eram, de resto, muito populares. Ao contrário dos soviéticos, dispunham de seus próprios suprimentos e às vezes ofereciam generosamente novidades como chocolates Hershey e latas de refrigerante. Por um tempo, a canção mais popular na Tchecoslováquia foi "Chattanooga Choo Choo".

Mas temos que reconhecer que o governo Beneš logo tomou medidas para refrear os excessos. Exigiu um fim da violência extralegal, prendeu milhares de pessoas acusadas de saques e roubos e criou uma estrutura para julgar casos de suposta colaboração. Em meados de junho, Beneš declarou que a política de transferência só prosseguiria com a cooperação internacional e de maneira organizada.

Em julho, nove semanas após o Dia da Vitória, os líderes dos Estados Unidos, Grã-Bretanha e União Soviética se reuniram em Potsdam, uma cidade à margem do rio, antiga sede da realeza prussiana, 24 quilômetros a sudoeste de Berlim. Da trinca que havia se encontrado em Yalta cinco meses antes, somente Stalin permaneceu até o fim da conferência. O lugar de Roosevelt foi tomado por Truman. Churchill teve de se desculpar após alguns dias para retornar à Inglaterra, onde as eleições estavam em andamento. Para seu pesar, os eleitores britânicos decidiram que, com a Alemanha agora esmagada, já não precisavam de seus serviços.* Sua cadeira em Potsdam foi ocupada por Clement Attlee, o líder comparativamente insípido do Partido Trabalhista. Após discutir a administração futura da Alemanha e Áustria e a organização de tribunais de crimes de guerra, os líderes encontraram tempo para aprovar a transferência "ordeira e humana" de alemães étnicos da Tchecoslováquia.

Os governos dos Aliados aceitaram o argumento básico de Beneš, mas também pediram que reduzisse o ritmo. Praga só deveria deportar alemães depois que as autoridades de ocupação estivessem preparadas para recebê-los, um período de espera que consumiria vários meses. Os trens enfim começaram a circular em dezembro. As deportações foram implementadas pelo Exército, que assumia o controle de uma ou duas aldeias de cada vez e notificava os moradores de que teriam de partir. Sob as regras especificadas pelos Aliados, as famílias não deveriam ser divididas, e os deportados tinham de receber quantidades adequadas de comida e roupas. Mesmo assim, aquilo significava abandonar suas terras, propriedades, gado, equipamento agrícola e os túmulos de seus ancestrais. Não havia direito de

---

* Quando, no primeiro capítulo de sua história da Segunda Guerra Mundial, Churchill citou Plutarco ("A ingratidão para com seus grandes homens é a marca dos povos fortes"), estava se referindo à França. É possível que tivesse outro país em mente.

apelação. Durante o êxodo de um ano, mais de 1,2 milhão foram enviados à Zona Americana da Alemanha e outros 630 mil à Zona Soviética. Outras centenas de milhares de alemães já haviam sido expulsos antes do início oficial do programa. No final, apenas 250 mil permaneceram na Tchecoslováquia, menos de 10% do número pré-guerra.

AO JUSTIFICAR SUA POLÍTICA, Beneš argumentou que as condições existentes antes de 1939 não poderiam se repetir após a guerra. A minoria dos Sudetos servira de pretexto para o Tratado de Munique, que por sua vez destruíra a República e pusera em risco a própria existência do povo tcheco. Além disso, o apoio dos Sudetos aos nazistas havia sido entusiástico e generalizado. Tal população jamais poderia se sentir em casa na Tchecoslováquia. Finalmente, a presença alemã era uma provocação. Se prosseguisse, as pessoas provavelmente seriam mortas devido ao desejo de vingança.

Em sua defesa, a maioria dos alemães dos Sudetos afirmou que ignorava a extensão das atrocidades dos nazistas. Insistiam que não passavam de cidadãos comuns: açougueiros, fazendeiros, lojistas, alfaiates e operários de fábrica. Não sabiam dos campos de morte. Nunca gostaram dos nazistas. Tornaram-se membros do partido por medo. Estavam apenas protegendo suas famílias, e não era justo jogar a culpa neles. O governo tcheco respondeu que era impossível avaliar a conduta de cada indivíduo. Redigiram-se listas de alemães com credenciais comprovadamente antifascistas. Estes poderiam permanecer, mas os demais foram ordenados a partir.

A expulsão dos alemães étnicos permanece um assunto controverso. Tratou-se de uma resposta legítima aos crimes de guerra ou uma reação fanática fundamentada na vingança? Foi imperfeita na concepção ou apenas na implementação? Ajudou a tornar a Tchecoslováquia um país melhor?

Certamente seria possível defender a deportação de indivíduos que comprovadamente, segundo um processo legal objetivo, tivessem aderido à perseguição de seus vizinhos. Sob a política de Beneš, porém, um alemão e um tcheco que agiram da mesma forma seriam julgados diferentemente. A obediência passiva por parte de um tcheco ou eslovaco era aceitável. No caso de um alemão, não era. Sem dúvida, muitos dos alemães expulsos mereceram sua punição, mas muitos que não eram culpados também perderam seus lares.

Meu ponto de vista sobre a política tcheca nesse período é matizado por minhas experiências como uma adulta distante das paixões da época. Como diplomata, condenei com veemência a limpeza étnica na África Central e Bálcãs e defendi a criação de um tribunal de crimes de guerra para assegurar que se atribuísse a responsabilidade individual, e não coletiva, por crimes contra a humanidade. Punições coletivas, como expulsões forçadas, costumam ser racionalizadas com base na segurança, mas quase sempre prejudicam principalmente os indefesos e fracos. De acordo com as cifras do próprio governo tcheco, 80% dos alemães marcados para a expulsão foram mulheres, crianças ou idosos.[8] Parece revelador, também, que sob o Império Austro-Húngaro os tchecos estivessem entre os principais defensores dos direitos das minorias. Beneš ajudara pessoalmente a criar as proteções legais vigentes sob a Liga das Nações. Aquela devoção ao princípio certamente fora sincera, mas havia sido consumida na fogueira das atrocidades nazistas.

Filósofos do Direito debatem há tempos se é preferível um sistema em que alguns inocentes são punidos junto com os culpados ou um em que os inocentes são protegidos, mas alguns culpados escapam. A minha tendência é favorecer os direitos dos inocentes, mas meus pais — cujos valores herdei — apoiaram a política de expulsão. Quando meu pai escreveu a respeito, o que fez apenas brevemente, admitiu que sua execução foi "às vezes acompanhada de excessos de brutalidade que nenhum homem decente pode tolerar".[9] Ele lançou a culpa dos excessos nos comunistas, mas na verdade as ações da turba foram um produto da paixão, não da ideologia. Os não comunistas foram igualmente culpados.

Somente na década de 1990, sob a presidência de Václav Havel, o povo tcheco seria desafiado a revisitar esse capítulo de sua história. Falando em 1992, Havel afirmou, pondo em risco sua popularidade pessoal e posição política:

> A doença da violência e do mal espalhada pelo nazismo acabou afligindo as próprias vítimas. [...] Nós aceitamos o princípio da culpa coletiva e, em vez de punirmos indivíduos, optamos pela vingança coletiva. Por décadas não podíamos admiti-lo, e mesmo agora só o fazemos com grande relutância. Mas assim como

os alemães foram capazes de refletir sobre os lados sombrios de sua história, também precisamos fazê-lo.[10]

Uma das inferências mais nocivas que se poderia extrair dos decretos de Beneš é que a presença de uma minoria alemã dentro da Tchecoslováquia foi uma causa básica da Segunda Guerra Mundial. Não foi. A situação dos alemães dos Sudetos foi explorada por Hitler, mas a culpa foi toda dele. Não pode ser atribuída ao sonho de T. G. Masaryk de um país multinacional viável. Sem Hitler e a crise econômica que atraiu as pessoas à sua causa, a República da Tchecoslováquia poderia ter dado certo. Com o tempo, a presença de uma minoria alemã diligente (ainda que ocasionalmente briguenta) poderia ter sido reconhecida como uma grande vantagem. Enfatizo esse ponto devido à sua grande relevância a uma compreensão da história, até porque a cooperação multiétnica permanece fundamental ao sucesso das democracias em toda parte. Defender esse princípio é importante para quem acredita, como é o meu caso, que o surgimento da Tchecoslováquia em 1918 foi motivo de celebração não porque o país novo fosse tcheco ou eslovaco, mas porque foi democrático — e que o Tratado de Munique foi uma tragédia não porque os alemães triunfassem sobre os tchecos, mas porque as democracias ocidentais demoraram a reagir quando desafiadas pelo mal de um Estado totalitário racista.

Antes que o governo recém-reconstituído pudesse se dedicar plenamente ao futuro, precisava ajustar contas com o passado. Aquilo significou processar os culpados, de quaisquer nacionalidades, de crimes de guerra. Para isso, criou-se uma rede de tribunais nacionais, regionais e locais para responsabilizar as pessoas por ações tomadas (ou que deixaram de ser tomadas) durante o conflito. A lista de transgressões potenciais incluía tudo, de assassinato e tortura a exprimir apoio pelo inimigo. A qualidade dos tribunais variou muito. Alguns eram profissionais, enquanto outros careciam de pessoal treinado e não faziam muita questão de seguir os procedimentos corretos. Muitas das supostas violações, como colaboração e associação com o inimigo, tinham definição imprecisa. Não havia nenhum mecanismo para assegurar que as interpretações e penalidade legais fossem coerentes. Como as emoções estavam a mil, especialmente no início, a opinião pública exerceu influência sobre os juízes. Houve casos também de juristas usando sua autoridade para confiscar propriedades que depois foram parar nas mãos de membros de suas famílias e amigos.

Nas primeiras semanas, dezenas de milhares de pessoas foram detidas. As prisões, mal equipadas e insalubres, pioraram ainda mais à medida que novos reclusos foram parar lá. Para resolver os casos com rapidez, nem a defesa nem a acusação tinham direito de apelação, e as sentenças de morte eram executadas duas horas após o julgamento ou, se solicitado pelo condenado, três horas.* Beneš tinha autoridade para conceder clemência, mas com um intervalo de tempo tão breve, a opção raramente foi usada. Como resultado, os tchecos executaram quase 95% dos 723 prisioneiros condenados, taxa superior à de qualquer outro país europeu.** Isso criou outro problema: encontrar carrascos qualificados. Os profissionais eram poucos, porque aqueles que admitiam que estiveram empregados durante a guerra (pelos nazistas) estavam propensos a serem eles próprios enforcados.

No ambiente sem dúvida acalorado do pós-guerra, os indivíduos dispunham de um poder normalmente inexistente em uma democracia: destruir os outros pela denúncia política. Quer as acusações fossem verdadeiras, quer não, o acusado era posto na defensiva e podia ser detido por longos períodos, interrogado, espancado e privado de suas propriedades. Com isso, a justiça podia ser manipulada por pessoas suficientemente furiosas ou oportunistas para causar dificuldades a pessoas desagradáveis, sócios comerciais incômodos, rivais locais ou cônjuges inconvenientes.

Mesmo os juízes tentando ser justos achavam difícil discernir a verdade quando alguém denunciava seu vizinho com base em rumores, boatos ou alegações impossíveis de verificar. Como definir os limites apropriados da culpa por associação? Como ficavam os amigos e a família dos colaboradores ou pessoas que podiam ter mostrado fraqueza uma vez, mas nas outras vezes resistiram firmemente à pressão? Como ficavam as pessoas que haviam dado informações prejudiciais sob tortura ou porque seus entes queridos foram ameaçados?

---

* No protetorado, sob o domínio nazista, os condenados à morte tinham apenas noventa segundos para se dirigirem ao tribunal.

** O sistema de justiça eslovaco, que era independente do tcheco, incluía o direito de apelação. Sua taxa de execuções foi de 41%.

Em um caso um homem confessou ter trabalhado para a Gestapo, ajudando a localizar guerrilheiros antinazistas, e ter roubado propriedades dos judeus. Mas o mesmo homem abrigara uma mulher judia em seu apartamento, recusara-se a trair fugitivos da prisão e garantira a soltura da prisão de líderes da resistência que mais tarde serviram no governo eslovaco. Ao mesmo tempo vilão e herói, foi condenado a trinta anos de prisão.

A ADMINISTRAÇÃO DA LEI em terras tchecas no pós-guerra foi irregular e confusa, mas não foi pior que esforços semelhantes em países vizinhos. À medida que os ânimos se tornaram mais serenos, o número de casos recusados pelos promotores passou a superar o número de processos abertos. Foram muitas as absolvições, e a pressão por sentenças longas e mais julgamentos diminuiu, sobretudo após o encerramento dos casos mais proeminentes. Ao menos naqueles julgamentos amplamente divulgados, é razoável concluir que a justiça foi aplicada.

Entre os condenados à morte esteve o comandante de Terezín ao final da guerra, Karl Rahm, o nazista que enviara tantos prisioneiros às câmaras de gás. O julgamento de K. H. Frank, o alemão dos Sudetos que colaborara intimamente com Hitler, foi transmitido ao vivo pelo rádio. Entre as testemunhas de sua execução estavam sete mulheres de Lídice. Seis dos oficiais da Gestapo que haviam participado do massacre daquela aldeia também foram condenados à morte. O promotor nesses processos foi apropriadamente Jaroslav Drábek, um amigo de meu pai de antes da guerra, membro da Resistência durante o conflito e sobrevivente de Auschwitz.

Em abril de 1947, a Corte Nacional em Bratislava considerou padre Tiso culpado de traição. Beneš defendeu a prisão perpétua, mas acatou seu gabinete, o qual — por uma margem de um só voto — recomendou a execução. Tiso foi enforcado, depois enterrado secretamente para que sua tumba não se tornasse um santuário eslovaco.

Karel Čurda, o paraquedista que havia traído os assassinos de Heydrich, foi capturado tentando fugir nos últimos dias da guerra. Nem a recompensa que havia recebido dos nazistas nem seu documento de identidade alemão conseguiram protegê-lo do julgamento. Quando o juiz indagou como ele pôde ter delatado seus amigos, ele respondeu: "Acho que o senhor faria o mesmo por um milhão de marcos, excelência."[11] Precisamente duas horas após sua condecoração, Čurda, sem se arrepender e ainda contando piadas, enfrentou seu destino.

Quanto a Konrad Henlein, o líder dos alemães dos Sudetos que rezara pelo dia em que toda a Tchecoslováquia aderiria ao Reich, não houve necessidade de julgamento. Capturado em Plzeň pelo Exército americano, implorou aos americanos que não o entregassem aos tchecos. Quando ficou claro que seu pedido seria negado, cortou os pulsos com um caco de vidro.

26

Um equilíbrio precário

A democracia tcheca morreu com Munique e foi ressuscitada quando Beneš e seu governo retornaram a Praga. Em menos de três anos, voltaria a ser enterrada. Essa segunda morte teria sido inevitável ou, com uma liderança mais sensata e mais ajuda externa, a Tchecoslováquia democrática poderia ter sobrevivido?

Fiz essa pergunta a Václav Havel, que respondeu que a sobrevivência teria sido possível. "A linha de Yalta era para ter sido militar, não política", ele afirmou. "Beneš achava que o país poderia servir de ponte entre Oriente e Ocidente, mas não enquadrou essa ideia apropriadamente. De qualquer modo, ele era um bom diplomata e excelente primeiro-ministro para épocas calmas, mas não era o melhor líder em um momento altamente dramático."[1]

Stalin não teria concordado que o limite de Yalta visou ser apenas militar. Sob seu ponto de vista, onde o Exército Vermelho entrara, o sistema comunista estava autorizado a se estabelecer. A Tchecoslováquia proporcionaria um campo de testes para as duas perspectivas. Ao contrário do resto da Europa oriental e central, a república teve liberdade para realizar eleições legítimas.

Aos comunistas na Tchecoslováquia do pós-guerra não era difícil pedir apoio aos eleitores. Afinal, sua ideologia oferecia um remédio para todos os males — pelo menos era nisso que muitos acreditavam. A velha Europa havia ficado para trás com suas divisões artificiais de classe e nacionalidade. Os nazistas haviam enquadrado as pessoas de acordo com sua religião e raça. Já os comunistas se referiam uns ao outros como camaradas e afirmavam representar os trabalhadores de todas as procedências. Essa mentalidade igualitária combinava bem com a imagem que os tchecos e eslovacos tinham de suas próprias rebeliões passadas contra as nobrezas alemã e húngara. O que poderia ser melhor, após os horrores da Segunda Guerra Mundial, do que criar uma sociedade livre dos fantasmas da pobreza e do privilégio? Com certeza a hora do trabalhador enfim chegara, quando aqueles que labutavam com as próprias mãos receberiam seus direitos, enquanto aqueles que lucravam com o suor e os calos dos outros seriam derrubados.

Aderir ao partido era um meio de se conectar a um movimento impelido pelas correntes da história. Um meio — de acordo com uma mulher atraída na época — de "vencer sua própria pequenez".[2] Os comunistas também reivindicavam o respeito dos eleitores. Seus guerrilheiros não haviam sido os mais corajosos ao enfrentar os nazistas, e Stalin não estivera do lado do país durante os desafios críticos de Munique? O Exército Vermelho não libertara Praga? Após anos de selvageria ariana e indiferença anglo-saxônica, não faria sentido buscar a salvação na Mãe Rússia, a capital não oficial e protetora dos eslavos?

Contudo, esse glorioso mundo novo só poderia ser concretizado pela mudança política, e isso exigiria disciplina. A revolução dos trabalhadores não poderia chegar sem que seus inimigos — os capitalistas vorazes, os políticos reacionários e a burguesia decadente — tivessem sido derrotados. A vitória emergiria como resultado de um planejamento e preparação meticulosos, das menores comunidades às maiores cidades. O processo exigiria firmeza e, para os céticos, uma dose generosa de reeducação. Já durante a guerra, os comunistas tchecos haviam começado a se tornar a facção política mais organizada do país.

O programa anunciado em Košice em abril de 1945 preconizara a criação de comitês administrativos dos níveis locais ao nacional. Ao eliminarem as velhas estruturas de governo, os comunistas conseguiram assegurar uma representação desproporcional nas estruturas novas. Gottwald instruiu seus auxiliares a usarem aqueles comitês para "reconstruir os próprios fundamentos" do Estado.[3] O controle de ministérios vitais pelo partido permitiu que seus membros penetrassem profundamente em cada segmento da sociedade. Essa infiltração foi facilitada por um clima político geral favorável ao governo centralizado. Poucas vozes se ergueram a favor do capitalismo. O novo governo agiu rápido para nacionalizar bancos, minas, seguradoras, serviços públicos e grandes empresas. Aquelas medidas encontraram pouca resistência porque, na maioria dos casos, os proprietários anteriores foram pró-nazistas e, portanto, não estavam em posição para protestar.

Em retrospecto, faz sentido dizer que o destino da nação foi decidido em suas aldeias. Os comunistas estavam ativos por toda parte, ajudando-se mutuamente a intimidar os inimigos e moldar a opinião pública. Um dos personagens no romance inédito de meu pai é o dono de uma livraria em Kostelec, feliz em remover as cópias de *Mein Kampf* de sua vitrine, para logo depois ser coagido a substituí-los por biografias de Lenin e Stalin. Rememorando a era dourada antes da guerra, quando grandes obras literárias ocupavam o lugar de honra, o livreiro diz nostálgico:

> Esta vitrine costumava ser minha maior alegria. Todas as manhãs às oito, quando eu abria a loja, quedava-me um minuto diante dela, e meu coração sorria. Gostava de pensar que era uma fotografia de mim. Agora me envergonho. [4]

O segredo do sucesso dos comunistas foi que, quando perdiam uma eleição local, concentravam seus recursos e tentavam de novo. Quando venciam, empregavam todos os meios à mão, legítimos ou não, para permanecer no cargo. Usavam também seus agentes no aparelho de segurança para fustigar os rivais domésticos. Para citar um dos muitos exemplos, Vladimír Krajina havia sido um dos líderes mais proeminentes da resistência na guerra. Os comunistas queriam desacreditá-lo para sustentar a ficção de que eles sozinhos haviam resistido aos nazistas. Apareceram com um depoimento, assinado por Frank, o desprezado líder dos Sudetos, pretendendo provar que Krajina havia sido um colaborador nazista. Durante o julgamento, um promotor mostrou a declaração a Frank, que admitiu tê-la assinado — pois não sabia ler tcheco —, mas sem conhecimento de seu teor. Todas as acusações foram removidas.

O caso Krajina refletiu o equilíbrio precário que passou a existir. Os comunistas dominavam as forças de segurança, tendo assim autoridade para investigar e deter. O Ministério da Justiça era encabeçado por Drtina, que fez o máximo para frustrar as maquinações dos comunistas. Em alguns casos, o Ministério do Interior ordenou detenções baseadas em depoimentos de testemunhas que haviam sido subornadas ou coagidas. Drtina submeteu os casos à justiça, mas abriu novas investigações das ações dos agentes de segurança que haviam comprometido as testemunhas. Isso gerou certo equilíbrio, mas não sustentável.

Em 28 de setembro de 1945, minha família embarcou num velho Junker a hélice que havia sido confiscado dos nazistas. O novo título do meu pai era ministro Tcheco Plenipotenciário e Enviado Extraordinário à Iugoslávia.* Após o voo felizmente curto, chegamos a Belgrado, capital que havia sido reduzida a pó e escombros pelas bombas das potências aliadas e do Eixo. Mais de um décimo da população havia morrido combatendo os alemães ou uns aos outros. Por toda parte, pessoas em farrapos se esforçavam para desobstruir as ruas e reparar ou substituir os prédios destruídos.

Antes de deixar Praga, meu pai recebera instruções de Beneš, que pedira que retornasse para casa sempre que possível. "Não escreva nada de caráter confidencial", o presidente alertou. "A embaixada soviética receberá aquilo um dia após seu telegrama chegar ao Ministério das Relações Exteriores. Você deve me informar pessoalmente."[5] Beneš enfatizou sua aversão por Josip Broz Tito, o líder exuberante da Iugoslávia. Como muitos ditadores, Tito valia-se dos paramentos do poder para polir sua lenda pessoal, lenda esta que, por sua vez, ajudava a justificar seu domínio. Das florestas da Eslovênia à costa da Dalmácia, cidades e ruas receberam seu nome e histórias eram repetidas sobre suas façanhas na guerra. De acordo com o slogan oficialmente aprovado, "Tito pertence a nós e nós pertencemos a Tito". As crianças chegavam a cantar canções sobre ele. Lembro-me de ter aprendido uma delas: "Tito, Tito, pequena violeta branca."

De acordo com o costume diplomático, a primeira missão de meu pai ao chegar a Belgrado foi apresentar suas credenciais ao chefe do governo.

---

* Seu título aumentou ainda mais depois da inclusão de "e Albânia".

Solicitado a aguardar num saguão, quase foi derrubado por Tigre, o afável cão pastor alsaciano de Tito. Quando o primeiro-ministro enfim apareceu, meu pai o achou mais baixo e rechonchudo do que esperava, rápido no sorriso, e impressionante em seu uniforme militar e botas altas. O líder de 53 anos tinha traços regulares, exceto um nariz um tanto proeminente, e, apesar da pança, era um esportista ativo que mantinha uma cocheira e adorava pescar e caçar. Meu pai teve numerosas oportunidades de conversar com Tito, discutindo todos os aspectos da situação mundial, inclusive as possibilidades de coexistência entre Oriente e Ocidente. Uma noite, o ditador convidou meu pai para sua casa, onde havia, à semelhança da Casa Branca americana, uma pista de boliche. Quando o embaixador agarrou a bola com a mão esquerda, seu anfitrião aplaudiu e disse que meu pai nascera esquerdista. Mas quando a bola foi lançada, ele exclamou: "Olhe bem para ela. Está tomando um rumo suspeito à direita!"[6]

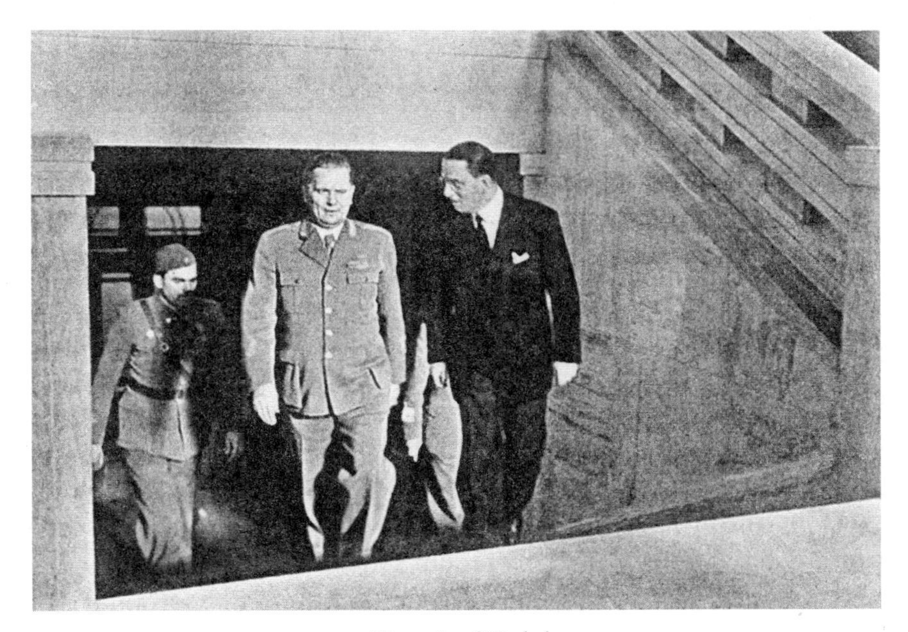

Tito e Josef Korbel

Como filha de um embaixador, tive o privilégio de morar numa casa que incluía tanto os escritórios da embaixada como os nossos alojamentos. Localizado num bulevar principal, o prédio ficava a um ou dois quarteirões do Parlamento iugoslavo. A frente da embaixada era marcada pela sacada comprida de onde meu pai havia observado os protestos antes da guerra e onde ficávamos agora nos discursos e nas paradas. Uma escada circular levava aos alojamentos privados, que ocupavam três andares. Havíamos sido supridos de um mordomo, um chofer, um cozinheiro e várias empregadas. Na área de recepção, havia um salão de bailes com candelabros de cristal e uma abundância de mármore. Quando nos mudamos para lá, meu pai ficou indignado ao descobrir que as paredes externas estavam cobertas de pichações pró-Tito. Ordenou sua remoção, mas em poucos dias as pichações sectárias estavam de volta.

O ambiente elegante escondia os apuros econômicos que minha família enfrentou. A embaixada havia sido usada pelos nazistas, tendo sido, antes de nossa chegada, completamente saqueada. Meus pais tiveram de solicitar móveis de Praga, o primeiro de uma série incessante de pedidos para ajudar a enfrentar as despesas do cargo. Naquelas circunstâncias difíceis, cada um tinha que fazer sua parte. A minha foi envergar o traje nacional de nosso país (blusa branca, saia rosa, avental azul, montes de bordados e fitas) e entregar flores nas festas. O traje, na verdade eslovaco, não tcheco, sobreviveu ao tempo, residindo até hoje no armário do meu closet.

A vida de um diplomata no exterior combinava com meu pai. É verdade que tinha de passar muito tempo na escrivaninha examinando e codificando documentos. Sei disso porque achei pastas grossas de papéis oficiais amarelecidos daquele período entre seus pertences em minha garagem. Seu principal interesse, porém, era aprender mais sobre o povo iugoslavo. Sempre que podia, libertava-se de seu escritório para explorar o país e encontrar-se com representantes de seus muitos grupos étnicos e facções políticas. Qualquer que fosse o público, adorava conversar e sondar, induzindo as pessoas sutilmente a se abrirem sobre seus desapontamentos, esperanças e temores. Era um interrogador hábil, um ouvinte empático, e uma pessoa intelectualmente curiosa. Conversou com sérvios, que se queixaram amargamente dos massacres cometidos durante a guerra pelos croatas e da erosão constante de sua identidade nacional sob Tito. Encontrou-se com croatas, que se opunham à própria existência da Iugoslávia e desejavam um país próprio. Muitos bósnios e eslovenos sentiam o mesmo. Tudo isso deve ter sido bem familiar e deprimente para um homem que crescera em meio às rivalidades étnicas da Tchecoslováquia. Ele desenvolveu uma afeição profunda pelos sérvios e outros iugoslavos, mas se desesperava com sua incapacidade de viver em harmonia — uma deficiência que permaneceria em trágica evidência durante meus próprios anos no governo.

A autora e sua irmã, Kathy, preparadas para entregar flores

Fascinado por suas viagens, meu pai também tinha motivos de desapontamento. Muitos dos amigos que conhecera antes da guerra relutavam em reatar o relacionamento porque, sob Tito, o contato com uma embaixada estrangeira suspeita era motivo de detenção. Mesmo a interação mais inocente podia acarretar um problema. Por exemplo, a embaixatriz francesa queria cruzar seu cão. Perguntando, encontrou uma família iugoslava com um cão de mesma raça e do sexo oposto. Uma visita "conjugal" foi marcada, após a qual o chefe daquela família teve de suportar vários dias de interrogatório da polícia.

A atmosfera alterada tirava a espontaneidade das conversas. As pessoas repetiam a cartilha do partido ou se restringiam a trivialidades. Um amigo acabou confessando ao meu pai que deixou de visitá-lo porque recebera ordens de espioná-lo, o que se recusava a fazer. Outros conhecidos, como os Ribnikars, de quem nossa família havia sido íntima, eram agora partidários de Tito, sem que meus pais soubessem se sinceramente ou por instinto de sobrevivência. Como resultado, meu pai podia compartilhar seus pensamentos sobre as questões mais interessantes e importantes somente com outros membros do corpo diplomático ou com os raros iugoslavos que não se importavam com o que os outros viam ou ouviam.

No início de sua missão, meu pai compareceu a uma sessão do Parlamento iugoslavo em que Tito foi o orador principal. Em vez de apenas se levantar educadamente quando o ditador entrou, o embaixador soviético aderiu aos aplausos entusiasmados em vários momentos do discurso. Seu exemplo foi imitado pelos representantes da Polônia, Hungria e Romênia, controlados pelos comunistas. Aquilo foi o início do que a Guerra Fria produziria: uma triste coleção de regimes satélites submissos cujos dirigentes aplaudiriam em uníssono sempre que os botões retóricos certos fossem apertados, como um ataque aos capitalistas burgueses ou uma queixa contra o imperialismo ocidental. Meu pai se recusava a aderir àquele jogo já cansativo. Instruiu o pessoal de sua embaixada que, ao comparecerem aos eventos, poderiam aplaudir educadamente na chegada de Tito, mas deveriam ouvir seus discursos em silêncio.

Esse esforço em pôr o profissionalismo acima da política irritou o advogado da embaixada, um comunista que começou a criar problemas em Praga, apenas para descobrir que o embaixador não era nenhum frouxo. Após uma pequena investigação, meu pai descobriu sinais de que o conselheiro vinha transacionando dinheiro no mercado negro. Como aquilo era ilegal, o infame foi logo despedido. Não houve, porém, vitórias finais. O Ministério do Exterior logo enviou um substituto, que passava o tempo delatando quaisquer comentários supostamente desleais que ouvia. Talvez isso explique uma anotação que me mostraram em 2011 dos arquivos da polícia secreta reclamando que meu pai "não era comunista", e sim um partidário de Beneš que pouco fizera para "conquistar a simpatia dos líderes iugoslavos".[7] Além disso, entre o pessoal da embaixada estava a filha de Gottwald, Marta, provável fonte de informações de seu pai. Além disso, por ser casada com um diplomata iugoslavo, possivelmente revelava segredos a Tito também. Dada a vigilância a que meu pai estava sujeito, é um milagre que permanecesse no cargo por tanto tempo, pois ele aproveitava todas as oportunidades para compartilhar informações com as embaixadas britânica e americana — não revelando nada que prejudicasse seu país, mas tudo que pudesse contribuir com a causa democrática.

Para me proteger da política venenosa da Iugoslávia, meus pais haviam pedido a Blanka, uma governanta tcheca de 20 anos, que viesse morar conosco em Belgrado. Ela se encarregou de minha instrução e ajudou a cuidar também de minha irmã Kathy. Até hoje, toda gramática que sei em minha língua natal aprendi entre os 8 e 10 anos. De novo, meus pais fizeram o máximo para que nossa vida, por mais instável que fosse, parecesse normal. O escritório do meu pai estava ligado à residência por um corredor no terceiro andar. Quando não estava ocupado, almoçava conosco, e à tarde passeávamos no campo em nosso Tatra preto, um carro tcheco com barbatanas atrás parecendo um Batmóvel. Quando o tempo permitia, caminhávamos nos bosques ou parávamos junto ao Monte Avala, onde subíamos os degraus até o enorme Monumento ao Herói Desconhecido da Primeira Guerra Mundial.

Às vezes meu pai convidava funcionários do governo ou jornalistas iugoslavos para virem juntos, creio agora porque as conversas ao ar livre eram menos facilmente interceptadas. Pode ser que os iugoslavos que tinham a coragem de vir não esperassem viver longamente. Eram os motoristas mais imprudentes que já vi. Lembro de meu horror ao observar um de seus carros atropelar um cão. Meu pai se preocupava porque o governo tcheco presenteara Tito com um Tatra. O velho homem entregara o veículo ao filho, que dirigia feito um maníaco apesar de ter perdido um braço na guerra. “No caso de um acidente”, meu pai disse, “quem você acha que Tito vai culpar: o motorista ou o carro?”.

Stalin cumpriu sua promessa em um aspecto: as tropas soviéticas não permaneceram para ocupar a Tchecoslováquia. A embaixada americana ajudou a negociar uma retirada mútua, de modo que os soldados americanos e soviéticos partiram ao final de 1945 — com os russos carregando o máximo que podiam em termos de joias, louças de barro, implementos agrícolas, tapetes, materiais hidráulicos, brinquedos, instrumentos musicais, colchões e outras coisas que conseguissem pilhar. A partida do Exército Vermelho, porém, não significou um fim da influência soviética. Nos eventos públicos, havia tantos retratos de Stalin como de Beneš. Gottwald e seus companheiros falavam constantemente da dívida do país com Moscou e argumentavam que a União Soviética era um valioso parceiro comercial — vendendo cereais, comprando armamentos e permutando uma longa lista de produtos.

Menos abertamente, o interesse soviético pela Tchecoslováquia foi instigado pelo que era, na época, a substância mais cobiçada do globo. Quando, em agosto de 1945, as explosões nucleares em Hiroshima e Nagasaki mudaram o mundo para sempre, três eram as fontes de urânio: Canadá, Congo Belga e a mina Jáchymov na Boêmia. Os russos não tinham acesso às duas primeiras, daí seu apetite por relações especiais com Praga. No início do século, refugo da mina de urânio Jáchymov havia sido usado por Marie Curie a fim de produzir rádio para tratamentos de saúde e por produtores de vidro como uma fonte de coloração amarela. Com o advento da era nuclear, o próprio urânio tornou-se o prêmio.

Stalin queria um suprimento garantido, e o obteria. Sua posição já vantajosa na negociação foi reforçada pela cooperação entusiasmada do primeiro-ministro Fierlinger. Bem antes do início de quaisquer conversações formais, agentes de segurança soviéticos foram autorizados a inspecionar as minas, extrair amostras e enviar soldados para vigiar a área. Ignorando o Ministério do Exterior tcheco, Fierlinger se relacionava diretamente com Moscou. Em 7 de outubro, um domingo, ele atravessou o jardim de sua casa de campo até a de seu vizinho, o presidente Beneš, para uma discussão confidencial. Explicou o desejo soviético por urânio e sugeriu que um pacto, sob os termos certos, asseguraria o apoio de Stalin em outras questões, como o desenvolvimento de campos petrolíferos na Eslováquia e a resolução de pequenas disputas de fronteiras com a Polônia e Áustria. O presidente insistiu que os tchecos conservassem uma parcela do urânio (a quantidade acordada foi "até 10%"), mas não se opôs ao acordo proposto ou ao seu sigilo.

O tratado foi aprovado em uma reunião fechada do gabinete em 23 de novembro de 1945, dia em que Jan Masaryk tomou conhecimento dele. Dois meses depois, ele fez um discurso nas Nações Unidas prometendo que o urânio de seu país seria usado somente para fins pacíficos. Moscou tinha outros planos. Medidas rigorosas de segurança foram implementadas, e o

Exército Vermelho, embora tivesse se retirado do resto do país, permaneceu no distrito de Jáchymov. A mão de obra nas minas era suprida por uma combinação de trabalhadores civis e prisioneiros, primeiro alemães e depois tchecos e eslovacos. Nos primeiros anos, os líderes sindicais eram independentes o suficiente para protestar quando se ignoravam os padrões de segurança. Após 1948, tal coragem saiu de moda. Embora depósitos de urânio logo fossem localizados na União Soviética e em outras partes da Europa Central, as minas tchecas deram uma contribuição substancial ao arsenal soviético durante as primeiras décadas da corrida das armas nucleares.

Em 1945 e 1946, o comunismo estava em alta na Tchecoslováquia. Porém, os partidos democráticos também tinham suas vantagens. O nacionalismo permanecia uma força poderosa, o que ajudava os democratas, porque Stalin, apesar de toda a sua popularidade, não podia pretender ser um de nós. Beneš ainda era o guardião legítimo da visão de T. G. Masaryk. A organização de ginástica Sokol, com suas raízes profundas na cultura tcheca, resistiu aos esforços dos comunistas de se infiltrarem, assim como os Escoteiros. Gottwald invectivava contra o Ocidente, mas muitos de seus compatriotas admiravam os valores democráticos, universidades de ponta e cidades ocidentais, mais empolgantes de visitar (de verdade ou na imaginação) do que a velha e nevada Moscou. Apesar da popularidade das ideias econômicas esquerdistas, restavam os homens de negócios e fazendeiros com pontos de vista mais conservadores. Finalmente, a ideologia comunista era incompatível com a religião. Os tchecos habitualmente invocavam o nome de Deus quer acreditassem ou não nele, enquanto na Eslováquia a influência do Vaticano permanecia forte. Por isso Gottwald e outros líderes comunistas asseguraram aos eleitores que, além de Lenin e Stalin, o Natal também tinha um lugar em seus corações.

A primeira — e, ao que se revelaria, a única — eleição nacional livre no período do pós-guerra realizou-se em maio de 1946. Antes, os comunistas raramente recebiam mais de um voto em cada dez. Esperavam um resultado melhor naquela eleição porque controlavam mais veículos da mídia do que seus rivais. O Partido Agrário de direita havia sido proibido, e o ministro da Agricultura comunista fora encarregado da tarefa popular de distribuir fazendas confiscadas. Além disso, centenas de milhares de supostos colaboradores haviam sido excluídos do registro eleitoral. Mas mesmo os líderes políticos democratas mais pessimistas não previram que os comunistas obteriam 38% dos votos — mais do que qualquer outro partido.

Aquele resultado proporcionou uma pluralidade de assentos no Parlamento e o direito de nomear um novo primeiro-ministro, permitindo que Gottwald assumisse o cargo de Fierlinger. O novo gabinete consistiu em nove comunistas, três sociais-democratas e uma dúzia de ministros dos partidos democráticos mais moderados, uma divisão de 12 para 12. Os dois membros restantes do gabinete, Jan Masaryk e o ministro da Defesa Ludvík Svoboda, não tinham afiliação partidária. A delicadeza daquela equação política teria um grande impacto nos meses futuros.

Os resultados da eleição sujaram a Tchecoslováquia aos olhos dos Estados Unidos. Os americanos tinham menos propensão a olhar com boas graças um país cujo povo optara — livremente ainda por cima — por eleger um primeiro-ministro comunista. O auxílio americano na época se limitava a alguns créditos agrícolas, mas mesmo aqueles foram suspensos, enquanto a embaixada americana tentava orientar as políticas econômicas da Tchecoslováquia para uma direção mais agradável ao Ocidente.

Dois meses antes, falando no Westminster College, no Missouri, Winston Churchill declarara que uma Cortina de Ferro estava descendo através da Europa. Ele citara a Tchecoslováquia como o único país atrás da cortina que também era uma democracia. Aquela posição dúplice refletia a realidade: havia ainda uma chance. Praticamente cercados pelo bloco soviético, os tchecos poderiam ainda votar — e votar de novo. O lugar definitivo do país ainda estava por ser definido.

Entre os visitantes mais bem-vindos à embaixada em Belgrado estava Jan Masaryk, homem em quem a alegria parecia em constante competição com a tristeza. Em torno da época da eleição de 1946, ele veio até nossos alojamentos e pediu ao meu pai uma tipoia. "Vou precisar disso", ele disse. "Não quero dar a mão a comunistas." Aquela era uma piada que ele costumava contar aos amigos. A ironia era que ele era suscetível à dor e às vezes precisava de fato de uma tipoia. Naquela noite particular, ele acompanhou meu pai a uma recepção promovida por Tito. Uma profusão de comida e vinhos foi servida, isso numa nação cheia de crianças famintas e com pouco dinheiro reservado aos hospitais e às escolas. Masaryk, que nunca apreciava tais eventos, ficou agitado. Finalmente, perguntou ao meu pai: "Você tem um piano em casa?"

Os dois rapidamente se despediram e retornaram à nossa embaixada. O ministro do Exterior, tendo retirado sua tipoia, sentou-se atrás do piano e juntou-se ao meu pai cantando velhas canções tchecas. Na lembrança de meu pai, seu companheiro "logo se perdeu nas melodias e em seus pensamentos". O clima na sala tornou-se anormalmente íntimo, dada a diferença de idade entre os dois homens e a base profissional de seu relacionamento. Para restabelecer a ordem natural, ou talvez para impedir meu pai de ver demais, Masaryk dirigiu-se para ele no meio de uma canção. "Seu idiota", ele disse, "decida se você é um tenor ou um baixo. Posso fazer todo tipo de coisas, mas não posso mudar sua voz".[8]

Minha mãe tinha um círculo de amigas, velhas e jovens, com quem bebia café turco turvo e se entregava a um de seus hobbies: ler a sorte na borra do café. O processo requer colocar o pires em cima da xícara, esperar uns segundos, depois virar a xícara para examinar a borra primeiro nela, depois no pires. O sentido de uma forma específica variará, dependendo de a formação estar no alto, na direita, no fundo ou na esquerda. Gotejamentos e agregados têm implicação especial, e para aqueles com a necessária fé, as previsões são garantidas por quarenta dias.

Além de prever gravidez e a súbita aparição de belos estranhos, minha mãe jogava cartas comigo, geralmente *gin rummy* [jogo parecido com o buraco]. Porém passava grande parte do tempo administrando o pessoal da embaixada. Precisava assegurar que dispúnhamos de comida suficiente para nós e as visitas e, para isso, às vezes enviava alguém ao campo para obter cordeiros vivos. Eles brincavam ruidosamente em torno da cozinha até virarem nosso jantar, que eu definitivamente me recusava a comer.

Tito mantinha um cronograma cheio de aparições públicas dentro de seu país, mas comparecia a recepções diplomáticas apenas raramente. Assim, quando nossa embaixada planejou uma festa na data nacional tcheca, meu pai não se perturbou ao saber que o primeiro-ministro recusara o convite. Mas *ficou* surpreso quando, uma hora antes do evento, o chefe dos garçons de Tito apareceu com cestos de comida, querendo saber onde era a cozinha.

Tito chegou exatamente às cinco horas, bem antes da maioria dos convidados. Foi uma daquelas vezes em que Kathy e eu ficamos incumbidas de entregar flores. Entregamos ao grande homem um buquê de rosas brancas (que ele mais tarde esqueceu e teve que mandar alguém apanhar). Ele agradeceu, e demos as mãos uns aos outros. Depois, para a imensa irritação de minha mãe, o ditador foi afastado de todas as comidas e bebidas, exceto as fornecidas por seu cozinheiro. Minha mãe resmungou por um tempo, depois arrumou coragem, abriu caminho pela multidão e apresentou-se a Tito. Em suas mãos, segurava um prato de *párky*, a famosa (e condimentada) salsicha tcheca preparada por ela própria. Para mostrar que era segura, cortou a salsicha ao meio, enfiou metade na boca e ofereceu a outra porção ao nosso hóspede. Ele sorriu, comeu e pediu mais. O placar ao final da noite foi: sra. Korbel, 1, pessoal do Tito, 0.

Numa ocasião posterior, durante uma cerimônia diplomática, minha mãe foi convidada a se sentar numa antessala com as esposas de dois outros embaixadores. Subitamente a porta se abriu e um soldado iugoslavo marchou para dentro com uma bandeja de prata contendo três caixas de veludo vermelho. Em cada uma, um anel com a pedra zodiacal apropriada. A pedra de minha mãe — que nasceu em maio — foi uma esmeralda rodeada de 14 diamantes. Nós o chamamos de "anel de Tito", e quando meu pai viu aquilo, resmungou: "Queria saber de quem cortaram o dedo para obter isto." O anel acabou sendo dado para mim, e em 1980 usei-o no funeral de Tito.

EM AGOSTO DE 1946, meu pai foi afastado de sua missão de Belgrado para ajudar Masaryk e Clementis a representarem a Tchecoslováquia na conferência de paz do pós-guerra em Paris. Ele perguntou se eu gostaria de acompanhá-lo. Eu disse que não, algo em que até hoje custo a acreditar, exceto pelo fato de que eu tinha medo de avião e àquela altura já havia viajado o suficiente.

Em Paris, a principal função do meu pai foi servir como presidente da Comissão Econômica para os Bálcãs e a Finlândia. Ao realizar aquela tarefa, ele conquistou o respeito dos diplomatas americanos por não se comportar como um stalinista. Isso pode parecer um elogio fraco, mas na verdade significou muita coisa. A atmosfera política entre Ocidente e Oriente vinha se deteriorando rapidamente, à medida que os soviéticos adotavam uma abordagem de confronto em quase todas as questões. Eles esperavam que os representantes dos países eslavos se mostrassem submissos, o que rotineiramente aconteceu. Essa conduta dócil foi uma fonte de desânimo para os Estados Unidos, que ainda não haviam aceitado a divisão do globo em dois blocos de poder ferozmente opostos. Uma tarde em Paris, o secretário de Estado James Byrnes ferveu de raiva quando um orador soviético denunciou a política externa americana em termos maliciosos e sarcásticos. Ele se enfureceu quando viu dois diplomatas tchecos sorrindo e aplaudindo as afirmações ofensivas. Não posso deixar de imaginar quão diferente teria sido minha vida se meu pai fosse um deles.

A maior prioridade da Tchecoslováquia, infelizmente, era emendar o esboço do tratado de paz com Budapeste para autorizar a remoção forçada de 200 mil húngaros étnicos de seu solo. A decisão do país de expulsar a maior parte de sua população alemã podia ao menos ser defendida com base em circunstâncias extremas. Aquele esforço paralelo não tinha o mesmo fundamento. Após Munique, os líderes húngaros haviam explorado a fraqueza de Praga para reivindicar uma fatia do sul da Eslováquia. O país também combatera ao lado da Alemanha durante quase toda a guerra. Mas a Eslováquia havia sido igualmente aliada dos nazistas. As autoridades tchecas e eslovacas, de Beneš para baixo, costumavam comparar os crimes húngaros àqueles cometidos pela Alemanha. Aquilo era injusto. Na verdade, o expurgo havia sido proposto por ser politicamente popular entre os eslovacos e porque tornaria a Tchecoslováquia menos diversificada e, portanto, mais fácil de governar. Esses motivos eram pouco persuasivos, e na Conferência de Potsdam nem o governo americano nem o britânico haviam concordado. Pelo contrário, a questão havia sido posta de lado para exame em Paris.

O debate começou tarde no dia 14 de agosto, o representante húngaro falando primeiro. Pintou um quadro deprimente do sofrimento já imposto aos seus concidadãos na Eslováquia, incluindo a perda de propriedades, empregos, escolas, aposentadorias e direito de votar. Embora reconhecesse que seu país apoiara a Alemanha durante a guerra, negou que desempenhasse um papel relevante no desmembramento da Tchecoslováquia ou no desencadeamento do conflito. Argumentou que a manipulação cínica por Hitler dos direitos das minorias antes da guerra não justificava sua eliminação, citando, como um exemplo, a necessidade de salvaguardar os judeus. Em suma, o húngaro pedia à conferência que evitasse uma ação precipitada e enviasse, em vez disso, uma equipe internacional de especialistas para examinar a situação. Como um golpe adicional, traçou um contraste entre as políticas tacanhas do então governo tcheco e os ideais nobres de T. G. Masaryk. Quando, após falar por três horas, ele terminou, a conferência encerrou os trabalhos do dia.*

Os tchecos tinham de preparar uma resposta. Clementis conhecia mais a questão do que outros na delegação, mas, como um eslovaco, poderia parecer tendencioso. Meu pai e seus colegas decidiram que a resposta deveria ser dada por nosso orador mais persuasivo, Jan Masaryk. O problema era que Masaryk não havia estudado os detalhes do assunto e, pelo pouco que estudara, exprimia uma simpatia íntima pelos húngaros. A delegação se reuniu com ele às nove da noite no Hotel Athenée para definir os pontos a serem enfatizados na manhã seguinte. Um comitê foi constituído para preparar um texto. Meu pai recordou:

> Às duas da madrugada, Masaryk adentrou nossa sala. "Bem, rapazes", ele disse, "vamos dar uma olhada no que vocês prepararam e o que ordenam que eu diga". Olhou nosso texto meticulosamente preparado, pausou por um ou dois segundos, depois disse com um sorriso afável: "Está maravilhoso, vocês todos são cientistas políticos de grande calibre. A delegação inteira é constituída de Talleyrands. Mas, pelo amor de Deus, não peçam que eu use esses termos complicados. Eu não conseguiria pronunciá-los. Eu coraria. Por que não falamos de forma mais natural?"
>
> Ele se retirou para seu quarto e começou a escrever. Terminou às cinco. O texto foi redatilografado e mimeografado. Às dez, Masaryk tomou a palavra. Os membros da delegação apanharam suas cópias para acompanhar suas frases. Para seu as-

* Durante a faculdade no final da década de 1950, saí com um rapaz de origem húngara. Teríamos nos divertido se ele não acusasse a Tchecoslováquia de ter roubado terras de seu país após a Primeira Guerra Mundial. Não houve um segundo encontro.

sombro, Masaryk deixou seu texto no bolso e fez um de seus maiores discursos.[9]

Esse episódio diz mais sobre Masaryk (e a admiração de meu pai por ele) do que sobre o objetivo de expulsar os húngaros de seus lares. O ministro do Exterior fez de fato um belo discurso, mas deixou de enunciar a posição tcheca. Em vez disso, disse: "Como meu país, sou péssimo em odiar",[10] e expressou seu desejo por paz. Pediu aos delegados que lembrassem que os húngaros haviam constantemente reclamado mesmo quando, sob a república, desfrutaram dos direitos que agora estavam contrariados por perder. Os tchecos, disse Masaryk, haviam feito todo o possível para proteger as minorias e foram traídos por seu esforço. Ninguém os podia culpar por estarem zangados.

Surpreendentemente, o ministro do Exterior parou ali. Não fez nenhum esforço para defender a expulsão involuntária dos húngaros e, quanto às estatísticas citadas pelo orador oposto, disse apenas que "não vou lidar com elas hoje". Quando a emenda tcheca foi submetida à decisão cinco semanas depois, os americanos pediram que fosse examinada por um subcomitê "para aprofundamento", uma forma educada de liquidá-la. Em vez de forçar a votação da questão, Masaryk se submeteu no que o tomador de notas americanos normalmente neutro denominou "um discurso extremamente comovente".[11] De novo, Masaryk lamentou quão difícil lhe era odiar.

A conferência de paz não foi um sucesso total para a Tchecoslováquia, mas houve alguns benefícios para os Korbels. Meu pai e Clementis voltaram da França com um par de filhotes de cocker spaniel pretos idênticos. Chamamos o nosso de Era. Não sei por quê — talvez meus pais sentissem que estávamos adentrando uma nova era.

JAN MASARYK VOOU DIRETO da conferência de paz para Long Island a fim de participar da segunda sessão das Nações Unidas, realizada em Lake Success, sua sede temporária. Enquanto em Nova York, esteve em companhia de uma amiga, a escritora americana Marcia Davenport, que compartilhava seu interesse por música (sua mãe, Alma Gluck, era uma soprano lírica famosa), satisfazia seu apetite (ela era exímia cozinheira) e estava à altura de sua inteligência (afinal, ela se graduara por Wellesley). Os dois tinham estado juntos esporadicamente desde seu primeiro encontro num jantar em Nova York em 1941, pouco antes de Pearl Harbor. Como escritora, Davenport, de 43 anos, era mais conhecida por sua biografia, bem acolhida pela crítica, de Mozart e por um romance, *The Valley of Decision* [O vale da decisão], que acabara de se tornar um filme com Gregory Peck.

Sobre aquela época, ela escreveu que Masaryk se sentia assoberbado pela política da Guerra Fria, pelas exigências sociais de seu cargo e pelo ônus de estar à altura do nome do pai. Atribuiu ao seu amigo "habilidades diplomáticas intuitivas", mas reconheceu que ele não obtinha nenhum prazer da interação frenética da política. "Se pudesse escolher", ela disse, "ele se contentaria em apenas tocar piano".[12] O casal passou as férias entre 1946 e 1947 numa fazenda emprestada na Flórida, em meio a um bosque de árvores de frutas cítricas e um ambiente interiorano. O período deu ao primeiro-ministro uma rara oportunidade de escapar dos conselhos conflitantes que vinha recebendo e das pressões que vinham aumentando à sua volta e dentro dele. Um dia, em conversa com Davenport, ele expressou seu desprezo pelo tipo de discurso nacionalista que dominara a Conferência de Paz de Paris e que estivera tão presente em quase todos os estágios da história de seu país:

> Você não tem todo esse sangue puro que imagina, nem eu. Devo ser judeu em algum ponto, embora a história apresentável não revele. E você! Diabos, como pode saber quem você é?
>
> Eu não sei.
>
> E tampouco sabem quaisquer outros que acham que conhecem sua origem, das partes da Europa que foram campos de batalha das guerras napoleônicas. Você acha que não tem ancestrais tchecos. Está errada. Algum antepassado seu veio de lá como um recruta no Exército russo, e se não deixou uma lembrança em alguma *slečna* local, então foi o contrário e algum tcheco no Exército austríaco se divertiu com uma moça bonita na Galícia que casou com seu bisavô. Você é como qualquer pessoa cuja família fugiu para a América nos anos 1880 e 1890 — todas as aldeias e sinagogas, com os registros de família, fo-

ram queimadas nos pogroms. Ninguém sabe nada. [...] Quanto à nobreza, com [...] suas genealogias de mil anos, aí é que começa a diversão. [...] Meu pai foi filho de um cocheiro eslovaco e uma empregada doméstica morávia, que eram servos. Não consigo provar qual foi o sangue de seus pais, e ninguém mais consegue.[13]

27

A luta pela alma de uma nação

Primavera de 1947. As eleições de maio anterior haviam dado aos comunistas a esperança de que poderiam pôr fim à democracia por meios democráticos. Não havia melhor resposta às críticas ocidentais do que mostrar que o marxismo refletia de fato a vontade popular. Gottwald insistiu que os russos cumpririam a promessa de não interferir nos assuntos internos do país — mas até então não houvera necessidade.

Para Beneš, a meta principal era preservar o país. Se aquilo significasse submeter-se aos soviéticos em política externa, tratava-se de uma carga que ele iria suportar. Como T. G. Masaryk antes dele, sabia que seria preciso tempo para as instituições políticas amadurecerem e os líderes políticos aprenderem como esquecer suas diferenças em prol do bem comum. Esperava que os meses seguintes fossem um período de teste, com os candidatos se preparando para a próxima rodada de eleições, planejada para a primavera de 1948. Os comunistas procurariam conquistar uma maioria absoluta. Os democratas estavam determinados a impedir aquilo e a se saírem melhor.

Como costuma acontecer, planos políticos bem formulados tiveram de sofrer ajustes à luz de mudanças econômicas imprevistas, nesse caso provocadas pelo clima. Semanas de dias quentes, sem chuva, causaram pânico entre os fazendeiros, elevaram os preços dos alimentos e criaram a perspectiva de uma colheita com menos de metade de sua quantidade normal. Ante a necessidade de ajuda, o plano anunciado pelos Estados Unidos para a reconstrução de toda a Europa foi aclamado com entusiasmo. As linhas gerais do programa foram descritas pelo secretário de Estado americano George Marshall durante um discurso de paraninfo em Harvard. Ele anunciou não um pacote de ajuda, mas um sistema generoso e coordenado de empréstimos para contribuir com a recuperação da Europa. Convites foram enviados às capitais em toda parte do continente, inclusive a União Soviética. Uma reunião preliminar ocorreu no final de junho, à qual esteve presente o primeiro-ministro russo Molotov com cerca de cem assessores. O governo francês pediu então que 22 países comparecessem à conferência subsequente em meados de julho. A questão do momento tornou-se: as nações da Europa Central participariam do esquema grandioso dos Estados Unidos?

Numa reunião do gabinete em 4 de julho, Jan Masaryk argumentou que os empréstimos americanos poderiam ajudar a sustentar a economia até que as condições agrícolas melhorassem e a indústria tcheca se recuperasse. Ele não viu obstáculos diplomáticos. Os poloneses e romenos pretendiam participar, e os soviéticos não haviam discordado. Sugeriu que o país enviasse um embaixador à reunião de Paris para descobrir o que os americanos estavam oferecendo e sob quais condições. Até Gottwald concordou com essa recomendação. A votação foi unânime.

Enquanto o gabinete estava deliberando em Praga, minha família tirava férias na Eslovênia, onde Tito e seus altos assessores também estavam relaxando. Naquele ambiente descontraído, meu pai conversou com iugoslavos que disseram que seu país — também com problemas econômicos — enviaria uma delegação à conferência de Paris. Dois dias depois, meu pai foi informado de que a decisão havia sido revertida: a Iugoslávia não participaria. Por quê? De acordo com Tito, a pressão soviética nada tivera com a mudança. Ele simplesmente não confiava nos americanos. Meu pai achou que a segunda metade da afirmação poderia ser plausível, mas a primeira metade era uma total falsidade.

Àquela altura, Gottwald, Masaryk e Drtina estavam em Moscou para deliberarem sobre uma proposta de tratado entre Tchecoslováquia e França. A trinca era uma representação perfeita de um governo dividido: Gottwald, o comunista dedicado, Drtina, o democrata fervoroso e Masaryk, o humanitário sentimental sem muito gosto pelo confronto. A reunião começou no meio da noite, como costuma acontecer com as sessões entre líderes russos. Stalin mostrou-se amigável, mas inflexível. O Plano Marshall, ele declarou, não era um programa para reconstruir a Europa, mas um dispositivo para atacá-lo. "Se vocês forem a Paris", ele advertiu, "provarão que querem [...] isolar a União Soviética".[1] Masaryk disse que não via nada no plano que prejudicasse a União Soviética e que seu próprio país dependia fortemente de importações do Ocidente. "Precisamos de créditos financeiros para revigorar nossa base industrial."

O líder soviético levantou-se e fez um sinal para que os outros prestassem atenção. Apontou para um mapa da Europa aberto em sua mesa. "Olhem para seu país e olhem para a Alemanha", ele disse. "Somos os únicos capazes de protegê-los do ressurgimento do poder alemão. Por que vocês escolheriam romper seu tratado conosco, o tratado que Beneš firmou em 1943?" Aquela pergunta, com sua ameaça ligeiramente velada, tornou inútil qualquer outra discussão. A Tchecoslováquia do pós-guerra nada tinha a temer da Alemanha, mas seu povo, mal decorridos dois anos do Dia da Vitória, enfrentava outra ameaça. Nenhum político conseguia conter aquela onda. Para evitar sentimentos de rancor, Stalin propôs-se a vender à Tchecoslováquia uma grande quantidade de trigo desesperadamente necessário.

Naquela noite em Moscou, Drtina foi ao teatro, enquanto Masaryk retirou-se desanimado para seu quarto. Os dois homens sabiam que o problema real nada tinha a ver com economia, e sim com política de poder. Stalin estava determinado a manter os Estados Unidos fora do que considerava sua esfera de controle. Nem a Tchecoslováquia nem qualquer outro país da Europa Central ou Oriental poderiam participar do plano do secretário Marshall sem desafiar o Kremlin, algo que se sentiam incapazes de fazer. Relutantemente, os dois homens acordaram na manhã seguinte e ligaram para o gabinete em Praga recomendando uma reversão da decisão de enviar um representante a Paris.

Quando Masaryk voltou ao seu país, Marcia Davenport perguntou como Stalin o tratara. "Oh, ele é bem afável", foi a resposta. "Ele me mataria se pudesse. Mas é bem afável."[2]

Diplomatas americanos muitas vezes expressaram sua frustração porque Beneš e Masaryk, embora democratas genuínos, aparentemente pouco se esforçaram para se libertar do jugo soviético. Beneš replicou que os Estados Unidos haviam dificultado a tarefa ficando do lado da Hungria na Conferência de Paz de Paris. Masaryk alegou que o único objetivo que importava era impedir os soviéticos de interferirem nos assuntos internos da Tchecoslováquia. Por que Washington deveria se importar se seu governo votasse contra os Estados Unidos nas Nações Unidas? Tais votos raramente afetavam o resultado, enquanto seu país precisaria de tempo para sobreviver aos comunistas e reconquistar sua posição de democracia independente. Ele expressou pesar pelo fato de que, devido a cortes no orçamento, o embaixador Laurence Steinhardt não estivesse se esforçando mais (através de ajuda, intercâmbios culturais e propaganda) para competir com os soviéticos pelo afeto popular.

O Departamento de Estado não concordava que o padrão eleitoral hostil da Tchecoslováquia fosse inexpressivo, e tampouco se impressionou com a submissão do governo em relação ao Plano Marshall. Telegramas de Steinhardt mostram uma embaixada basicamente preocupada em evitar a cobertura antiamericana da imprensa e em assegurar indenizações aos investidores americanos com participação financeira nas propriedades nacionalizadas. O embaixador opôs-se à concessão de ajuda econômica porque poderia ajudar os comunistas e porque achava que uma linha dura levaria os tchecos a reconhecerem melhor sua dependência do Ocidente. Steinhardt admitiu a vulnerabilidade tcheca a uma longa lista de pontos de pressão soviéticos, incluindo o controle de portos estratégicos, domínio da mídia, influência nos sindicatos e o fato de que o país estava praticamente cercado por regimes comunistas. Mas em vez de desenvolver um plano para reforçar os moderados, a embaixada contentou-se em ficar à margem e criticar.

Essa falta de iniciativa foi duplamente lastimável, porque Steinhardt tinha bastante poder em Washington. Um bem-sucedido ex-advogado de Wall Street, suas contribuições financeiras generosas haviam aberto caminho a uma segunda carreira como diplomata, onde adquirira uma reputação de solucionador de problemas competente. Sua atitude para com os tchecos, porém, foi condescendente. Ele os descreveu como "pessoas pequenas, inclinadas a um discurso ininteligível (e) mais competentes na oposição do que quando [...] no poder".[3] Mas temos que reconhecer que duas de suas sugestões foram úteis: que os Estados Unidos — à semelhança da União Soviética — abrissem um consulado em Bratislava e que publicassem as mensagens entre Eisenhower e os líderes militares soviéticos antes da libertação de Praga para mostrar que foi por insistência russa que as tropas americanas permaneceram em Plzeň. O governo Truman reagiu àquelas ideias com um atraso indesculpável. O consulado em Bratislava só começou a funcionar em março de 1948, após o golpe comunista. Os documentos militares isentando os Estados Unidos de culpa foram divulgados em maio de 1949 — tarde demais para fazer uma diferença.

Meu irmão John (oficialmente Jan) nasceu em Belgrado em 15 de janeiro de 1947. Uma criança bonita, com um rosto redondo e corado e, quando bem jovem, cabelos compridos. No espírito da verdadeira confissão, posso agora admitir que usei sua foto de bebê no meu anuário escolar, porque minhas eventuais fotos não haviam sobrevivido a todas as malas feitas e desfeitas nas mudanças de nossa família.

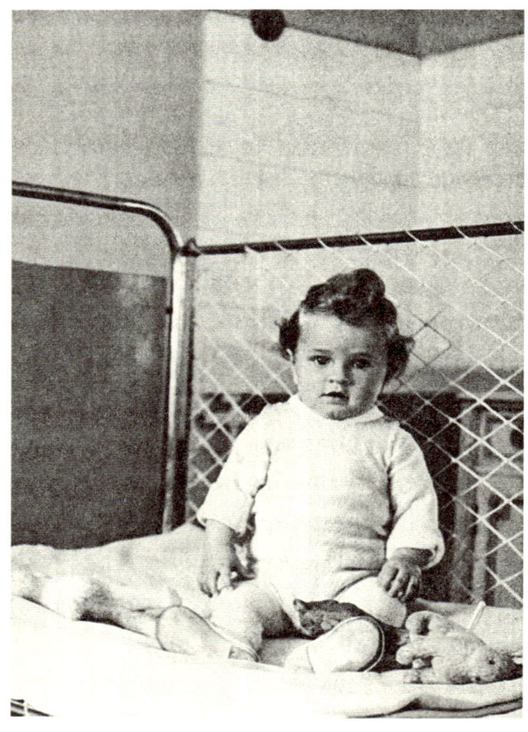

John Korbel

Na primavera, fui com meu pai à Tchecoslováquia, onde ele participaria do 20º aniversário de sua formatura no ensino médio. Viajamos de carro, só nós dois. Eu adorava tê-lo só para mim, ouvindo histórias de seu tempo na escola e de como havia cortejado minha mãe. Eu não me importava que a viagem parecesse durar eternamente. Foi a primeira vez em que vi Kyšperk e Kostelec nad Orlicí, as aldeias onde meus pais nasceram, passaram a infância e se apaixonaram. Surpreendi-me com a pequenez das aldeias, mesmo comparadas com Walton-on-Thames. Visitamos a casa na qual meu pai havia crescido, sua antiga escola e a papelaria em que ele havia comprado cadernos e lápis anos antes. Vimos também uma loja de doces cujo letreiro proclamava com orgulho: "Servindo Kostelec e a vizinhança inteira", o que na verdade não era nenhuma proeza. Permanecemos em Kostelec na casa de um amigo da família, na mesma rua onde minha mãe havia morado. Nosso anfitrião ofereceu-me um copo de leite de cabra que, por educação, não pude recusar — bom treinamento para a tarde de 1998 na Mongólia quando, como secretária de Estado, ofereceram-me uma cuia de leite de égua fermentado.

Meu período em Belgrado parecia uma aventura, embora às vezes solitária. Os Jankovics, que havíamos conhecido antes da guerra, eram a única família iugoslava com quem convivíamos regularmente. Tinham um menininho, Nidza, alguns meses mais velho que minha irmã, então com 4 anos. O sr. Jankovic, um jornalista, era uma companhia animada, que ajudava a manter meu pai informado sobre o que ocorria em Belgrado. Nos fins de semana, excursionávamos juntos até Kalemegdan, o enorme e antigo forte encarapitado num penhasco onde o Sava flui Danúbio adentro. Os Jankovics vinham à nossa casa no Dia de São Nicolau e em nosso Natal, e íamos com eles às celebrações ortodoxas gregas. Aquelas festividades ocorriam embora na Iugoslávia de Tito não houvesse decorações nas ruas, canções natalinas no rádio, folga para os trabalhadores ou qualquer reconhecimento oficial. Na Tchecoslováquia, os comunistas não se sentiam ainda fortes o bastante para eliminar o Natal. Na Iugoslávia, já haviam tentado.

Os poucos colegas de brincadeiras que tive em Belgrado vinham da comunidade diplomática. Eu ia nadar na casa do embaixador britânico e meu primeiro amor foi o filho de um diplomata francês. Ele era bem mais alto do que eu e muito bonito. Não voltamos a nos ver por cinquenta anos, época em que ele havia encolhido para o meu tamanho e ambos tínhamos rugas.

Durante os verões, minha família passava julho na cidade costeira de Opatija, Croácia, onde devo confessar que permanecíamos no Hotel Moscou, assim nomeado em homenagem a Stalin. Não passeávamos de barco porque o Adriático havia sido minado durante a guerra e não havia certeza de que todos os explosivos tinham sido removidos. Em agosto, fomos a Bled, Eslovênia, onde moramos à beira de um lago. Ali fiz amizade com um rapaz, que também desapareceu de minha vida por cinquenta anos. Quando eu estava no governo, recebi uma foto de nós dois em Bled acompanhada de uma carta contando que ele se tornara médico-legista de Jacksonville, Flórida.

A autora com Nidza Jankovic e Kathy Korbelová, Belgrado

Em Belgrado, eu era sempre supervisionada, embora tivesse atingido os 10 anos. Meu comportamento não era, à maneira de Cachinhos Dourados, nem perfeitamente bom, nem perfeitamente mau, protegendo-me de maiores problemas, exceto a vez em que estive numa festa que terminou bem mais tarde do que eu esperava. Meus pais, ignorando o meu paradeiro, estavam desesperados, e quando enfim cheguei em casa meu pai estava mais zangado do que eu jamais vira — colocou-me de castigo no quarto por três dias, só podendo sair para estudar e tocar piano. Durante o meu suplício injusto, ele manteve uma expressão carrancuda no rosto. Minha mãe, enquanto isso, me dava framboesas escondido.

Em junho de 1947, meu pai recebeu uma medalha, oferecida por Jan Masaryk, por sua contribuição para a libertação da República da Tchecoslováquia. Àquela altura, estava mergulhado no desafio de preservar sua liberdade. De nossa perspectiva em Belgrado, havia fortes motivos de preocupação. Em março, os Estados Unidos haviam promulgado a Doutrina Truman, que prometia ajudar os países ameaçados pela subversão armada, estimulando assim um influxo de ajuda militar à Turquia e Grécia. Por vários anos, Stalin tinha provocado o Ocidente sem nenhuma reação. Agora Truman vinha tomando suas providências, e o Kremlin parecia disposto a resistir.

Politicamente, meu pai se considerava "um homem de esquerda". Um democrata até a alma, também acreditava que o governo devia ajudar ativamente os destituídos. Aquilo estava tão arraigado que, anos depois, quando eu estava prestes a me casar, ele insistiu, brincando, que começássemos nosso percurso na nave da igreja com o pé esquerdo. Mas nunca foi tentado pelo canto da sereia do comunismo. Seu ceticismo aprofundou-se em Belgrado, onde a possibilidade de ver de perto o convenceu de que o sistema soviético tinha graves problemas estruturais. Primeiro, a economia não funcionava, porque as pessoas precisavam de incentivos para ser produtivas. Aquilo explicava por que deixavam que uvas iugoslavas e laranjas albanesas perfeitas apodrecessem a caminho do mercado. Não havia recompensa para a eficiência. Segundo, os líderes comunistas insistiam que a luta de classes fornecia a resposta a todas as questões, a ponto de excluir outros fatores como religião e sentimento nacional. Finalmente, os comunistas eram excessivamente dogmáticos, sem o tipo de criatividade intelectual que meu pai prezava. Eram treinados não para pensar por si mesmos, mas para memorizar e repetir feito papagaios apenas o que lhes ensinavam. Aquilo levou direto ao tipo de excessos que assolou o sistema de partido único: controle centralizado de todas as instituições, doutrinação dos jovens e a elevação de um só objetivo coletivo acima de todos os demais valores.

Meus pais haviam sido criados em uma tradição que enfatizava a curiosidade e o pensamento humanista. Um de seus escritores favoritos era Karel Čapek, que popularizou a palavra "robô" e cuja obra ridicularizava precisamente o tipo de conduta de autômato que os comunistas encorajavam. Na visão de Čapek:

> O elemento mais estranho e menos humano do comunismo é sua desolação desconcertante [...] não há temperatura média entre a burguesia gélida e o fogo revolucionário. [...] (Para eles) o mundo não contém almoço ou jantar; é o pão mofado dos pobres ou o empanzinamento dos governantes.[4]

Meu pai temia que os stalinistas através da Europa estivessem de olho na Tchecoslováquia. Um alto oficial do Exército iugoslavo lhe contou: "Não concordo com a política do seu governo [...] vocês têm partidos demais. [...] (No meu país, os comunistas) lideram no Parlamento, no Exército, na administração pública, nas fazendas coletivas, na indústria — por toda parte. Como agem em prol da nação [...] trata-se de uma democracia ditatorial."[5] Meu pai viu como aquele sistema peculiar funcionava quando tentou persuadir a imprensa iugoslava, controlada pelo governo, a informar sobre os acontecimentos na Tchecoslováquia. Julgava parte de seu trabalho promover uma percepção do que seu país vinha realizando e, para isso, pediu que sua equipe transmitisse uma síntese semanal de informações à agência de notícias local. Quando essa abordagem não deu nenhum resultado, queixou-se ao ministro da Informação, que pediu desculpas pela negligência e prometeu aumentar a cobertura. Várias semanas depois, o ministro retornou e, com um sorriso, entregou ao meu pai um pacote. Dentro estava um amplo arquivo de recortes de artigos de jornais — todos expressando desprezo pelo governo tcheco.

DURANTE A GUERRA, BENEŠ procurara persuadir o Ocidente de que Stalin era confiável e, com o tempo, a União Soviética começaria a mudar. Em meados de 1947, suas memórias foram publicadas e se tornaram best-seller. Como era típico de Beneš, incluiu palavras de elogio a Moscou, que irritaram o Ocidente, e elogios ao Ocidente, que enfureceram Moscou. O presidente não perdera seu enfoque otimista nem a esperança de que a mediação de seu país poderia impedir a deterioração das relações entre os dois lados. Mas já não tinha a mesma confiança em sua análise. No final do ano anterior, havia travado, segundo confidenciou ao embaixador americano Steinhardt, uma "grande batalha" para livrar seu Ministério da Defesa de agentes e espiões soviéticos. Ao final de 1947, concluíra que Stalin não estava abrandando sua postura e que os comunistas dificilmente se tornariam apenas mais um partido. Aquilo não significava que uma tomada do poder marxista fosse inevitável. Significava que os democratas teriam que encontrar um meio de se recuperarem nas urnas. As eleições de maio de 1948 seriam cruciais.

O próprio Beneš tinha cada vez menos energia para a luta. Em julho, sofrera um derrame, e mancaria pelo resto da vida. Aquilo, mais os sintomas de arteriosclerose que exibia havia algum tempo, contribuíram para mudanças de personalidade que o tornariam menos resoluto e mais obstinado. Segundo a prática da época, informações sobre o estado do presidente eram sonegadas ao público.

Enquanto os dois lados continuavam manobrando, os comunistas gozavam de várias vantagens: organização superior, objetivos claros, controle de quase todos os grandes ministérios e o apoio inequívoco da União Soviética. Mais importante, tinham o poder da intimidação. Quer fosse ministro do gabinete, quer funcionário de aldeia, um comunista com boa reputação estava protegido. Se surgissem problemas, o alarme se espalhava, e os ativistas do partido se mobilizavam. Os democratas apelavam aos seus concidadãos que abrissem os olhos e vissem que os comunistas, que haviam se vangloriado de combater o fascismo, estavam agora aplicando as mesmas técnicas. Retratos de Stalin foram afixados onde antes havia retratos de Hitler. A foice e o martelo substituíram a suástica. Os comunistas, como os nazistas, vinham manipulando a imprensa, difamando os rivais políticos, exigindo fidelidade total de seus membros e ameaçando quem quer que se lhes opusesse.

Mesmo assim, naquele outono havia sinais positivos. Uma proposta apoiada pelos comunistas de aumento de impostos foi derrotada no Parlamento. Nas eleições nacionais de líderes estudantis, os comunistas foram derrotados, acabando em terceiro lugar. As pesquisas do próprio Gottwald mostravam seu partido perdendo terreno, e na batalha cultural os democratas vinham vencendo facilmente. Filmes, livros, revistas e jornais ocidentais eram bem mais populares do que aqueles do leste. Mais jovens aprendiam inglês do que russo. Viajantes a Paris e Londres voltavam carregados de roupas, rádios e eletrodomésticos que não podiam ser obtidos nas lojas locais. Oitenta por cento do comércio do país era com o Ocidente. Os eventos que uniam o país eram aqueles que celebravam os artistas locais, homenageavam veteranos ou exibiam as habilidades atléticas dos jovens da nação. Aquela não parecia uma sociedade madura para uma revolução dos trabalhadores. Steinhardt informou a Washington:

> Ao que se pode julgar de observações constantes das reações das pessoas desde maio de 1945, elas não têm nenhuma simpatia particular pelos métodos soviéticos. Consideram a aliança soviética como uma necessidade desagradável. Continuam preferindo os métodos comerciais e padrões ocidentais [...]. Continuam céticas quanto à nacionalização do pós-guerra da indústria. Não têm nenhuma inclinação real pelas doutrinas marxistas, as quais, de qualquer modo, não são abertamente defendidas pelos comunistas tchecos.[6]

Dois incidentes dramáticos solaparam ainda mais a posição comunista. Em 10 de setembro, bombas ocultas em caixas marcadas como "Perfume" foram entregues nos gabinetes de três democratas: Drtina, Masaryk e Petr Zenkl, um vice-primeiro-ministro e ex-prefeito de Praga. Nenhuma delas explodiu, mas a investigação subsequente tornou-se uma batalha na mídia, com os comunistas lutando — apesar das evidências incriminadoras — para desviar o inquérito de seus próprios funcionários desastrados, entre eles o genro de Gottwald.

O segundo acontecimento foi uma rebelião entre os sociais-democratas. Por dois anos, Fierlinger mantivera seu partido subserviente a Moscou. Alguns concordavam com aquilo, mas outros desejavam uma voz mais independente ou, no mínimo, menos covarde. Fierlinger era famoso por ser obsequioso com os poderosos e rude com todos os demais. Em novembro de 1947, os líderes do partido se reuniram em Brno em seu congresso anual. Ignorando as ameaças comunistas, votaram por substituir seu dirigente por um político de carreira mais convencional. Se os comunistas não pudessem contar com os sociais-democratas, sua capacidade de obter uma maioria controladora no Parlamento estaria em xeque.

Aqueles reveses aumentaram a frustração crescente de Gottwald. Quando viajava aos países vizinhos, seus colegas comunistas o lembravam de que detinham o poder absoluto, enquanto ele era forçado a agradar a opinião pública e se submeter em muitas ocasiões a Beneš, que permanecia uma figura mais querida e internacionalmente mais proeminente. Ao contrário de Tito na Iugoslávia, Gottwald não era um herói de guerra. Não havia crianças cantando canções sobre sua bravura. Sua posição foi ainda mais dificultada por seu cargo. Como primeiro-ministro, não estava em posição para denunciar o governo ou exigir mudanças. Beneš pouco fizera para se opor a ele em política social e econômica. Masaryk, afora os comentários sarcásticos ocasionais, nada fizera de ofensivo nas relações exteriores. Os comunistas dispunham de poucas tábuas com que construir uma plataforma para sua campanha. Mas a nuvem mais escura no horizonte era Stalin. Além de insatisfeito com a indecisão quanto ao Plano Marshall, o líder soviético não gostava das referências de Gottwald a um caminho tcheco especial para o socialismo e não estava disposto a ouvir notícias desestimulantes sobre as perspectivas eleitorais dos comunistas. Se perdessem as eleições, Gottwald não apenas seria derrotado. Quase certamente seria fuzilado.

Eu tinha 10 anos quando meus pais concluíram que nossa governanta me havia ensinado tudo que podia e que estava na hora de eu receber uma educação mais completa. Eu era nova demais para me matricular no ginásio em Praga, de modo que propuseram me enviar a um internato suíço. Reagi como reagiria qualquer menina de 10 anos: com ansiedade, lágrimas e fazendo-me de doente. Tendo ouvido falar que Zurique era um centro de tratamento da pólio, queixei-me ao chegar de que minhas pernas doíam tanto que eu não conseguia prosseguir. Minha mãe, que não se deixava enganar facilmente, achou um médico que declarou que eu estava saudável. Não havia saída senão ir a contragosto para a escola, na vizinha Chexbres.

O Instituto Prealpina para Jovens Moças era tão horrível e injusto como eu esperava, ao menos no início. Ao chegar, fui levada a crer que lá não se conseguia nada sem pedir em francês, língua que eu mal conhecia. Não apenas seria reprovada, mas estava convencida de que morreria de fome. Mas após um mês, comecei a assimilar a língua, fazer amigas e sair-me bem nos estudos. Do meu quarto via-se o lago de Genebra. Podíamos ir à aldeia comprar chocolate aos sábados. Eu continuava estudando piano e aprendendo a patinar e esquiar. Havia resistido à ideia de me enviarem para lá, mas agora não tinha razão para reclamar. O que não me impedia de desejar rever a família em Belgrado nas férias de inverno. Em vez disso, fui enviada à sua instituição irmã, onde todos falavam aquela língua temida, alemão, e onde me senti tão perplexa e miserável quanto solitária. O único consolo veio na festa de Natal, com suas luzes festivas, música bonita e o texto na língua neutra, latim. Somente anos depois entendi a razão por trás de minhas férias sofridas: meus pais, como sempre, vinham tentando me proteger do que se tornara, através da Europa Central, uma situação política incerta e cada vez mais perigosa.

28

Falha de comunicação

Os anos terminados em oito têm uma importância excepcional na história tcheca. A Universidade Carlos foi fundada em 1348. Em 1618, emissários dos Habsburgos foram lançados da janela do castelo, desencadeando a Guerra dos Trinta Anos. Em 1848, o primeiro congresso pan-eslavo reuniu-se em Praga. A República da Tchecoslováquia foi fundada em 1918. O Acordo de Munique ocorreu vinte anos depois. Em seus primeiros meses, 1948 conquistaria um lugar no lado mais sombrio dessa lista de efemérides. Em janeiro, meu pai foi a Praga para uma conversa com Beneš. Tendo testemunhado as inclinações violentas dos líderes comunistas na Iugoslávia, esperava achar o presidente plenamente consciente do perigo enfrentado pelas forças democráticas e em posse de uma estratégia clara para contra-atacar. Ao adentrar o gabinete de Beneš no castelo Hradčany, foi saudado por um homem intelectualmente alerta, mas enfermo. Beneš havia sido uma importante figura mundial por três décadas e o líder de seu país turbulento por uma dúzia de anos. O derrame sofrido (ou derrames) fez com que arrastasse ligeiramente uma perna, o que não o impedia de tentar trabalhar, como sempre fizera, duas vezes mais do que os outros homens.

Por quatro horas em 12 de janeiro, às duas da madrugada e duas da tarde, o presidente e o embaixador analisaram a situação mundial, o primeiro exibindo suas dúvidas típicas quanto ao Ocidente, mas agora reservando suas críticas mais fortes às políticas agressivas da União Soviética.

Meu pai enfim conseguiu desviar a discussão para sua própria preocupação básica: a situação interna na Tchecoslováquia. Estaria Beneš preparado para defender a Constituição contra os comunistas? Disporia de um plano para unir as forças democráticas? Percebia até que ponto os homens de Gottwald haviam se infiltrado no Exército, na polícia, nos sindicatos, na mídia e até no Ministério das Relações Exteriores?

Poucas palavras poderiam ter sido mais alarmantes aos ouvidos do meu pai do que as ingenuamente otimistas proferidas por Beneš: "Por mais que eu seja pessimista sobre os acontecimentos internacionais", ele disse, "estou calmo quanto à situação interna. A eleição se dará na primavera. Os comunistas vão perder, e justificadamente. O povo entende sua política e não será enganado. Só não quero que percam demais. Isso despertaria a ira de Moscou".[1]

Na Iugoslávia, meu pai havia visto a pressão brutal que Stalin conseguia exercer sobre os líderes locais. Expressou seu temor de que os comunistas tchecos, diante do espectro da derrota eleitoral, pudessem tentar um golpe como o único meio de salvar seus pescoços. De novo, Beneš disse que não se preocupasse:

> Eles pensaram num golpe em setembro, mas abandonaram a ideia e não tentarão de novo. Descobriram por si mesmos que desfruto de certa autoridade nesta nação. E não só isso. Sabem que tenho numerosos adeptos entre a classe trabalhadora, mesmo entre muitos trabalhadores comunistas. Eles passaram a perceber que não podem ir contra mim.[2]

Ainda ansioso, meu pai pediu que Beneš comentasse, indivíduo por indivíduo, a confiabilidade dos altos oficiais das forças armadas. O presidente defendeu a maioria e ficou espantado ao saber que o comandante da Força Aérea era comunista. Quando meu pai levantou dúvidas quanto ao general Svoboda, o ministro da Defesa, Beneš respondeu que era um homem confiável. "Não se preocupe, embaixador", Beneš disse quando a reunião chegou ao fim, "volte a Belgrado e bola pra frente".

Naquela mesma viagem, meu pai almoçou com Gottwald em seu casarão. A conversa inevitavelmente tornou-se uma comparação entre a situação na Iugoslávia e Tchecoslováquia. Talvez imprudentemente, meu pai não pôde resistir a caçoar do anfitrião: "Os comunistas em Belgrado não acham que você saiba o que está fazendo", ele disse. "Dizem que você não passa de um molenga e que irá perder."[3] Movido por uma combinação de raiva e conhaque, Gottwald contra-atacou: "Mostrarei a eles como venceremos. E não será com a eleição cômica como fazem em Belgrado."

Cada reunião do gabinete, a partir de meados de janeiro, foi marcada por discussões acirradas. Com uma eleição poucos meses à frente, o aumento do sectarismo era natural, mas a democracia tcheca se tornara um carro desgovernado com amortecedores gastos: cada solavanco era sentido, e o próximo poderia ser o último. Mesmo assim, o carro continuava rodando, e os buracos na estrada continuavam aparecendo. Os democratas exigiam que os comunistas fossem processados por tentarem explodir três de seus ministros. Os comunistas acusavam os democratas de tramar sua expulsão do governo. Cada lado alertava que as eleições seriam injustas devido às táticas sujas do outro. Ambos reclamavam, indignados, da injustiça dessas acusações quando dirigidas contras eles. Na virada de janeiro para fevereiro, os ministros, divididos meio a meio, divergiram sobre a política fiscal e econômica, o ritmo da nacionalização e os salários dos funcionários públicos. A única trégua veio de uma comissão criada para definir a posição da Eslováquia dentro do país. De acordo com seu relatório, "a Tchecoslováquia constitui um Estado, uno e indivisível, formado de duas nações inseparáveis com os mesmos direitos". Aquilo foi suficientemente desconcertante para ninguém saber como discuti-lo.

Hubert Ripka era uma das pessoas mais próximas de Beneš. Experiente e inteligente, conhecia todos no governo, e a maioria gostava dele. Servira em uma variedade de cargos e, àquela altura, era líder de um partido democrata e ministro do Comércio. Meu pai o considerava um dos melhores homens de Praga. Num ambiente político convencional, Ripka teria sido um defensor e líder eficaz, mas na Tchecoslováquia de 1948 era um linguado nadando em meio a tubarões. Em 9 de fevereiro, reuniu-se com Gottwald num esforço por atenuar o ódio que ameaçava paralisar o governo e dividir o país. Em vez disso, após umas poucas e polidas frases, a sessão tornou-se um concurso de gritos, cada um repetidamente interrompendo o outro. Gottwald acusou Ripka de se opor ao socialismo, proteger traidores e conspirar para criar, como os nazistas, uma coalizão antibolchevista. Ripka afirmou que a agenda de Gottwald, também imitando os nazistas, era um Estado totalitário.

A próxima reunião do gabinete, quatro dias depois, levou o governo à beira do colapso. Os democratas apresentaram provas, em forma de um longo relatório de Drtina cheio de estatísticas, de que os comunistas vinham tentando criar um baluarte na polícia, possivelmente se preparando para um golpe. Enquanto a reunião estava em andamento, chegaram notícias de que o ministro do Interior ordenara o rebaixamento e a substituição por comunistas de oito chefes de polícia divisionais (os oficiais autorizados a distribuir armas e munições). Drtina imediatamente reintegrou os policiais e suspendeu novas contratações e demissões até a conclusão de uma investigação do gabinete. Os sociais-democratas, dos quais faziam parte alguns dos policiais ameaçados de demissão, juntaram-se aos outros partidos não comunistas num apoio à moção. Sua aprovação foi um constrangimento para Gottwald e aumentou ainda mais as tensões. Os jornais estavam cheios de acusações de traição, e no domingo, 22 de fevereiro, milhares de representantes sindicais, 90% dos quais comunistas, deveriam se reunir em Praga.

Ripka estava convicto de que os comunistas dispunham de um plano e de que ele sabia qual era. Seus informantes o haviam avisado de que Gottwald pretendia divulgar um programa econômico mais radical visando atrair o apoio do comício dos delegados sindicais e provavelmente também dos sociais-democratas. Ripka temia que tal manobra desencadeasse uma explosão de fervor populista, desviando a atenção da controvérsia da polícia. Em 16 de fevereiro, propôs aos demais ministros democratas que renunciassem coletivamente, precipitando assim um confronto antes do comício de domingo:

> É a única forma de conter o plano dos comunistas. [...] Se for nessa questão que provocarmos uma crise, os sociais-democratas não poderão se dissociar de nós. Uma vez criada a crise, com certeza teremos de convocar eleições imediatas. Se a data das

eleições for antecipada, os comunistas não terão mais o tempo necessário para ganhar controle da polícia e do Exército.[4]

Dois dias depois, Ripka e Zenkl reuniram-se em Hradčany para informar Beneš de sua estratégia e obter sua aprovação. Aquilo era crucial, porque o presidente tinha a autoridade, caso o governo entrasse em colapso, de convocar novas eleições. Mesmo no relato de Ripka, a discussão não foi objetiva, mas divagante e confusa. Beneš concordou que os comunistas tinham a obrigação de acatar as instruções do gabinete no tocante à polícia. Afirmou também, quando indagado, que um gabinete do qual os partidos democratas tivessem sido excluídos seria inaceitável. Ele não disse — porque ninguém julgou necessário perguntar — exatamente o que faria se, como planejado, todos os ministros democratas renunciassem. Ripka achou que ele tinha um claro sinal verde para agir conforme planejado, mas é duvidoso que Beneš compartilhasse essa compreensão. O presidente disse a Ripka que "permanecesse firme" e "evitasse mancadas", mas isso não significa que tivesse avaliado as consequências incendiárias do que os líderes democratas estavam prestes a fazer.

Se tivesse feito isso, teria observado que o plano não poderia ter êxito sem a plena cooperação dos sociais-democratas, pois sem eles faltava aos ministros a maioria requerida para derrubar o governo. Os sociais-democratas haviam apoiado a controvérsia da polícia, mas haviam rebatido Ripka quando ele esboçou a ideia da renúncia em grupo. Tal lance dramático representaria uma declaração de guerra política, algo que não podiam apoiar sem romper a tessitura de sua organização.

Os ministros democratas foram em frente mesmo assim, submetendo sua renúncia na sexta-feira, 20 de fevereiro, na esperança de pegar os comunistas desprevenidos. Não conseguiram. Gottwald imediatamente começou a mobilizar sua rede de adeptos. O veneno da mídia controlada pelos comunistas concentrou-se nos 12 ministros, que supostamente estariam acatando ordens de grupos financeiros estrangeiros e haviam renunciado num esforço por sabotar a democracia e obstruir a vontade popular.

Na manhã seguinte, diante de uma estátua enorme de Jan Hus na praça da Cidade Velha, Gottwald pediu ao presidente que acatasse a decisão dos ministros e os substituísse por uma Frente de Unidade Nacional constituída de "bons" tchecos e eslovacos. Gottwald seguiu até Hradčany para repetir o pedido. Beneš se recusou, preferindo convocar líderes partidários de todos os lados para intermediar uma solução. Os democratas ficaram contrariados por ele não ter exigido que o resto do gabinete renunciasse. Como aquela alternativa não havia sido levantada com ele de antemão e dispensar o gabinete estava além de sua autoridade constitucional, a queixa é difícil de entender. Na verdade, o fato de Ripka não ter obtido o endosso dos sociais-democratas fez com que a maioria do gabinete permanecesse no posto. O governo não caíra. Gottwald continuava primeiro-ministro. O presidente tinha poucas opções afora lidar com ele.

Em meio a todas as manobras políticas, a diplomacia da Guerra Fria fez a sua parte. Meu pai retornou de Belgrado a Praga para participar de reuniões com representantes iugoslavos e poloneses que haviam sido reunidos — como parte do grande projeto de Gottwald — basicamente com o propósito de denunciar o Ocidente. Nas recepções organizadas, oradores foram aplaudidos por suas críticas ao imperialismo britânico e à hegemonia americana. Para realçar aqueles pontos, propôs-se uma declaração conjunta. Meu pai detestou todo o espetáculo, mas pouco pôde fazer para influenciar os trabalhos. Masaryk, que como primeiro-ministro deveria estar em evidência, recuou por completo, doente, ou fingindo-se de doente. Pediu que meu pai o seguisse ao seu apartamento, situado no terceiro andar do Ministério das Relações Exteriores. "Encontrei-o em seu quarto", disse meu pai. "Estava deitado na cama, como costumava fazer [...] para escapar [...] de visitantes indesejados. Ele me disse: 'Não posso colocar minha assinatura em tal documento. Metade de minha vida passei entre americanos e britânicos, cada pedaço de minha alma está com eles, e agora me pedem que assine uma declaração contra eles. Eu simplesmente não posso fazê-lo. Tente mudá-la de algum modo.'"[5] Meu pai suspirou. Antes de partir, espiou pela janela o pátio escuro abaixo. Jamais voltaria a falar com seu chefe.

Naquele domingo, Beneš estava repousando em seu retiro em Sezimovo Ústí, a 80 quilômetros da capital. Masaryk continuava de cama. Outros líderes democratas estavam espalhados, aceitando um prêmio honorário aqui, comparecendo a uma conferência feminina ali, participando de um campeonato de esqui em Tatras ou fazendo discursos que pediam aos seus seguidores que ficassem calmos. Gottwald, enquanto isso, estava em Praga falando para milhares de representantes da classe trabalhadora que aplaudiam, esperançosos, e cantavam a "Internacional". Àquela altura, todo o peso de sua ordem de mobilização fazia-se sentir. Pelo país afora, líderes partidários vinham distribuindo armas às suas milícias e mobilizando agentes das forças de segurança para enfrentarem os rivais onde pudessem ser intimidados, detidos, aprisionados ou espancados. As rádios e os jornais convocaram a militância para apoiar Gottwald e seu pedido de um governo novo. Trabalhadores receberam ordens de começar a expurgar de suas fábricas quem não fosse membro do Partido. Milhares de telegramas enviados a Beneš insistiram que aceitasse a renúncia dos ministros para evitar o risco de guerra civil. Durante o fim de semana, Gottwald permaneceu em contato com seus agentes nos ministérios do Interior, Defesa e outros. Além disso, tinha uma linha direta com a embaixada soviética, cujo vice-ministro do Exterior chegara de repente ao país. Quando Masaryk perguntou por que estava ali, o sr. Zorin respondeu: "Para supervisionar a entrega do trigo."

Na tarde da segunda-feira, Beneš reuniu-se com Ripka e três de seus colegas graduados, Drtina, Stránský e Zenkl — pela primeira vez desde suas renúncias. Os homens se conheciam havia décadas. Zenkl passara a guerra como prisioneiro em Buchenwald, mas os outros estiveram com Beneš em Londres. Eram os aliados do presidente e, na medida em que este permitisse, seus amigos. No entanto, naquele momento crucial, não se comunicaram muito bem. Beneš garantiu aos ministros que não aceitaria suas renúncias nem concordaria com uma lista de substituições sem a aprovação deles. Além daquilo, nada tinha a oferecer. Ele pressionara Gottwald a buscar uma solução negociada, mas os comunistas se recusavam a barganhar, insistindo que os ministros que haviam renunciado eram traidores. "E como o senhor reagiu a isso?", os quatro democratas quiseram saber. Beneš respondeu: "Eu não reagi. Cabe a vocês se defenderem. Quanto a mim, devo permanecer acima da refrega, acima dos partidos."[6]

Naquela noite, 10 mil estudantes realizaram uma marcha em apoio à democracia. Cantando e entoando palavras de ordem, percorreram, todos juntos, as ruas tortuosas até o castelo. O presidente os recebeu e prometeu permanecer fiel ao espírito de T. G. Masaryk. Foi um momento inspirador, mas também a única demonstração pública a favor do governo liberal em toda a crise. Ripka e seus auxiliares estavam convictos de que tinham a Constituição e a maioria do povo do seu lado. Mas lhes faltava uma estratégia para provar aquilo.

O dia 25 de fevereiro de 1948 foi quando o Estado de Direito foi agredido nas ruas de Praga. Os líderes democratas a caminho do trabalho foram impedidos de entrar em seus escritórios. Alguns tiveram suas casas revistadas ou foram algemados e enfiados na prisão. Os últimos jornais e estações de rádio independentes foram invadidos, destruídos ou fechados. Fierlinger, acompanhado da polícia e de valentões armados, retomou o controle do partido que o havia despejado. Os sindicatos comunistas convocaram uma greve nacional de uma hora. Os trabalhadores que não aderiram foram demitidos dos empregos. Por toda parte, as mesmas exigências: que saia o governo antigo e entre o novo. Gottwald reuniu-se mais uma vez com Beneš, e de novo o presidente insistiu que negociasse com os democratas. Ele se recusou.

Àquela altura, Gottwald havia proposto um novo gabinete que incluía comunistas e alguns representantes simbólicos dos partidos democráticos. Às 11 da manhã, apresentou a lista a Beneš com um pedido de aceitação imediata. De acordo com Eduard Táborský, que estava no aposento, Gottwald exibiu uma segunda lista também — de partidários democratas marcados para serem presos e possivelmente executados se o presidente se recusasse a assinar. Beneš prometeu uma resposta ainda naquele dia.

Meu pai descreveu o que aconteceu a seguir:

> Às quatro da tarde, Gottwald foi de carro até o castelo Hradčany obter a resposta do presidente. Poucos minutos depois, voltou à praça de São Venceslau. Tinha um papel nas mãos: uma lista de um novo governo assinada pelo presidente da República. Sua cabeça (de Gottwald) estava coberta por um gorro russo de couro de carneiro. Duzentos mil trabalhadores mobilizados o aguardavam. Policiais e milícias de trabalhadores se misturavam a eles. Gottwald anunciou a formação de um governo novo e leu a lista. Expressou gratidão ao presidente Beneš por respeitar a vontade e o desejo do povo.

A multidão acompanhou cada palavra de Gottwald com aplausos frenéticos e gritos atroadores. Perto do castelo do presidente, alguns milhares de estudantes universitários voltavam a se reunir para marchar até sua residência. A polícia abriu fogo contra eles. Os ministros depostos ouviram em suas casas, cercadas pela polícia, o discurso de Gottwald. Estava obviamente embriagado: pelo álcool e pelo sucesso. O dia estava gélido. Nuvens cinza bloqueavam o sol. Na Tchecoslováquia, a democracia estava morta.[7]

29

A queda

Jan Masaryk morava num apartamento privado no canto nordeste do palácio Černín. O apartamento longo e estreito, modesto comparado com o ambiente circundante, podia ser acessado por um elevador particular. A sala de estar tinha espaço para um sofá e várias poltronas, uma escrivaninha e estantes de livros. O rádio, que continua lá até hoje, tinha um metro de altura e ficava diante da cama de latão, no mesmo lado da porta do banheiro. A parede externa, entrecortada por quatro janelas altas e retangulares, dava para um pátio interno 9 metros abaixo. Numerosos corredores — alguns escondidos, reservados aos empregados — levavam a um salão adjacente. Um visitante intruso, uma vez dentro do palácio, podia facilmente achar o caminho até a porta do ministro do Exterior.

Por não ser membro de um partido político, Masaryk não desempenhara nenhum papel direto na crise de fevereiro. Não fora consultado sobre o plano de Ripka, não havia renunciado, e talvez nunca lhe tivessem pedido isso. Não era um estrategista político e estava esgotado, de qualquer modo, por problemas brônquicos. Na manhã após o golpe, enviou uma carta a Marcia Davenport informando que permaneceria no governo por ora e que, apesar dos acontecimentos chocantes, "este não é o fim".[1]

Masaryk não disse muita coisa sobre a estratégia de renúncia dos ministros democratas, mas admitiu em particular que havia sido um erro. Ele estava certo. Ao renunciarem, os ministros deram a Gottwald a chance de arrebatar o poder pelo que muitos veriam como meios constitucionais. Não precisara depender de tropas soviéticas ou ameaças públicas, prevalecendo em vez disso por uma combinação de subversão da polícia, jogada política e ação da turba no momento certo. Até ele se surpreendeu com quão fácil havia sido. "Eu sabia que os venceria no final", ele disse a Masaryk, eufórico, "mas nunca imaginei que me oferecessem o traseiro de bandeja para eu dar um pontapé".[2]

É bem possível que o plano de renúncia tivesse simplesmente acelerado um golpe que teria ocorrido de qualquer modo. Gottwald certamente acharia outro pretexto para causar problemas. Mas ao denunciarem a trama do adversário para radicalizar a polícia, os ministros democratas haviam posto os comunistas numa situação difícil. Se Gottwald tivesse sido forçado a agir por desespero, seria ele quem cometeria erros. Os sociais-democratas poderiam ter se aliado aos outros partidos democratas. Beneš teria a segurança para arregimentar a nação, e o Exército, cujas fidelidades estavam divididas, poderia ter apoiado o lado certo. Como uma série de conjecturas que surgiram após Munique, estas também não têm uma resposta precisa.

Assim, o lugar da Tchecoslováquia no sistema solar da Guerra Fria estava agora definido. Pouco depois da tomada do poder, o ministro da Educação decretou que um retrato de Stalin fosse pendurado em todas as salas de aula e que o hino nacional soviético sempre fosse tocado após "Onde está meu lar?". O novo ministro da Justiça foi o genro de Gottwald, sob cuja direção o sistema legal tornou-se um braço do Partido Comunista, ativistas democratas foram levados ao tribunal sob falsas acusações e uma série de campos de trabalhos forçados e reeducação foram criados. Para impedir a fuga de democratas proeminentes, as fronteiras do país foram fechadas. Homens como Ripka e Drtina foram seguidos pela polícia e tiveram suas linhas telefônicas cortadas e correspondência interceptada. Visitantes em suas casas podiam estar certos de ter seus nomes e endereços registrados nas pequenas listas negras dos guias.

Os governos do Ocidente condenaram o golpe com indignação. Gottwald respondeu que não precisava de uma lição de democracia dos perpetradores de Munique.

Na Inglaterra em 1940, minha família vivera no mesmo apartamento de Drtina, o ministro da Justiça deposto. O nosso amigo sempre fora um otimista, mesmo durante a ocupação nazista, quando permanecera em Praga por mais de um ano para ajudar a organizar a resistência. Juntas nossas famílias haviam suportado os bombardeios e ansiado pelo fim da guerra e uma segunda chance de realizar o sonho da democracia tcheca. Na noite de 28 de fevereiro, três dias após o golpe, Drtina tentou se suicidar, mas sem sucesso. Saltando da janela de seu apartamento no terceiro andar, feriu-se gravemente, foi levado ao hospital e lançado na prisão, onde permaneceria por 12 anos.*

Dentro do governo só permaneceram duas personalidades de alto nível: Beneš, um presidente sem poder, e Masaryk, um ministro do Exterior sem um governo que desejasse representar. Onze anos antes, quando T. G. Masaryk estivera no leito da morte, pedira a Jan que ajudasse Beneš: "Você conhece grande parte do mundo melhor do que ele. Fique sempre ao seu lado. Prometa que nunca o deixará sozinho."[3] Aquele pedido, gravado profundamente na mente de Masaryk, era uma das explicações de sua fidelidade. Como contou a Marcia Davenport:

> (Beneš) foi [...] um mártir em prol do meu pai. [...] Sempre que este enfrentava qualquer dificuldade política, Beneš ia em seu auxílio. Por qualquer erro, assumia a culpa. Ele era o bode expiatório. Descia até a trincheira e se incumbia da luta política, deixando meu pai livre para permanecer o santo que as pessoas reconheciam e que realmente era. Por isso permanecerei fiel a Beneš até morrer.[4]

O presidente já não morava no castelo. Na esteira do desastre de 25 de fevereiro, mudou-se para sua propriedade privada em Sezimovo Ústí, cidade onde, coincidentemente, Jan Hus se refugiara mais de quinhentos anos antes. Por que Beneš não renunciou? Ele revelou a Masaryk que Gottwald ameaçara desencadear uma violência maciça que mataria milhares e destruiria o país. Os comunistas insistiram que o presidente permanecesse para dar um ar de legalidade ao golpe. Nenhum nome na Europa estava

* Desde sua libertação em 1960 até sua morte vinte anos depois, Drtina fez todo o possível para ajudar a restaurar a liberdade tcheca, escrevendo memórias que foram publicadas no Ocidente e, em 1977, corajosamente acrescentando seu nome à Carta 77, um protesto que serviu de precursor da Revolução de Veludo.

mais intimamente associado à democracia do que Beneš. O velho homem só viu espaço para um gesto: deixar o castelo e tudo que este representava.

E Masaryk, por que não renunciou? Sem dúvida sua afeição por Beneš foi uma razão. Além disso, seu cargo era uma fonte de proteção para outros e para ele. Ele contou a Steinhardt que interveio a favor de mais de duzentas pessoas, quer evitando sua prisão, quer ajudando-as a fugir. Se tinha um plano para seu próprio futuro àquela altura, era conseguir sair do país. Afinal, que tipo de ministro do Exterior é proibido de viajar? Nunca faltam conferências internacionais. Talvez do exílio pudesse recomeçar. Aquilo significava, porém, ter de convencer os comunistas de que nada tinham a temer, de que ele continuaria agindo como o bom soldado Švejk — papel que adotara, embora com desdém, não com um sorriso, desde que Beneš originalmente ligara o destino da Tchecoslováquia a Stalin.

Aquela estratégia frágil foi solapada quando, em 2 de março, o embaixador em Washington, Juraj Slavík, renunciou e, numa declaração dramática, denunciou o governo de Gottwald. Masaryk e Slavík eram amigos. Os comunistas puseram a culpa da renúncia no ministro do Exterior. Daquele dia em diante, além de seu antigo guarda-costas, passou a ser seguido por duas figuras mal-encaradas do Ministério do Interior. Masaryk alertou Davenport que deixasse o país, temendo que fosse presa sob a acusação de ser espiã americana. Relutantemente, ela concordou e comprou uma passagem de avião para 7 de março. Na noite anterior, ele visitou o apartamento dela. Mais tarde ela escreveu:

> Ele veio às oito e meia. Seu aspecto era assustador. Todos aqueles dias exibira uma palidez de argila, causada pela exaustão, mas naquela noite seu rosto estava ainda mais sombrio. Acabara de chegar de Sezimovo Ústí, onde almoçara com Beneš e passara a tarde. Nada me contou do que acontecera por lá. [...] Vi apenas que estava perturbado. Ele murmurou: "Beneš..."[5]

Masaryk não conseguiu encerrar a frase. O casal ficou sentado algum tempo e não conversou muito. Ele recomendou que, quando chegasse a Londres, ela deveria permanecer perto de seu hotel. Em poucos dias, teria notícias dele. Ela deveria informar o amigo inglês Bruce Lockhart sobre a intenção de Masaryk de fugir. Ficou tarde, e Masaryk se levantou e vestiu com dificuldade o velho sobretudo cor de canela que vinha usando naqueles dias de inverno. Despediram-se. Ela o ouviu descendo a escada, depois observou pela janela seus guardas o acompanharem em seu curto trajeto ladeira acima até o palácio Černín.

A REDE POLÍTICA DE Gottwald tinha tentáculos longos o suficiente para chegarem à legação tcheca em Belgrado. No dia antes do golpe, o adjunto de meu pai, Arnošt Karpišek, apresentara-lhe o texto de um telegrama assinado por membros do recém-formado comitê de ação da embaixada jurando seu apoio a Stalin e ao Partido Comunista. Karpišek pediu ao embaixador que enviasse o telegrama a Praga e incluísse seu próprio nome embaixo para torná-lo oficial. Ruborizado e furioso, meu pai amassou o papel, jogou-o fora e lembrou Karpišek de que a embaixada só era fiel a Beneš e à Constituição.

Quando chegaram notícias do sucesso de Gottwald em sua escaramuça com os ministros democratas, o primeiro impulso do meu pai foi pedir ajuda. Contactou Charles Peake, o embaixador britânico em Belgrado, e pediu para se encontrar com ele em particular. Os dois homens tomaram precauções para não serem espionados. Meu pai disse que nossa família poderia ser forçada a pedir asilo na Grã-Bretanha. Não acreditava que conseguisse, e sequer queria, permanecer com os comunistas no poder. Não tinha medo de Gottwald, mas temia que elementos mais brutais logo assumissem o controle. Em sua visita a Praga no início daquele mês, ele dissera ao primeiro-ministro que o país talvez estivesse melhor servido em Belgrado por um comunista. Gottwald respondeu que uma comissão da ONU estava sendo formada para achar uma solução para a disputa violenta por Caxemira, uma província rica em recursos reivindicada pela Índia e pelo Paquistão. A Tchecoslováquia era um dos membros da comissão. Gottwald, apoiado por Masaryk, sugeriu que meu pai poderia ser uma boa pessoa para representar o país naquele grupo.

Naquela noite o embaixador britânico enviou um telegrama "Urgente — Altamente Secreto" a Londres:

> (Korbel) e sua família estão em grandes apuros. Ele me contou que vem sendo agora vigiado de perto e seguido quando deixa a embaixada. [...] Como assumi este posto faz 18 meses, observei

> que ele tem sido inflexivelmente pró-britânico a todo momento e nunca deixou de me fornecer qualquer informação [...] que achasse útil ao meu governo. [...] Pareceu-me em todos os aspectos decente, honesto, respeitável, e não hesito em recomendá-lo a você como um caso particularmente merecedor.[6]

O telegrama de Peake foi tratado com urgência. "Quais providências tomamos?", escreveu o secretário das Relações Exteriores Ernest Bevin no alto do telegrama. Em poucos dias, o governo britânico concordou em emitir vistos para nossa família. Porém, as Nações Unidas continuavam debatendo as condições sob as quais a comissão da Caxemira trabalharia, e meu pai temia que a oferta de Gottwald fosse retirada. Consolou-se com o fato de que Jan Masaryk permanecia como ministro do Exterior.

EM 7 DE MARÇO, o novo governo tcheco patrocinou uma celebração dos 98 anos de nascimento de T. G. Masaryk. Os oradores, a maioria comunistas, contaram as histórias familiares de suas façanhas e fizeram a alegação absurda de que, se o Masaryk mais velho continuasse vivo, teria aplaudido os acontecimentos recentes. Após os discursos, um grupo de ministros do gabinete seguiu para Lány, onde satisfizeram os fotógrafos oficiais posando no local do túmulo do fundador.

Um ministro só chegou depois que os outros haviam partido.

Não há dúvida de que Jan Masaryk visitou o túmulo de seu pai naquela tarde. Menos evidente é que o tenha feito em companhia de um secretário privado, como este mais tarde asseverou, de sua sobrinha, como esta mais tarde alegou, ou somente de seu guarda-costa, como este mais tarde afirmou ter ocorrido. O ministro do Exterior pode ter permanecido apenas cinco minutos, ou pode ter ficado uma hora. Pode ter se envolvido numa reflexão profunda que resultou em uma decisão grave — ou pode simplesmente ter realizado seu dever filial.

Masaryk sabia então que Davenport estava segura a caminho de Londres. Enviara um amigo ao aeroporto para se certificar de que ela partiu sem incidentes. Na noite anterior, não conseguira exprimir em palavras como seu encontro com Beneš naquele dia o deprimira. Tinha ido até Sezimovo Ústí perguntar o que Beneš pretendia e o que ele, Masaryk, deveria fazer. O presidente teria um plano? Haveria algo mais que o ministro do Exterior pudesse fazer para honrar a promessa ao seu pai? O velho presidente não gostara das perguntas. Ficou nervoso e zangado, dizendo a Masaryk que não se importava com o que este fizesse, que devia resolver seus próprios problemas. A situação estava impossível, foi a resposta. Jan disse que não poderia continuar. Ele pretendia pedir demissão.

Os Masaryks, filho e pai

Ao menos esta é uma das versões do encontro. Uma segunda versão prefere destacar uma discussão da tentativa de suicídio de Drtina, que Masaryk teria ridicularizado como o tipo de coisa que uma "empregadinha faria". "Suicídio", ele supostamente disse, "não exime ninguém de suas responsabilidades. É uma péssima fuga".[7] Nessa versão, não há confronto com Beneš, mas uma sugestão de Masaryk a um terceiro, o dr. Oskar Klinger, de que ele e Klinger deixem o país juntos. O médico que tratava tanto de Masaryk como de Beneš foi a quarta pessoa presente na reunião de 6 de março, junto com os dois dirigentes e a sra. Benešová. Essa segunda descrição do que ocorreu foi dada por Klinger ao jornalista inglês de origem tcheca Henry Brandon. A primeira, também originária dele, foi dada a Davenport. Curiosamente, as duas versões não se contradizem diretamente, nem se sobrepõem.

Na terça-feira, Masaryk tinha motivo para ver Beneš outra vez. O recém-nomeado embaixador polonês chegara a Praga e desejava apresentar suas credenciais. Masaryk e Clementis o acompanharam até Sezimovo Ústí para uma breve reunião com o presidente. Jan ficou depois para falar com Beneš em seu escritório. Partiu 15 minutos após, relativamente animado, contando piadas às secretárias e exibindo seu charme.

No seu apartamento, Masaryk, ainda acometido pela bronquite e hipertensão, tirou uma sesta de duas horas. Ao acordar, realizou atividades de rotina e analisou sua agenda do dia seguinte. Deveria comparecer à reabertura do Parlamento e a uma reunião da Sociedade pela Amizade Polonesa-Tcheca, para a qual teria de redigir um breve discurso. De acordo com o que seu secretário contaria mais tarde à polícia, Masaryk também planejava partir naquela noite para uma estadia de duas semanas em Gräfenberg, um balneário morávio famoso pelas técnicas de cura natural. Não havia menção de como chegaria lá.

O banheiro no apartamento de Masaryk

Depois que o secretário partiu, o mordomo trouxe um jantar de frango assado, batatas e salada. Quando os pratos foram recolhidos, Masaryk pediu que a janela do quarto fosse aberta e que duas garrafas de água mineral e uma cerveja fossem postas em sua mesa. "Não esqueça", ele disse, "de me acordar às oito e meia!".

Na próxima hora ou duas, o ministro do Exterior prosseguiu seu trabalho de escritório, encheu um cinzeiro de guimbas de cigarro e redigiu seu discurso de 126 palavras incluindo a frase: "Olhamos [...] com olhos abertos para o futuro." Pode também ter lido, pois havia livros familiares por perto: *As aventuras do bom soldado Švejk* e a Bíblia de seu pai. Depois tomou dois comprimidos de Seconal e foi dormir.

Mais ou menos ao alvorecer, o corpo de Jan Masaryk foi encontrado no pátio do ministério, a vários metros da parede. Estava parcialmente vestido, seu rosto sem ferimentos, uma máscara de medo. Bem acima, a janela do banheiro estava escancarada. Lá dentro, a mesa de cabeceira — que continha um revólver carregado — estava virada. O conteúdo da caixa de remédios estava espalhado e esmigalhado. Havia cacos de vidro quebrado no banheiro, um travesseiro manchado na banheira, um segundo sob a pia. As portas do armário estavam abertas, assim como as gavetas da cômoda. Uma busca nos quartos revelou o discurso recém-redigido de Masaryk, escrito a lápis, mas nenhum bilhete de despedida. Algumas testemunhas afirmaram que a Bíblia estava fechada, outras que estava aberta numa passagem sugestiva e recém-sublinhada de São Paulo: "E os que são de Cristo crucificaram a sua própria carne." Uma perícia forense descobriu traços de tinta sob suas unhas, um longo arranhão no abdômen e dois soníferos semidissolvidos em seu estômago. Seus calcanhares estavam quebrados e os ossos estilhaçados. Alguém arrumara os fragmentos em uma pequena pilha. Autoridades correram para proteger o local. Em poucas horas, qualquer mistério sobre o acontecimento aparentemente havia sido resolvido. As autoridades comunistas declararam que Jan Masaryk havia sido levado ao suicídio devido às críticas ocidentais. A hora da morte foi confirmada entre as primeiras horas de 10 de março.

30

Areia pela ampulheta

12 de março de 1948: A fila de enlutados estendia-se por mais de 3 quilômetros morro acima até o palácio Černín. Estudantes e operários de fábricas, professores e fazendeiros, avançavam de quatro em quatro para prestar as últimas homenagens ao seu Honza, o irreprimível Jan. Chamas de velas observavam em cada canto do caixão aberto. Flores abundavam. A polícia secreta também.

13 de março: o maior funeral da nação desde aquele do fundador, T. G. Masaryk. Multidões reuniram-se ao longo das calçadas e escadarias para ver o cortejo descer das alturas do castelo, atravessar a ponte, passar por vitrines de lojas cobertas de faixas pretas rumo à praça Venceslau e subir as escadas até o cavernoso Museu Nacional. A dor do público não poderia ser mais intensa. Mesmo assim, a hipocrisia oficial dominaria o dia. Os dez anos e meio entre os funerais de Masaryk pai e filho haviam sido marcados por guerra, ocupação, renovação e desintegração. Uma série de atribulações e transições levando para onde? Em 1937, quando o homem mais velho morrera, o sonho de uma Tchecoslováquia democrática e humana ainda vivia. Agora, aquela visão tinha sido distorcida em algo escuro e frio.

Para Klement Gottwald a cerimônia foi menos um rito solene do que uma coroação. Ninguém no país ousava apontar para a ironia de que ele, dentre todas as pessoas, presidiria aquele evento. Talvez apenas Jan pudesse ter achado as palavras apropriadas, pois o comunista viera para elogiar Ma-

Cortejo fúnebre, 13 de março de 1948

saryk e soterrar a democracia. Mas Gottwald poderia ter sentido um pouco de inquietação. O assassinato, se é que ocorreu, não foi (provavelmente) um pedido seu. Um mês antes, ele estivera à beira de perder seu cargo no partido, desperdiçando anos de preparação. Devido aos erros de seus adversários e à morte de Masaryk, o caminho ao poder agora estava desimpedido — mas Gottwald era ao mesmo tempo chefe e subordinado. Ele expressara com frequência sua crença de que o comunismo era compatível com o nacionalismo tcheco e seu país teria uma revolução dos trabalhadores diferente de qualquer outra. Stalin se impacientara com aquele discurso, e se agentes soviéticos podiam assassinar Masaryk e chamar aquilo de suicídio (atribuído oficialmente à "insônia e distúrbio nervoso"), poderiam fazer o mesmo com Gottwald. Mas não precisariam. Quando Moscou tocasse a música, ele dançaria ao seu ritmo.

Entre as autoridades presentes estava Vlado Clementis, o sucessor de Jan como ministro do Exterior. Caberia a ele o discurso da cerimônia de enterro em Lány. Clementis havia sido um dos dois ministros do gabinete convocados aos alojamentos de Masaryk quando o corpo foi descoberto. O que pensara ao adentrar o quarto e achá-lo em desordem? Procurara um bilhete e nada encontrara exceto o discurso preparado por Jan e algumas lembranças pessoais que mais tarde enviaria a Marcia Davenport. O que ele pensou quando olhou a estreita abertura do banheiro pela qual aquele homem corpulento de 60 anos supostamente se espremera, ignorando a janela mais acessível do quarto? O homem realmente optara por encerrar sua vida no meio da noite, descalço e com uma camisa de pijama que não combinava com a calça? Teria decidido se jogar pela janela apenas dez dias após Drtina ter feito o mesmo, com resultados desastrosos? Por que, se a morte foi sua decisão, não lançou mão do revólver ou quadruplicou sua dose de soníferos? Teria Clementis se preocupado com a rapidez e negligência da chamada investigação policial? Será que questionou a versão oficial do evento? Não há dúvida de que ele pranteou a morte de Masaryk. Sua ideia de comunismo diferia daquela imposta por Moscou. Aquilo foi uma prova do caráter de Clementis e (como logo descreveremos) uma razão de sua própria morte.

A primeira reação de muitos dos amigos e conhecidos de Jan foi aceitar que ele se suicidara. Eles não sabiam — pois não foram informados — dos indícios contrários, mas conheciam a tendência de Masaryk à melancolia. Meu pai soube da morte durante uma excursão na Iugoslávia com um grupo de turistas tchecos. Sua inclinação, baseada nos encontros mais recentes com Jan, foi achar que um homem tão atormentado poderia perfeitamente ter sido levado ao suicídio. Minha mãe teve outra impressão. Conhecia a aversão do amigo à dor e achou que, mesmo que tivesse decidido se matar, jamais o faria da forma descrita.

Ao enviar informações a Washington na tarde da tragédia, o embaixador Steinhardt especulou que Jan havia atingido um ponto de ruptura e não pôde continuar deixando os comunistas explorarem o nome de sua família. Sugeriu que o ministro do Exterior havia sido acometido pela depressão e que visitara o túmulo do pai para explicar o que decidira fazer — talvez até pedir permissão. Ele pode ter esperado que sua morte fosse vista como o tipo de protesto eloquente que não conseguira exprimir publicamente. "Em seu desespero", conjecturou Steinhardt, "ele parece ter recorrido ao suicídio como o único meio de exprimir sua desaprovação".[1] Bruce Lockhart, o diplomata inglês que Davenport deveria contactar em Londres, teve uma opinião semelhante:

> O que ele pensou ou sentiu (no local do túmulo) ninguém saberá, mas de uma coisa estou certo: O conhecimento de que o aniversário de seu pai estava sendo celebrado hipocritamente e por motivos puramente oportunistas pelos homens que vinham desfazendo seu trabalho deve ter sido agonizante para Jan, e acho provável que, durante aquela vigília solitária, tenha tomado sua decisão. Não duvido de que tenha feito seus planos para fugir. Tampouco tenho dúvida de que, quando chegou o tempo de agir, ele preferiu o caminho mais simples.[2]

Àquela altura em sua longa história, os tchecos haviam se acostumado a explicações oficiais que sequer por um minuto levavam a sério. Muitos cidadãos, talvez a maioria, suspeitaram de que Masaryk fora assassinado. Menos de um mês após o suposto suicídio, Steinhardt também teve suas dúvidas. "Não posso fugir ao sentimento de que repetidos rumores [...] podem ter certo fundamento", ele escreveu. Estava intrigado em particular pela ausência de um bilhete de despedida. "Masaryk era um showman e conhecia o valor de tal declaração. Tampouco acredito que houvesse [um bilhete] que tenha sido suprimido ou destruído, pois Masaryk era esperto demais e sabia perfeitamente o que estava ocorrendo para não ter deixado ao menos uma cópia nas mãos de Marcia Davenport ou nas minhas."[3]

Quase desde o momento em que Jan começou a cair, a batalha de percepções foi lançada. O governo apresentou um tributo de cinquenta páginas ao herói falecido, relatando sua carreira e repetindo a teoria de que ele havia saltado da janela devido às duras críticas de seus supostos amigos no Ocidente. Na Inglaterra, o dr. Klinger, médico de Masaryk, contou ao *New York Times* que Jan havia providenciado um avião para levá-los embora na manhã de sua morte, para que juntos pudessem começar uma campanha nova contra o comunismo. Nenhum indício dessa alegação foi encontrado, e tampouco uma segunda parte da história de Klinger foi corroborada — de que Masaryk resistiu a tiros aos seus supostos assassinos, matando quatro antes de perder a vida. Klinger teria um informante, um de seus pacientes, que afirmou ter visto caixões sendo retirados do ministério naquela noite.

Acredito que Masaryk foi assassinado, provavelmente por agentes de Stalin. Não posso prová-lo e não me chocaria se provas contrárias conclusivas viessem um dia à tona. Mas os soviéticos tinham um motivo, especialmente se achavam que Masaryk estava na iminência de fugir. Podem tê-lo ouvido discutindo planos de partir, seja em grampos no seu apartamento, seja ao se encontrar com Beneš no gabinete do presidente. Os comunistas não tinham como colocar Jan numa prisão. Dificilmente poderiam demiti-lo e ainda assim alegar, para fins públicos, que tinham seu apoio. O suicídio, atribuído ao Ocidente, foi a solução ideal. Também reforçam a tese do assassinato o comportamento profissional do ministro do Exterior naquela noite, os sinais de medo e luta no quarto e no banheiro, a falta de uma investigação profissional, a pressa do governo em dar uma opinião, a ausência de últimas palavras, os soníferos semidigeridos e o fato de que ele se dedicara a redigir um discurso para o dia seguinte.

Existe outra razão, pouco discutida, pela qual acho difícil acreditar que o filho de T. G. Masaryk se mataria. Um dos primeiros livros do Masaryk mais velho foi um estudo do suicídio, em que esse fenômeno é retratado como um sintoma de perda social e espiritual, uma sensação de que sua vida não tem sentido, um veredito negativo sobre o mundo. Tal julgamento não poderia estar mais distante da herança de Jan. Um filho tão consciente da opinião do pai iria voluntariamente ignorá-la num momento decisivo de sua vida?

Oficialmente, o caso Masaryk foi reaberto três vezes: em 1968, quando o controle comunista se abrandou no período conhecido como Primavera de Praga, em 1993, após o retorno da democracia (via Václav Havel e a Revolução de Veludo) e em 2003. Os dois primeiros inquéritos foram inconclusivos. No terceiro, o procurador público concluiu que Masaryk havia sido assassinado, com base principalmente em avaliações de peritos sobre a posição em que o corpo foi descoberto. Os investigadores sustentaram que o ministro do Exterior deve ter sido empurrado. Não chegaram a nenhuma conclusão sobre quem poderia ter feito aquilo.

No funeral de T. G. Masaryk, Beneš proferira o discurso principal. No de Jan, recusou-se a falar. Não iria compartilhar o tablado com Gottwald e só no último momento consentiu em comparecer. Envolto num sobretudo pesado, sentou-se curvado numa cadeira perto de Hana.

Após a cerimônia, Beneš deixaria sua propriedade em Sezimovo Ústí uma última vez, em abril, para marcar o 600º aniversário da fundação da Universidade Carlos. Ali daria sua última demonstração de eloquência em apoio à liberdade "de crença, ciência, pensamento e vocação [...] baseada no respeito do homem pelo homem".[4] Somente em junho renunciou formalmente, com quatro anos menos do que T. G. Masaryk quando assumira o mesmo cargo. Seu sucessor, obviamente, foi Gottwald, a quem — por um excesso de cortesia (ou talvez medo) — enviou uma mensagem congratulatória.

Em seus meses finais, o círculo de auxiliares e amigos que por muito tempo haviam ajudado Beneš desapareceu. Além de seus médicos, havia a sempre fiel Hana, uma secretária pessoal, e visitantes dispostos a encarar os guardas comunistas armados. Fatigado e sem quaisquer hobbies, o ex-presidente perambulava por seus jardins ou sentava-se em sua cadeira sem jornais, perdido em pensamentos. Às vezes ouvia transmissões da Voz da América, mas Hana insistia que o fizesse somente no segundo andar, onde não fossem ouvidas por seu destacamento de segurança. A política havia preenchido sua vida, mas a areia que passava pela ampulheta estava se esgotando.

Mas Beneš ainda se importava com sua reputação. Do exílio, Ripka e alguns outros ministros democratas foram rápidos em contar seu lado da história de fevereiro, culpando o presidente por aceitar suas renúncias, não prender Gottwald e perder o controle sobre as Forças Armadas e a polícia. Acima de tudo, criticaram-no por entregar o destino da nação a mãos soviéticas.

Em 19 de agosto, Beneš evocou suas últimas reservas de energia restantes para contra-atacar, contando a um entrevistador:

> Estão me acusando de desapontá-los. Mas eu os estou acusando de me desapontarem. [...] Quando Gottwald encheu a praça da Cidade Velha com milícias armadas e sedentas de sangue, eu esperava um comício contrário na praça São Venceslau. [...] Acreditava que o protesto de estudantes desarmados seria um sinal para um levante geral. Mas quando ninguém se mexeu eu não iria permitir que as hordas de Gottwald, que estavam sedentas por uma briga, perpetrassem um massacre enorme na população indefesa de Praga.[5]

Na época dessa conversa, Beneš nutria a esperança de escapar do isolamento de Sezimovo Ústí. Falara com Hana sobre se mudar para um apartamento na capital, perto do Ministério do Exterior, onde ele presidira por tantos anos. Mas no dia após a entrevista, sua saúde degringolou. Por uns dias, perdeu a voz, depois reagiu por um tempo para em seguida voltar a enfraquecer. Entrou em coma e, em 3 de setembro de 1948, veio a falecer.

Beneš não tinha o alcance intelectual de T. G. Masaryk nem a facilidade de Jan com as pessoas. Não era um herói de guerra nem um político dotado. Meu pai, especialmente em seu último livro (sobre o significado da história tcheca), esteve entre os que o acusaram por não reagir após Munique e pela falta de liderança eficaz contra os comunistas. Mas em minha visão, muita coisa depende do padrão usado para julgar Beneš. Aqueles que esperavam um segundo T. G. Masaryk tiveram razão em se desapontar. Naquela escala, ele decepcionou. Era demais o advogado e analista, procurando avaliar o rumo dos acontecimentos, mas sem a ousadia e o carisma para moldá-los. Atuou sistematicamente dentro dos limites dos valores democráticos e humanos que Masaryk defendeu, mas raramente remou contra a corrente da opinião pública. Se a maioria queria expulsar os alemães e os húngaros, ele liderava o esforço. Se as pessoas eram atraídas pelo socialismo, ele ajudava a nacionalizar a economia. Se o consenso era que Stalin foi o libertador, que fosse assim. A opinião popular era um fato, um dentre muitos que Beneš levava em conta ao calcular seu próximo lance. Quando chegou a desafiar o estado de espírito público, foi para esfriar os ânimos, como após o Acordo de Munique, quando o Sancho Pança tcheco tentou salvar seu país do que julgou uma reação quixotesca.

Tomáš Masaryk, por sua vez, foi o líder raro que ensinava enquanto liderava. Mesmo como um homem relativamente jovem, denunciou documentos patrióticos, mas fraudulentos, combateu o antissemitismo, defendeu os direitos das mulheres, promoveu a saúde pública e enfatizou as responsabilidades dos cidadãos democratas. Apelava instintivamente à decência de seus ouvintes, procurando não provar sua perspicácia, e sim extrair o melhor daqueles que se davam ao trabalho da ouvi-lo. Décadas depois, Václav Havel faria o mesmo ao procurar, como presidente, curar as feridas profundas remanescentes entre as populações tcheca e alemã, e elevar o debate público a uma discussão de ética e responsabilidade mútua. Em suma, Beneš foi uma figura menos imponente que T. G. Masaryk e um árbitro moral menos convincente que Havel. Mas essas são críticas leves.

Comparado a outros líderes europeus da época, e especialmente levando-se em conta seus problemas de saúde no final, Eduard Beneš foi um homem de estatura duradoura. No início da carreira, sua genialidade diplomática ajudou a criar a República da Tchecoslováquia e muito contribuiu para o sucesso e reputação do Masaryk mais velho. Como presidente, realizou milagres ao manter coeso o governo no exílio e alcançar suas metas. Após a guerra, deu ao seu país uma chance melhor do que outros na região de preservar sua liberdade. Nos últimos anos, Jan Masaryk foi o único que se comparava com ele em popularidade, mas aquele homem (ligeiramente) mais jovem não teria sido um presidente bem-sucedido. Era um gracejador instável, volátil e compassivo que nunca levava nada tão a sério quanto Beneš. Jan Masaryk complementou seu chefe, mas jamais o poderia ter substituído.

Entre 1937 e 1948, a equipe de Beneš e Masaryk enfrentou primeiro Hitler e Ribbentrop, depois Stalin e Molotov. A história nos conta que, em ambos os casos, a dupla mais poderosa prevaleceu — ao menos por algum tempo. Mas o julgamento da história sugere que Beneš e Masaryk foram o tipo de líderes que gostaríamos de ver de novo.

QUANDO MEUS PAIS RETORNARAM a Praga para o funeral de Masaryk, Dáša estava lá para recebê-los. No hotel dos meus pais, ela ficou sabendo que nossa família logo estaria deixando a Iugoslávia, pois meu pai começava uma nova missão. Talvez retornássemos a Londres. Ela gostaria de vir conosco? Minha prima ficou dividida. A tia-avó com quem permanecera depois que fomos a Belgrado havia partido — para se juntar a membros da família na Inglaterra. Dáša então fora "entregue" à sua tia Krista, com quem não se dava muito bem. Como com os nazistas anos antes, ninguém sabia exatamente como seria a vida na Tchecoslováquia controlada pelos comunistas. A Guerra Fria recebera um nome (dado por George Orwell), e Walter Lippmann já escrevera um livro sobre ela, mas a vida atrás da Cortina de Ferro ainda estava no processo de ser definida. Dáša tinha um namorado, Vladimir Šima, e desejava completar seus estudos na Universidade Carlos. Agora, vinte anos mais velha, decidiu permanecer em Praga.

Infelizmente, sua vida, como as de tantos outros, seria prejudicada pela política. Em janeiro de 1949, ela foi convocada por autoridades de segurança e interrogada sobre as atividades do meu pai e sobre seus próprios pontos de vista acerca da revolução popular. Suas afirmações de indiferença política não foram suficientes para salvá-la de ser expulsa e praticamente repudiada por sua tia, descrita mais tarde por minha prima como "um monstro comunista". Dáša ficou tão contrariada que foi ao apartamento do noivo e lançou seu livro escolar com todos os seus documentos na lareira — de onde sua futura sogra conseguiu salvá-los.

Dáša e Vladimir se casaram. Ela se tornou contadora, tradutora e jornalista, e ele, um engenheiro de obras militares. A vida deles não seria fácil, mas construíram sua própria família e perseveraram. Minha mãe ajudou ao máximo enviando-lhes a escritura da propriedade tcheca de seus pais, que foi depois vendida para arrecadarem dinheiro. Acho tocante que, em sinal de respeito por seus ancestrais, os netos de Dáša desenvolveram uma paixão especial por ajudar jovens refugiados da Bósnia, do Cáucaso e da Ásia.

* * *

Antes de partir de Praga, meu pai reuniu-se com Clementis para confirmar que a oferta do governo do cargo na ONU continuava válida. Meus pais então retornaram a Belgrado, onde as águas políticas ainda estavam turbulentas. Enquanto os comunistas celebravam a vitória na Tchecoslováquia, sinais de desavenças vinham à tona na Iugoslávia. Tito tinha um ego gigante e não gostava de receber ordens — nem mesmo de Stalin. As autoridades em Washington desconheciam o grau de sua ira, até minha mãe fazer uma visita de despedida à família de Andrija Hebrang, um político local proeminente com vínculos estreitos com Moscou. Ela encontrou a casa vazia, com exceção de uma empregada assustada, que contou que a família inteira havia sido presa. Aparentemente, Tito se convencera de que os soviéticos vinham preparando Hebrang para substituí-lo — uma possibilidade que se recusou a aceitar. A embaixada americana incluiu um informe sobre a visita de minha mãe num telegrama altamente secreto a Washington. Um mês depois, a Iugoslávia foi expulsa do bloco soviético, e a rivalidade histórica entre Stalin e Tito tornou-se pública.

Só vi minha família em maio de 1948, quando veio à Suíça para que meu pai pudesse se reunir em Genebra com dirigentes da ONU. O resto da família foi junto, e embora a viagem em si não tivesse maiores atrações, adoramos ver a parada de pavões em frente da sede europeia da organização. Para Kathy, o destaque foi a iniciação — por cortesia minha — nas maravilhas da goma de mascar.

Após Genebra e nosso encontro com os pavões, meu pai retornou a Belgrado, enquanto eu permaneci para terminar a escola em Chexbres, e minha mãe, Kathy e John rumaram para Londres. Quando me juntei a eles, mudamos para um apartamento de subsolo escuro, memorável somente porque a banheira ficava na cozinha. Antes disso, eles foram hospedados por Eduard Goldstücker, o acadêmico com quem havíamos morado antes em Walton-on-Thames e que desde então havia sido promovido a segundo na hierarquia da embaixada de nosso país. Naturalmente, como comunista, sua reação aos acontecimentos de fevereiro foi bem mais favorável do que a de meus pais. Para ele, a mudança de liderança significava uma chance de provar que a ideologia em que acreditava conseguiria cumprir sua promessa de justiça social. Ele logo foi recompensado por sua fidelidade com um cargo que cobiçava: embaixador no recém-criado Estado de Israel. Durante um período, os dois países desfrutaram de relações amistosas. Israel precisava de armas e treinamento, especialmente para sua Força Aérea inexperiente. Os tchecos supriram isso de bom grado e a um preço justo. A amizade degringolou, porém, quando os líderes de Israel se recusaram a alinhar os interesses estratégicos de sua nação com os de Moscou.

A autora, aos 10 anos, na Suíça

Infelizmente, os destinos de Clementis e Goldstücker não foram como haviam sonhado. Ambos seriam capturados na rede de espetaculosos julgamentos stalinistas que aterrorizaram a Tchecoslováquia no início da década de 1950. Moscou estava determinada a impedir que seus satélites da Europa Central imitassem a linha independente de Tito. O método escolhido foi obrigar os governos da Hungria, Romênia e Tchecoslováquia a punirem exemplarmente dirigentes do governo selecionados, quer fossem quer não realmente culpados de pensamento revisionista. Gottwald, que temia ser ele próprio expurgado, cooperou denunciando mais de 12 colegas, incluindo Clementis, que foi preso e mais tarde enforcado, e Goldstücker, condenado à prisão perpétua.* As acusações específicas variavam, mas a alegação geral era que os suspeitos haviam tramado para denunciar o comunismo ao Ocidente.

O período também marcou uma atividade frenética por parte da polícia secreta, cujos jovens investigadores eram orientados pelos soviéticos a acharem conspirações onde pudessem — especialmente entre homens e mulheres que atuaram na comunidade de exilados em Londres durante a guerra. Pela nova lógica, quem havia considerado o Ocidente um aliado legítimo na luta contra Hitler deveria ser julgado como traidor do proletariado. Ou você era comunista, ou espião. Não havia meio-termo. Entre os partidários de Beneš que foram investigados in absentia e extensamente estava Josef Korbel — um distintivo de honra.

A PERMANÊNCIA DE GOTTWALD no topo da pirâmide do poder em Praga foi breve, pois o papel de títere soviético mostrou-se extenuante. Em março de 1953, poucos dias após comparecer ao funeral de Stalin em Moscou, morreu de uma artéria rompida provocada por doença cardíaca e várias décadas de abuso de álcool. A história de seu local de enterro vale a pena ser contada pelo que revela sobre a rede intricada da história tcheca.

No século XIX, os protestantes tchecos tentaram colocar uma estátua do general hussita caolho Jan Žižka junto com outros grandes monumentos da cidade. Concebido em 1882, o projeto foi atrasado pelos católicos, que não queriam homenagear um herói protestante, e pelos cubistas, que defendiam um projeto mais abstrato do que um homem convencional a cavalo. Quando, em 1913, um concurso foi promovido, três artistas foram declarados como tendo ficado em segundo lugar, mas nenhum em primei-

---

* Quando Goldstücker foi solto, em 1955, estava, nas palavras de um amigo, "tão pequeno e magro que parecia um garotinho". Destemido, retomou sua carreira acadêmica. Como presidente da União dos Escritores defendeu com sucesso a ideia de que Franz Kafka deveria ser homenageado, em vez de criticado como um escritor "burguês decadente". Também desempenhou um papel de liderança na Primavera de Praga. Eu renovei meu contato com o velho embaixador no início da década de 1970, quando o entrevistei em inglês para minha dissertação. Até sua morte em 2000, aos 87 anos, Goldstücker continuou defendendo as crenças comunistas, argumentando que os princípios estavam certos, ainda que a implementação não estivesse.

ro. Enfim um jovem e brilhante escultor da escola de Rodin foi selecionado e começou a trabalhar no que se tornaria a maior estátua equestre de bronze do mundo: 22 metros de altura. A construção foi então suspensa porque os legisladores tchecos cismaram que o cavalo de Žižka parecia suspeitamente austríaco e porque os líderes da Igreja acharam que o general deveria ser mostrado segurando uma Bíblia em vez de uma espada. Na época em que o escultor havia completado o molde, os nazistas haviam invadido o país e começaram a procurar a obra, que foi apressadamente cortada em pedaços e escondida em diferentes locais ao redor de Praga.

Finalmente montada após a guerra, a estátua foi inaugurada em 14 de julho de 1950. Como o governo àquela altura era comunista, a rebelião hussita agora teve de ser reinventada como uma demonstração prematura da guerra de classes secular, Žižka sendo glorificado como o primeiro marxista. Baixos-relevos compatíveis celebrando o proletariado foram acrescentados. Portanto, quando Gottwald morreu, seus admiradores acharam justo que seus restos mortais repousassem no mausoléu atrás da estátua de Žižka — onde os dois grandes guerreiros do povo poderiam conviver. A tarefa de embalsamamento, porém, foi confiada a amadores. Após uma década, o corpo em decomposição teve de ser removido e cremado.

O CARGO DO MEU pai na ONU não era permanente, embora a briga sobre a Caxemira — ainda não resolvida seis décadas depois — pudesse dar a impressão de que fosse. A comissão havia sido criada em janeiro, e seus três primeiros membros foram escolhidos no mês seguinte. Dois outros foram acrescentados em abril. Em julho, o grupo completo, presidido por meu pai, partiu para o Paquistão. Seus membros passaram grande parte do verão se deslocando entre esse país e a Índia.

Durante a última metade de 1948, meu pai nos escreveu cartas alegres sobre a paisagem exótica e a vida selvagem no subcontinente, incluindo os macacos que entravam no seu quarto de hotel. Mas sabia que corria grave perigo. O Ministério do Exterior tcheco suspeitava fortemente — de acordo com documentos recentemente liberados da polícia secreta — de que ele não tinha intenção de voltar a Praga. Contudo, ele também tinha três filhos jovens e seu patrimônio acumulado era pouco. Seria natural que seus pensamentos para o futuro se voltassem aos Estados Unidos, onde estava sediada a ONU e onde as oportunidades excediam as de qualquer outro lugar. No final do ano, a comissão deveria viajar a Nova York para apresentar seu relatório. Ele aproveitaria a estadia ali para sondar se um cargo adequado estaria disponível na Secretaria da ONU. Além disso, providenciaria a vinda de sua família.

Na noite de 5 de novembro, minha mãe, Kathy, John e eu chegamos a Southampton, onde embarcamos no *SS America* e cruzamos o Canal até a França, onde passamos a noite. Na manhã seguinte, após o desjejum, recomeçamos nossa viagem para o oeste, perseguindo o sol. Saudados pela Estátua da Liberdade, chegamos ao porto de Nova York pouco depois das dez da manhã. Por coincidência era o Dia do Armistício. Pouco depois do Natal, meu pai veio ao nosso encontro, cruzando o Atlântico no *Queen Mary*. Embora sua esperança de um emprego nas Nações Unidas não se concretizasse, seu pedido de asilo político para a nossa família recebeu forte apoio dos diplomatas americanos e britânicos que o conheciam e dos exilados democratas tchecos com quem ele servira em tempos de guerra e paz. Por vários meses meus pais esperaram ansiosamente. O pedido foi aprovado no primeiro dia de junho de 1949. Assim começaram as novas aventuras de minha família — no que Antonín Dvořák se referira em sua famosa sinfonia como o Novo Mundo.

Czech Diplomat Asks For Sanctuary in U. S.

Special to THE NEW YORK TIMES.

LAKE SUCCESS, Feb. 14— Dr. Josef Korbel, the diplomat who was dismissed by the Czechoslovak Communist regime from his job on the United Nations Kashmir Commission, asked the United States today to give political asylum to himself and his family.

Diplomata tcheco pede asilo nos EUA

Especial para THE NEW YORK TIMES

LAKE SUCCESS, 14 de fev. — O dr. Josef Korbel, o diplomata que foi demitido pelo regime comunista tcheco de seu emprego na Comissão da Caxemira das Nações Unidas, pediu ao governo dos Estados Unidos hoje que conceda asilo político para si e sua família.

O próximo capítulo

Poucos sentimentos são expressos com mais frequência do que a gratidão pelos sacrifícios feitos por gerações anteriores. Que seja, originalidade não é tudo. Realmente sou grata aos meus pais pelo amor e pela proteção que me forneceram e pela herança que recebi — incluindo um compromisso com a liberdade e uma compreensão de que sua sobrevivência não pode ser garantida. Sou grata, também, ao exemplo do meu pai. Sem ele, eu não teria a paixão pelos negócios públicos que me impeliu pela vida nem a confiança em insistir para que minha voz fosse ouvida. Como deve estar evidente agora, ele não era alguém que se contentasse em sentar-se na poltrona e ler sobre os acontecimentos mundiais. Ele tinha um desejo de conhecer cada detalhe, de mergulhar nas motivações dos líderes e países, de aprender sua história, de coletar as opiniões de todos que conhecia e de buscar soluções compatíveis com seus altos padrões. Muitos filhos se rebelam contra os pais. Eu queria deixar meu pai orgulhoso e agir como achava que ele faria em circunstâncias semelhantes — como diplomata, professor ou cidadão.

Após nossa chegada aos Estados Unidos, meu pai começou uma segunda carreira como professor na Universidade de Denver, cuja escola de assuntos internacionais traz hoje seu nome. Quando ele morreu em 1977, a faculdade publicou um livro memorial de ensaios sobre a história e tradição tchecas. O volume incluiu tributos de ex-alunos elogiando a "paixão pelo aprendizado (e) devoção à verdade" do professor Korbel.[1] Em 2011, o Ministério do Exterior tcheco também o homenageou, nesse caso com um filme — *Um homem e seu cachimbo: Um documentário sobre a vida de Josef Korbel.*

O filme estreou no outono de 2011 quando eu estava em Praga para a inauguração da estátua de Woodrow Wilson. Uma versão anterior da estátua, construída na década de 1920, ficava defronte à estação ferroviária, até que Heydrich ordenou sua destruição. A nova tem um memorial correspondente em Washington, D.C. a Tomáš Masaryk, realçando os laços históricos profundos que ligam tchecos e eslovacos aos Estados Unidos, um vínculo que faz parte de minha herança. Durante anos, no dia da independência americana, minha mãe ligava para perguntar se estávamos assistindo às paradas e queimas de fogos e cantando canções patrióticas. Ela é uma prova — como são seus filhos e milhões de outros imigrantes — de que o patriotismo pode se espalhar de um país para outro. Em *Um homem e seu cachimbo*, meu irmão observou que, embora meu pai fosse visto como intelectual e minha mãe como alguém mais temperamental, muitas vezes entre os dois foi ela a mais sensata. Em suma, sentimos tanta falta deles quanto os amávamos, igualmente e sempre.

Sinto uma obrigação que jamais conseguirei saldar para com aqueles que me ajudaram a saber mais sobre minha família e sua experiência. O Holocausto gerou muitos relatos comoventes de pessoas que sobreviveram — quer em campos de concentração, quer escondidas — e também daquelas cujos diários sobreviveram, embora elas não sobrevivessem. As histórias são importantes por si mesmas, mas ainda mais porque nos dão uma ideia melhor das histórias que jamais ouviremos dos milhões aos quais faltaram os meios, a força ou a oportunidade para registrar seus pensamentos no papel. Os membros da minha família que foram assassinados por armas de fogo, gás ou doenças deixaram para trás uma quantidade limitada de cartas. Parte de meu objetivo ao escrever este livro foi saber mais. Para isso, agradeço às pessoas notáveis que viveram junto com meus parentes em Terezín e às muitas desde então que se dedicaram a homenagear os mortos. Lembrança é o mínimo que devemos.

Rememorando as histórias que enchem estas páginas, fico impressionada também pela magnitude da dívida para com os homens e as mulheres que combateram e venceram na Segunda Guerra Mundial e que criaram as instituições que refreariam e acabariam derrotando o comunismo. A mais importante dessas instituições foi a Organização do Tratado do Atlântico Norte (Otan), cujas origens podem ser remontadas ao choque causado pela queda de Jan Masaryk da janela do Ministério do Exterior na noite de 9 de março de 1948. Sua morte eliminou qualquer esperança restante de que a colaboração entre a União Soviética e o Ocidente — tão essencial durante a guerra — pudesse sobreviver mesmo em forma diluída. O inverno europeu que começou com a ocupação de Praga por Hitler recomeçou uma década depois com a perda do filho favorito da democracia. Sabemos hoje o que havia então "atrás das montanhas". A Otan se mostraria à altura de suas responsabilidades. O Ocidente permaneceria firme, e a Cortina de Ferro seria um dia derrubada, dos dois lados, por uma revolução que libertou a Polônia no decurso de dez anos, a Hungria em dez meses, a Alemanha Oriental em dez semanas, a Tchecoslováquia em dez dias e a Romênia em dez horas.[2] Duas vezes em minha vida, a Europa Central perdeu e recuperou a liberdade. Isso é causa de celebração — e também de vigilância. A missão da Otan está longe de ter terminado.

MESMO ASSIM, EM COMPARAÇÃO com nossos pais e avós, vivemos num mundo transformado. Graças em grande parte à tecnologia, os meios da diplomacia foram revolucionados, o centro de gravidade geopolítico mudou do Ocidente para o Oriente e Sul, e novas ameaças à segurança internacional surgiram. Felizmente, o papel de nosso principal adversário na Segunda Guerra Mundial mudou radicalmente. Nas décadas após Hitler, o povo alemão engrandeceu seu país da melhor forma, como um baluarte da democracia, um bom vizinho e um modelo da proteção dos direitos humanos. Constitui um paradoxo de nossa era que os Estados Unidos agora peçam ao seu aliado em Berlim que seja mais, e não menos, assertivo no palco internacional. Outro paradoxo foi que em 2011, no 72º aniversário da invasão alemã de Praga, o embaixador daquele país me ligou perguntando se eu aceitaria um prêmio (a Cruz Federal do Mérito) pelo serviço em prol das relações americano-alemãs. Respondi que "sim, claro, eu me sentiria honrada", pensando que a esta altura até minha mãe aprovaria.

O casamento entre tchecos e eslovacos sobreviveu a guerras quentes e frias, mas, em 31 de dezembro de 1992, os dois se separaram pacificamente através do que se denominou Divórcio de Veludo. Como meus pais, eu sempre defendera a ideia de uma Tchecoslováquia unificada, mas talvez essa união nunca devesse ter existido. A maioria dos eslovacos sinceramente desejava seu próprio Estado — sentimento que os nacionalistas tchecos talvez desaprovassem, mas que dificilmente deixaram de entender.

Tudo isso não significa que a nova era esteja livre dos ecos da antiga. As lições da Segunda Guerra Mundial e do período posterior foram aprendidas no máximo imperfeitamente. Pequenas irritações costumam ser suficientes para reavivar ressentimentos medievais envolvendo os povos eslavos e seus vizinhos, ou entre Oriente e Ocidente. Em Moscou, as autoridades procuraram repor os monumentos de Stalin que haviam sido derrubados e ensinar aos alunos o que denominam "história positiva", ou seja, uma versão totalmente russocêntrica dos acontecimentos proeminentes. Essa doutrina promove a ideia de que Stalin venceu a Segunda Guerra Mundial quase sozinho, enquanto os líderes britânicos e americanos procuraram pusilanimemente atrair Hitler para uma paz em separado. Poucas opções têm se mostrado mais prejudiciais ao futuro do que ensinar as crianças a se ressentirem do passado. Na Europa, a política permanece manchada por partidos extremistas, alguns abertamente antissemitas ou antimuçulmanos, que colocam a identidade nacional acima do compromisso com os valores democráticos. As organizações de esquerda também sobrevivem. Na República Tcheca, o Partido Comunista é o terceiro maior, na Rússia, o segundo.

As pessoas em toda parte, incluindo os Estados Unidos, ainda estão inclinadas a aceitar estereótipos, estão ávidas por acreditar naquilo em que querem (por exemplo, no aquecimento global) e estão ansiosas por esperar enquanto os outros assumem a liderança — procurando em vão evitar a responsabilidade e risco. Quando surgem problemas entre povos remotos, continuamos tentados a nos esconder atrás do princípio da soberania nacional, a "cuidar dos nossos próprios negócios" quando conveniente, e a pensar na democracia como um terno a ser trajado no tempo bom, mas deixado no armário quando as nuvens ameaçam.

Assim como o nacionalismo extremo, o fanatismo e o racismo continuam fazendo parte da vida contemporânea, bem como a tortura, a limpeza étnica e o genocídio. Numa das várias caixas de minha garagem, deparei com um trecho atribuído a Otokar Březina, um poeta morávio do século XIX: "Não é mais possível", ele afirmou, "ignorar os próprios irmãos sem lhes dar ouvidos. Alguém sempre ouvirá o grito de agonia e o deixará voar de boca em boca pelo país como um furacão que atiça os fogos sagrados". Infelizmente, notícias de genocídio conseguem sobrepujar o vento e continuam não despertando uma ação rápida para salvar vidas. Pessoas bem-intencionadas vêm lutando há gerações para encontrar uma garantia eficaz contra atrocidades, mas ainda não chegamos lá.

O ROMANCE INÉDITO DE meu pai termina com um lembrete, compartilhado entre o protagonista, Pedro, e um amigo: "O principal é permanecer você mesmo, sob quaisquer circunstâncias. Esse foi e é nosso propósito comum."[3] Pedro, quando sozinho, repete o mantra, como se buscasse uma fonte de certeza em um mundo onde os supostos absolutos perderam seu sentido: "O principal é permanecer você mesmo."

À primeira leitura, fiquei refletindo sobre o que meu pai quis dizer com aquela frase. Estaria se referindo de alguma forma indireta à origem judaica de nossa família? Estou certa agora de que não. Escrevendo sobre o período após a guerra, época em que viu seus concidadãos divididos contra eles próprios, a identidade religiosa ou mesmo racial dificilmente seriam os temas principais em sua mente. Para ele, "sermos nós mesmos" significava pôr em prática os valores humanitários que haviam sido defendidos na primeira República da Tchecoslováquia. O espírito de T. G. Masaryk era o que mais brilhava no intelecto e na alma de meu pai. Nesse sentido, a ideia de "sermos nós mesmos" não é limitadora, como as categorias de nação e religião intrinsecamente são. Na verdade, a própria crença de que "sermos nós mesmos" deve ser uma aspiração reflete um otimismo profundo — especialmente após os acontecimentos que chocaram a Europa e o mundo entre 1937 e 1948.

Seria ótimo se as pessoas estivessem se comportando de forma antinatural quando, sob a tensão das condições da guerra, exibissem mais crueldade do que compaixão e mais covardia do que coragem. Ou se aquelas que correram para saudar Hitler e Stalin tivessem antes sido deformadas em algo diferente "delas mesmas". Com isso, não pretendo mergulhar numa discussão filosófica, e menos ainda teológica, da natureza humana. Não é preciso ir além do que sabemos e vimos.

Dados os acontecimentos descritos neste livro, não podemos deixar de reconhecer a capacidade dentro de nós de crueldade inominável ou — para fazer justiça aos virtuosos — ao menos certo grau de covardia moral. Existe um pouquinho de traidor dentro de quase todos nós, uma porção de colaborador, uma propensão para o apaziguamento, uma pitada de guarda de prisão insensível. Quem dentre nós não desumanizou outros, se não por palavras ou ações, ao menos em pensamento? Da maternidade ao leito da morte, o que transcorre em nossos corações não é só doçura e luz. Alguns concluíram disso que são necessários líderes com uma mão de ferro, uma ideologia que explique tudo ou um ressentimento histórico que sirva de centro de nossas vidas. Ainda outros estudam o passado e se desesperam com nossa incapacidade de aprender, comparando-nos a um animal de laboratório em uma roda de exercício, correndo sempre, sem avançar.

Se eu concordasse com esse prognóstico desanimador, sequer teria levantado da cama esta manhã e menos ainda teria escrito este livro. Prefiro o diagnóstico de Václav Havel, cujas conclusões sobre o comportamento humano surgiram da forja da Guerra Fria. Em meio à repressão daqueles anos, ele discerniu duas variedades de esperança. A primeira comparou ao desejo por "algum tipo de salvação vinda de fora". Isso fazia com que as pessoas aguardassem e nada fizessem, porque "perderam a sensação de que havia algo que pudessem fazer. [...] Assim elas esperavam (em essência) por Godot. [...] Mas Godot é uma ilusão, o produto de nossa própria impotência, um remendo num buraco no espírito [...] a esperança das pessoas sem esperança".

"Na outra extremidade do espectro", disse Havel, estão aqueles que insistem em "falar a verdade simplesmente porque (é) a coisa certa a fazer, sem especular se levará a algum lugar amanhã, ou depois de amanhã, ou algum dia". Também esse impulso é plenamente humano, tanto quanto a tentação do desespero. Tal ousadia, ele argumentou, surge da fé de que repetir a verdade faz sentido em si, independentemente de se é "apreciada, ou vitoriosa, ou reprimida pela centésima vez. No mínimo, (significa) que alguém não está apoiando o governo das mentiras".[4]

Existem muitos exemplos de crueldade e traição neste livro, mas não é o que levarei comigo ao passar para o próximo capítulo da vida. No mundo onde opto por viver, mesmo o inverno mais frio deve ceder aos agentes da primavera, e a visão mais sombria da natureza humana deve acabar abrindo espaço para raios de luz.

Vamos focar, então, não o solo congelado, mas as folhas verdes nascendo, os homens e as mulheres que enfrentaram a adversidade da forma certa, com coragem e fé. Vamos lembrar daqueles que foram aproximados pelas bombas de Hitler, que se ergueram praticamente sozinhos na batalha por um continente, encontrando no momento de crise a bravura e a força que haviam quase esquecido que tinham. Vamos homenagear os combatentes que saltaram para o inferno na Praia Omaha e que lutaram nas neves das Ardenas para assegurar a vitória contra a tirania. Lembremos os aviadores e soldados que, do exílio, lutaram para restaurar a honra de seu país — e os lojistas que lançaram pedras de calçamento contra tanques num esforço louco por libertar sua terra natal. Saudemos o tranquilo corretor inglês que, enquanto os outros cruzaram os braços, sozinho concebeu os meios de salvar as vidas de minha prima e de centenas de outras crianças inocentes. Reflitamos sobre a coragem da mulher de meia-idade percorrendo as ruas de Praga ocupada, com contrabando em sua bolsa, o destino de homens corajosos em sua mente e cianeto em seu bolso. Recordemos os moços e moças que tiveram a ousadia de escrever poesia e criar obras de arte, e dos adultos que se importavam com a vida a ponto de debaterem filosofia, dedicarem-se à cura e dividirem seus parcos pertences — tudo isso numa prisão expressamente concebida para esmagar seu espírito. Revigoremos nossas mentes com a imagem de Jan Masaryk livrando-se da companhia de apaziguadores, fascistas e comunistas para contar uma piada, tocar piano e entoar canções a plenos pulmões sobre ninfas dos bosques e espíritos das águas. Imaginemos a voz suave de um prisioneiro judeu cantando um réquiem sob as estrelas enquanto removia terra com a pá ao lado de uma igreja derrubada em Lídice.

"A alma é purificada pelo infortúnio e pela dor, como o ouro pelo fogo." É o que diz a avó no romance de Božena Němcová. "Sem dor não pode haver alegria."

Passei toda uma vida buscando soluções para todos os tipos de problemas — pessoais, sociais, políticos, globais. Desconfio profundamente daqueles que oferecem soluções simples e afirmações de absoluta certeza ou que alegam estarem em plena posse da verdade. Mas também passei a duvidar daqueles que acham que tudo é por demais nuançado e complexo para conseguirmos tirar quaisquer lições, que existem tantas facetas em tudo que, ainda que busquemos o conhecimento todos os dias de nossas vidas, mesmo assim nada saberemos com certeza. Acredito que podemos reconhecer a verdade quando a vemos, só que não à primeira vista, nem sem cedermos em nossos esforços por aprender mais. Isso porque a meta que buscamos, e o bem que esperamos, advém não como certa recompensa final, mas como a companhia oculta de nossa busca. Não é o que achamos, mas a razão por que não podemos parar de procurar e lutar, que explica por que estamos aqui.

Guia das personalidades

Boêmia

REI VÁCLAV (Venceslau) (m. 935)
CARLOS IV (1316-1378): imperador e construtor
JOÃO DE NEPOMUK (1345-1393): mártir católico
JAN HUS (c.1371-1415): reformador religioso e mártir
JAN ŽIŽKA (1360-1424): guerreiro hussita
JAN KOMENSKÝ (Comenius) (1592-1670): educador
JOSÉ II (1741-1790): imperador austríaco e reformador
BOŽENA NĚMCOVÁ (1820-1862): romancista e poetisa
KAREL HAVLÍČEK (1821-1856): jornalista
JAN NERUDA (1834-1891): romancista e poeta

República da Tchecoslováquia, Protetorado e governo no exílio

EDUARD BENEŠ (1884-1948): ministro do Exterior e presidente
HANA BENEŠOVÁ (1885-1974): primeira-dama
KAREL ČAPEK (1890-1938): escritor
VLADO CLEMENTIS (1902-1952): vice-ministro do Exterior
PROKOP DRTINA (1900-1980): ministro da Justiça
ALOIS ELIÁŠ (1890-1942): primeiro-ministro, executado pelos nazistas
ZDENĚK FIERLINGER (1891-1976): representante diplomático em Moscou, primeiro-ministro

KARL HERMANN "K. H." FRANK (1898-1946): líder dos Sudetos alemães durante a ocupação nazista da Tchecoslováquia

EDUARD GOLDSTÜCKER (1913-2000): acadêmico e diplomata

KLEMENT GOTTWALD (1896-1953): chefe do Partido Comunista, primeiro-ministro

EMIL HÁCHA (1872-1945): presidente durante a ocupação nazista da Tchecoslováquia

VÁCLAV HAVEL (1936-2011): escritor, revolucionário, presidente

KONRAD HENLEIN (1898-1948): líder pré-guerra dos Sudetos alemães

JOSEF KORBEL (1909-1977): embaixador na Iugoslávia e Albânia

JAN MASARYK (1886-1948): embaixador na Grã-Bretanha; ministro do Exterior

TOMÁŠ G. MASARYK (1850-1937): fundador e primeiro presidente

GENERAL FRANTIŠEK MORAVEC (1895-1966): chefe da inteligência

MARIE MORAVCOVÁ (?-1942): voluntária da resistência antifascista

GONDA REDLICH (1916-1944): líder da juventude em Terezín

HUBERT RIPKA (1895-1958): secretário de Estado, ministro do Comércio

EDUARD TÁBORSKÝ (1910-1996): secretário pessoal de Beneš

JOZEF TISO (1887-1947): presidente da Eslováquia durante a Segunda Guerra Mundial

Paraquedistas tchecos

KAREL ČURDA (1911-1947) (Vrbas)

JOZEF GABČÍK (1912-1942) (Pequeno Ota)

JAN KUBIŠ (1913-1942) (Grande Ota)

ADOLF OPÁLKA (1915-1942)

JOSEF VALČIK (1914-1942) (Zdenda)

Reino Unido

CLEMENT ATTLEE (1883-1967): primeiro-ministro no pós-guerra

ALEXANDER CADOGAN (1884-1968): subsecretário no Foreign Office

NEVILLE CHAMBERLAIN (1869-1940): primeiro-ministro no pré-guerra

WINSTON CHURCHILL (1874-1965): primeiro-ministro durante a guerra

SHIELA GRANT DUFF (1913-2004): jornalista

ANTHONY EDEN (1897-1977): secretário do Exterior durante a guerra

LORDE HALIFAX (1881-1959): secretário do Exterior no pré-guerra
BRUCE LOCKHART (1887-1970): contato com o governo tcheco no exílio

França

ÉDOUARD DALADIER (1884-1970): presidente

Alemanha

HERMANN GÖRING (1893-1946): comandante da Força Aérea
REINHARD HEYDRICH (1904-1942): *Reichsprotektor* interino
HEINRICH HIMMLER (1900-1945): chefe das forças de segurança
ADOLF HITLER (1889-1945): chanceler
KONSTANTIN VON NEURATH (1873-1956): *Reichsprotektor*

União Soviética

VYACHESLAV MOLOTOV (1890-1986): ministro do Exterior
JOSEF STALIN (1878-1953): premier

Linhas do tempo

História tcheca

8 DE NOVEMBRO DE 1620: Batalha da Montanha Branca

1836-1867: Publicação de *História da Boêmia*, de František Palacký

7 DE MARÇO DE 1850: Nascimento de Tomáš Masaryk

28 DE MAIO DE 1884: Nascimento de Eduard Beneš

28 DE OUTUBRO DE 1918: A Tchecoslováquia declara a independência

11 DE NOVEMBRO DE 1918: Dia do Armistício, fim da Primeira Guerra Mundial

14 DE NOVEMBRO DE 1918: Tomáš Masaryk torna-se presidente

1º DE JUNHO DE 1925: Jan Masaryk torna-se embaixador na Grã-Bretanha

Prelúdio da guerra

30 DE JANEIRO DE 1933: Hitler chega ao poder

16 DE MAIO DE 1935: Assinatura do tratado Tchecoslováquia-União Soviética

19 DE MAIO DE 1935: Eleições tchecas; grandes vitórias dos nacionalistas alemães

18 DE DEZEMBRO DE 1935: Beneš torna-se presidente

14 DE SETEMBRO DE 1937: Morte de Tomáš Masaryk

15 DE SETEMBRO DE 1938: Primeiro encontro Hitler-Chamberlain, em Berchtesgaden

22 DE SETEMBRO DE 1938: Segundo encontro Hitler-Chamberlain, em Godesberg

30 DE SETEMBRO DE 1938: Terceiro encontro Hitler-Chamberlain, com a adesão de Daladier e Mussolini. Acordo de Munique

1º DE OUTUBRO DE 1938: Tropas alemãs entram nos Sudetos

5 DE OUTUBRO DE 1938: Renúncia de Beneš

22 DE OUTUBRO DE 1938: Beneš vai para o exílio

14 DE MARÇO DE 1939: A Eslováquia declara a independência

15 DE MARÇO DE 1939: A Alemanha invade o que resta da Tcheco-Eslováquia e declara o protetorado da Boêmia e da Morávia

23 DE AGOSTO DE 1939: Pacto Hitler-Stalin

Segunda Guerra Mundial

1939

1º DE SETEMBRO: A Alemanha invade a Polônia

3 DE SETEMBRO: A Grã-Bretanha e França declaram guerra à Alemanha; criação do Comitê Nacional Tcheco

30 DE NOVEMBRO: A União Soviética invade a Finlândia

1940

9 DE ABRIL: A Alemanha invade a Noruega e a Dinamarca

10 DE MAIO: Winston Churchill torna-se primeiro-ministro

10 DE MAIO: A Alemanha invade os Países Baixos, depois a França

22 DE JUNHO: Capitulação da França

21 DE JULHO: Os britânicos reconhecem o governo provisório tcheco no exílio

AGOSTO: Início da Batalha da Inglaterra

7 DE SETEMBRO: Os bombardeios mudam das áreas costeiras para Londres; início da Blitz

13 DE NOVEMBRO: Beneš muda-se para Aston Abbotts

1941

22 DE JUNHO: A Alemanha invade a União Soviética

18 DE JULHO: A Grã-Bretanha e a União Soviética reconhecem o governo tcheco no exílio

27 DE SETEMBRO: Reinhard Heydrich é nomeado *Reichsprotektor* interino

7 DE DEZEMBRO: O Japão ataca Pearl Harbor. Os Estados Unidos entram na guerra no dia seguinte

1942

27 DE MAIO: Ataque de assassinos tchecos contra Heydrich

4 DE JUNHO: Morte de Heydrich

10 DE JUNHO: Destruição de Lídice

16 DE JUNHO: Assassinos de Heydrich, descobertos num porão de igreja, são fuzilados ou se suicidam

5 DE AGOSTO: A Grã-Bretanha oficialmente revoga o Acordo de Munique

1943

JANEIRO: Churchill e FDR reúnem-se em Casablanca

12 DE MAIO: Beneš começa visita a Washington

10 DE JULHO: Começa a invasão dos Aliados à Sicília

3 DE SETEMBRO: Rendição da Itália

28 DE NOVEMBRO-1º DE DEZEMBRO: Encontro dos Três Grandes em Teerã

12 DE DEZEMBRO: Em Moscou, Beneš assina um tratado com a União Soviética

1944

6 DE JUNHO: Invasão da Normandia, Dia D

13 DE JUNHO: Os alemães começam os ataques de bombas V-1 (*doodlebug*)

1º DE AGOSTO: Levante de Varsóvia

25 DE AGOSTO: Libertação de Paris

29 DE AGOSTO: Início do levante eslovaco

3 DE SETEMBRO: Aliados tomam Bruxelas

12 DE SETEMBRO: Primeiras bombas V-2 (*gooney birds*) lançadas contra a Grã-Bretanha

16 DE DEZEMBRO: Início da Batalha das Ardenas

<u>1945</u>

4-11 DE FEVEREIRO: Os Três Grandes reúnem-se em Yalta

11 DE MARÇO: Beneš voa para Moscou

4 DE ABRIL: Beneš, em Kosice, anuncia o programa do governo tcheco do pós-guerra

12 DE ABRIL: Morte de Franklin Roosevelt

25 DE ABRIL: Conferência da ONU começa em San Francisco

28 DE ABRIL: Mussolini é morto

30 DE ABRIL: Hitler se suicida

5 DE MAIO: Início do levante de Praga

8 DE MAIO: Dia da Vitória

Pós-guerra

<u>1945</u>

9 DE MAIO: Exército Vermelho entra em Praga

16 DE MAIO: Governo no exílio retorna a Praga

17 DE JULHO-2 DE AGOSTO: Reunião de Potsdam entre os líderes das potências Aliadas

DEZEMBRO: Tropas americanas e soviéticas retiram-se da Tchecoslováquia

<u>1946</u>

5 DE MARÇO: Discurso da "Cortina de Ferro" de Churchill

26 DE MAIO: Os comunistas tchecos triunfam nas eleições parlamentares

29 DE JULHO-15 DE OUTUBRO: Conferência de Paz de Paris

<u>1947</u>

5 DE JUNHO: Plano Marshall é anunciado

9 DE JULHO: Stalin proíbe a Tchecoslováquia de participar no Plano Marshall

<u>1948</u>

25 DE FEVEREIRO: Golpe comunista

10 DE MARÇO: Jan Masaryk encontrado morto

13 DE MARÇO: Funeral de Jan Masaryk
7 DE JUNHO: Renúncia de Beneš
3 DE SETEMBRO: Morte de Beneš

1952

3 DE DEZEMBRO: Vlado Clementis e 13 outros altos funcionários tchecos condenados e executados

Cronologia Körbel (Korbel)-Spiegel

7 DE JUNHO DE 1878: Nasce Arnošt Körbel
20 DE SETEMBRO DE 1909: Nasce Josef Körbel
11 DE MAIO DE 1910: Nasce Anna Spiegelová
1933: Josef Körbel completa seu doutorado
22 DE NOVEMBRO DE 1934: Josef Körbel ingressa no Ministério das Relações Exteriores tcheco
20 DE ABRIL DE 1935: Casamento de Josef Körbel e Anna Spiegelová
JANEIRO DE 1937: Josef Körbel designado para a embaixada em Belgrado
15 DE MAIO DE 1937: Nasce Maria Jana "Madlenka" Körbelová
NOVEMBRO DE 1938: Josef Körbel é afastado de Belgrado
25 DE MARÇO DE 1939: A família Körbel escapa de Praga
MAIO DE 1939: A família Körbel chega à Inglaterra
1º DE JULHO DE 1939: Dáša Deimlová embarca no trem "Winton" em Praga
SETEMBRO DE 1939: Primeira transmissão pela BBC do governo tcheco no exílio
VERÃO DE 1940: A família Korbel muda para Princes House, em 52 Kensington Park Road, Notting Hill Gate
MAIO DE 1941: A família mora brevemente em casa da família de Jan "Honza" Körbel
11 DE JUNHO DE 1942: Ružena Spiegelová chega a Terezín; três dias depois é transportada para o Leste, provavelmente para Trawniki
30 DE JULHO DE 1942: Arnošt e Olga Körbel chegam a Terezín
18 DE SETEMBRO DE 1942: Arnošt Körbel morre em Terezín
7 DE OUTUBRO DE 1942: Nasce Kathy Korbelová; Madeleine entra no jardim de infância (Kensington High School for Girls)

26 DE NOVEMBRO DE 1942: Rudolf Deiml e Greta e Milena Deimlová chegam a Terezín

15 DE FEVEREIRO DE 1943: Greta Deimlová morre de febre tifoide em Terezín

MAIO DE 1943: A família Korbel muda-se para Walton-on-Thames (divide a casa com a família Goldstücker); Madeleine ingressa na Ingomar School

28 DE SETEMBRO DE 1944: Rudolf Deiml é transportado para Auschwitz

23 DE OUTUBRO DE 1944: Olga Körbelová e Milena Deimlová são transportadas para Auschwitz

MAIO DE 1945: Josef Korbel retorna a Praga

JULHO DE 1945: Mandula, Madeleine e Kathy Korbelová e Dáša Deimlová retornam a Praga

28 DE SETEMBRO DE 1945: Os Korbels chegam a Belgrado

JUNHO-AGOSTO DE 1946: Josef Korbel participa da Conferência de Paz de Paris

15 DE JANEIRO DE 1947: Jan "John" Korbel nasce em Belgrado

5 DE FEVEREIRO DE 1948: O governo tcheco pede a Josef Korbel que sirva como seu representante na Comissão da ONU sobre a Caxemira

13 DE MAIO DE 1948: Josef Korbel é oficialmente nomeado para a Comissão da ONU sobre a Caxemira

11 DE NOVEMBRO DE 1948: A família Korbel (exceto Josef) chega aos Estados Unidos

DEZEMBRO DE 1948: Josef Korbel junta-se à família nos Estados Unidos

7 DE JUNHO DE 1949: A família Korbel recebe asilo político nos Estados Unidos

Notas

Prefácio

1. Božena Němcová, *The grandmother: A story of country life in Bohemia (1852)* (Chicago: A. C. McClurg, 1892), p. 231.
2. Mandula Korbel, artigo inédito, 1977.

Parte I: Antes de 15 de março de 1939

1. Um hóspede indesejável

1. Adolf Hitler, citado em Callum MacDonald e Jan Kaplan, *Prague: In the shadow of the swastika* (Londres: Quartet Books, 1995), p. 19.

2. Lendas da Boêmia

1. Josef Korbel, *Twentieth century Czechoslovakia: The meaning of its history* (Nova York: Columbia University Press, 1977), p. 5.
2. Citações nesta seção adaptadas da crônica boêmia de Cosmas (1045–1125). As fontes secundárias incluem Kathy and Joe T. Vosoba, *Tales of the Czechs* (Wilber, Neb.: Nebraska Czechs of Wilber, 1983) e J. M. Lutzow, *The story of Prague* (Londres: Dent, 1902).
3. Papa Pio II, citado em J. V. Polišenský, *History of Czechoslovakia in outline* (Praga: Bohemia International, 1991), p. 48.
4. Jan Ámos Komenský, citado em Vosoba, *Tales of the Czechs*, p. 53.

3. A competição

1. Karel Havlíček, "Pan-Slavism Declined", em *From Absolutism to Revolution (1648-1848)*, org. Herbert H. Rowen (Nova York: Macmillan, 1963), p. 289.

2. Ladislav Holy, *The little Czech and the great Czech nation* (Cambridge, Inglaterra: Cambridge University Press, 1996), p. 75.
3. Theodor Mommsen, citado em Tomáš G. Masaryk, *Problem of a small nation* (Praga: Trigon Press, 2010), p. 66.
4. Tara Zahra, *Kidnapped souls: National indifference and the battle for the children in the Bohemian Lands, 1900-1948* (Ithaca, N.Y.: Cornell University Press, 2008), p. 30.
5. Herzl, citado em Lisa Rothkirchen, *Jews of Bohemia and Moravia* (Lincoln: University of Nebraska Press; Jerusalém: Yad Vashem, 2005), p. 21.
6. T. G. Masaryk, citado em Karel Capek, *Talks with T. G. Masaryk* (North Haven, Conn.: Catbird Press, 1995), p. 42-43.
7. *Ibid.*, p. 143.
8. T. G. Masaryk, *Problem of a small nation*, p. 22.
9. T. G. Masaryk, citado em Capek, *Talks with T. G. Masaryk*, p. 77.

4. A tília

1. T. G. Masaryk, memorando a amigos britânicos, abril de 1915, incluído em R. W. Seton- Watson, *Masaryk in England* (Cambridge, Inglaterra: Cambridge University Press; Nova York: Macmillan, 1943), p. 122-123.
2. Jaroslav Hašek, *The good soldier Švejk* (Nova York: Penguin, 1973), p. 213. (*O bom soldado Švejk* Rio de Janeiro: Alfaguara, 2014).
3. Jan Janák, citado em Victor S. Mamatey, "The Birth of Czechoslovakia: Union of Two Peoples", em Czechoslovakia: *The heritage of ages past: Essays in memory of Josef Korbel*, orgs. Hans Brisch e Ivan Volgyes (Nova York: East European Quarterly, Columbia University Press, 1979), p. 81.
4. T. G. Masaryk, Světová revoluce: Za valky a ve valce (Praga: Čin-Praha, 1938), p. 365.
5. Secretário de Estado Robert Lansing, 24 de junho de 1918, citado em *Foreign relations of the United States, 1918*, vol.10, supl. 1 (Washington, D.C.: United States Government Printing Office, 1933), p. 816.
6. J. Korbel, ensaio escrito para o 50º aniversário da independência da Tchecoslováquia, inédito.
7. Margaret MacMillan, *Paris 1919: Six Months That Changed the World.* (Nova York: Random House, 2001), 229-230. (*Paz em Paris.* Rio de Janeiro: Nova Fronteira, 2004).
8. Isaiah Bowman, delegado norte-americano, citado em Mary Heimann, *Czechoslovakia: The state that failed* (New Haven, Conn.: Yale University Press, 2010), p. 58.
9. J. Korbel, manuscrito inédito.
10. M. Korbel, entrevista por Katie Albright, inédita.
11. M. Korbel, ensaio, 1977.
12. J. Korbel, citado em Madeleine Albright, *Madam Secretary* (Nova York: Miramax Books, 2003), p. 6.
13. J. Korbel, texto do discurso em homenagem ao centésimo aniversário de T. G. Masaryk, 27 de fevereiro de 1950, inédito.
14. Compton Mackenzie, *Dr Beneš* (Londres: George G. Harrap, 1946), p. 36-37.

15. Kliment Voroshilov, citado em Igor Lukes, *Czechoslovakia between Stalin and Hitler: The diplomacy of Eduard Beneš in the 1930s* (Nova York: Oxford University Press, 1948), p. 53-55.
16. Presidente Hindenburg, citado em Winston Churchill, *The Second World War*, vol. I: *The gathering storm* (Londres: Houghton- Mifflin, 1948), p. 62.

5. Uma impressão favorável

1. Peter Demetz, *Prague in black and gold: Scenes from the life of a European city* (Nova York: Hill and Wang, 1997), p. 363.
2. Eduard Beneš, discurso fúnebre para T. G. Masaryk, 21 de setembro de 1937, citado em Compton Mackenzie, *Dr Beneš* (Londres: George G. Harrap, 1946), p. 138.
3. Masaryk, citado em Karel Capek, *Talks with T. G. Masaryk* (North Haven, Conn.: Catbird Press, 1995), p. 248.
4. Josef Korbel, *Tito's Communism* (Denver: University of Denver Press, 1951), p. 4.
5. Adolf Hitler, citado em J. W. Bruegel, *Czechoslovakia before Munich* (Londres: Cambridge University Press, 1973), p. 160.
6. Franz Spina, 26 de dezembro de 1926, citado em *ibid.*, p. 79.
7. R. H. Hadow, Legação britânica em Praga, telegrama para Londres, 27 de dezembro de 1935, citado em *ibid.*, p. 137.
8. Hadow, telegrama para Londres, 31 de janeiro de 1936, citado em *ibid.*, p. 137.
9. Vansittart, citado em *ibid.*, p. 138-139.
10. Masaryk, citado em Sir Robert Bruce Lockhart, *Comes the reckoning* (Londres: Putnam, 1947), p. 61.
11. Thomas Mann, prefácio de Erika Mann, *School for barbarians* (Nova York: Modern Age Books, 1938), p. 6-7.
12. *Ibid.*
13. Hitler, citado em *ibid.*, p. 20.
14. Churchill, *Great contemporaries* (Nova York: W. W. Norton, 1990), p. 165.
15. *Ibid.*, p. 170.
16. Lloyd George, citado em Lynne Olson, *Troublesome young men: The Churchill conspiracy of 1940* (Nova York: Farrar, Straus and Giroux, 2007), p. 68-69.
17. Halifax, citado em Igor Lukes, *Czechoslovakia between Stalin and Hitler: The diplomacy of Eduard Beneš in the 1930s* (Nova York: Oxford University Press, 1996), p. 82-83.
18. Baldwin, discurso na Câmara dos Comuns, novembro de 1933, citado em Telford Taylor, *Munich: The price of peace* (Garden City, N.Y.: Doubleday, 1919), p. 211.
19. John F. Kennedy, *Why England slept* (Nova York: Wilfred Funk, 1940), p. 5.

6. Saindo de trás das montanhas

1. Voskovec e Werich, citado em Hana Stránská, manuscrito inédito, 1994.
2. T. G. Masaryk, citado em Karel Capek, *Talks with T. G. Masaryk* (North Haven, Conn.: Catbird Press, 1995), p. 247.

3. Beneš, discurso em Liberec, 19 de agosto de 1936, citado em Radomír Luža, *The transfer of the Sudeten Germans: A study of Czech-German relations, 1933-1962* (Nova York: New York University Press, 1964), p. 90.
4. Ernst Eisenlohr, ministro alemão em Praga, 11 de novembro de 1937, citado em J. W. Bruegel, *Czechoslovakia before Munich* (Londres: Cambridge University Press, 1973), p. 161.
5. Eisenlohr, 21 de dezembro de 1937, citado em *ibid.*, p. 167.
6. František Moravec, *Master of spies: The memoirs of General František Moravec* (Londres: Bodley Head, 1975), p. 117.
7. Compton Mackenzie, *Dr Beneš* (Londres: George G. Harrap, 1946), p. 263-264.
8. Josef Korbel, *Twentieth century Czechoslovakia: The meaning of its history* (Nova York: Columbia University Press, 1977), p. 129.
9. Telford Taylor, *Munich: The price of peace* (Garden City, N.Y.: Doubleday, 1979), p. 368.
10. Marcia Davenport, "Elegy for Vienna", em Marcia Davenport, *Too strong for fantasy* (Pittsburgh: University of Pittsburgh Press, 1967), p. 245.
11. Igor Lukes, *Czechoslovakia between Stalin and Hitler: The diplomacy of Eduard Beneš in the 1930s* (Nova York: Oxford University Press, 1948), p. 124.
12. Diálogo entre Halifax e Jan Masaryk, Londres, 13 de março de 1938, citado em *ibid.*, p. 129.
13. Henlein, citado em *ibid.*, p. 142.
14. Directive do Supremo Comandante do Wehrmacht, 21 de dezembro de 1937, citado em Breugel, *Czechoslovakia before Munich*, p. 185.
15. Harwood L. Childs e John B. Whitton, *Propaganda by short wave* (Princeton, N. J.: Princeton University Press, 1942), p. 37.
16. Madeleine Jana Korbel, "Zdeněk Fierlinger's Role in the Communization of Czechoslovakia: The Profile of a Fellow Traveler", Wellesley College, maio de 1959, p. 24.

7. "Precisamos continuar sendo covardes"

1. Alexander Cadogan, *The diaries of Sir Alexander Cadogan (1938-1945) (1938-1945)*, org. David Dilks (Nova York: G. P. Putnam's Sons, 1972), p. 65.
2. *Ibid.*, p. 78.
3. Halifax, citado em J. W. Bruegel, *Czechoslovakia before Munich* (Londres: Cambridge University Press, 1973), p. 199.
4. Chamberlain, citado em Cadogan, *Diaries*, p. 92.
5. *Ibid.*, p. 70.
6. S. Grant Duff, *Europe and the Czechs* (Harmondsworth, Inglaterra: Penguin, 1938), p. 200.
7. Hitler discursando no Congresso do Partido Nazista, Nuremberg, 12 de setembro de 1938, citado em Compton Mackenzie, *Dr Beneš* (Londres: George G. Harrap, 1946), p. 12.
8. Hitler discursando no Congresso do Partido Nazista, Nuremberg, 12 de setembro de 1938, citado em Cadogan, *Diaries*, p. 97.

9. Major Reginald Sutton-Pratt, citado em Igor Lukes, *Czechoslovakia between Stalin and Hitler: The diplomacy of Eduard Beneš in the 1930s* (Nova York: Oxford University Press, 1996), p. 212.
10. Memorando do chefe do estado-maior das forças armadas tchecas, General Ludvík Krejčí, ao Conselho Supremo de Defesa do Estado, 9 de setembro de 1939, citado em Jiří Doležal e Jan Kren (orgs.), *Czechoslovakia's fight* (Praga: Publishing House of the Czechoslovak Academy of Sciences, 1964), p. 15-17.
11. Nicolson, citado em Lynne Olson, *Troublesome young men: The Churchill conspiracy of 1940* (Nova York: Farrar, Straus and Giroux, 2007), p. 129.
12. Henderson, citado em Bruegel, *Czechoslovakia before Munich*, p. 255.
13. Embaixador Joseph Kennedy, telegrama para Washington, D.C. da embaixada norte-americana em Londres, 17 de setembro de 1938, em *Foreign relations of the United States, 1938*, vol.I-, (Washington, D.C., United States Government Printing Office, 1955), p. 610.
14. Carta dos patriotas tchecos, citada em Josef Korbel, *Twentieth century Czechoslovakia: The meaning of its history* (Nova York: Columbia University Press, 1977), p. 131-132.
15. Beneš, citado em Mackenzie, *Dr Beneš*, p. 207.
16. Alexander Cadogan, *The diaries of Sir Alexander Cadogan (1938-1945) (1938-1945)*, org. David Dilks (Nova York: G. P. Putnam's Sons, 1972), p. 102.
17. *Ibid.*, p. 103.
18. Chamberlain em anotações de reunião com o gabinete britânico, 24 de setembro de 1938, citado em Bruegel, *Czechoslovakia before Munich*, p. 76.
19. Cadogan, *Diaries*, p. 104.
20. Prokop Drtina, citado em Korbel, *Twentieth century Czechoslovakia*, p. 135.
21. *Ibid.*, p. 126-127.
22. Hitler, 26 de setembro de 1938, citado em Mackenzie, *Dr Beneš*, p. 13.
23. Chamberlain, citado em Telford Taylor, *Munich: The price of peace* (Garden City, N.Y.: Doubleday, 1979), p. 884.
24. Chamberlain, 27 de setembro de 1937, citado em Cadogan, *Diaries*, p. 108.
25. *Ibid.*, p. 108.
26. Chamberlain, citado em Lukes, *Czechoslovakia between Stalin and Hitler*, p. 254.
27. Beneš, citado em Korbel, *Twentieth century Czechoslovakia*, p. 139.
28. Beneš, citado em *ibid.*, p. 139.

8. Uma tarefa desesperadora

1. M. Korbel, ensaio.
2. Josef Korbel, *Twentieth century Czechoslovakia* (Nova York: Columbia University Press, 1977), p. 147.
3. *Ibid.*, p. 148.
4. Winston Churchill, *The Second World War*, vol. I: *The gathering storm* (Londres: Houghton- Mifflin, 1948), p. 272.
5. George Kennan, *From Prague after Munich, 1938–1940* (Princeton, N. J.: Princeton University Press, 1968), p. 5.

6. Keitel, depoimento nos julgamentos de Nuremberg, citado em Churchill, *The gathering storm*, p. 78.
7. Chamberlain, carta ao arcebispo da Cantuária, citada em Telford Taylor, *Munich: The price of peace* (Garden City, N.Y.: Doubleday, 1979), p. 66.
8. Sra. Chamberlain, citado em Harold Nicolson, *The war years: Diaries and letters (1939-1945)*, org. Nigel Nicolson (Nova York: Atheneum, 1967), p. 354-355.
9. Churchill, discurso à Câmara dos Comuns, 13 de outubro de 1938, citado em Stanislav Fejfar, *A fighter's call to arms: Defending Britain and France against the Luftwaffe 1940-42*, org. Norman Franks com Simon Muggleton (Londres: Grub Street, 2010), p. 13.
10. Dorothy Parker, citado em Sir Robert Bruce Lockhart, *Comes the reckoning* (Londres: Putnam, 1947), p. 23.
11. Hitler, citado em Victor S. Mamatey e Radomir Luža (orgs.), *A history of the Czechoslovak Republic 1918-1948* (Princeton, N.J.: Princeton University Press, 1973), p. 268.
12. Veronika Herman Bromberg, "Tell Me Again So I Won't Forget: My Father's Stories of Survival and Courage During World War II", manuscrito inédito, p. 29.
13. Embaixada americana, Praga, telegrama para o Departamento de Estado, 19 de março de 1939. *Foreign relations of the United States*, 1939, volume. 5, *Diplomatic matters* (Washington, D.C., Government Printing Office, 1955), p. 310.
14. M. Korbel, ensaio inédito.

Parte II: Abril de 1939–Abril de 1942

9. Recomeçando

1. Prefeito Fiorello La Guardia de Nova York, citado em Eduard Beneš, *Memoirs of Dr Eduard Beneš* (Boston: Houghton Mifflin, 1954), p. 61.
2. Franklin Roosevelt, citado em "Roosevelt War Talk Begins and Roosevelt Peace Call Ends a Fateful Week of Power Politics", *Life*, 24 de abril de 1939, p. 20.
3. Walter Winchell, Walter Lippmann e David Lawrence, citado em "The Nation's Columnists Divide in Great Debate on American War & Peace", *ibid.*, p. 24-25.
4. *Ibid.*
5. *Ibid.*
6. Plataforma do Partido Democrata de 1936, *Democratic Party Book*, 1936, p. 24.
7. Eleanor Roosevelt, citado em "The Nation's Columnists Divide in Great Debate on American War & Peace", *Life*, 24 de abril de 1939, p. 24-25.
8. Churchill, citado em Harold Nicolson, *The war years: Diaries and letters (1939-1945)*, org. Nigel Nicolson (Nova York: Atheneum, 1967), p. 166.
9. Korbel, "Portrait of J. Masaryk", manuscrito inédito.
10. Shiela Grant Duff, *The parting of ways: A personal account of the Thirties* (Londres: Peter Owen, 1982), p. 129.
11. Quadra citada em *ibid.*, p. 72.
12. J. Korbel, carta a Hubert Ripka, 21 de junho de 1939.

13. Nicholas Winton, citado em Mark Jonathan Harris e Deborah Oppenheimer, *Into the arms of strangers: Stories of the Kindertransport* (Nova York: Bloomsbury, 2000), p. 151.
14. J. Korbel, pós-escrito a uma carta de Dáša Deimlová aos seus pais, 2 de julho de 1939.
15. Jan Struther, *Mrs. Miniver* (Nova York: Harcourt, Brace, 1940), p. 148.
16. Stalin, citado em Ian Kershaw, *Fateful Choices: Tem Decisions That Changed the World, 1940-1941* (Nova York: Penguin, 2007), 258. (*Dez decisões que mudaram o mundo.* São Paulo: Companhia das Letras, 2007.)

10. Ocupação e resistência

1. Episódio adaptado de George Kennan, *From Prague After Munich, 1938-1940* (Princeton, N.J.: Princeton University Press, 1968), p. 117.
2. Emil Hácha, citado em Jan Drabek, "V Krajina: Hero of European Resistance and Canadian Wilderness", manuscrito inédito, p. 31.
3. Kennan, *From Prague After Munich*, x.
4. *Ibid.*, p. 235.
5. Tahra Zahra, *Kidnapped souls: National indifference and the battle for the children in the Bohemian lands 1900-1948* (Ithaca, N.Y.: Cornell University Press, 2008), p. 203.
6. Miroslav Karny, "The Genocide of the Czech Jews", org. David P. Stern, 2009, www.phy8.org/outreach/Jewish/TerezinBook.htm.
7. Greta Deimlová, carta a Dáša Deimlová, 6 de julho de 1939.

11. As lâmpadas se apagam

1. J. Masaryk, transmissão da BBC em língua tcheca, 8 de setembro de 1939.
2. Radomír Luža e Christina Vella, *The Hitler kiss: A memoir of the Czech resistance* (Baton Rouge: Louisiana State University Press, 2002), p. 29.
3. BBC Written Archives Centre, Caversham Park.
4. Alexander Cadogan, *The diaries of Sir Alexander Cadogan (1938-1945)*, org. David Dilks (Nova York: G. P. Putnam's Sons, 1972), p. 214.
5. Lloyd George, citado em Lynne Olson, *Troublesome young men: The Churchill conspiracy of 1940* (Nova York: Farrar, Straus and Giroux, 2007), p. 129.
6. Sonia Tomara, "Nazi- Red Animosity Described Along Tense Frontier Border in Poland", *New York Herald Tribune*, 20 de novembro de 1939, em *Reporting World War II*, parte I: *American journalism 1938-1944* (Nova York: Library of America, 1995), p. 30.
7. Chamberlain, discurso à Câmara dos Comuns, Londres, 4 de abril de 1940, citado em Olson, *Troublesome young men*, p. 276.
8. Baldwin, citado em Ian Kershaw, *Fateful Choices: Tem Decisions That Changed the World, 1940-1941* (Nova York: Penguin, 2007), 21. (*Dez decisões que mudaram o mundo.* São Paulo: Companhia das Letras, 2007.)

9. Rommel, citado em John Carey, org., *Eyewitness to history* (Nova York: Avon Books, 1987), p. 529.
10. Cadogan, *Diaries*, p. 283.
11. Churchill, citado em Ian Kershaw, *Fateful Choices: Tem Decisions That Changed the World, 1940-1941* (Nova York: Penguin, 2007), 209. (*Dez decisões que mudaram o mundo.* São Paulo: Companhia das Letras, 2007.)
12. Kennedy, citado em *ibid.*, p. 210.
13. Jan Stránský, *East wind over Prague* (Nova York: Random House, 1950), p. 10.
14. *Ibid.*
15. Cadogan, *Diaries*, p. 290-291.
16. John Charles Austin, citado em Carey, org., *Eyewitness to history*, p. 532.
17. Churchill, discurso à Câmara dos Comuns, 13 de maio de 1940, http://churchill-society-london.org.uk/SpchIndx.html.
18. Churchill, discurso à Câmara dos Comuns, 4 de junho de 1940, *ibid.*
19. Churchill, discurso à Câmara dos Comuns, 18 de junho de 1940, *ibid.*

12. A força irresistível

1. Prokop Drtina, *Československo můj osud* (Praga: Melantrich, 1991), p. 564.
2. Dáša Deimlová, carta aos seus pais, janeiro de 1940.
3. Dáša Deimlová, carta aos seus pais, 9 de julho de 1939.
4. M. Korbel, ensaio inédito.
5. Cadogan, *Diaries*, p. 273.
6. Renata A. Kauders, "From Prague to Denver: Sketches from My Life", manuscrito inédito, p. 38.
7. Hitler, citado em Hans Kohn, org., *The modern world (1848–present)* (Nova York: Macmillan, 1968), p. 223.
8. Hitler, citado em Marcel Jullian, *The Battle of Britain, July–September 1940* (Nova York: Orion, 1967), p. 6.
9. Hitler, 16 de julho de 1940, citado em *ibid.*, p. 14.
10. Hitler, 19 de julho de 1940, citado em *ibid.*, p. 35-36.
11. Joyce, citado em J. A. Cole, *Lord Haw-Haw: The full story* (Nova York: Farrar, Straus and Giroux, 1964), p. 164.
12. Citado em Jullian, *The Battle of Britain*, p. 78.
13. Philip Ziegler, *London at war, 1939-1945* (Nova York: Alfred A. Knopf, 1995), p. 159.

13. Fogo no céu

1. Göring, 13 de agosto de 1940, citado em Richard Hough e Denis Richards, *The Battle of Britain* (Nova York: W. W. Norton, 1989), p. 154.
2. William Shirer, "Berlin After a Year of War: September 1940", *in Reporting World War II*, parte I: *American journalism 1938-1944* (Nova York: Library of America, 1995), p. 121-123.

3. Hitler, 4 de setembro de 1940, citado em Hough e Richards, *The Battle of Britain*, p. 244.
4. Hitler, 4 de setembro de 1940, citado em J. A. Cole, *Lord Haw-Haw: The full story* (Nova York: Farrar, Straus and Giroux, 1964), p. 171.
5. Desmond Flower, citado em John Carey, org., *Eyewitness to history* (Nova York: Avon Books, 1987), p. 537-538.
6. Roosevelt, citado em Hough e Richards, *The Battle of Britain*, p. 294.
7. Sra. Orlow Tollett, entrevista por Libby Cook e Sonia Knight, Londres, início de 2011.
8. Tollett, entrevista para HistoryTalk, Reminiscence at Home, London Care Connections, David Welsh, coordenador, 20 de maio de 2004. Manuscrito da entrevista gentilmente cedido por Isobel Czarska.
9. Episódio baseado em recordações da prima da autora Dáša (Deimlová) Simová.
10. Prokop Drtina, *Československo můj osud* (Praga: Melantrich, 1991), p. 573.
11. Hess, citado em Stanislav Fejfar, *A fighter's call to arms: Defending Britain and France against the Luftwaffe 1940-42*, org. Norman Franks com Simon Muggleton (Londres: Grub Street, 2010), p. 91-92.
12. Fejfar, citado em *ibid.*, p. 94.
13. Sra. Fejfar, citado em *ibid.*, p. 14.

14. A aliança se forma

1. Roosevelt, entrevista coletiva, Washington, D.C., 17 de dezembro de 1940, citado em Ian Kershaw, *Fateful Choices: Tem Decisions That Changed the World, 1940-1941* (Nova York: Penguin, 2007), 227. (*Dez decisões que mudaram o mundo.* São Paulo: Companhia das Letras, 2007.)
2. Edward R. Murrow, "The London Blitz, September 1940", em *Reporting World War II*, parte I: *American journalism 1938-1944* (Nova York: Library of America, 1995), p. 87, 93.
3. James R. Reston, "Nazi Fliers Foiled by London's Smoke", *New York Times*, 23 de outubro de 1940.
4. Brian Meredith, transmissão radiofônica, 4 de julho de 1940, citado em Harwood L. Childs e John B. Whitton, *Propaganda by short wave* (Princeton, N.J.: Princeton University Press, 1942), p. 134.
5. J. B. Priestley, transmissão radiofônica, citado em *ibid.*, p. 117.
6. Hopkins, janeiro de 1941, citado em Alexander Cadogan, *The diaries of Alexander Cadogan (1938-1948)*, org. David Dilks (Nova York: G. P. Putnam's Sons, 1972), p. 348.
7. Beneš, citado em Vít Smetana, *In the shadow of Munich: British policy towards Czechoslovakia from the endorsement to the renunciation of the Munich Agreement (1938-1942)* (Praga: Charles University, Karolinum Press, 2008), p. 217.
8. Churchill, memorando para Eden, 20 de abril de 1941, citado em *ibid.*, p. 217.
9. Churchill, transmissão radiofônica, 22 de junho de 1941, citado em Cadogan, *Diaries*, p. 389.

10. Josef Korbel, *The Communist subversion of Czechoslovakia (1938-1948): The failure of coexistence* (Princeton, N.J.: Princeton University Press, 1959), p. 56.
11. J. Masaryk, transmissão radiofônica, setembro de 1941, citado em Jan Masaryk, *Jan Masaryk: Speaking to my country* (Londres: Lincolns-Prager, 1944), p. 122.

15. A coroa de Venceslau

1. Heydrich, 2 de outubro de 1941, citado em Jirí Doležal e Jan Křen (orgs.), *Czechoslovakia's fight* (Praga: Publishing House of the Czechoslovak Academy of Sciences, 1964), p. 60-66.
2. Hitler, citado em Vojtèch Mastný, *The Czechs under Nazi rule: The failure of national Resistance, 1939-1942* (Nova York: Columbia University Press, 1971), p. 206.
3. Bormann, 7 de junho de 1942, citado em *Reinhard Heydrich: The ideal National Socialist* (Lincoln, Nebr.: Preuss Press, 2004), p. 48.
4. Heydrich, citado em *ibid.*, p. 40.
5. Eichmann, citado em Cara de Silva, org., *In memory's kitchen: A legacy from the women of Terezin* (Northvale, N.J.: Jason Aronson, 1996), xxxviii n.
6. Eichmann, citado em George E. Berkley, *Hitler's gift: The story of Theresienstadt* (Boston: Branden Books, 1995), p. 58.
7. Beneš, citado em František Moravec, *Master of spies: The memoirs of General František Moravec* (Londres: Bodley Head, 1975), p. 210.
8. Táborský, citado em Callum MacDonald, *The killing of Reinhard Heydrich, the SS "Butcher of Prague"* (Nova York: Da Capo, 1989), p. 125.
9. Vladimir Skacha, citado em Miraslav Ivanov, *Target: Heydrich* (Nova York: Macmillan, 1972), p. 51.

Parte III: Maio de 1942–Abril de 1945

16. Dia dos Assassinos

1. Marie Moravcová, citada por Marie Soukupová, citada em Miraslav Ivanov, *Target: Heydrich* (Nova York: Macmillan, 1972), p. 68.
2. František Spinka, citado em *ibid.*, p. 117.
3. Beneš, transmissão radiofônica em 15 de maio de 1942, citada em *ibid.*, p. 198.
4. Memorando datado de 21 de maio de 1942, sem assinatura e em papel não timbrado, com o nome "Korbel" anotado no canto superior direito, obtido pela autora do Ministério do Exterior tcheco.
5. František Sitta, citado em Ivanov, *Target: Heydrich*, p. 174.
6. J. Korbel, transmissão em língua tcheca de Londres, 30 de maio de 1942.
7. Masaryk, entrevista à rádio NBC, cidade de Nova York, 15 de junho de 1942, Czechoslovak Sources and Documents, *Speeches of Jan Masaryk in America* (Nova York: Czechoslovak Information Service, 1942), p. 71-72.
8. J. Korbel, transmissão de Londres, 30 de maio de 1942.
9. J. Korbel, transmissão de Londres, 27 de maio de 1942.

10. Junho de 1942, BBC Written Archives Centre, Caversham Park.
11. Agente da Gestapo, citado por Josef Chalupsky, citado em Ivanov, *Target: Heydrich*, p. 260.
12. Tereza Kasperová, citado em *ibid.*, p. 215.
13. Knox, citado em Radomír Luža, *The transfer of the Sudeten Germans: A study of Czech-German relations, 1933-1962* (Nova York: New York University Press, 1964), p. 236 n.

17. Augúrios de genocídio

1. J. Masaryk, discursando para a divisão feminina do American Jewish Congress, Nova York, 28 de abril de 1942, citado em Czechoslovak Sources and Documents, *Speeches of Jan Masaryk in America* (Nova York: Czechoslovak Information Service, 1942), p. 56.
2. J. Masaryk, transmissão radiofônica, Columbia Broadcasting Company, New York, 5 de novembro de 1941, citado em *ibid.*, p. 18.
3. Masaryk, discurso no Rollins College, Winter Park, Fla., 4 de fevereiro de 1942, citado em *ibid.*, p. 22.
4. Beneš, citado em Compton Mackenzie, *Dr Beneš* (Londres: George G. Harrap, 1946), p. 293.
5. Lockhart, memorando para Halifax, 7 de outubro de 1940, citado em Vít Smetana, *In the shadow of Munich: British policy towards Czechoslovakia from the endorsement to the renunciation of the Munich Agreement (1938–1942)* (Praga: Charles University, Karolinum Press, 2008), p. 276.
6. J. Masaryk, citações de Jan Masaryk, *Jan Masaryk: Speaking to my country* (Londres: Lincolns-Prager, 1944), p. 19-21.
7. J. Korbel, "Portrait of J. Masaryk", manuscrito inédito.
8. Sir Robert Bruce Lockhart, *Jan Masaryk: A personal memoir* (Norwich, Inglaterra: Putnam, 1956), p. vii–viii.
9. J. Korbel, "Portrait of J. Masaryk", manuscrito inédito.
10. Dáša Deimlová, carta aos seus pais, janeiro de 1940.
11. Greta Deimlová, carta a Dáša Deimlová, 8 de agosto de 1940.
12. Citado em Lisa Rothkirchen, *Jews of Bohemia and Moravia* (Lincoln: University of Nebraska Press; Jerusalem: Yad Vashem, 2005), p. 184.
13. Beneš, citado em Jan Láníček, "The Czechoslovak Service of the BBC and the Jews During World War II", artigo distribuído em "Ties That Bind", conferência em Londres comemorando o 70º aniversário do governo tcheco no exílio, setembro de 2010, p. 8.
14. Eden, debate na Câmara dos Comuns, Londres, vol. 385, 17 de dezembro de 1942, p. 2082, www.ww2talk.com/forum/holocaust/41529-mr-eden-commons--dec-1942-a.html.
15. Murrow, "A Horror Beyond What Imagination Can Grasp", em *Reporting World War II*, parte I: *American Journalism 1938-1944* (Nova York: Library of America, 1995), p. 453.

16. Stránský, citado em Lániček, "The Czechoslovak Service of the BBC and the Jews During World War II", p. 18.
17. Beneš, citado em Benjamin Frommer, *National cleansing: Retribution against Nazi collaborators in postwar Czechoslovakia* (Cambridge, Inglaterra: Cambridge University Press, 2005), 40.

18. Terezín

1. Olga Körbelová, carta a Greta Deimlová, 22 de julho de 1942.
2. *Ibid.*
3. Olga Körbelová, carta a Greta Deimlová, 29 de julho de 1942.
4. Gerty Spies, *My years in Theresienstadt: How one woman survived the Holocaust* (Amherst, N.Y.: Prometheus Books, 1997), p. 59-61.
5. Carta de Hana Malka a Michael Dobbs, 14 de janeiro de 1998.
6. Helga Weissová, citado em Hannelore Brenner, *The girls of room 28: Friendship, hope and survival in Theresienstadt* (Nova York: Schocken Books, 2009), p. 46.
7. *Ibid.*, p. 48.
8. Weissová, citado em *ibid.*, p. 154.
9. Petr Ginz, diário, 16 de fevereiro de 1944, citado em Alexandra Zapruder, org., *Salvaged pages: Young writers' diaries of the Holocaust* (New Haven, Conn.: Yale University Press, 2002), p. 169.
10. Ginz, citado em Marie Rút Křížková, Kurt Jiří Kotouc e Zdeněk Ornest (orgs.), *We are children just the same*: Vedem, *the secret magazine by the boys of Terezín* (Filadélfia: Jewish Publication Society, 1995), p. 135.
11. Egon Redlich, *The Terezín diary of Gonda Redlich*, org. Saul S. Friedman (Lexington: University Press of Kentucky, 1992), p. 134.
12. Vera Schiff, *Theresienstadt: The town the Nazis gave to the Jews* (Toronto: Lugus, 1996), p. 74.

19. A ponte longe demais

1. Clara Emily Milburn, *Mrs. Milburn's diaries: An Englishwoman's day-to-day reflections (1939-45)*, org. Peter Donnelly (Nova York: Schocken Books, 1980), p. 167.
2. František Moravec, *Master of spies: The memoirs of General František Moravec* (Londres: Bodley Head, 1975), p. 229.
3. U. S. Department of State, IDS Special Report no. 574, 6 de julho de 1943.
4. Hopkins, 18 de maio de 1943, citado em Eduard Táborský, *President Eduard Beneš: Between East and West 1938-1948* (Stanford, Calif.: Hoover Institution Press, Stanford University, 1981), p. 129.
5. Eduard Beneš, *Memoirs of Dr Eduard Beneš* (Boston: Houghton Mifflin, 1954), p. 279.
6. Beneš, citado em Táborský, *President Eduard Beneš*, p. 135.

7. Stalin, citado em *ibid.*, p. 167.
8. Beneš, citado em Josef Korbel, *The Communist subversion of Czechoslovakia (1938-1948): The failure of coexistence* (Princeton, N.J.: Princeton University Press, 1959), p. 85.
9. Beneš, *Memoirs of Dr Eduard Beneš*, p. 262.
10. *Ibid.*, p. 274.

20. Olhos desesperados

1. George E. Berkley, *Hitler's Gift: The Story of Theresienstadt* (Boston: Branden Books, 1995), p. 132.
2. Gerty Spies, *My years in Theresienstadt: How one woman survived the Holocaust* (Amherst, N.Y.: Prometheus Books, 1997), p. 79-81.
3. Rabino Baeck, citado em Berkley, *Hitler's Gift*, p. 156.
4. Berkley, *Hitler's gift*, p. 176.
5. Relatório do CICV, citado em *ibid.*, p. 177-8.
6. Marie Rút Křížková, Kurt Jiří Kotouč e Zdeněk Ornest (orgs.), *We are children just the same: Vedem, the secret magazine by the boys of Terezín* (Filadélfia: Jewish Publication Society, 1995), p. 128.
7. Egon Redlich, *The Terezín diary of Gonda Redlich*, org. Saul S. Friedman (Lexington: University Press of Kentucky, 1992), p. 160.
8. Jiří Barbier, carta a Dáša Deimlová, 11 de novembro de 1946.
9. *Ibid.*
10. *Ibid.*
11. Alice Ehrmann, em Alexandra Zapruder, org., *Salvaged pages: Young writers' diaries of the Holocaust* (New Haven, Conn.: Yale University Press, 2002), p. 404.
12. Eichmann, citado em Berkley, *Hitler's gift*, p. 225.
13. František Kraus, "But Lidice Is in Europe!" em *Art from the ashes*, org. Lawrence L. Langer (Nova York: Oxford University Press, 1995), p. 66.
14. *Ibid.*, p. 69.

21. Doodlebugs *e* gooney birds

1. Alexander Cadogan, *The Diaries of Sir Alexander Cadogan (1938-1945)*, org. David Dilks (Nova York: G. P. Putnam's Sons, 1972), p. 647.
2. Harold Nicolson, *The War Years: Diaries and Letters (1939-1945)*, ed. Nigel Nicolson (Nova York: Atheneum, 1967), p. 394.
3. Beneš, citado em Compton Mackenzie, *Dr Beneš* (Londres: George G. Harrap, 1946), p. 295.
4. Nicolson, *The War Years*, p. 394, 464.
5. Masaryk, citado em Sir Robert Bruce Lockhart, *Jan Masaryk: A personal memoir* (Norwich, Inglaterra: Putnam, 1956), p. viii–ix.

6. Hitler, citado em Wayne Biddle, *Dark side of the moon: Wernher von Braun, the Third Reich, and the space race* (Nova York: W. W. Norton, 2009), p. 120.
7. George Orwell, citado em Philip Ziegler, *London at War, 1939-1945* (Nova York: Alfred A. Knopf, 1995), p. 298.

22. O fim de Hitler

1. Dwight D. Eisenhower, Mensagem à Força Expedicionária Aliada, 21 de dezembro de 1944, citado em Forrest C. Pogue, *The supreme command: United States Army in World War II, The European Theater of operations, Office of the Chief of Military History* (Washington, D.C.: U.S. Department of the Army, 1954), p. 380.
2. Observações da autora na comemoração do 50º aniversário da Batalha do Bulge, Bastogne, Bélgica, 16 de dezembro de 1994.
3. Alexander Cadogan, *The diaries of Sir Alexander Cadogan (1938-1945)*, org. David Dilks (Nova York: G. P. Putnam's Sons, 1972), p. 706.
4. *Ibid.*, p. 716.
5. Churchill, citado em *ibid.*, p. 716.
6. *Ibid.*
7. J. Korbel, carta à BBC, BBC Written Archives Centre, Caversham Park.
8. J. Masaryk, discurso de Ano Novo, 31 de dezembro de 1944.
9. J. Masaryk, citado em Stephen C. Schlesinger, *Act of creation: The founding of the United Nations* (Boulder, Colo.: Westview Press, 2003), p. 133.
10. Esta imagem foi inspirada por uma passagem do discurso de Mario Cuomo na Convenção Nacional Democrata de 1984, "desde que Franklin Roosevelt ergueu-se de sua cadeira de rodas para soerguer esta nação de joelhos", San Francisco, Califórnia, 16 de julho de 1984.
11. Eva Ginzová, em Alexandra Zapruder, org., *Salvaged pages: Young writers' diaries of the Holocaust* (New Haven, Conn.: Yale University Press, 2002), p. 188.

Parte IV: Maio de 1945–Novembro de 1948

23. Nenhum anjo

1. *Katolické Noviny*, 26 de abril de 1942, citado num artigo de Y. Jelinek, "The Vatican, the Catholic Church, the Catholics, and the Persecution of the Jews during World War II: The Case of Slovakia", incluído em B. Vago e G. L. Moss (orgs.), Jews and non- Jews in Eastern Europe, 1918-1945 (Nova York: John Wiley & Sons; Jerusalem: Israel Universities Press, 1974), p. 226.
2. Stalin, citado em Jan Stránský, *East wind over Prague* (Nova York: Random House, 1950), p. 30.
3. J. Korbel, manuscrito inédito.
4. Eden, citado em Alexander Cadogan, *The Diaries of Sir Alexander Cadogan*, org. David Dilks (Nova York: G. P. Putnam's Sons, 1972), p. 735.
5. Heda Margolius Kovály, *Under a cruel star: A life in Prague 1941-1968* (Nova York: Holmes & Meier, 1997), p. 40.

6. Mensagem de teletipo ao comandante da Waffen SS do General da SS Pückler, 5 de maio de 1945, Praga, citado em Jirí Doležal e Jan Kren (orgs.), *Czechoslovakia's fight* (Praga: Publishing House of the Czechoslovak Academy of Sciences, 1964), p. 109.
7. Diálogo entre Eisenhower e o Alto Comando Soviético, citado em "Anniversary of Liberation of Czechoslovakia", State Department Bulletin, 22 de maio de 1949, p. 666.
8. Proclamação do Conselho Nacional Tcheco, 7 de maio de 1945, citado em Doležal and Křen (orgs.), *Czechoslovakia's Fight*, p. 111-112.
9. Kovály, *Under a cruel star*, p. 44.

24. Sem remendos

1. Josef Korbel, *The Communist subversion of Czechoslovakia (1938-1948): The failure of coexistence* (Princeton, N.J.: Princeton University Press, 1959), p. 123.
2. Hana Stránská, manuscrito inédito, 1994, cap. 5., p. 1.
3. J. Korbel, manuscrito inédito.

25. Um mundo grande o suficiente para nos manter afastados

1. Beneš, 9 de maio de 1945, citado em Kálman Janics, "1945: The Year of Peace", em *Czechoslovak Policy and the Hungarian Minority*, www.hungarianhistory.com/lib/jani/janiII.htm.
2. Prokop Drtina, *Československo Můj Osud* (Praga: Melantrich, 1991), p. 62-63.
3. Gottwald, 23 de junho de 1945, citado em Janics, *Czechoslovak policy*, www.hungarianhistory.com/lib/jani/janiII.htm.
4. Benjamin Frommer, *National cleansing: Retribution against Nazi collaborators in postwar Czechoslovakia* (Cambridge, Inglaterra: Cambridge University Press, 2005), p. 43.
5. Hana Stránská, manuscrito inédito, 1994, cap. 15.
6. *Ibid.*
7. Tahra Zahra, Kidnapped souls: *National indifference and the battle for the children in the Bohemian Lands 1900-1948* (Ithaca, N.Y.: Cornell University Press, 2008), p. 257.
8. Memorando de Jan Masaryk ao embaixador americano em Praga, 24 de outubro de 1945, citado em *Foreign relations of the United States, 1945*, vol. 2: *General Economic and Political Matters* (Washington, D.C.: United States Government Printing Offce, 1976), p. 1298.
9. Josef Korbel, *The Communist subversion of Czechoslovakia (1938-1948): The failure of coexistence* (Princeton, N.J.: Princeton University Press, 1959), p. 138.
10. Havel, observações num jantar em homenagem ao Chanceler alemão Helmut Kohl, Praga, 27 de fevereiro de 1992.
11. Čurda, citado em František Moravec, *Master of spies: The memoirs of General František Moravec* (Londres: Bodley Head, 1975), p. 221.

26. Um equilíbrio precário

1. Entrevista da autora com Havel, 27 de outubro de 2010.
2. Heda Margolius Kovály, *Under a cruel star: A life in Prague 1941-1968* (Nova York: Holmes & Meier, 1997), p. 62.
3. Gottwald, 9 de julho de 1945, citado em Josef Korbel, *The Communist subversion of Czechoslovakia (1938-1948): The failure of coexistence* (Princeton, N.J.: Princeton University Press, 1959), p. 135.
4. J. Korbel, manuscrito inédito.
5. Beneš, citado em Josef Korbel, *Tito's Communism* (Denver: University of Denver Press, 1951), p. 18.
6. Tito, citado em *ibid.*, p. 72.
7. Anotação em ficha, 25 de novembro de 1947, arquivo de documentos da polícia secreta nº 019952, Arquivo dos Serviços de Segurança, Praga.
8. J. Masaryk, citado em J. Korbel, manuscrito de discurso inédito.
9. *Ibid.*
10. J. Masaryk, discurso na Conferência de Paz de Paris, 15 de agosto de 1946, citado em *Foreign Relations of the United States, 1946*, vol. 3 (Washington, D.C.: United States Government Printing Office, 1976), p. 225.
11. Descrição da declaração por J. Masaryk na Conferência de Paz de Paris, 23 de setembro de 1946, em *ibid.*, p. 527.
12. Marcia Davenport, *Too strong for fantasy* (Pittsburgh: University of Pittsburgh Press, 1967), p. 122.
13. Masaryk, citado em *ibid.*, p. 325.

27. A luta pela alma de uma nação

1. Stalin, citado em Hubert Ripka, *Czechoslovakia enslaved* (Londres: Victor Gollancz, 1950), p. 67.
2. J. Masaryk, citado em Marcia Davenport, *Too strong for fantasy* (Pittsburgh: University of Pittsburgh Press, 1967), p. 405.
3. Steinhardt, telegrama para o Departamento de Estado, 30 de abril de 1948.
4. Čapek, "Why I Am Not a Communist", *Přítomnost*, 2 de dezembro de 1924, tradução inglesa de Martin Pokorny, capek.misto.cz/english/communist.html.
5. Josef Korbel, *Tito's Communism* (Denver: University of Denver Press, 1951), p. 124-125.
6. Steinhardt, telegrama ao Departamento de Estado, 3 de novembro de 1947.

28. Falha de comunicação

1. Beneš, citado em Josef Korbel, *The Communist subversion of Czechoslovakia (1938-1948): The failure of coexistence* (Princeton, N.J.: Princeton University Press, 1959), p. 198.
2. Beneš, citado em *ibid.*, p. 199.

3. Josef Korbel, *Tito's Communism* (Denver: University of Denver Press, 1951), p. 306.
4. Hubert Ripka, *Czechoslovakia enslaved* (Londres: Victor Gollancz, 1950), p. 203.
5. J. Korbel, manuscrito de discurso inédito.
6. Korbel, *The Communist subversion of Czechoslovakia (1938-1948): The failure of coexistence* (Princeton, N.J.: Princeton University Press, 1959), p. 229.
7. *Ibid.*, p. 235.

29. A queda

1. J. Masaryk, citado em Marcia Davenport, *Too strong for fantasy* (Pittsburgh: University of Pittsburgh Press, 1967), p. 419.
2. Gottwald, citado em Claire Sterling, *The Masaryk case* (Nova York: Harper & Row, 1968), p. 88.
3. J. Masaryk, citado em Davenport, Davenport, *Too strong for fantasy*, p. 365-366.
4. J. Masaryk, citado em ibid., 366.
5. *Ibid.*, p. 426.
6. Telegrama do embaixador Charles Peake, Belgrado, ao Foreign Office britânico, 25 de fevereiro de 1948.
7. J. Masaryk, citado em O. Henry Brandon, "Was Masaryk Murdered?", *Saturday Evening Post*, 12 de agosto de 1948, p. 38.

30. Areia pela ampulheta

1. Telegrama de Steinhardt para Washington, 10 de março de 1948, incluído em *Foreign Relations of the United States, 1948*, vol. 4, *East Europe and the Soviet Union* (Washington, D.C.: United States Government Printing Office, 1976), p. 743.
2. Sir Robert Bruce Lockhart, *Jan Masaryk: A personal memoir* (Norwich, Inglaterra: Putnam, 1956), p. 78-79.
3. Steinhardt, carta a Harold C. Vedeler, 7 de abril de 1948, em *Foreign Relations of the United States, 1948*, vol. 4, *East Europe and the Soviet Union*, p. 743.
4. Beneš, discurso na Universidade Carlos, Praga, 7 de abril de 1948, citado em *Chronology of international events and documents* 4, nº 7 (18 de março-8 de abril de 1948), p. 236.
5. Eduard Táborský, *President Eduard Beneš: Between East and West 1938-1948* (Stanford, Calif.: Hoover Institution Press, Stanford University, 1981), p. 228-229.

O próximo capítulo

1. James B. Bruce, "In Memoriam: Josef Korbel", em *Czechoslovakia: The heritage of ages past, essay in memory of Josef Korbel*, org. Hans Brich e Ivan Volgyes (Boulder, Colo.: East European Quarterly, distribuído pela Columbia University Press, Nova York, 1979), p. 7.

2. Essa formulação dos dez anos às dez horas deve-se ao incomparável historiador europeu Timothy Garton Ash.
3. J. Korbel, manuscrito inédito.
4. Havel, palestra na Academia de Humanidades e Ciências Políticas, Paris, 27 de outubro de 1992, em Havel, *The art of the impossible: Politics and morality in practice* (Nova York: Alfred A. Knopf, 1997), p. 103-104.

Agradecimentos

Com exceção de minhas memórias, escritas em 2003, este foi meu livro mais pessoal, o que eu precisava escrever e tinha um pouco de medo de tentar, devido aos sentimentos que desencadearia. Desde o início, o desafio foi mesclar um relato da história de minha família com aquela da época em volta. Devido à minha idade, eu era uma testemunha pouco ideal, especialmente antes da guerra e nos seus primeiros anos. Fui ainda mais prejudicada pelo fato de que, nas seis primeiras décadas de minha vida, ignorava a origem judaica de minha família e a tragédia que se abateu sobre tantos de meus parentes. Precisei recuperar o terreno perdido. Para reconstituir os fatos e colocá-los depois no contexto de suas épocas precisei da ajuda de muita gente.

O processo começou com minha família. Sou profundamente grata a minha irmã Kathy, a meu irmão John e a minha cunhada Pamela pelos esforços que empreenderam para rastrear o padrão dos acontecimentos passados. Nosso aprendizado foi uma experiência compartilhada, assim como muitas de nossas lembranças. Agradeço-lhes também por terem sido os primeiros a examinarem os textos iniciais e sugerirem melhorias. Reconheço também o apoio acalorado de minhas filhas, Anne, Alice e Katie, e de suas famílias. De todos os meus papéis na vida, mãe e avó são meus favoritos.

Trabalhar neste livro deu-me a oportunidade de me aproximar de minha prima Alena em Londres e, até sua morte, da prima Dáša em Praga. Em outubro de 2011, conheci pela primeira vez outro primo, Pedro Mahler, que nasceu e cresceu no Brasil. A avó de Pedro era irmã mais velha de meu avô paterno Arnošt Körbel. Seu pai esteve entre os exilados tchecos que serviram na Royal Air Force britânica durante a guerra.

Ao estudar a história dos tchecos e eslovacos, incluindo a história da carreira de meu pai, beneficiei-me do auxílio do Ministério do Exterior tcheco, especialmente Jiří Schneider, Jiří Kuděla, Martina Tauberová, Ivan Dubovický, Tomáš Pernicky e Robert Janas — e também Jan Havranek do Ministério da Defesa. Daniel Herman e Pavel Zacek, do Instituto de Estudo de Regimes Totalitários, foram extraordinariamente prestativos em fornecer informações e acesso a documentos. Agradeço ao dr. Oldřich Tůma, do Instituto de História Contemporânea, por dedicar seu tempo a se encontrar comigo e compartilhar seus pensamentos sobre os homens com quem meu pai serviu, e também ao jovem acadêmico Tomáš Bouška por suas observações.

A experiência da comunidade judaica no período antes e durante a guerra é dolorosa e assustadora. Tomáš Kraus, meu caro amigo, hospedou novamente a mim e Kathy durante nossas pesquisas e compartilhou conosco a história inesquecível de seu pai em Terezín. Sou grata também à sua assistente Alena Ortenová pela ajuda prestada, e ao pessoal da Federação das Comunidades Judaicas por nos fornecer, de uma hora para outra, uma refeição quando mais precisamos. O dr. Vojtěch Blodig e Jan Munk foram nossos guias especializados no Memorial e Museu de Terezín. Devo também agradecimentos aos muitos escritores, artistas e arquivistas que trabalharam para preservar a lembrança daqueles que passaram pelos portões daquele campo de prisioneiros durante a guerra. Graças aos seus esforços fui capaz de entender mais plenamente a história de minha família.

Palavras são insuficientes para captar tudo que devo a Václav Havel, que foi como uma família para mim e cujo encorajamento, observações ponderadas — e desenhos de infância — deram profundidade e cor a este volume. Se este livro complexo possui uma mensagem singular, é prestar atenção à sabedoria desse homem incomparável.

Na Inglaterra, devo agradecimentos especiais a Isobel Alicia Czarska, que me recebeu em seu apartamento em Princes House e me ajudou a saber mais sobre o prédio onde algumas de minhas lembranças mais antigas nasceram. Obrigada também a Libby Cook e Sonia Knight, amigos e vizinhos de Isobel, por concordarem em entrevistar a sra. Orlow Tollett em seu asilo, e uma palavra de reconhecimento e respeito à própria sra. Tollett por compartilhar suas experiências. Fiquei triste ao saber de sua morte em novembro de 2011 aos 103 anos e nove meses.

É pela pesquisa que se começa um livro como este, mas transformar esse conhecimento num texto apresentável requer uma forte dose de criatividade, horas incontáveis de trabalho e uma equipe forte.

Bill Woodward desempenhou um papel importante na pesquisa e, como fez em meus livros anteriores, serviu como um parceiro em sua redação. Repetidamente, levou-me a repensar pressupostos básicos — assim como eu desafiava sua incapacidade de pronunciar palavras tchecas. Elaine Shocas, outra parceira de longa data, prestou uma ajuda essencial revisando textos e oferecendo conselhos estratégicos. Como sempre, forneceu uma voz calma e mão firme.

A autora diante de Princes House, 2010

Quando não estava escrevendo livros brilhantes (sobre espadas, o Sol e, a ser lançado em breve, historiadores), Richard Cohen encontrava tempo para revisar cada um dos meus volumes. Não sei se é normal adorar seu revisor, mas o incrível estoque de talento e sagacidade de Richard torna-o precioso e adorável. Quando ele parar de revisar, deixarei de escrever, mas não antes.

Lauren Griffith dedicou uma enorne energia à pesquisa, verificação de fatos e seleção das fotografias certas para acompanhar o texto. Seu excelente julgamento, diligência, habilidades de organização e humor deram uma contribuição indispensável.

Esta pode não ser a melhor das épocas para empresas que publicam livros com encadernações e papel de verdade, mas Tim Duggan, da Harper-Collins, é um ótimo comandante, mesmo nesta época de rápida mudança tecnológica. Agradecimentos especiais também a Emily Cunningham, que dedicou muitas horas a este projeto, e a toda a equipe da HC, incluindo Brian Murray, Michael Morrison, Jonathan Burnham, Kathy Schneider, Tina Andreadis, Beth Harper e Fritz Metsch. Sou grata por sua fé e orientação permanentes.

Bob Barnett e Deneen Howell, meus conselheiros, são os melhores do mundo naquilo que fazem. Bob foi um incentivador deste livro desde o princípio. Duvido que eu tivesse escalado essa montanha sem seu empurrão.

Como a maioria dos livros, este passou por várias redações. Sou grata àqueles que dedicaram tempo a revisar partes delas e por suas sugestões, incluindo a embaixatriz Wendy Sherman e os embaixadores Jiří Kuděla, Michael Žantovský e Martin Palous; também Daniel Herman, Evelyn Lieberman e Alan Fleischmann. Gostaria de poder dizer o contrário, mas quaisquer erros são meus.

Reunir as fotos para acompanhar o texto foi um trabalho de amor, mas ainda assim um trabalho. Além de Lauren Griffith e Elaine Shocas, sou grata à minha família — incluindo minhas primas Alena e Dáša, e primo Pedro; também ao jornalista Michael Dobbs, que generosamente compartilhou fotos e outros materiais reunidos no decorrer de suas próprias pesquisas; a Jakub Hauser e Michaela Sidenberg do Museu Judaico de Praga; a Martina Šiknerová do Memorial de Terezín; a Daniel Palmieri e Fania Khan Mohammad do Comitê Internacional da Cruz Vermelha; a Andrej Sumbera, pela imagem da coroa de Venceslau; a Marcela Spacková da Galeria Nacional de Praga; a Robin Blackwood, por percorrer Londres comigo, câmera na mão; e ao efervescente Jan Kaplan, que possui um impressionante arquivo de fotos relacionadas à história tcheca e eslovaca. Desde o início, procuramos alguém para desenhar os mapas certos. Nossas preces foram atendidas através da jovem e talentosa Laura Lee.

Trabalhar num livro requer muito tempo, algo que pode desviá-lo de outras obrigações. Tenho o privilégio de trabalhar todos os dias em meio a uma equipe compreensiva no AlbrightStonebridge Group, incluindo meus colegas Sandy Berger, Tony Harrington, Jim O'Brien, Anne Fauvre, Jen Friedman, Wyatt King, Sarah Lincoln, Matt McGrath e Fariba Yassaee. Agradecimentos especiais vão para Suzy George por seus vislumbres incisivos e ajuda em lidar com os muitos elementos deste empreendimento; para Mica Carmio, que tinha um interesse especial pelo assunto; para Erin Cochran, que trabalhou conjuntamente com a Harper-Collins e forneceu comentários ponderados durante o processo; e para Juliana Gendelman e Robyn Lee, que dedicaram muitas horas de seu tempo me ajudando a usar mais eficientemente o meu.

Finalmente, gostaria de expressar meu apreço a outros que ajudaram no decorrer de minha pesquisa ou que foram suficientemente gentis em compartilhar suas próprias lembranças de família, incluindo Jan Drabek e Veronika Herman Bromberg. As memórias inéditas de Renata Kauders e Hana Stránská também encontram um lugar nesta categoria. Sou grata a Helen Epstein por me enviar os textos dos discursos pelo rádio de Jan Masaryk durante a guerra. Ela também foi a tradutora para o inglês da esplêndida história de Heda Margolius Kovály da Tchecoslováquia em meados do século, *Under a Cruel Star*. Rachelle Horowitz ofereceu o tipo de conselhos francos que só ela consegue dar. Leslie Thompson forneceu grande ajuda nos estágios iniciais da coleta de material. Anne Furlong, da igreja do Sagrado Coração, em Berkhamsted, confirmou informações sobre meu batismo. Helen Fedor, da Biblioteca do Congresso, foi rápida e abrangente ao responder às minhas perguntas. Jeff Walden do BBC Written Archives Centre, Caversham Park, deu acesso a documentos ligados à carreira de meu pai no rádio. Stephen Plotkin, da Kennedy Library, gentilmente respondeu a perguntas sobre o embaixador Joseph Kennedy. Finalmente, gostaria de agradecer a Petr Vitek, o proprietário do Hotel Sax, não apenas por oferecer acomodações maravilhosas em Malá Strana, mas por me levar pessoalmente de carro a todos os compromissos.

Créditos

Com exceção das observações a seguir, todas as imagens são cortesia da autora. Agradecimentos especiais vão para as seguintes instituições e indivíduos pela permissão de reproduzir imagens em sua posse:

Jan Kaplan Archive (páginas 26, 145, 157, 332, 333, 349); CTK PHOTO (páginas 28 [Martin Štěrba, René Fluger], 36, 50, 172, 179, 212, 219, 221, 222, 231, 235, 274, 277, 298, 341, 363, 407 [Michael Kamaryt], 410); Time & Life Pictures/Getty Images (páginas 31, 33); Edu-art Prague/ Andrej Šumbera (página 33); Alena Korbel (páginas 63, 254); Bundesarchiv, Bild (páginas 110 (183-R69173), 112 (183-H13116)); Associated Press (páginas 115, 189, 201, 316); Dáša Šimová (páginas 135, 287); Václav Havel (página 148); Pedro Mahler (páginas 169, 174, 248, 252, 297); National Archives (página 187 [306-NT-901F-2743V]); coleções do Arquivo Fotográfico do Museu Judaico de Praga (páginas 257, 266); Memorial de Terezín (páginas 258 [Franktišek Mořic Nágl, dormitórios da prisão, PT 6728, © Alexandra Strnadová], 259 [o interior do crematório, FAPT 6283], 281 [um cartaz da ópera infantil de Hans Kráza *Brundibár*, PT4010, Hermann's Collection, © Zuzana Dvořaková]); Arquivo Fotográfico Yad Vashem (página 285); ICRC (página 287); e Robin Blackwood (página 433).

Todos os mapas de Laura Lee.

Fotografia da capa (regimento de soldados nazistas desce marchando a Ponte Carlos): CTK PHOTO.

Fotografia da contracapa (Ponte Carlos): Frank Chmura/Getty Images.

Sou especialmente grata pela permissão em reproduzir os poemas nas páginas 7 e 225 de *We are children just the same*: Vedem, *the secret magazine by the boys of Terezín* © 1994 de Petr Ginz e Hanuš Hachenburg, publicado pela Jewish Publication Society.

Índice remissivo

Os números de páginas em itálico referem-se a fotografias e ilustrações.

Agente 54 (Paul Thümmel), 86, 122
Alberto II, rei da Bélgica, 313
Albright, Alice (filha), 12
Albright, Anne (filha), 12
Albright, Katharine "Katie" (filha), 12, 62n
Albright, Madeleine, 423-30
  ascendência judaica, 203, 205-6, 251, 427
  catolicismo, 203-6
  estudos de, 300-1, 339, 367, 389-90, 418
  na Inglaterra, 168-71, *169*, 189, *203*, 300-2, 319, 418, *461*
  na Iugoslávia, 363-64, *365*, 367, 383-85, *384*
  nascimento de, 71
  em Praga, *72*, *135*, 336-39, 384
  na Suíça, 389-90, 418, *419*
Aleichem, Sholem, 263
alemães dos Sudetos:
  categorias de, 351
  confisco das propriedades dos, 347, 351, 353, 356
  deportações "ordeiras e humanas" dos, 352-53
  e crimes contra a humanidade, 354, 355-57
  exilados na Inglaterra, 244
  expulsão dos, 244, 274, 276, 278, 339, 346-58, 373
  fuzilamento, maus-tratos, tortura dos, 347-51, *349*, 354, 356
  na República da Tchecoslováquia, 58, 75-78, 85, 86-87, 89-90, 94-95, 96-105, 244
Alemanha:
  ambições territoriais, 69, 73-74, 89-90, 149, 166-67, 206-9, 246; *ver também nações específicas*
  Anschluss e, 89, 98, 216
  ascensão ao poder do nazismo, 82-83
  Conferência de Munique e, 109-11, *110*, 117
  educação na, 77-78
  encontro de Nuremberg, 98-99, 100
  espionagem e, 102
  fascismo e, 83, 87, 95
  força militar da, 95-96
  Gestapo, 216
  guerras e *ver* Primeira Guerra Mundial; Segunda Guerra Mundial
  libertação da Alemanha Oriental, 425
  Luftwaffe, 82, 96, 181-85, 190, 202
  pacto Hitler-Stalin, 138-39, 175, 200, 206-7, 208
  propaganda, 90, 98-99, 114, 159, 249, 279
  submarinos, 306
  V-1, 303-6
  V-2, 310-12
  ver também Hitler, Adolf
aliança magiar, 38
Anschluss, 89, 98, 216
Attlee, Clement, 352
Auschwitz, 282, 284, *285*, 286, 290, 290n, 292-93, 295, 296, 299, 326
Áustria, 41-42, 44, 52, 57-58

e Anschluss, 89, 98, 216
antissemitismo na, 216-17
invasão alemã da, 88-89, 93, 99
e União Soviética, 319
Avó, A (Němcová), 14, 23, 149

Baarová, Lída, 149
Baeck, Leo, 282
Bálcãs, ambições alemãs em relação aos, 89, 206
Baldwin, Stanley, 163
Barbier, Jiří, 283, 292-93, 341
Batalha da Inglaterra, 166, 181-91, 196-97, 306
Batalha da Montanha Branca, 37, 347
Batalha do Bulge/Ardenas, 313-15
BBC, 166n, 167
A lenda de Honza e, 156-57
alcance das transmissões em tempo de guerra, *157*
explosão do V-1 e, 305
lorde Haw-Haw e, 177
sobre os campos da morte nazistas, 320
transmissões da Tchecoslováquia, *147*, 156-60, 209, 213, 215, 230, 233, 244-45, 249, 250, 284, 318, 323
transmissões dos EUA, 197
Bélgica:
aniversário das Ardenas, 313-15
invasão alemã da, 163
neutralidade da, 97
Beneš, Eduard:
abandonado pelos Aliados, 102-4, 110-11, 114, 116
abdicação, 120, 201
Acordo de Munique e, 110-11, 113-16, 129-30, 132-33, 159, 172, 174, 198-99, 270, 415, 416
alemães dos Sudetos e, 87, 94-95, 96-97, 99, 101, 244
ambições territoriais alemãs e, 206-7
ameaças nazistas, 93-99, 100, 102, 107
assassinato de Heydrich e, 220, 222-23, 230-31, 232, 233, 240-41
biografia, 87-88
Churchill e, 114-15, 132, 200-2, 207-8
colapso do governo e, 393-99, 402-3, 414-15
como presidente, 70, 172-73, 180, 272-74, 324, 327, 369, 389, 392, 402, 404, 405-7, 414-17
Conferência de Yalta e, 318
democracia e, 309-10, 378, 380-81, 402-3
doença e morte de, 387, 391, 415
envelhecimento, 199
Fierlinger e, 90-91, 323-24, 368
França e, 67, 87, 90, 97
governo no exílio, 130-34, 172-75, *174*, 180, 198-202, 270
Guerra Fria e, 391-93
Henlein e, 76, 87
Hitler e, 87, 206-7, 245, 416
independência da Tchecoslováquia e, 56-57
Iugoslávia e, 362, 366
legalistas tchecos e, 102-3, 132, 142-43, 157
liderança, 172-73, 277-78, 415-17
Liga das Nações e, 354
memórias de, 386-87
Ministério do Exterior e, 65-67, 359
mobilização para a guerra, 110-11
na Inglaterra, 122, 171, *179*, 199-202, *201*, 247
nacionalistas eslovacos e, 324-25
no exílio, 122, 129-30, 137, 142, 143, 277
nos EUA, 129-31, 273-75, *274*
otimismo, 87-88, 91, 111, 270, 273, 276, 279, 392
pacto Hitler-Stalin e, 138-39, 200, 208
partidários políticos de, 142, 143, 420
Pequena Entente e, 67
Polônia e, 307
Prêmio Nobel da Paz e, 132
Primeira Guerra Mundial e, 66-67
renúncia (1948), 414-15
Resistência e, 146-47
retorno a Praga, 323-24, 359
Segunda Guerra Mundial e, 111, 160, 167, 278-79
sobre a expulsão dos alemães (decretos de Beneš), 244, 274, 276, 278-79, 346-47, 351, 352, 353, 355, 356
transmissões pela BBC de, *147*, 158, 159, 245, 323
tribunais de crimes de guerra e, 357
União Soviética e, 57, 90-91, 93, 102, 107, 119, 207-8, 270-79, *277*, 307-10, 327-28, 333-34, 367-68, 378, 380, 386-87, 391-92, 415-16
Benešová, Hana (nascida Anna Vlčeková), 66, *179*, 180, 199, 200, 406
Bergen-Belsen, campo de concentração, 290n
Bevin, Ernest, 405
Birkenau, campo de prisioneiros, 284, 290, 296
Bismarck, Otto von, 27, 109
Blanka (governanta), 367
Boêmia, 13
católicos versus protestantes na, 33-37, 48
comunidade judaica na, 39, 46-47
controle alemão da, 27-28
democracia e, 43
educação na, 38, 149-50
Era da Realeza na, 37

indústrias na, 46, 73-74
na história, 29-33
na República da Tchecoslováquia, 57
nacionalistas, 41-46
Protetorado da (mapa), 214
taxa de alfabetização na, 46
urânio na, 368-69
Bohlen, Charles, 318
boio, povo, 30
Boleslav, 31
Bormann, Martin, 215
Boromejsky, Karel, 236, 238
Bósnia-Herzegovina, 48
Brandeis, Louis, 79
Brandon, Henry, 407
Bratislava, Eslováquia, 38, 144, 159, 325, 357, 381, 382
Braun, Wernher von, 312
Brecht, Bertolt, 242
Březina, Otokar, 427
British Empire League, 246
Buber, Martin, *Três endereços em Praga, 204*
Buchenwald, campo de concentração, 290n, 320, 397
Bullitt, William, 98
Byrnes, James, 373

Cadogan, Alexander, 139, 172, 316
ameaças alemãs e, 96, 104, 105, 116
Segunda Guerra Mundial e, 160, 164, 165, 304
Canadá, urânio no, 368
Capanga de Hitler, O (filme), 242
Čapek, Karel, 386
Uma prece para esta noite, 127
Carlos IV, rei da Boêmia, 32-33
Carmio, Mica, 290n, 463
Carrascos também morrem, Os! (filme), 242
Casablanca, 270
Catedral de São Vito, Praga, 33, 211, 237
Čech, 29-30, 256
Chamberlain, Neville, 80, 139, 159, 161-62
apaziguamento e, 83, 95-96, 100, 104, 107-9, 118, 131, 133, 137, 170
Conferência de Munique e, 109-10, *110*, 117-18, 119, 131, 134, 310
e dissuasão, 137, 138
encontros com Hitler, 100-3, 104-5, 137, 206, 278, 317
Plano Z e, 100
renúncia, 162
Segunda Guerra Mundial e, 161-62
Tchecoslováquia abandonada por, 93-95, 104, 117-18
Churchill, Winston S., 14, 161, 309
Acordo de Munique e, 118-19
Beneš e, 114-15, 132, 200-2, 207-8
carreira de, 163-64
como primeiro-ministro, 163, 170
eleições e, 352
Hitler e, 79-80, 176-77
Hopkins e, 195, 198
oratória de, 166
Praga e, 331
Roosevelt e, 164, 243, 270
Segunda Guerra Mundial e, 132, 163-66, 178, 185, 188, 243, 304, 306, 311
União Soviética e, 138, 207, 317
visita às tropas tchecas, 200-2, *201*
em Yalta, 315-19, *316*, 329
Clementis, Vladimir "Vlado", 160, *341*, 375, 418
Conferência de Paz de Paris e, 372, 374
morte de Masaryk e, 411
Partido Comunista e, 309, 327, 411
posição no governo, 327, 340-41, 372, 407, 419
prisão e morte de, 419
Clinton, governo, 12
Coleridge, Samuel Taylor, 311
Comitê Internacional da Cruz Vermelha (CICV), 285-89
Conan Doyle, Sir Arthur, "Um Escândalo na Boêmia", 41
Conferência de Munique, *110*, 130, 170, 318, 334, 391, 401
ambições alemãs na, 117
Beneš e, 110-11, 113-16, 129-30, 132-33, 159, 172, 174, 198-99, 270, 415, 416
causa e efeito, 278, 353, 355, 415
Chamberlain e, 109-10, *110*, 117-18, 119, 131, 134, 310
conjecturas da autora, 114-18
desacreditada, 172, 174, 198-99, 270
ocupação nazista da República da Tchecoslováquia e, 109-11, 113, 120
União Soviética e, 117, 119-20
Conferência de Paz de Paris (1919), 56-57, 66-67
Conferência de Paz de Paris (1946), 372-75, 376, 380
Conferência de Potsdam, 352
Conferência de Teerã (1943), 329
Conferência de Yalta, 315-19, *316*, 352, 359
Congo, urânio no, 368
Congresso Judaico Mundial, 250

Cristiano X, rei da Dinamarca, 284
Cromwell, Oliver, 162
Cruz Vermelha dinamarquesa, 284-86
Čurda, Karel, 229, 237, 239, 241, 357-58
Curie, Marie, 368
Czarska, Isobel Alicia, 17

Dachau, campo de prisioneiros, 123
Daladier, Édouard, 95, 97, 106-7, 278
 e Conferência de Munique, 109-11, *110*, 117
Davenport, Marcia, 375-76, 380, 400, 402, 403, 405, 407, 411, 412
De Gaulle, Charles, 270
Deiml, Rudolf (tio), 123, 134, 153, *287*
 enviado à câmara de gás, 293, 295
 rumores da sobrevivência, 337, 341
 em Terezín, 263, 283, 291
 transferência para Auschwitz, 291-93
Deimlová, Dagmar "Dáša" (Šimová) (prima), 19, 123, *135*, 417
 cartas de casa, 152-53
 e seu pai, 337, 341-42
 mudança para a Inglaterra, 134-37
 na Inglaterra, 168, 169, 171, *203*, 247, 301
 reencenação de Winton e, 136-37
 retorno a Praga, 336-37, 341-42
Deimlová, Margarethe "Greta" (tia), 123, 136, 152-53, 249, 255-56, 263-64, *287*, 295
Deimlová, Milena (prima), 123, 135-36, *135*, 152-53, 253
 desenho de, 265-66, *266*
 em Terezín, 263-66, 280, 283, 286, *287*
 transferência para Auschwitz, 294-95
Demetz, Peter, 70
Dia D, 303
Dicker-Brandeis, Friedl, 265, 293
Divórcio de Veludo, 426
Dobbs, Michael, 12
Doppler, Christian, 46
Doutrina Truman, 385
Drábek, Jaroslav, 357
Drolik (cão), 253-56, *254*
Drtina, Prokop, 65, 380, 401-2
 colapso do governo e, 394, 397
 como democrata, 379, 388, 394
 como ministro da Justiça, 347, 362, 394
 em Londres, 169, 191, 401
 governo no exílio, 173, 180
 memórias de, 16, 169
 Resistência e, 143, 169, 401
 tentativa de suicídio, 406, 411
Dvořák, Antonín:
 Requiem, 298
 Sinfonia Novo Mundo, 422

Eden, Anthony, 132, 179, 188, 201-2, 208, 250, 329
Eduardo VIII, ex-rei da Inglaterra, 80
Ehrmann, Alice, 294
Eichmann, Adolf, 123, 216, 218, 220, 284, 288, 296
Einstein, Albert, 46
Eisenhower, Dwight D., 315, 330-31, 333-34, 340, 382
Eliáš, Alois, 142, 208, 214
Elizabeth, princesa (futura Elizabeth II), 189
Elizabeth, rainha (esposa de Jorge VI), 179, *179*
Era da Realeza, 37
Eslováquia:
 como Tcheco-Eslováquia, 120-22
 comunidade judaica na, 46-47
 comunistas na, 324-27
 Divórcio de Veludo e, 426
 húngaros expulsos da, 373-75, 380
 independência da, 123, 126, 130, 172, 325-27, 393, 425-26
 mapa, 122
 na história, 38-39
 na República da Tchecoslováquia, 57, 199
 nacionalistas, 41, 120-23, 324-25
 perseguição dos judeus na, 325-26
Estados Unidos:
 Acordo de Munique e, 119, 130, 131
 ajuda à Inglaterra, 164, 195-98
 Beneš nos, 129-31, 273-75, *274*
 Doutrina Truman, 385
 e o pacto Hitler-Stalin, 138-39
 Guerra Fria e, 380-82
 Jan Masaryk nos, 180, 243, 375
 lend-lease e, *195-98*
 libertação de Praga e, 329-31
 mudança da família Korbel para os, 421-22, 423-24
 na Segunda Guerra Mundial, 243
 Plano Marshall, 378-80, 381, 389
 soberania da Tchecoslováquia reconhecida pelos, 56-57
 T. G. Masaryk nos, 54-55
Estúdios Ealing, 247

Fairbanks, Douglas, 60
Fejfar, Stanislav, 192
Ferdinando, arquiduque, 218

Ferdinando, imperador Habsburgo, 37
Fierlinger, Zdeněk, 90-91, 102, 275, 323-24, 368, 370, 388, 398
Finlândia, invasão soviética da, 161
Floresta Katyn, massacre da, 271, 274, 307
Fodor, tenente, 331
França:
ameaças alemãs à Tchecoslováquia e, 90, 95, 97-98, 100, 102-4, 106-7
Beneš e, 67, 87, 90, 97
Conferência de Munique e, 109-11, *110*, 113, 117, 119-20
Dia D na, 303
Inglaterra e, 100, 101-2
Linha Maginot, 97-98, 163-64, 278
prelúdios da guerra, 97, 139
Primeira Guerra Mundial e, 97
Renânia e, 69, 89, 117
Segunda Guerra Mundial e, 154, 161, 163, 164-67, 174, 181, 184, 206, 313-15
Tratado de Versalhes e, 68, 117
Tratados tchecos com a, 71, 90, 93, 97, 270, 379
União Soviética e, 67, 97, 102, 119-20
Frank, Anne, 290n
Frank, Karl Hermann "K. H.", 150, 212, *212*, 239, 357, 361
Frank, Margot, 290n
František, Josef, 193
Frente Patriótica dos Alemães dos Sudetos, 75, 86-87
Friedrich, príncipe (Alemanha), 37

Gabčík, Jozef (Pequeno Ota), 175, *208*, 209-10, 229-31, 235, 236, 237
Galípoli, campanha de, 163
Gandhi, Mohandas K. (Mahatma), 82, 163
Ginz, Petr, 7, 266-67, 291, 320
Ginzová, Eva, 320
Gluck, Alma, 375
Goebbels, Joseph, 90, 149
Goethe, Johann Wolfgang von, 65, 78, 87
Goldberger, Emmanuel, 351
Goldstücker, Eduard, 300, 305, 418-19, 420n
Göring, Hermann, 27, 124, 176, 181, 185
Gottwald, Klement:
Acordo de Munique e, 278, 401
Beneš e, 277-78, 401, 402, 414-15
eleições e, 370, 378, 388, 389
em Moscou, 277-78, 309, 324, 379
expulsão dos alemães dos Sudetos e, 278, 347
expurgos stalinistas e, 419
Korbel e, 392-93, 404-5
morte de, 420, 421
morte de Masaryk e, 409-11
Partido Comunista e, 277-78, 324, 369, 370, 378, 388, 389, 394-95, 397-98, 401, 402-3
reuniões para organizar o governo, 324, 360
tomada do poder e, 392-99, 400-1, 403, 404, 414, 415
União Soviética e, 277-78, 368, 369, 378, 379, 411, 420
Gottwald, Marta, 366
Grã-Bretanha *ver* Inglaterra
Grande Depressão, 68, 74
Grande Guerra *ver* Primeira Guerra Mundial
Grande Império Morávio, 38
Grant Duff, Shiela, *Europe and the Czechs, 133-34*
Grécia, 202, 385
Grenfell-Baines, Milena, 136
Guerra Austro-Prussiana (1866), 68
Guerra dos Trinta Anos, 391
Guerra Fria, 373, 376, 391-93, 420
corrida nuclear, 369
Cortina de Ferro, 417, 425
política de poder, 366, 380-82, 385-86
situação da Tchecoslováquia na, 20, 396, 401, 417
Guerras Napoleônicas, 376
Guilhermina, rainha da Holanda, 208
Gunther, John, 196

Haakon VII, rei da Noruega, 208
Habsburgo, Império, 36-37, 46, 52, 56, 391
Hácha, Emil:
assassinato de Heydrich e, 233
como presidente, 120, 141, 142, 172, 202, 241
coroa de Venceslau e, 211, *212*
invasão alemã e, 122-23
ocupação alemã e, 28, 124, 141-42, 208, 215
Hachenburg, Hanuš, *Terezín*, 225
Haile Selassie, imperador da Etiópia, 208
Halifax, Edward Wood, lorde, 80-81, 88, 89, 94-96, 101, 102, 107, 139, 162, 177
Hašek, Jaroslav, 53
Havel, Miloš, 149
Havel, Václav, 20, 149, 359, 428
desenhos na infância, 148, *148*
morte de, 20
Revolução de Veludo e, 12, 413-14
sobre a libertação de Praga, 334-35
sobre culpa coletiva, 354-55, 416
Havlíček, Karel, 43, 47
Haw-Haw, William Joyce, lorde, 177

Hebrang, Andrija, 418
Heine, Heinrich, 263
Henderson, Sir Nevile, 100
Henlein, Konrad, *115*
campanha de propaganda instigada por, 87, 95, 98
Frente Patriótica dos Alemães dos Sudetos e, 75, 86-87
fuga de, 99
invasão alemã dos Sudetos e, 121
Masaryk e, 76
objetivos bélicos, 87, 89-90, 95, 98
postura pró-nazista, 75, 76, 86-87, 89, 95, 96-97, 100, 121, 358
separatistas eslovacos e, 121
suicídio, 358
Henrique V, rei da Inglaterra, 81
Herman, Daniel, 19
Heródoto, 177n
Herzl, Theodor, 47
Hess, Alexander, 191-92
Heydrich, Reinhard, 212-16, 424
assassinato de, 220-23, 230-33
brutalidade de, 213-14, 244
como *Protektor* interino, 212, 213-16
coroa de Venceslau e, 211, *212*, 215
represálias pela morte de, 234-37, 240-41, 242, 253
Resistência tcheca e, 213-14, 215, 227, 228, 231, 240
solução final da questão judaica e, 216, 217-18
Terezín e, 218
Hilsner, Leopold, 49
Himmler, Heinrich, 212-13, 216, 232, 264, 283-85, 289-90
Hindenburg, Paul von, 68
Hiroshima, Japão, 368
Hitler, Adolf:
ambições territoriais de, 69, 73-74, 89-90, 149, 166-67, 206-9, 246
Beneš e, 87, 206-7, 245, 416
Chamberlain e, 100-3, 104-5, 137, 206, 278, 317
Conferência de Munique e, 109-11, *110*, 120, 174
discurso em Nuremberg de, 98-99, 100
discursos de, 90, 159, 177
França e, 166-67
Inglaterra e, 79-81, 83, 89, 160, 166, 175-80, 181, 185, 193, 206
Mein Kampf, *65*, *80*, *176*, *361*
morte de, 320, 330
munições e, 310, 312
oponentes políticos de, 95
pacto Hitler-Stalin, 138-39, 175, 200, 206-7, 208
raça e, 78, 80
República da Tchecoslováquia e, 12, 13, 27-28, 94-101, 104-7, 109, 113, *115*, 116, 121, 215, 373-74, 420, 425
sobre a educação, 78
Stalin e, 138-39, 206-7, 278-79
subida ao poder, 68-69, 71, 74, 79-81, 87, 141, 310, 355
valores de família e, 149
Hitler dá aos judeus uma cidade (filme), 290
Holanda, invasão alemã da, 163
Holocausto, 205-6, 249-50, 283-84, 296, 424
Holzer, Vilém, 290n
Homem e seu cachimbo, Um (documentário), 424
Hopkins, Harry, 195, 198, 202, 275
Howard, Leslie, 197
Hungria, 41, 57, 122
húngaros expulsos da Eslováquia, 373-75, 381
libertação da, 425
reino da, 38
reivindicações territoriais da, 109, 120, 172
União Soviética e, 419
Hus, Jan, 33-34, *34*, 38, 48, 52, 65, 105, 111, 146, 301, 309, 337, 395, 402
hussita, movimento, 35-36

Ilhas do Canal, 154
Iluminismo, 41
Império Austro-Húngaro:
Bósnia-Herzegovina e, 48
burocracia do, 44
direitos das minorias no, 44-46, 76, 354
exército do, 53
independência da Tchecoslováquia, 52-56
mapa, *42*
origem do, 42
Império Otomano, 52, 81
Índia, como colônia britânica, 82, 163
Inglaterra:
abrigos no metrô, 187-88, *189*
ajuda americana à, 164, 195-98
ameaças alemãs à Tchecoslováquia e, 90, 93-97, 102-4, 105-7
apaziguamento e, 83, 98, 100, 106-9, 131, 170
Batalha da Inglaterra, 166, 181-91, 196-97, 306
bombardeio das docas de Surrey, 186, *187*
bombardeios de Londres, 185-91, 193, 196, 197, 202, 217
bombas V-1 lançadas na, 303-6
bombas V-2 lançadas na, 310-12
Chamberlain e *ver* Chamberlain, Neville

Churchill e *ver* Churchill, Winston S.
Conferência de Munique e, 109-11, *110*, 113, 117-18, 119, 170, 318
crianças evacuadas da, 155-56, 306
Dunquerque, 165, 167
espionagem, 305
Força Expedicionária Britânica, 165
França e, 100, 101-2
fraquezas da, 81-83, 95-96
governo tcheco no exílio, 14, 18, 87, 130-34, 172-75, *174*, 180, 198-202, 209, 270, 335, 420
dissuasão e, 137, 138
Hitler e, 79-81, 83, 89, 160, 166, 175-80, 181, 185, 193, 206
Kindertransport para, 134
lend-lease e, *195-98*
mudança da família Korbel para, 122, 123-24, 125-26
Noruega e, 162
pacto Hitler-Stalin e, 139
paz desejada pela, 81-83, 97
Polônia e, 137, 138, 317
prelúdios da guerra e, 95-96, 139, 177-80, 182
Primeira Guerra Mundial e, 81-82, 154-55
propaganda na, 161-62, 197
refugiados políticos na, 137-38, 151-52, 156
Segunda Guerra Mundial e, 154-67, 178, 181-94, 303-6, 310-12
tropas americanas na, 302-3
União Soviética e, 138, 207, 317
Instituto Tcheco, 199
Israel, 419
Itália:
Conferência de Munique e, 109, *110*
Segunda Guerra Mundial e, 166
Iugoslávia:
comunismo na, 386, 391, 392, 418
demissão de Korbel da, 121-22
família Korbel na, 71-73, 113, 341, 362-67, 383-85
Pequena Entente e, 67
Plano Marshall e, 379
projetos alemães para, 202

Jáchymov (mina), Boêmia, 368-69
Janeček, Theodor, 261
Jankovic, família, 383
Jankovic, Nidza, 383, *384*
Jánošík, Juro, 38
Japão:
bombas atômicas usadas no, 368
Pearl Harbor, 243
Segunda Guerra Mundial e, 243, 317
Jesus de Nazaré, 34
Joana D'Arc, 35n
João de Nepomuk, São, 337
Jorge VI, rei da Inglaterra, 162, 189
José II, imperador, 39-40, 218
Joyce, William (lorde Haw-Haw), 177
judeus:
antissemitismo, 47, 49, 77, 89, 90, 99, 121, 142, 151, 205-6, 213, 216-20, 249-50, 252-56, 325-26
campos de trabalhos forçados, 249, 253, 325-26
confisco das propriedades, 149, 151, 216, 325
da Dinamarca, 284-86
em Terezín *ver* Terezín
emigração para a Palestina, 79, 123, 216
Holocausto e os, 205-6, 249-50, 283-84, 296, 424
identidade nacional, 46-47, 78-79
massacres de, 160, 213, 249-50, 283, 284, 337, 338
não religiosos, 60-61
refugiados políticos, 134
resistência antinazista, 143
sionismo e, 46, 47, 204
solução final e, 216, 217-18, 268
transferência para campos de morte, 218-20, 253

Kafka, Franz, 13, 46, 257, 420n
Kapper, Siegfried, "Não digam que não sou um tcheco", 47
Karpišek, Arnošt, 404
Kašperová, Tereza, 236
Kauders, Renata, 175
Keitel, Wilhelm, *115*, 117
Kennan, George F., 25, 116, 143, 146, 202
Kennedy, John F., 83, 312
Kennedy, Joseph, Jr., 312
Kennedy, Joseph, sr., 164, 197
Khrushchev, Nikita, 139
Kindertransport, 134
Kipling, Rudyard, "Se", 199, 202
Klee, Paul, 265
Klinger, Oskar, 406, 413
Knox, Frank, 242
Komenský, Jan Ámos, 37-38
Körbel, Arnošt (avô), 44, 126, 204, 253-56, *254*, 296
antissemitismo e, 253, 255
em Terezín, 260, 295
morte de, 260
negócio de, 60, 123, 202
transporte para Terezín, 255-56

Korbel, família, 296
  Acordo de Munique e, 143
  ascendência judaica, 203, 205-6, 251, 427
  asilo político e, 404-5, 417, 422, *422*
  catolicismo e, 203-6
  em Praga, 64-65, 253-55, 336-39
  história da família, 11-13
  mudança para a Inglaterra, 122, 124, 125-26
  na Inglaterra, 14, 129, 137-38, 168-71, 188-89, 300-6, 319, 418
  na Iugoslávia, 71-73, 113, 341, 362-67, 383-85
  nos EUA, 14, 421-22, 423-24
  perdas sofridas, 296, 342
  trema retirado do nome da, 205
Korbel, George (primo), 202, *203*, 205
Körbel, Gert (primo do pai), 296
Körbel, Jan "Honza" (tio), 123, 156, 202, 337, 409
Korbel, John (irmão), 12, 251-52, 382, *382*, 418, 422
Korbel, Josef (pai), 17, *203*, 247, 363
  artigos de, 15-17, 55-56, 64, 342-45, 361, 364, 415, 427
  assassinato de Heydrich e, 232-33
  bombardeios de Londres e, 191
  carreira de, 63-64, 71-73, 121-22, 132, 202, 418, 421, 423-24
  casamento, 62-63, *63*
  Conferência de Paz de Paris (1946), 372-75
  Conferência de Yalta e, 317-18
  conselho legalista e, 102-3
  contatos políticos, 65, 129, 132-34, 158, 404-5
  emigração aos EUA, 421-22
  governo no exílio e, 14, 132, *173*, 233, 244-45, 272
  Guerra Fria e, 385-87, 391-92, 418
  inimigos políticos, 19
  mobilização e, 105-6
  morte de Masaryk e, 411
  morte de, 423
  Nações Unidas e, 404-5, 418, 421-22
  nascimento e primeiros anos de, 60-65, 67-68
  prêmios e homenagens a, 385, 423-24
  Resistência tcheca e, 143
  retorno a Praga, 339-40, 383
  tarefas de propaganda de, 132, 156, 209-10
  trabalho no Ministério das Relações Exteriores, 63-65, 339-41, 362-67, 421
  transmissões da BBC, 156-60, 173, 209, 233, 244-45, 284, 318
Körbel, Karel (tio-avô), 296, *297*
Korbel, Pamela (esposa de John), 12
Korbelová, Alena (prima), 202, *203*, 204-5, *254*
Körbelová, Irma (Paterová) (tia-avó), 220, *297*
Korbelová, Katherine "Kathy" (Silva) (irmã), 12, 246-48, 251, 300-2, 305, 319, 336, 337, *365*, 367, 372, *384*, 418, 422
Korbelová, Mandula (nascida Anna) (mãe), 17-18, *18*, *203*, 247, 253, 417, 424
  casamento, 63, *63*
  espiritualidade de, 204, 247-48, 371-72
  infância da autora e, 29, 371, 389
  morte de Masaryk e, 411
  na Inglaterra, 129, 134, 142, 170-71
  na Iugoslávia, 371-72
  primeiros anos de, 61-64
  retorno a Praga, 342
Korbelová, Marie Jana *ver* Albright, Madeleine
Körbelová, Marta (tia-avó), 175n, *297*
Korbelová, Ola (tia), 202, *203*, 205, 337
Körbelová, Olga (avó), 60, *72*, 126, 253, 255-56, 258, 260, 264, 283, 292, 294, 295, 342
Krajina, Vladimír, 361-62
Kraus, František R., 298-99
Kraus, Tomáš, 19, 299
Krejčí, Ludvík, 99
Kubiš, Jan (Grande Ota), 175, 222-23, *222*, 229, 230-32, 236, 237, 238
Kyšperk, Tchecoslováquia, 55, 60-61, 383

La Guardia, Fiorello, 130
Lang, Fritz, 242
Lawrence, David, 130
Legião Tcheca e Eslovaca, 53, 55-56, 70, 90
Lenin, Vladimir, 53, 67, 310, 361, 369
Lessing, Gotthold, 87
Libuše (ópera), 43
Libuše (profetisa), 29-30
Lídice:
  destruição de, 234-37, *235*, 240, 242, 244, *298*, 429
  trabalho de equipe em, 297-99
  tribunais de crimes de guerra e, 357
Liga das Nações, 71, 82, 102, 115, 119, 123, 168, 273, 354
Lippmann, Walter, 130, 417
Liszt, Franz, 257
Lloyd George, David, 80, 160
Lockhart, Bruce, 240, 244, 403, 412
Londres *ver* Inglaterra
Luxemburgo, invasão alemã de, 163

Mach, Ernst, 46
Mackenzie, Compton, 87

MacMillan, Margaret, 56
maçons, discriminação contra os, 142
Madagascar, judeus exportados para, 217
Madla da fábrica de tijolos (peça), 71
Mahler, Karel (primo do pai), 175n
Mahler, Pedro (filho do primo do pai), 175n
Mann, Thomas, 77-78, 257
Maria Teresa, imperatriz, 40
Marinha Real britânica, 96, 107, 117, 166
Marshall, George C., 379, 380
Marti, Roland, 289
Masarík, Hubert, 110
Masaryk, Charlotte Garrigue, 48, 66
Masaryk, Jan, 321, *341*, 429
  Acordo de Munique e, 118
  a ameaça nazista e, 102, 105
  assassinato de Heydrich e, 232-33
  colapso do governo e, 396, 397, 400-4
  como ministro do Exterior, 327, 340, 402, 403, 405-6
  comunistas e, 310, 370, 388, 389, 396
  Conferência de Paz de Paris e, 372-75, 376
  Davenport e, 375-77, 380, 400, 402, 403, 405, 407, 411, 412
  e seu pai, 377, 402, 405-6, *406*
  em Londres, 75, 118, 132, 170-71
  funeral de, 409-11, *410*, 414, 417
  governo no exílio e, 132, 156, 173, *173*, 198, 245-46
  Hitler e, 89
  horas finais de, 403-4, 405-8
  Korbel e, 16, 132, 371, 385, 396
  liderança e, 415, 416-17
  morte de, 408, 409-14, 425
  Nações Unidas e, 368, 375, 381
  nascimento de, 48
  nos EUA, 180, 243, 375
  Plano Marshall e, 379-80
  Polônia e, 318
  renuncia como representante na Inglaterra, 118
  saúde ruim de, 400, 407
  sobre a expulsão dos Sudetos alemães, 243-44
  sobre o nacionalismo, 376-77
  transmissões da BBC, 156, 159, 160, 209, 245
  União Soviética e, 380-81
  visita à Iugoslávia, 370-71
  volta para casa, 323
Masaryk, Tomáš G., *50*, 402, *406*, 424
  aniversário de nascimento, 159, 405, 412
  Conferência de Paz de Paris e, 56-57
  discurso de posse de, 58
  envelhecimento e morte de, 70-71, 74
  nos EUA, 54-55
  funeral de, 70, 409, 414
  independência e, 52-56, 58, 130
  Korbel e, 16, 65
  nacionalismo e, 50-51
  nascimento e primeiros anos de, 47-51
  princípios de, 71, 79, 85, 142, 172, 198, 204, 309, 355, 369, 374, 378, 397, 413, 416, 427
  República da Tchecoslováquia e, 58-60, 120
  União Soviética e, 275, 276
Mastný, Vojtěch, 110
McAuliffe, Anthony, 314
Mengele, Josef, 290, 293
Meu país (Smetana), 146
Ministério do Exterior tcheco, trabalho de Korbel para, 65
Molotov, coquetel, 161
Molotov, Vyacheslav, 138, 206, 318, 379, 416
Mommsen, Theodor, 43
Montgomery, Bernard Law, 340
Moravcová, Marie, 227-29, 231, 236, 237, 238, 241
Moravec, Alois, 227, 238, 240
Moravec, Ata, 227, 229, 238, 240, 241, 338
Moravec, František, 86, 87, 123, 124, 134, 169, 173, 240
Morávia, 151, 211, 328
  controle alemão da, 28
  Grande Império Morávio, 38
  indústrias na, 46, 73-74
  Protetorado da (mapa), 214
  na República da Tchecoslováquia, 57
Morrison, Herbert, 305-6
Murrow, Edward R., 196, 250, 320
Mussolini, Benito, 109, *110*, 139, 194, 245

Nações Unidas, 273, 313
  criação, 315, 317, 318
  Korbel e, 404-5, 418, 421-22
  Masaryk e, 368, 375, 381
Nagasaki, Japão, 368
Napoleão Bonaparte, 92, 95, 270
Němcová, Božena:
  A avó, 23, 149, 429
  "Às mulheres boêmias", 43-44
Neruda, Jan, 47, 343
Neugraben, campo de concentração, 290n
Neurath, Konstantin von, 141, 149, 212, 214
New British Broadcasting Station, Alemanha, 177-78
Nicolson, Harold, 100, 309

Noruega, invasão alemã da, 162
"Nunca se Renda", 242

Obama, Barack, 102n
"Onde Está Meu Lar?", 14, 56, 273, 401
Opálka, Adolf, 228-31, 236, 238-39
Operação Águia, 181
Operação Antropoide, 221, 229
Operação Barbarossa, 217
Operação Overlord, 303
Operação Reinhard, 218
Operação Sudeste, 122
Opletal, Jan, 146-47
Organização do Tratado do Atlântico Norte (OTAN), 425
Oriente Médio, mandato britânico no, 81, 123
Orwell, George, 311, 417
OTAN *ver* Organização do Tratado do Atlântico Norte

pacto Hitler-Stalin, 138-39, 175, 200, 206-7, 208
Pater, Oscar (tio-avô), 220
Paterová, Herta (prima do pai), 220
Paterová, Irma Körbelová (tia-avó), 220, *297*
Patton, George S., 314, 319, 330, 331, 334
Peake, Charles, 404-5
Pearl Harbor, 243
Pequena Entente, 67
Petherick, Maurice, 318
Pio II, papa, 35
Plano Marshall, 380-81, 389
Plano Verde, 89
Plzeň, campo de trabalhos forçados, 290n
Polônia:
  Conferência de Yalta e, 315-19
  França e, 97
  fraternidade pan-eslava e, 45
  fronteiras da, 57, 317
  Inglaterra e, 137, 138, 317
  invasão alemã da, 139-40, 156, 160, 181, 213
  levante antifascista na, 326
  libertação da, 425
  massacre da Floresta Katyn, 271, 274, 307
  massacre de judeus na, 249-50, 253, 283, 284
  reivindicações territoriais da, 109, 120, 271-72
  transporte de judeus para a, 217, 253
  União Soviética e, 119-20, 139-40, 160, 306-8, 317-19
Ponte Carlos, Praga, 32n
Praga:
  bombardeio americano de, 336
  censura em, 209-10
  colapso do governo em, 394-99
  comunidades judaicas em, 19, 253
  congresso pan-eslavo (1848) em, 391
  cultura em, 84-85, 142
  diversidade em, 32, 44, 78
  Exército Vermelho em, 328-29, 332-33, *333*, 335
  família Korbel em, 64-65, 253-55, 336-39
  governo títere tcheco em, 208, 233
  greve geral em, 104
  guilhotina usada pelos nazistas em, 145, *145*, 338
  Hitler em, *28*
  infância da autora em, 336-39
  lei marcial em, 213
  libertação de, 329-35, *332*, *333*, 381-82
  na história, 30-31, 64
  ocupação alemã de, 28, *28*, 141-53, 425
  Palácio Černín em, 339
  Palácio Peček, 238
  refugiados políticos em, 125-26
  retomando seu país, 330-32, *332*, 335
  tropas alemãs em, *26*, 27-28, 129, 131
  visitas da autora a, 19-21, 383
Přemyslid, dinastia, 31, 32, 347
Priestley, J. B., 197
Primavera de Praga, 413, 420n
Primeira Guerra Mundial:
  Beneš e, 66-67
  Conferência de Paz de Paris (1919), 56-57, 66-67
  EUA e, 54
  França e, 97
  Inglaterra e, 81-82, 154-55
  início da, 52, 155
  Masaryk e, 130
  prisioneiros políticos na, 218
  Tratado de Versalhes, 68, 82, 117, 130
Princip, Gavrilo, 218

radar, 182, 184, 186
Rahm, Karl, 294, 295, 357
Redlich, Gonda, 268, 268n, 283, 291
Reforma Protestante, 34
"Relâmpagos sobre os Tatras", 56
Renânia, ocupação alemã da, 69, 82, 89, 99, 117
República da Tchecoslováquia:
  abandonada pelos Aliados, 93-95, 97-98, 102-3, 110-11, 113-14, 116-17, 119-20
  Acordo de Munique e, 109-11, 113, 120
  ameaças alemãs à, 90, 93-109
  Comunistas na, 90
  Conferência de Paz de Paris (1919), 56-57, 67

conjecturas sobre Munique e, 114-19
disposição em lutar, 113-14, 116, 120, 124-25, 192, 208, 334
diversidade na, 57-58, 77, 355
espionagem na, 86, 102, 122-23, 143, 173, 209
fascismo na, 77, 78
fronteiras da, 56-58, 86, 99, 109, 120
independência da, 52-57, 130, 355, 385
indústria bélica na, 85-86, 138, 149, 167
mapa (1919-1938), *58*
mobilização para a guerra, 105-6, 107, 111, 113
nacionalistas dos Sudetos na, 75-77, 78
Pequena Entente e, 67
primeira década da, 58-60
Primeira Guerra Mundial e, 52, 130
reconhecimento norte-americano da, 55-56
Sudetos alemães na, 58, 75-78, 85, 86-87, 89-90, 94-95, 96-105, 244
tratados franceses com, 71, 90, 93, 97, 270, 379
União Soviética e, 67, 71, 90-91, 93, 102, 107, 206-9
República Tcheca:
e Divórcio de Veludo, 426
pesquisa da família Korbel na, 251
Reston, James "Scotty", 196
Revolução Bolchevique, 53
Revolução de Veludo, 12, 20, 146n, 402n, 414
Ribbentrop, Joachim von, 27-28, 416
Ribnikar, Jara, 72, 366
Ribnikar, Vladimir, 72, 366
Ripka, Hubert, 132-34, 173, *173*, 249,250, 393-96, 397-98, 400, 401, 414
Romanovs, Império dos, 52
romantismo, 78
Romênia:
libertação da, 425
Pequena Entente e, 67
União Soviética e, 119, 419
Rommel, Erwin, 163-64
Roosevelt, Eleanor, 131
Roosevelt, Franklin D., 98, 159, 188, 271
Beneš e, 273-75, *274*
Churchill e, 164, 243, 270
em Yalta, 315-19, *316*
lend-lease e, 195-96, 198
morte de, 319-20
neutralidade e, 130-31
Rossel, Maurice, 286, 288-89
Royal Air Force (RAF), 96, 164, 175, 183-85, 193, 460
Runciman, Walter, lorde de Doxford, 96-97
Rutênia Subcarpática, 57
Rutênia, 57

Sacro Império Romano-Germânico, 32, 35
Saint-Exupéry, Antoine de, 164
Sarajevo, assassinato em, 52
Schiff, Vera, 269
Schiller, Friedrich, 87
Schwenk, Karel, 282
Segunda Guerra Mundial, 424-25
aniversário das Ardenas, 313-15
Conferência de Paz de Paris (1946), 372-75, 376, 380
declaração de guerra, 155, 156
destruição na, 319, 336, 338
Dia D, 303
Dia da Vitória, 352
entrada dos EUA na, 243
Europa primeiro, 243
França e, 154, 161, 163, 164-67, 174, 181, 184, 206, 313-15
"guerra de mentira", 154
início da, 14-15, 139-40, 155
lições da, 426
na Inglaterra, 154-67, 178, 181-94, 303-6, 310-12
na Tchecoslováquia, 111, 334
prelúdios à, 139-40, 182-83
preparativos para, 86, 95, 106-7, 161-62
tribunais de crimes de guerra, 355-57
Shakespeare, William, 32
Shelley, Norman, 166n
Shirer, William, 184
Sikorski, Władysław, 307
Silésia, indústrias na, 46
Silva, Katherine *ver* Korbelová, Katherine
Šima, Vladimir, 417
Simpson, Wallis, 80
Sinagoga Pinkas, Praga, 13
sionismo, 46, 47, 204
Slavík, Juraj, 403
Smetana, Bedřich, 43, 146
Smolková, Jiřina, 290n
Sokol, organização de ginástica, 219, 369
Sonnevend, Jan, 236
Sotomayor, Sonia, 84n
Špaček, Jiří, 173
Spiegel, Alfred (avô), 61
Spiegel, família, 61-62
Spiegelová, Anna (mãe), 61-64; *ver também* Korbelová, Mandula
Spiegelová, Marie "Máňa", 248, *248*, 252

Spiegelová, Růžena (avó), 61, 71, *72*, 123, 126, 251-53, *252*, 296, 299, 342
Spies, Gerty, 258, 281
Spinka, František, 228
Stalin, Josef, 12, 233, 309-10, 385
 Acordo de Munique e,120
 a ameaça alemã à Tchecoslováquia e, 90
 Beneš e, 138-39, 200, 208
 comunistas tchecos e, 324-25, 368, 369, 387, 389, 401, 410
 em Potsdam, 352
 em Yalta, 315-19, *316*, 352, 359
 expurgos de, 91, 419
 funeral de, 420
 Hitler e, 138-39, 206-7, 278-79
 Iugoslávia e, 392, 418
 pacto Hitler-Stalin, 138-39, 175, 200, 206-7, 208
 Plano Marshall e, 380, 389
 Polônia e, 307, 317, 319
Starosta, Santa, 340
Steinhardt, Laurence, 381, 387, 388, 403, 412
Stránská, Hana, 340, 348, 350, 351
Stránský, Jan, 164-65, 204n
Stránský, Jaroslav, 204, 250, 397
Stránský, Milada, 204
Strauss, Oskar, 257
Struther, Jan, 137
Sudetos:
 ameaça nazista aos, 101, 103-4, 109
 fronteiras dos, 120
 Grande Depressão e, 68
 Hitler nos, *115*
 ocupação alemã dos, 104, 111, *112*, 120
 secessão dos, 104
 violência nos, 99
Švejk, o bom soldado, 53, 241, 403, 408
Svoboda, Ludvík, 370, 392
Syrový, Jan, 104

Táborský, Eduard, 132, 222, 398
Tcheco-Eslováquia:
 após Munique, 120-21, 122-23
 Eslováquia *ver* Eslováquia
 mapa, *122*
Tchecoslováquia:
 Boêmia e *ver* Boêmia
 busca de reconhecimento, 131-34, 198-99, 201-2, 207, 271
 Carta 77, 402n
 cinema na, 149
 clandestinidade e resistência, 142, 143-47, 169, 209-10, 212-16, 220-23, 227-32, 240-41, 249, 272, 278, 339, 357
 colapso do governo na, 392, 393-99, 400-1, 402-3, 414-15
 comunistas na, 309-10, 323-24, 327-28, 335, 359-62, 368, 369-70, 378-82, 386, 387-89, 391-99, 401, 402-3, 404-5, 408, 409-10, 411-12, 415, 418-19
 Conferência de Paz de Paris (1946) e, 372-75, 380-81
 crimes de guerra e, 355-58
 democracia e, 43, 355, 359, 369, 381, 387, 393, 398
 Divórcio de Veludo, 426
 educação na, 149-50, 153
 eleições na, 369-70, 378, 387-89, 393, 395
 expulsão dos alemães da, 243-50, 274, 276, 278, 339, 346-58
 expulsão dos húngaros da, 373-75, 381
 Forças Armadas no exílio, 174-75, 200-1, 209, 335
 fronteiras da, 146-47, 172, 180, 199, 401
 germanização da, 150
 governo no exílio *ver* Inglaterra
 governo provisório da, 327-30
 governo-fantoche *ver* Hácha, Emil
 Guerra Fria e, 20, 396, 401, 417
 invasão alemã da, 25-28, *26*, 252
 julgamentos teatrais comunistas na, 419
 nacionalistas, 41-46, 48, 50-51, 52, 150, 369-70, 426
 ocupação alemã da, 28, *28*, 109-12, *112*, 113, 120, 124-26, 129, 138, 141-53, 172, 213-14, 220-23, 227-32, 339
 papel da imprensa na, 64-65, 199
 república *ver* República da Tchecoslováquia; República Tcheca
 retirada das tropas da, 367-68
 Revolução de Veludo, 12, 20, 146n, 402n, 414
 Solidariedade Nacional (SN), 142
 taxa de natalidade na, 150-51
 União Soviética e, 270-79, 307-10, 318, 327-29, *333*, 368-69, 380-81, 387, 419
 urânio e, 368-69
Tchekhov, Anton, 47
Terezín (Theresienstadt), 40, 280-99
 alojamentos de dormir em, *258*
 artes e cultura em, 280-82, *281*
 Conselho Judaico dos Anciões, 259, 260, 267, 288, 293
 crematório em, *259*
 educação em, 262-63

forças de segurança em, 261
fuga de, 261
gueto de, 218-20, *219*, 260-69, 299
índice de mortes em, 259-60
"instalação modelo" de, 283, 285-90, *287*
membros da família Korbel transferidos para, 255-69, 296
poema de Hachenburg, 225
população em, 260
regras e restrições em, 261-63
transporte de judeus para, 218-20, 256-59, *258*, 263, 284, 289, 290n
transportes partindo de, 253, 267-68, 296
Vedem (revista) produzida em, 266-67, 291
visita da autora a, 218, 289
Yad Ozeret em, 265
Tiso, Jozef, 122, 325-26, 357
Tito, Josip Broz, 362-67, *363*, 370, 371-72, 379, 383, 389, 418, 419
Tollett, Orlow, 190
Tolstoi, Leo, *Guerra e paz, 91-92*
Toynbee, Arnold, 80
Tratado de Versalhes, 68, 82, 117, 130
Trawniki, campo de trabalhos forçados, 253
tribos:
eslavas, 44
teutônicas, 44
Truman, Harry S., 330, 352, 382
Turquia, 385

União Soviética:
Acordo de Munique e, 117, 119-20
ambições territoriais da, 139, 172, 272, 274, 307
Beneš e *ver* Beneš, Eduard
cerco de Stalingrado, 270, 275-76, 279
Exército Vermelho, 91, 160, 207, 276, 295, 306-7, 308, 319, 323, 326, 328-29, 332, 335, 359, 360, 367, 369
expurgos stalinistas, 91, 419
França e, 67, 97, 102, 119-20
história reescrita na, 426
Inglaterra e, 138, 207, 317
invasão alemã da, 206-9, 212-13, 217, 270, 275, 278
pacto Hitler-Stalin, 138-39, 175, 200, 206-7, 208
Plano Marshall e, 379
Polônia e, 119-20, 139-40, 160, 306-8, 317-19
Revolução Bolchevique, 53, 80, 276
Segunda Guerra Mundial e, 334
sistema comunista e, 359-62, 389, 426
tratados tchecos com, 67, 71, 90, 91, 93, 107, 119, 307-8, 368-69, 380
urânio e, 368-69
Unidade dos Irmãos Tchecos, 37-38
Universidade Carlos, 32, 33, 43, 46, 63, 300, 391, 414, 417
Universidade de Denver, 423
URSS *ver* União Soviética

Václav *ver* Venceslau, rei/santo
Valčik, Josef (Zdenda), 229, 230, 231, 236
Vansittart, Sir Robert, 76
Venceslau, rei/santo, 31, *31*, 32
coroa de, 33, *33*, 211, 215
"Verdade prevalecerá, A" ("*Pravda vítězí*"), 12, 33
Viena, 41, 89
Voroshilov, Kliment, 67
Voskovec, Jirí, 84-85
Voz da América, 414

Watson-Watt, Robert, 182
Weiss, Jiři, 247
Weissová, Helga, 264-65
Wells, H. G., 159
Wilson, Woodrow, 54-55, 82, 131, 317, 424
Winant, John G., 197-98
Winchell, Walter, 130
Winton, Nicholas, 134-37
Woolton, lorde, 178

Žantovský, Michael, 18, 462
Zenkl, Petr, 388, 395, 397
Žižka, Jan, 35, *36*, 37, 104, 227, 420-21
Zog, rei da Albânia, 208

Este livro foi impresso na
LIS GRÁFICA E EDITORA LTDA.
Rua Felício Antônio Alves, 370 – Bonsucesso
CEP 07175-450 – Guarulhos – SP
Fone: (11) 3382-0777 – Fax: (11) 3382-0778
lisgrafica@lisgrafica.com.br – www.lisgrafica.com.br